高等学校交通运输类专业新工科教材

ROAD TRAFFIC ENVIRONMENTAL ENGINEERING
道路交通环境工程

蔡　铭　刘永红　主　编
李　锋　黄　敏　副主编

人民交通出版社
北京

内 容 提 要

本书为高等学校交通运输类专业新工科教材，系统地阐述了道路交通环境工程领域的基本理念、前沿理论、关键技术以及实践应用。全书共八章，涵盖了道路交通环境基本问题、道路交通大气污染与防控、道路交通噪声污染与控制、道路交通其他环境问题、道路交通低碳发展、交通环境规划与管理、道路交通环境影响评价以及道路交通环境工程中的创新实践案例等内容。

本书可作为交通工程、交通运输、环境工程、城市规划等相关专业本科生、研究生教材，也可作为相关从业人员的参考用书。

为便于阅读，本书配有彩色版电子书，读者可扫描封面二维码获取。

图书在版编目（CIP）数据

道路交通环境工程/蔡铭，刘永红主编. —北京：人民交通出版社股份有限公司，2025.5. —ISBN 978-7-114-20216-2

Ⅰ. U491

中国国家版本馆 CIP 数据核字第 2025WU6355 号

Daolu Jiaotong Huanjing Gongcheng

书　　名：	**道路交通环境工程**
著 作 者：	蔡　铭　刘永红
责任编辑：	李　晴　戴慧莉
责任校对：	赵媛媛　刘　璇
责任印制：	张　凯
出版发行：	人民交通出版社
地　　址：	(100011)北京市朝阳区安定门外外馆斜街 3 号
网　　址：	http://www.ccpcl.com.cn
销售电话：	(010)85285911
总 经 销：	人民交通出版社发行部
经　　销：	各地新华书店
印　　刷：	北京科印技术咨询服务有限公司数码印刷分部
开　　本：	787×1092　1/16
印　　张：	17.75
字　　数：	440 千
版　　次：	2025 年 5 月　第 1 版
印　　次：	2025 年 5 月　第 1 次印刷
书　　号：	ISBN 978-7-114-20216-2
定　　价：	58.00 元

(有印刷、装订质量问题的图书，由本社负责调换)

前言

交通是人和物的运转和输送,也是人类生活的基本需求,对社会的繁荣发展起到关键的作用。道路交通是目前最主要的交通方式,在旅客运输和货物运输中占比最高。因此,道路交通产生的环境问题,不仅在不同出行方式引发的环境问题中的比例最大,而且与人类的生产、生活息息相关,对人类活动的影响很大。党的二十大报告明确坚持绿水青山就是金山银山的理念,指出:"污染防治攻坚向纵深推进,绿色、循环、低碳发展迈出坚实步伐,生态环境保护发生历史性、转折性、全局性变化,我们的祖国天更蓝、山更绿、水更清。"可见,绿色发展、可持续发展和环境友好等理念受到党和政府的重点关注。

因此,在传统道路交通环境工程知识框架基础上引入绿色发展等新兴理念,道路交通环境工程迎来了新的机遇和挑战。低碳交通模式推广、绿色交通环境管理、绿色交通环境评价方法,都将在本书中得到充分探讨。一方面,通过减少能源消耗、优化交通结构、改善交通环境,有望实现道路交通的可持续发展,创造更加宜居的城市环境。另一方面,通过智能感知、大数据、人工智能等新技术手段,可以实现交通环境数据的实时监测与模拟分析,为交通环境管理部门提供精准决策支持。

本书旨在全面探讨道路交通环境工程领域的基本理念、前沿理论、关键技术以及实践应用,为解决城市交通环境问题所带来的挑战提供有力支撑,力求从宏观到微观、从理论到实践,为读者呈现一个系统而又深入的道路交通环境工程知识体系。

本书第1章主要讨论环境和道路交通与环境的基本概念;第2章介绍大气污染物的定义以及关于交通尾气排放的监测和计算、交通尾气扩散等模型和方法,讨论大气污染排放标准以及管理措施;第3章主要介绍声学基础、噪声传播衰减、交通噪声的计算、预测、控制等原理和方法;第4章讲述交通振动、交通水污染、交通光污染等概念及其危害;第5章介绍绿色交通的表现形式,同时讨论国内外低碳交通发展经验;第6章和第7章主要介绍面向政府管理部门和规划设计单位的交通环境规划与管理、交通环境影响评价等相关知识;第8章介绍了目前国内外道路交通环境工程的先进技术在实践中的应用。

本书的特点及定位如下:

(1)既重视基本概念和基础理论学习,又强调新兴技术实践和应用,注重交叉学科知识融合,包括如各类噪声和尾气扩散衰减模型、新兴数据处理技术等,有助于读者知识体系的形成;

(2)内容难度由浅入深,从基础理论到算法、模型以及应用,不同基础和需求的人群均可根据自身情况进行学习;

(3)可作高等学校的交通工程、交通运输、环境工程、城市规划等相关专业本科生、研究生教材,辅助教师进行课程讲授,也可作为相关从业人员参考工具书,还可为相关科研人员提供科研参考。

本书由中山大学蔡铭、刘永红担任主编,李锋、黄敏担任副主编,黄敏负责统稿,具体编写分工为:第1章、第3章、第6章由蔡铭编写,第2章、第5章由刘永红编写,第4章、第7章由李锋编写,第8章由黄敏编写。此外,参与书稿修订工作的还有王栋宇、薛旺星、梁燕、龙思卿、胡芮、王晓聪、徐锐、王海波、王占永、杨靖、万伟、王润竹、崔紫薇、张黎明、邓卓琳、郝迈、高晶、钟舒琦、李静、杨炜俊、姚逸璠、吴寅、蓝子钦、张媛媛、黄尧、张智伟、陈略等教师、研究助理和学生。本书编写过程中还参考了本领域国内外同行的有关著作、研究成果等,在此对这些文献作者表示崇高敬意和特别感谢。

限于笔者水平,本书难免出现疏漏和不足。如果读者发现本书内容有任何问题,还请不吝指正。如果对本书的内容有任何疑问,也欢迎通过出版社联系我们。我们将十分感谢读者的反馈,并会及时对本书内容做出勘误和修改。

编 者
2024年5月

目录

第1章 绪论 ··· 1
  1.1 环境的概念和环境问题 ·· 1
  1.2 道路交通问题与道路交通环境问题 ······································ 5
  复习思考题 ·· 9

第2章 道路交通大气污染与防控 ·· 10
  2.1 道路交通大气污染基本概念 ·· 10
  2.2 机动车尾气排放监测与计算 ·· 20
  2.3 道路交通大气污染物扩散模型与计算 ···································· 29
  2.4 机动车排放污染物的危害与主要环境标准 ································ 37
  2.5 道路交通大气污染防控 ·· 41
  复习思考题 ·· 47

第3章 道路交通噪声污染与控制 ·· 48
  3.1 声音的基础知识 ·· 48
  3.2 噪声在空气中的传播衰减计算 ·· 59
  3.3 车辆噪声 ·· 65
  3.4 道路交通噪声预测方法 ·· 74
  3.5 道路交通噪声污染控制 ·· 79
  复习思考题 ·· 87

第4章 道路交通其他环境问题 ·· 89
  4.1 道路交通振动环境影响与防治 ·· 89
  4.2 道路交通水污染与防治 ·· 99
  4.3 道路交通光污染与控制 ·· 108
  4.4 道路交通景观环境评价与保护 ·· 116
  4.5 道路交通生态环境影响与保护 ·· 127
  复习思考题 ·· 130

第5章 道路交通低碳发展 ·· 131
5.1 低碳交通的概念与内涵 ·· 131
5.2 低碳道路交通系统构成要素 ·· 132
5.3 道路交通与能源的融合发展 ·· 136
5.4 低碳道路网络 ·· 146
5.5 国内外低碳交通制度 ··· 156
复习思考题 ·· 160

第6章 交通环境规划与管理 ··· 161
6.1 环境规划与环境管理 ··· 161
6.2 道路交通环境规划 ·· 166
6.3 道路交通环境管理 ·· 174
复习思考题 ·· 181

第7章 道路交通环境影响评价 ·· 182
7.1 道路交通环境影响评价的含义与分类 ·· 182
7.2 道路交通环境影响评价的法规与标准 ·· 183
7.3 道路交通建设项目环境影响评价的内容与工作程序 ·························· 193
7.4 道路交通环境影响评价方法 ·· 203
7.5 环境影响报告文件的编制 ··· 210
复习思考题 ·· 214

第8章 道路交通环境工程中的创新实践案例 ······················· 215
8.1 道路交通大气污染与防控领域的创新实践案例 ································· 215
8.2 道路交通噪声污染与控制领域的创新实践案例 ································· 232
8.3 道路交通环境其他领域的创新实践案例 ·· 248
复习思考题 ·· 269

参考文献 ·· 270

第1章 绪论

随着城市化与工业化的发展,交通需求急剧增加。而交通运输基础设施建设和运营需要占用土地、消耗资源、产生尾气、噪声、水污染等,这对我们赖以生存的环境造成严重乃至不可逆转的破坏。我国交通系统的资源消耗较高,人均资源和能源储备不足,资源供给不平衡矛盾较突出,由此引发的一系列环境问题,使本已短缺的资源和脆弱的生态环境面临更大的压力,交通系统降碳减污任重道远。因此,必须从可持续发展的角度出发,对道路交通环境问题进行分析和防控,鼓励发展高效清洁的运输方式,实现资源节约型和环境友好型的交通发展模式。

通过本章的学习可以掌握环境和道路交通环境的基本概念、道路交通环境问题的主要内容与道路交通环境工程的基本任务,了解国内外发展历程中的环境污染问题以及对人、环境的影响,同时明确交通环境污染控制的重要性。

1.1 环境的概念和环境问题

1.1.1 环境的概念

1.1.1.1 环境的基本概念

以哲学的视角看,环境是一个相对于主体的客体,其存在与主体相互依赖,其内容也因主体的变化而不同。在不同的学科里,环境一词的科学定义也不相同,其差异源于主体的界定。从环境科学来说,主体是人类,环境就是人类生存的客体,包括自然环境和社会环境。自然环境指一切可以直接或间接影响人类生活、生产的自然界中的物质和资源的总和。社会环境是指在自然环境的基础上,人类通过长期有意识的社会劳动,加工和改造了的自然物质,创造的物质生产体系,积累的物质文化等所形成的环境体系,是与自然环境相对的概念。

环境还具有特定的含义,它们大多出现在各国颁布的环境保护法规中。例如,《中华人民共和国环境保护法》规定:本法所称环境,是指影响人类生存和发展的各种天然的和经过人工改造的自然因素的总体,包括大气、水、海洋、土地、矿藏、森林、草原、湿地、野生动物、自然遗迹、人文遗迹、自然保护区、风景名胜区、城市和乡村等。这是把环境中应该保护的要素界定为环境保护的对象,其目的是从实际工作的需要出发,对环境一词的法律适用范围做出规定,以保证法律的准确实施。

1.1.1.2 环境要素及其特点

(1) 环境要素。

构成环境整体的各个独立的、性质不同而又服从整体演化规律的基本物质组分称为环境要素。根据研究范围不同,环境要素可以分为自然环境要素和社会环境要素。本书阐述的是自然环境要素,它主要包括水、大气、生物、土壤、岩石和阳光等。环境要素组成环境的结构单元,环境的结构单元又组成环境整体或环境系统。例如,水组成水体,全部水体总称为水圈,大气组成大气层,全部大气层总称为大气圈;生物体组成生物群落,全部生物群落称为生物圈;土壤构成农田、草地、林地等,岩石构成岩体,全部土壤和岩体构成地球固体壳层,称为岩石圈或土壤-岩石圈。

(2) 环境要素特点。

环境要素具有以下特点。

①最小限制律。整个环境的质量不是由诸环境要素的平均状况决定的,而是受与最优状态差距最大的环境要素所控制,即环境质量取决于诸要素中处于"最劣状态"的环境要素,而不能用其余处于优良状态的环境要素去弥补和代替。根据这个特点,在环境治理的时候,应该遵循由差到优的顺序改造每个环境要素,使之均衡地达到最佳状态。

②等值性。虽然各个环境要素在规模或是数量上存在差异,但只要它们处于最劣状态,那么,它们对环境质量的限制作用没有本质的区别,即具有等值性。等值性与最小限制律有着密切联系,前者说明环境要素对环境质量的作用,后者强调制约环境质量的主导要素。

③环境整体性。环境要素的整体性大于环境诸要素的个体之和。环境诸要素之间产生的整体效应,是在个体效应基础上的飞跃,有着质的变化,比组成该环境各个要素的作用之和要丰富和复杂得多。也就是说,环境整体性质能够体现环境诸要素的某些特征,但未必反映出各要素的全部特点,而是各要素综合作用后更复杂的性质。

④环境诸要素之间相互依存、相互联系。从演化意义上讲,某些环境要素孕育着其他要素。在地球发展史上,岩石圈的形成为大气的出现提供了条件,岩石圈和大气圈的存在为水的产生提供了条件,岩石圈、大气和水又为生物的产生与发展提供了条件。环境要素间的相互作用、相互联系是通过能量流和物质流的传递或转换来实现的,能量形式的转换又影响到整体环

境要素间的相互制约关系。环境要素间还通过物质流的循环,即通过各个要素对物质的储存、释放、转运等环节的调控,使全部环境要素联系在一起。环境要素四大圈层间的物质循环和能量流动如图1-1所示。

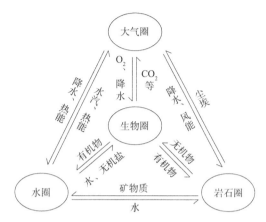

图1-1 四大圈层间的物质循环和能量流动

1.1.2 环境问题

1.1.2.1 环境问题的基本概念

环境问题是指自然变化或人类活动而引起的环境破坏和环境质量变化,以及由此给人类的生存和发展带来的不利影响。根据环境问题发生的机制不同,可以将环境问题分为生态破坏问题、环境污染问题及环境干扰问题。

生态破坏是指人类不合理地开发、利用,使森林、草原等自然生态环境遭到破坏,从而使人类、动物、植物的生存条件发生恶化的现象,如水土流失、土地荒漠化、土壤盐碱化、生物多样性减少等。环境污染是指由自然或人为原因引起环境中某种物质的含量或浓度达到有害程度,危害人体健康或者破坏生态与环境的现象。引起环境污染的物质称为环境污染物,按照环境要素不同,可以分为水污染、大气污染、土壤污染等。环境干扰是指人类活动释放的能量作用于环境而产生的不良影响,其特点是干扰源停止释放能量后,干扰立即或很快消失,包括噪声干扰、热干扰和电磁波干扰等。

1.1.2.2 环境问题的产生与发展

人类与环境是对立统一的关系,随着人类社会的发展,由于生产活动消耗的资源与产生的污染超出自然资源产生以及自然自净能力,产生了一系列环境问题。与此同时,环境问题也在发展和变化,它大致经历了4个阶段。

(1)环境问题的萌芽阶段(18世纪60年代工业革命之前)。

工业革命以前的很长时期,人类主要以生活活动、生理代谢过程与环境间进行物质和能量转换,其主要方式表现为利用环境和资源。所以,最初的环境问题是由人们盲目采伐和捕猎引起的居住地物种减少等问题。当人类为了生存被迫迁出以后,当地的生态环境会慢慢地自动恢复。当人类进入农业和畜牧业时代后,人类改造环境的作用日益显著,同时出现了大量的生态破坏问题。例如,我国的黄河流域曾以其茂密的森林、茂盛的草原和肥沃的土地孕育了中国古代文明,自西汉末年至东汉时期起,由于进行了大规模开垦,森林和草原遭到了破坏,引起严重土壤侵蚀,水旱灾害频繁,致使地域内土地沟壑纵横交错,沙漠化程度日益严重。如今,位于黄河中游的黄土高原是我国生态环境非常脆弱的地区之一。

(2)环境问题的恶化阶段(工业革命至20世纪50年代)。

18世纪中叶至19世纪中叶,生产史上出现了工业革命,使生产力大为提高,增强了人类利用和改造自然环境的能力,大规模地改变了环境的结构,因而改变了环境中的物质循环系统。与此同时,也产生了新的环境问题,一些工业发达的城市和工矿区排出大量废弃物污染环境,环境污染事件不断发生。如1873年12月、1880年1月、1882年2月、1891年12月和1892年2月,英国伦敦曾多次发生可怕的毒烟雾事件;19世纪后期,日本足尾铜矿区排出的废水污染了大片农田;1930年12月,比利时马斯河谷工业区工厂排放的有害气体,在逆温条件下造成了严重的大气污染事件,导致数千人发病,60人不幸丧生。这些事件表明,由于工业生产和消费过程中排放的"三废"(废水、废气和固体废弃物)难以降解,随着大工业的出现与发展,环境问题日趋严重。

(3)环境问题的第一次高峰(20世纪50年代至70年代)。

第二次世界大战结束以后,社会生产力发展突飞猛进,现代工业生产、农业生产排出的"三废"量也随之猛增,致使许多国家出现了震惊世界的公害事件。例如,1952年12月的伦敦烟雾事件,据官方统计,多达4000余人在"大雾"持续期间丧生,因呼吸疾病死亡的人数增加了7倍以上;日本1956年的水俣病事件、1961年的四日市哮喘病事件及1955—1972年的富山县骨痛病事件等,其原因是工业生产造成的废水排放,导致食物与饮水中的重金属元素超标,影响人数高达上万人,分别呈现不同的并发症状。当时,工业发达国家的环境污染已达到严重程度,直接威胁着人类的生命和安全,成为重大的社会问题。1972年6月5日—16日,联合国在斯德哥尔摩召开了人类环境会议,通过了《联合国人类环境会议宣言》,该会议是人类认识环境问题的里程碑,发达国家开始把环境问题摆上了国家议事日程,包括制定法律、建立机构、加强管理及研究采用环境治理新技术等。

(4)环境问题的第二次高峰(20世纪80年代以来)。

20世纪80年代初出现的环境问题高峰主要表现为三类:一是全球性的大气污染,如"温室效应"、臭氧层破坏和酸雨等;二是大范围的生态环境破坏,如大面积森林被毁、草场退化、土壤侵蚀和沙漠化等;三是严重环境污染事件频发,直接危害人群健康甚至造成死亡。例如,1984年12月印度博帕尔农药泄漏事件,瞬间死亡人数达2259人,当地政府确认与气体泄漏相关的死亡人数为3787人,还有大约8000人在接下来的两周内丧命;1986年4月苏联的切尔诺贝利核电站泄漏事故,直接污染土地范围超过6万km^2,死亡人数达4000人;1986年11月的莱茵河污染事件,污染物总量为10~30t,重金属元素超标对河流生态系统及流域国家环境造成灾难性打击等。我国自1980年起也面临一定的环境问题,如大量水体(淮河、太湖等)污染,生态环境恶化,水土流失加剧,黄河断流,长江泥沙量激增,至1997年底,全国荒漠化土地面积高达国土面积的26.3%。由此可见,当今的环境问题已发展为全球性的环境污染和生态破坏问题,严重威胁到人类的生存,阻碍经济的持续发展。

从环境问题发展历程可以看出,现代化工农业的高速发展造成了严重的环境问题,且总体趋势在恶化。环境问题的实质在于人类经济活动索取资源的速度超过了资源本身及其替代品的再生速度,以及向环境排放废弃物的数量超过了环境的自净能力,造成环境质量恶化和资源(如土地、森林、淡水、生物物种等)的浪费、破坏,甚至枯竭。

1.2 道路交通问题与道路交通环境问题

1.2.1 道路交通问题的基本概念

道路交通是指机动车、非机动车和行人在道路上的流动和停留,其中道路是指公路、城市道路和虽在单位管辖范围但允许社会机动车通行的地方,包括广场、公共停车场等用于公众通行的场所。随着城市经济繁荣发展,城市人口增加、道路扩张与车辆激增带来的城市道路交通问题日益突出。其中,以安全问题、拥堵问题和环境问题为最主要的道路交通问题。

道路交通安全是一个全球性课题。道路交通事故是威胁公共安全的重大因素,世界卫生组织(Word Health Organization,WHO)将其定性为"公共卫生危机"。过去几十年间,机动车保有量呈现爆炸式增长,道路交通安全挑战也日趋严峻。根据《2018年全球道路安全状况报告》显示,全球道路交通死亡人数持续上升,每年造成约135万人死亡,道路交通伤害已成为5~29岁儿童和青年死亡的首要原因。2023年12月13日,WHO发布的《2023年全球道路安全状况报告》显示,每年道路交通死亡人数略有下降,但仍有119万人。

道路交通拥堵问题主要是由于汽车数量超出了路网的承载力引起的。交通拥堵是汽车社会的产物,在上下班高峰期尤为明显,在多数大城市的中心区域,高峰期交通速度仅为10~30km/h。交通拥堵导致时间和能源的严重浪费,影响城市经济发展,加剧城市环境污染。

道路交通环境问题是指在道路建设和运营过程中对环境产生的一系列不良影响。在道路建设阶段,会产生建设废料、施工废气废水以及施工噪声污染等。而在道路运营阶段,则会由机动车运行产生诸如车辆尾气、道路噪声和交通振动等交通污染。这些不良影响如果污染程度和持续时间超过了自然净化能力和相关标准允许的范围,则会对人和环境造成危害。一般来说,大、中城市主要干道的交通污染尤为严重。

1.2.2 道路交通环境问题的产生

道路交通环境问题的出现,可以追溯到1769年,法国军事工程师兼陆军炮兵大尉尼古拉斯·约瑟夫·库诺(N. J. Cugnot)制造出世界上第一辆蒸汽机汽车,该车以3.5km/h的速度行驶时,冒着浓浓的黑烟,发出隆隆的噪声,由此便产生了道路交通环境问题。1885年,德国工程师卡尔·本茨(Carl Benz)成功研制了世界上第一辆四冲程汽油机驱动的三轮汽车;随后,德国另一位工程师戴姆勒成功研制了四冲程汽油机驱动的四轮汽车。20世纪50年代以后,随着世界范围内的工农业生产和科学技术的迅速发展,城市道路和公路里程、车辆保有量也迅速增长,道路交通环境问题便成为当今主要的环境问题之一。

从20世纪80年代中期起,我国道路交通进入高速发展时期。据国家统计局数据统计,截至2023年底,我国公路总里程达到了543.68万km,约是1949年的67倍,密度为56.63km/百km²,如图1-2、图1-3所示。大规模的公路建设给公路沿线地区的自然环境、生态环境、生活环境及景观带来负面影响,并产生一系列环境问题。

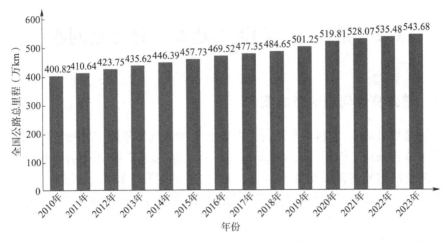

图 1-2 2010—2023 年全国公路总里程走势

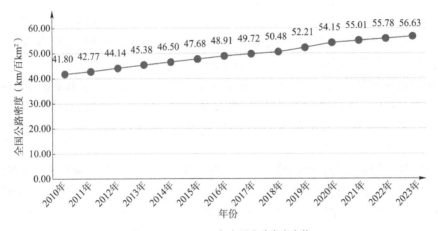

图 1-3 2010—2023 年全国公路密度走势

国家统计局统计数据显示(图 1-4),2023 年我国民用汽车保有量达到 3.36 亿辆,比 2019 年增加 7467 万辆,增长 28.6%。生态环境部统计数据显示,我国机动车保有量持续增长,已连续十一年成为世界机动车产销第一大国。虽然我国的机动车保有总量居于世界首位,绝对数值很大,但汽车千人保有量与发达国家仍然有较大的差距。世界银行发布的 2019 年全球 20 个主要国家千人汽车拥有量数据显示,我国汽车千人保有量为 173 辆,同期美国和日本的数据分别是 837 辆和 591 辆。这表明我国机动车保有量市场的巨大增长空间,对我国道路交通环境造成了持续性的压力。由于机动车数量剧增,对环境的污染日趋严重,《中国移动源环境管理年报(2023)》显示,我国机动车四项污染物排放总量为 1466.2 万 t,其中,一氧化碳(CO)、碳氢化合物(HC)、氮氧化物(NO_x)、颗粒物(PM)排放量分别为 743.0 万 t、191.2 万 t、526.7 万 t、5.3 万 t。机动车污染物排放已成为我国空气污染的重要来源,是造成环境空气污染的重要原因,机动车污染防治的紧迫性日益凸显。再以交通噪声为例,2023 年,全国共有 338 个地级及以上城市开展了道路交通声环境质量监测,其中,31 个城市各类功能区昼间监测点达标率为 96.1%,夜间达标率为 87.0%,尤其在交通干线两侧一定距离之内,夜间达标率持续偏低。

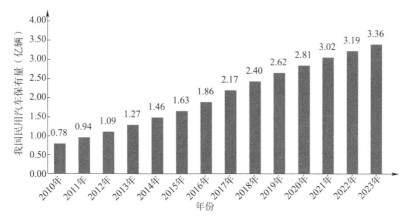

图 1-4　2010—2023 年我国民用汽车保有量

1.2.3　道路交通环境问题

道路交通环境问题主要有大气污染、噪声污染和其他环境问题。

1.2.3.1　大气污染

车辆行驶时排放的尾气中含有 150～200 种不同的化合物,其主要有害成分为:未燃烧或燃烧不完全的 HC、NO_x、CO、CO_2、SO_2、H_2S 以及微量的醛、酚、过氧化物、有机酸和含铅、磷汽油所形成的铅、磷污染等。不断排放的尾气造成道路附近甚至城市空气中污染物浓度持续升高,危害人们的身体健康。很多城市尤其是大中城市,移动源污染已成为空气污染的重要组成部分,增大了大气污染治理的难度。污染物会导致酸雨、灰霾、光化学烟雾等大气污染问题,氮氧化物还是地球臭氧层的杀手。污染物组成复杂,严重时可影响人体呼吸系统、皮肤黏膜、血液循环系统等,诱发各种疾病。

1.2.3.2　噪声污染

人们在享受交通便利的同时,也饱受交通噪声之苦。《中国噪声污染防治报告(2023)》显示,噪声扰民问题占全部生态环境污染举报的 59.9%,排在各环境污染要素的首位。世界卫生组织(WHO)指出,噪声不仅影响人的精神状态,同时也对人的生活质量产生严重的影响。

噪声对人的影响有两方面。一是对人类的心理造成影响。噪声会干扰人的思维,使人精神无法集中,影响工作效率与睡眠等。长期暴露在噪声环境中,会影响人的性情和行为,极易引起情绪的波动,进而引发情绪上的易怒、烦躁等症状。二是对人类的生理造成影响。人处在强烈噪声环境下一段时间后会引起一定程度的听觉疲劳,听力变得迟钝,经过适当休息之后,听力会逐渐恢复。但是,如果长期在强噪声环境下工作和生活,听觉疲劳就不易恢复,并会使内耳听觉器官发生病变。

1.2.3.3　其他环境问题

(1)振动环境影响。

道路交通振动主要来自道路上运行的机动车辆在行驶时引起周边地表的振动,包括地面振动和建筑物振动。通常,路面越不平整、车辆自重越大、车辆速度越高、载货车辆越多,产生的振动越大。

道路交通振动对人体的影响主要取决于振动强度和振动持续时间,当振动超过一定程度时人体就会产生生理反应与心理反应,与此同时,人体的神经系统及其功能将受到不良影响。

交通系统振动对环境和周边建筑物的影响一般通过以下方式传递:由运行汽车对道路的冲击作用产生振动,并通过结构传递到周围的地层,进而通过土介质向四周传播。这种传播会进一步诱发附近地下结构以及建筑物(包括其结构和室内家具)的二次振动和噪声,从而对建筑物的结构安全以及建筑物内人们的工作和生活产生影响。

(2)水污染。

道路交通水污染是指道路施工建设期间和运营期间所产生的污水对周围自然水体的影响。道路施工期间会产生施工废水和生活污水等,对水环境的影响是暂时性的,随着施工期结束,污染源也会消失,采取适当的管理措施可以有效控制道路施工期间的水污染。

道路建成运营期对水环境的影响主要体现在大雨时雨水冲刷路面的泥沙、油污冲入窨井及排水管,最终进入地表水体,从而影响水环境,其主要影响因子是酸碱度(pH)、固体悬浮物(SS)、石油类。此外,道路服务设施也会排放一定的污水,如服务区的生活污水、洗车台(场)的污水、加油站的地面冲洗水、路段管理处及收费站的生活污水等。

(3)光污染。

道路交通光污染是指由于实施道路交通活动所需要的基础设施及车辆照明引发的光污染现象。夜晚行车时,需要有效的道路照明来保障道路车辆的正常运行,然而,这些设置在道路附近的基础照明设施可能会带来光污染问题。道路照明设施产生的光污染主要属于"人工白昼"污染类型。远光灯光线强度高、刺激性强,滥用远光灯会使对向驾驶人瞬间致盲,严重降低驾驶人对前方车辆速度、宽度、距离以及周围环境的判断能力,同时缩小前方路况的可视范围,极易引发交通事故。

(4)景观影响。

道路交通环境景观影响是指交通系统对周围环境景观和城市面貌所造成的影响。这包括道路的设计、建筑物的布局、交通设施和绿化等因素对城市或地区整体外观的改变。影响可能涉及视觉美感、空间感知、文化传承等方面,对城市风貌和居民生活质量产生重要影响。道路贯穿于各类景观,道路网络的发展对景观的格局、形态、类型等方面产生影响。道路工程促使景观变化的方式主要有两种形式:一是工程本身占用生态系统类型,根本上改变土地利用的格局;二是交通条件改善了区域的社会经济环境,从而驱动了道路节点及其周边地区的土地利用方式的改变,促使景观格局发生变化。

(5)生态环境影响。

道路施工对生态环境的影响通常包括:植被破坏、局部地貌破坏(如高填、深挖、大切坡等)、土壤侵蚀、自然资源(如土地、水、草场、森林、野生生物等)的影响,以及景观影响和生态敏感区(如著名历史遗产、自然保护区、风景名胜区和水源保护区)的影响等。

道路运营过程中对沿线一定范围内的生态环境也会产生影响,如栖息地的分割和破坏、动物碰撞风险、噪声和振动干扰、空气和水体污染等。这些影响可能导致动植物失去原有的栖息地,影响它们的行为和生活习性,甚至威胁到周边动物的正常活动和生存。例如,在噪声影响下,鸟类的窝卵数可能会下降,筑巢的时间可能会推迟,觅食效率可能会降低等;受光污染影响,鸟类可能会比正常情况下提前筑巢。无论是光污染导致孵化提前,还是噪声污染导致孵化延后,都可能造成周期性自然规律的变化,导致只有较少的雏鸟能够存活下来。

1.2.4　道路交通环境工程

环境科学在交通领域的运用,促进了环境科学与交通学科的交叉与渗透,形成了交通环境学。道路交通环境工程是近年来人们针对道路交通环境污染治理、利用和保护自然资源、改善生态环境而产生的一门技术环境学科,是环境工程学的重要组成部分。道路交通在建设和使用中对环境的影响涉及生态、社会经济、大气、声、水等多个方面,因此,道路交通环境保护是一个涉及面广的社会问题。由于该学科产生的时间较短,尚未形成成熟的学科体系。道路交通环境工程的内容、技术、方法等还有待不断研究与完善。

道路交通环境工程的基本任务是应用与道路交通相关的环境科学技术,研究交通活动在其生命周期对周边区域的环境影响,包括大气污染、噪声、振动、水资源、生态系统等方面的特征、规律和成因,其重点在于降低和控制道路交通建设和使用中带来的环境污染问题,合理利用和保护自然资源,并运用交通工程、环境工程和系统工程等理论、技术与方法,寻求解决道路交通环境污染问题的最佳方案,使道路交通建设与环境建设相协调,以实现交通可持续发展的目标。

【复习思考题】

1-1　简述环境问题的基本概念、发展阶段与实质。

1-2　简述主要的道路交通问题。

1-3　简述主要的道路交通环境问题。

第 2 章 道路交通大气污染与防控

机动车尾气排放已经成为城市大气污染的主要来源之一,是公众和政府都高度关注的问题。随着城市化进程的加速,车辆保有量快速增长、道路交通拥堵等问题也日益突出,这使得道路交通大气污染问题更加严重。研究表明,机动车尾气排放中的 NO_x、HC、PM 等有害物质对人体健康有很大的危害,如引起呼吸系统疾病、心血管疾病等。同时,道路交通产生的大气污染也会对环境造成影响,例如以 $PM_{2.5}$(粒径不大于 $2.5\mu m$ 的颗粒物)和 O_3 为主的大气复合污染以及温室效应等。因此,重点防控道路交通带来的大气污染,有助于保护和改善环境,保护公众健康,推进美丽中国建设,促进经济社会可持续发展。

通过本章的学习可以掌握道路交通大气污染基本概念,了解影响机动车尾气排放的相关因素及大气污染物的相关扩散模型,熟悉我国的机动车排放标准及其实施情况,学习我国道路交通大气污染防控方面应用的相关技术以及控制措施。

2.1 道路交通大气污染基本概念

2.1.1 大气的结构与组成

大气的结构与组成是道路交通大气污染的基础知识,涵盖了大气中的各种气体、气溶胶、云层以及其他微观和宏观的组成部分。这些组成部分不仅决定了大气的物理和化学性质,还直接影响大气的行为,包括风向、风速、温度分布以及污染物的扩散和转化。了解大气的结构与组成有助于我们建立完整的知识体系,更深入地理解道路交通大气污染与防控的复杂性和挑战性,并在此基础上探索更有效的解决方案。

2.1.1.1 大气的结构

地球外部被大气层包围,随着距离地面高度的不同,大气层的物理和化学性质有很大的变化。按照气温垂直变化的特点,并根据大气层在垂直方向上的物理和化学性质的差异,可将大气层自下而上分为五层,分别是:对流层、平流层、中间层、热层(电离层)和外层(逸散层),如图 2-1 所示。

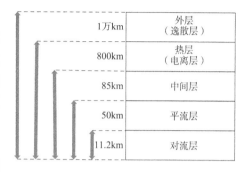

图 2-1 大气的结构

其中,对流层是最接近地球表面的一层,人类活动产生的污染排放物多在对流层聚集,因此,对流层的情况与人类活动息息相关。对流层集中了约 75% 的大气质量和 90% 以上的水蒸气及气溶胶。在对流层中,因受到地表影响程度不同,又可将其分为两层:边界层(地面至 2km)和自由大气层(2km 至对流层顶部)。从地面到 2km 高度内,气流因受地面的摩擦作用的影响较大,湍流交换作用特别强盛,该层统称为摩擦层或边界层,亦称低层大气,排入大气的污染物绝大部分活跃在此层。从 2km 以上延伸到对流层的顶部,受地面影响较小,气温常年在 0℃ 以下,水汽含量较少,各种云都由冰晶和过冷水滴组成,该层称为自由大气层,一些主要的天气过程如雨、雪、雹等均在该层形成。

2.1.1.2 大气的组成

大气是由多种气体混合以及浮悬其中的液态和固态杂质所组成。大气除去水汽、液体、固体微粒以外的整个混合气体,称为干洁空气。它的主要成分是氮气(N_2)、氧气(O_2)、氩(Ar)、二氧化碳(CO_2)等,其容积含量占全部干洁空气的 99.99% 以上,其余还有少量的氢(H)、氖(Ne)、氪(Kr)、氙(Xe)、臭氧(O_3)等,见表 2-1。除 CO_2 和 O_3 外,其他组成在对流层的含量是稳定的,甚至在平流层以至中间层(距地面约 90km 的这部分大气层中),这些气体组分的含量可认为是几乎不变的。

大气的组成   表 2-1

大气的组成	大气中的平均浓度		循环载体
	体积分数(%)	质量分数(10^{-6})	
N_2	78.08	755.2×10^3	生物和微生物
O_2	20.94	231.4×10^3	生物和微生物
CO_2	0.04	60	生物活动和人类活动
H_2	—	0.036	生物活动和化学过程
CH_4	—	0.97	生物活动和化学过程
CO		0.05~0.2	生物活动和化学过程
N_2O		0.48	生物活动和化学过程
O_3		0.01~0.1	化学过程

注:循环载体指化学元素在地球内部循环时的传递介质。

大气的可变成分主要是指大气中的水蒸气、CO_2 和 O_3 等,这些气体的含量由于受到地区、季节、气象以及人们生活和生产活动等因素的影响而有所变化。

在通常情况下,水蒸气的含量变化范围为 0% ~ 4%,且沿垂直方向和水平方向的分布也是不均匀的。水蒸气能演变成云、雾、雨、雪等复杂天气。

CO_2 在空气中的含量约为 0.033%,其主要来源于燃料的燃烧、动植物的呼吸和有机物的腐烂。CO_2 吸收短波辐射的能力弱,吸收长波辐射的能力强。近年来,随着人类生产活动的加剧,CO_2 的含量有不断增加的趋势。当大气中的 CO_2 含量增大时,地球向宇宙空间辐射热量减弱,气温升高,由此可能导致冰川融化、海平面上升、沿海城市将被淹没等负面事件。为避免诸多灾难的发生,世界各国正在设法减少 CO_2 的排放量。

O_3 是地球大气中一种微量气体,它是由于大气中氧分子受太阳辐射分解成氧原子后,氧原子又与周围的氧分子结合而形成的,含有 3 个氧原子。O_3 在近地层中含量极少,其含量随着距离地面高度的增加而增加,约在 20 ~ 30km 高度处达到最大值,高度继续增加其含量又逐渐减少,到 55 ~ 60km 高空处 O_3 含量几乎为零。距地面 12 ~ 35km 高度的大气层称为臭氧层,O_3 能够吸收波长短于 0.29μm 的紫外线,可以保护动植物有机体免受过量紫外线照射的危害。但是,通过研究发现,机动车尾气中的 NO_x 通过化学转化生成 O_3,使得地面附近大气中的 O_3 浓度有快速增高的趋势。虽然 O_3 在平流层起到了保护人类与环境的重要作用,但若其在对流层浓度增加,则会对人体健康产生有害影响。O_3 对眼睛和呼吸道有刺激作用,对肺功能也有影响,较高浓度的 O_3 对植物也是有害的。

大气中的杂质分为固态和液态杂质。固态杂质主要有尘埃、烟粒、盐粒、冰晶、花粉、孢子、细菌等;液态杂质主要以气溶胶形式存在,由均匀分布在大气中的固体微粒和液体微粒组成。

2.1.2 大气污染类型

2.1.2.1 大气污染的定义

大气污染是指大气中一些物质的含量达到有害的程度,进而破坏生态系统和人类正常生存和发展的条件,对人或物造成危害的现象。大气污染物由人为或者自然过程产生,随后进入大气、参与大气的循环过程,并在一定的滞留时间之后,又通过大气中的化学反应、生物活动和物理沉降从大气中去除。如果大气污染物去除的速率小于其产生的速率,就会在大气中相对集聚,造成大气中某种物质的浓度升高。当该物质的浓度升高到一定程度时,就会直接或间接地对人、生物或材料等造成急性或慢性危害,进而造成大气污染。

2.1.2.2 大气污染物的来源及主要的大气污染物

(1) 大气污染物的来源。

大气污染物是指由于人类活动或自然过程排入大气中并对环境或人产生有害影响的物质,因此,大气污染物的来源可分成自然污染源和人为污染源。造成大气污染的物质,主要是人类活动的结果,如工业的发展、城市人口的增加、交通运输等活动排放各种各样的有害气体和烟尘进入大气,造成了大气污染。

① 自然污染源。自然界中某些自然现象向环境排放有害物质或造成有害影响,是大气污染物的重要来源。在一些情况下,自然源可能比人为源影响更大。据相关统计,全球氮排放约 93%、硫氧化物排放约 60% 来自自然源。

大气污染的自然源主要有以下五个方面。

a. 火山喷发:排放出硫化氢(H_2S)、CO_2、CO、氟化氢(HF)、二氧化硫(SO_2)及火山灰等颗粒物。

b. 森林火灾:排放出 CO、CO_2、SO_2、NO_2、HC 等。

c. 自然尘:风沙、土壤尘等。

d. 森林植物释放:主要为萜烯类碳氢化合物。

e. 海浪飞沫颗粒物:主要为硫酸盐与亚硫酸盐。

②人为污染源。通常所说的人为污染源是指由人类活动向大气输送污染物的发生源。大气的人为污染源主要分为以下四类。

a. 固定燃烧源:固定燃烧源主要来自火电厂、工业燃烧和民用燃烧,其燃料(煤炭、石油、天然气等)的燃烧过程是向大气输送污染物的重要发生源。煤炭的主要成分是碳,并含氢、氧、氮、硫及金属化合物;石油的主要成分是分子大小不同、结构各异和数量众多的碳氢化合物,包括烷烃、环烷烃和芳香烃;天然气的主要成分是甲烷(CH_4),并含少量乙烷(C_2H_6)、丙烷(C_3H_8)、丁烷(C_4H_{10})。燃料燃烧时除产生大量烟尘外,在燃烧过程中还会形成 CO、CO_2、SO_2、NO_x、有机化合物及烟尘等物质。

b. 工业过程源:工业过程源来自工业加工中产生的排放,例如石化企业排放的 H_2S、CO_2、SO_2、NO_x;有色金属冶炼工业排放的 SO_2、NO_x 及含重金属元素的烟尘;磷肥厂排放的氟化物;酸碱盐化工业排出的 SO_2、NO_x、氯化氢(HCl)及各种酸性气体;钢铁工业在炼铁、炼钢、炼焦过程中排出的粉尘、硫氧化物、氰化物、CO、H_2S、酚、苯类、烃类等。其污染物组成与工业企业性质密切相关。

c. 移动源:移动源包含道路移动源和非道路移动源。汽车、船舶、飞机等排放的尾气是移动源的组成部分,且汽车和船舶内燃机燃烧排放的尾气中含有 CO、NO_x、HC、含氧有机化合物等物质。

d. 其他源:其他源包括农牧源、有机溶剂使用源、存储与运输源、扬尘源、生物质燃烧源、生活源等。例如农牧源里,田间施用农药时,一部分农药会以粉尘等颗粒物的形式逸散到大气中,残留在作物体上或黏附在作物表面的仍可挥发到大气中。进入大气的农药可以被悬浮的颗粒物吸收,并随气流向各地输送,造成大气农药污染。生物质燃烧源中的秸秆焚烧,其经燃烧会产生大量 NO_x、SO_2、HC 及烟尘,在阳光作用下还可能产生二次污染物如 O_3 等。

(2)主要的大气污染物。

①气溶胶状态污染物。在大气污染中,气溶胶是固体粒子、液体粒子或它们在气体介质中的悬浮体,其直径为 0.002~100μm。主要的气溶胶状态污染物有粉尘、烟液滴、雾、悬浮物等。各种粒子按其粒径大小又可分为总悬浮颗粒物、飘尘、降尘、可吸粒子。

②气体状态污染物。气态污染物是指常温常压下以分子状态存在的污染物。常见的气态污染物主要有:CO、SO_2、NO_2、氨气(NH_3)、H_2S。

a. 硫氧化合物:硫氧化合物主要指 SO_2 和三氧化硫(SO_3)。SO_2 是无色、有刺激性气味的气体,主要来源于燃料的燃烧,其本身毒性较小,动物连续接触体积浓度为 5×10^{-6} 的 SO_2 无明显的生理学影响。但是在大气中,尤其是在污染大气中 SO_2 易被氧化成 SO_3,再与水分子结合形成硫酸分子,经过一系列化学反应形成硫酸盐。硫酸和硫酸盐可以形成硫酸烟雾和酸雨,造成较大危害。

b. 氮的氧化物:氮的氧化物主要有 NO、NO_2、一氧化二氮(N_2O)、三氧化氮(NO_3)、四氧化二氮(N_2O_4)、五氧化二氮(N_2O_5)等。其中,对大气污染影响较为严重的是NO和NO_2。NO_x主要来自燃料的燃烧,尤其是汽车等移动源的排放物。

c. 碳的氧化物:碳的氧化物主要是CO和CO_2。其中,CO的来源分为人为源和自然源,人为源主要在燃料不完全燃烧时产生,其中约80%来自机动车尾气;自然源主要是CH_4转化、海水中的CO挥发、植物排放物转化以及植物叶绿素的光解。CO_2是大气中的正常组分,因引发全球性变暖问题成为大气污染问题中的关注点。

d. 碳氢化合物:碳氢化合物又称烃类,主要来源于燃料燃烧、机动车尾气排放,是形成光化学烟雾的前体物。对人体健康危害较大的HC化合物主要是醛类(甲醛、丙烯醛)和多环芳烃(苯并[a]芘)等。甲醛和丙烯醛会刺激人体的鼻、眼和呼吸道黏膜,引起结膜炎、鼻炎、支气管炎等症状。此外,甲醛还有致敏作用,可使人发生变态反应疾病,苯并[a]芘则是一种强致癌物质。

③光化学烟雾。汽车、工厂等污染源排入大气的HC和NO_x等一次污染物在紫外光作用下发生光化学反应生成二次污染物,参与光化学反应过程的一次污染物和二次污染物的混合物所形成的烟雾污染现象,是HC在紫外线作用下生成的有害浅蓝色烟雾。光化学烟雾是O_3、NO_2、硫酸盐、颗粒物等组成的混合物。光化学烟雾多发生在阳光强烈的夏秋季节,随着光化学反应的不断进行,反应生成物不断蓄积,光化学烟雾的浓度不断升高,在3~4h后达到最大值。光化学烟雾中的有害物质会刺激眼、引起人体头痛、咳嗽、胸部不适等,并且降低能见度影响出行。

2.1.2.3 道路交通产生的大气污染

道路交通产生的大气污染物主要指车辆排放出的烟、尘和有害气体,其数量、浓度和持续时间都可能超过大气的自然净化能力和允许标准,使人和动植物等蒙受其害。

近年来,我国机动车辆的数量迅速增长,城市机动车尾气成为城市大气污染的主要来源之一,城市污染类型正由煤烟型污染向$PM_{2.5}$和O_3复合型污染转化。机动车尾气污染难以减轻的原因多样,主要包括机动车总量增加、机动车行驶里程增加、城市交通拥堵和低速行驶加剧尾气超标排放等。

道路交通所产生的主要污染物有CO、NO_x、HC以及颗粒物。当道路交通状况不同,汽车会以不同状态行驶,导致汽车污染物的排放速率或排放因子不同。气态污染物排放浓度与车辆运行状态相关性较强,而颗粒物排放规律不显著。表2-2列出三种污染物的排放情况,急速时CO排出量最多,减速次之,恒速最低;HC减速时排放量最多,恒速最低。在城市道路交通条件下,由于交叉口信号灯的控制与交通拥堵,汽车行驶速度不断变化,加速与减速交替频繁,因此,机动车尾气的排放量和组分也不断变化。

汽油车与柴油车不同运行状况的气态污染物排放情况　　　　表2-2

燃料类别	运行状况	污染物类型及体积分数或浓度		
		CO(%)	HC(10^{-6})	NO_2(10^{-6})
汽油	急速	4.0~10.0	300~2000	50~1000
	加速(0~40km/h)	0.7~5.0	300~600	1000~4000
	匀速(40km/h)	0.5~4.0	200~400	1000~3000
	减速(40~0km/h)	1.5~4.5	1000~3000	5~50

续上表

燃料类别	运行状况	污染物类型及体积分数或浓度		
		CO(%)	HC(10^{-6})	NO_2(10^{-6})
柴油	怠速	0	300~500	50~70
	加速(0~40km/h)	0.0~0.1	200	200~1000
	匀速(40km/h)	0	90~150	100~200
	减速(40~0km/h)	0	300~400	30~55

此外,汽车污染物排放量与交通流量、道路坡度和驾驶行为等变量密切相关。

2.1.3 影响道路交通大气污染的主要气象因子

2.1.3.1 气象要素

对大气状态和物理现象进行定量或定性描述的物理量,称之为气象要素。影响道路交通大气污染的气象要素主要有大气压、气温、湿度、风、云、辐射和能见度。

(1)大气压。

大气压指大气的压强,它是空气分子运动在任何表面的单位面积上所产生的压力,它的大小会受到高度、密度、温度等的影响。国际单位制通用单位为帕斯卡(Pa),常用单位有百帕(hPa)、千帕(kPa)、毫米水银柱高度(mm·Hg)等。当出现高气压时,大气气流稳定,不利于污染物迁移扩散;当出现低气压时,大气气流不稳定,有利于污染物迁移扩散。

(2)气温。

气温指大气的温度,是表示大气冷热程度的量,一般指地面以上1.25~2m之间的大气温度。在一定容积内,相同质量的空气温度只与气体分子运动的平均动能有关,即该动能与绝对温度成正比。因此,空气冷热的程度,实质上是空气分子平均动能的表现。当空气获得热量时,其分子运动的平均速度增大,平均动能增加,气温也就升高。反之,当空气失去热量时,其分子运动的平均速度减小,平均动能随之减少,气温降低。习惯以摄氏温度(℃)表示温度,也可用华氏温度(℉)表示,理论研究工作中则常用绝对温度(K)表示。

由于地球旋转作用以及距地面不同高度的各层大气对太阳辐射吸收程度上的差异,使得描述大气状态的温度等气象要素在垂直方向上呈不均匀分布。通常把大气温度沿垂直高度的分布,称为大气温度层结,简称气温层结。

气温随高度变化的快慢用气温递减率来表示。气温递减率是指单位高差(通常取100m)气温变化的负值,其数学表达式为: $\gamma = -\frac{\partial T}{\partial Z}$。其中, γ 为气温递减率(℃/m), T 为温度(℃), Z 为高度(m)。

大气边界层中气温层结有四种典型情况:

①气温随高度的增加而递减,即 $\gamma > 0$,称为正常分布层结或递减层结。气温随高度变化的分布多数是这种分布;

②气温递减率等于或近似等于干绝热递减率(dry adiabatic lapse rate, γ_d),指空气块绝热上升时,因周围气压的减少而体积膨胀,用内能反抗外力引起的温度下降,即 $\gamma = \gamma_d$,称为中性层结;

③气温随高度增加而增加,即 $\gamma<0$,称为气温逆转,简称逆温;

④气温随高度增加而不变化,即 $\gamma=0$,称为等温层结。

在以上四种气温层结中,逆温最不利于污染物迁移扩散。

(3) 湿度。

湿度是反映空气中水汽含量和空气潮湿程度的物理量。常用的描述大气湿度的物理量有水汽压和饱和水汽压、相对湿度、饱和差、比湿等。相对湿度是空气中的实际水汽压与同温度下饱和水汽压的比值,用百分数表示,可以直接反映空气中水蒸气的饱和状态。当水汽压不变时,气温升高,饱和水汽压增大,相对湿度降低。通常,不同大小的湿度对污染物迁移扩散作用差异较大,而颗粒物因具有吸湿性,其理化特性受湿度影响较大。

(4) 风。

气象学上把空气的水平运动称为风、空气的垂直运动称为升、降气流。风是矢量,常用风向和风速描述其特征。

风向是指风的来向,风向的表示方法有方位表示法、角度表示法。方位表示法中,东风是指从东方吹来的风。角度表示法用角度表示风向,把圆周分成360°,北风是0°,东风是90°,南风是180°,西风是270°,其余的风向为与北风顺时针旋转的夹角。

风速是指单位时间内空气在水平方向移动的距离,单位用 m/s 表示。最大风速是指某个时段内出现的最大 10min 的平均风速值,极大风速值是某个时段内的最大瞬时风速。气象站给出的通常是距离地面 10m 高处的风速。

空气运动是在力的作用下产生的,风主要受三个力的影响:气压梯度力、地转偏向力、摩擦力。由于这些力在不同高度上的组合不同,产生风速随高度的变化。风速随高度的分布曲线即风速廓线,又称平均风速梯度或风剖面,是风的重要特性之一。近地面几种常见的风速廓线如图2-2所示。

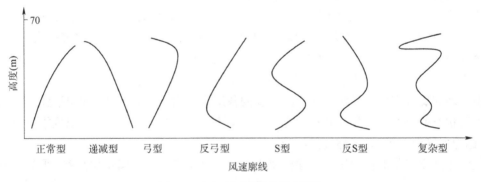

图 2-2 近地面几种常见的风速廓线

风速廓线受地形、层结稳定度、大型天气形势等的影响,在垂直方向上呈不同的分布规律。风速廓线有多种数学表达式,常用的风速廓线模式有对数律风速廓线模式和幂函数风速廓线模式两种。

①对数律风速廓线模式。对数律风速廓线模式用于近地层(100m 以下)中性层结条件下,精度较高。其模式为

$$\bar{u}=\frac{u^*}{k}\ln\frac{z}{z_0} \tag{2-1}$$

式中：$\bar{u}$——计算高度 z 处的平均风速，m/s；
　　u^*——摩擦速度，m/s；
　　k——卡门常数，0.4；
　　z_0——地面粗糙度，m。

②幂函数风速廓线模式。幂函数风速廓线模式适用范围较广，其模式为

$$\bar{u} = \overline{u_1}\left(\frac{z}{z_1}\right)^m \tag{2-2}$$

式中：$\bar{u}$——计算高度 z 处的平均风速，m/s；
　　$\overline{u_1}$——已知高度 z_1 处的已知平均风速，m/s；
　　m——幂指数，一般是地面粗糙度和气温层结的函数。

(5) 云。

云是由飘浮在空气中的大量小水滴或小冰晶或两者的混合物构成。云的生成、外形特征、数量、分布及其演变不仅反映了大气运动状态，还能预测天气。描述云的物理量主要有云状和云量。

云状是指云的形状，包括云的尺度，在空间的分布情况、形状、结构、灰度和透光程度。我国按云底高度将云分为低云、中云、高云三族：高云距地高度在 6km 以上，完全由冰晶组成；中云在 2.5~6km 间高空，属于冰水混合云；低云高度在 2.5km 以下，基本是水滴组成。

云量是指云遮蔽天空视野的成数，通常用分数、几成或几个云量单位来表示。云量单位是将天空视野圆面分为 10 等份，云块遮蔽天空的份数称为云量单位。例如，碧空无云，云量为 0，天空一半为云所覆盖，则云量为 5。云量越多，表示云层越厚，对地面的遮盖和保温作用越强，同时，也会影响太阳辐射对地面的影响。

(6) 辐射。

辐射指太阳、地球和大气辐射的总称。通常称太阳辐射为短波辐射，地球和大气辐射为长波辐射。观测的物理量主要是辐射能流率，或称辐射通量密度或辐射强度，即照射到面元上的辐射通量与该面元面积之比，标准单位是瓦每平方米（W/m^2）。测量各种辐射分量的仪器有：绝对日射表、天空辐射表、直接日射表、净辐射仪等。

气象上常测定以下几种辐射：

①总辐射（太阳辐射/短波辐射），包括太阳直接辐射、太阳散射辐射（天空辐射/漫射辐射）；

②地球辐射（长波辐射），指由地球（包括大气）放射的辐射；

③净辐射，指向下和向上（太阳和地球）辐射之差。

(7) 能见度。

能见度指视力正常的人在当时的天气条件下，能从天空背景中看到和辨认目标物（黑色、大小适度）轮廓的最大水平距离；夜间则是能看到和确定一定强度灯光的发光点的最大水平距离。影响能见度的因子主要有大气透明度、灯光强度和视觉感阈。大气能见度与当时的天气条件密切相关，当出现降雨、雾、霾、沙尘暴等天气过程时，大气透明度较低，因此能见度较差。测量大气能见度可使用大气透射仪、激光能见度自动测量仪等测量仪器。

2.1.3.2　气象条件对大气污染的影响

一个地区的污染物向大气中的排放总量，在一定时期内变化不大，但是大气环境中污染物浓度往往变化很大，主要原因是气象条件不同。影响大气污染的气象因素主要是气象动力因素和气象热力因素。

(1) 气象动力因素。

气象动力主要是指风和湍流,它们对污染物在大气中的稀释和扩散起着决定性作用。

风受温度与大气压的影响如图 2-3 所示。风把污染物从污染源向下风方向输送的同时,还起着把污染物扩散稀释的作用。一般地,污染物在大气中的浓度与污染物排放量成正比,与风速成反比。如风速增大一倍,在下风的污染物浓度将减少一半。此外,在大气边界层,风切变还影响湍流强度及性质,对扩散产生间接作用。其他气象因子(如大气稳定度等)都是通过风及湍流间接影响大气污染的。

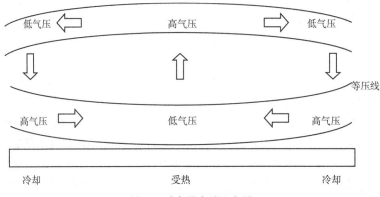

图 2-3 大气的水平运动-风

湍流是流体的一种流动状态。图 2-4 所示为大气湍流,空气的流线出现不规则波浪状摆动,风速时大时小,在主导风向上也会出现上下左右阵性搅动。大气湍流是大气的基本运动形式之一,是污染物浓度降低的主要原因。大气湍流的主要效果是混合,它使污染物在随风飘移过程中不断向四周扩展,将周围清洁空气卷入烟气中,同时将烟气带到周围空气中,使得污染物浓度不断降低。

(2) 气象热力因素。

气象热力因素主要指大气层结和大气稳定度。大气层结指大气垂向的气温分布状况,其决定着大气的稳定度,大气的稳定程度又影响着湍流的强度,是影响大气污染的一个重要因素。

空气上层冷下层暖,大气在垂直方向不稳定时对流作用显著,能使污染物在垂直方向上扩散稀释。在近地的低层大气,有时出现气温分布与标准大气情况下的气温分布相反,即气温随高度的增加而增加的温度逆增情况,称为逆温层,如图 2-5 所示。逆温层的出现,使近地低层大气上部热、下部冷,大气稳定,不能发生对流作用,使大气污染物不能在垂直方向扩散稀释,因而容易造成大气污染。

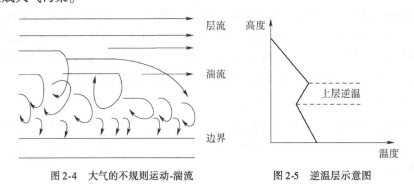

图 2-4 大气的不规则运动-湍流　　图 2-5 逆温层示意图

如果大气中空气块受到了外力作用,产生了向上或向下运动,当外力去除后可能发生三种情况:

①气块逐渐减速并有返回原来位置的趋势,称这种大气是稳定的;

②气块加速上升或下降,称这种大气是不稳定的;

③气块立即停止运动或做等速直线运动,称这种大气是中性的。

大气静力稳定度(简称稳定度)是表示大气抗干扰能力的物理量。一般来讲,不稳定的大气扩散能力强,其次是中性的大气,稳定的大气扩散能力最弱。判断大气稳定度的方法主要用气温递减率 γ 与干绝热递减率 γ_d 之差来判断:当 $\gamma - \gamma_d > 0$ 时,大气是不稳定的;当 $\gamma - \gamma_d = 0$ 时,大气是中性的;当 $\gamma - \gamma_d < 0$ 时,大气是稳定的。

2.1.3.3 地形对大气污染的影响

地形地势对大气污染物的扩散和浓度分布有重要影响。地形地势千差万别,但对大气污染物扩散的影响本质上都是通过改变局部地区气象条件(流场和温度层结等)来实现的。地形或地面状况复杂的地区,会形成局部地区的热力环流,如山区的山谷风、滨海地区的海陆风以及城市风等,都会对该地区的大气污染状况发生影响,不同地形下风的运动如图2-6所示。

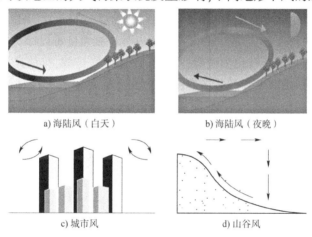

a) 海陆风(白天)　　b) 海陆风(夜晚)

c) 城市风　　d) 山谷风

图 2-6　不同地形下风的运动

对于山谷地区,山脉的阻滞作用,对风速也有很大影响,尤其是封闭的山谷盆地,因四周群山的屏障影响,往往是静风、小风频率占很大比例,不利于大气污染物的扩散。大气污染物,以烟气为例,在运行时,碰到高的丘陵和山地,在迎风面会发生下沉作用,引起附近地区的污染。烟气如越过丘陵,在背风面出现涡流,污染物聚集,也会形成严重污染。在山间谷地和盆地地区,烟气不易扩散,常在谷地和坡地上回旋。特别在背风坡,气流做螺旋运动,污染物最易聚集,浓度就更高。夜间,由于谷底平静,冷空气下沉,暖空气上升,易出现逆温,整个谷地在逆温层覆盖下,烟云弥漫,经久不散,易形成严重污染。

位于沿海和沿湖的城市,白天烟气随着海风和湖风运行,在陆地上易形成"污染带"。此外,地面是一个凹凸不平的粗糙曲面,当气流沿地面流过时,必然要同各种地形地物发生摩擦作用,使风向风速同时发生变化,其影响程度与各障碍物的体积、形状、高低有密切关系。

城市中的高层建筑物、体形大的建筑物和构筑物,都能造成气流在小范围内产生涡流,阻碍气流运动,减小平均风速,降低近地层风速梯度,并使风向摆动很大,近地层风场变得很不规则。一般规律是建筑物背风区风速下降,在局部地区产生涡流,不利于气体扩散。

2.2 机动车尾气排放监测与计算

2.2.1 影响机动车尾气成分的因素

机动车尾气排放是指燃料在发动机内部燃烧并释放出有害污染物的过程,主要与发动机参数、混合气成分、工况等因素有关,此外,燃油品质也会影响尾气的排放。由于汽油机、柴油机燃烧特点不同,它们生成的污染物以及影响污染物排放的因素也不同。本小节分别以汽油机、柴油机为例,介绍影响尾气排放的因素。

2.2.1.1 发动机类型

汽车发动机是为汽车提供动力的装置,是汽车的心脏,决定着汽车的动力性、经济性、稳定性和环保性。根据动力来源不同,汽车发动机可分为柴油发动机、汽油发动机。汽油机排放主要有 NO_x,HC,CO,经过三元催化转换器(Three-way Catalyst Converter,TWC)转化,汽车在良好的运行工况下,尾气排放较少。柴油机因为空气和柴油混合不均匀,一部分是富氧状态形成大量 NO_x,一部分则是缺氧状态,形成 PM 和 CO,所以会排放大量难以净化的有害物。电动汽车电机运行中,由蓄电池化学能转化为动能,不直接产生尾气排放,排放来源于化石能源发电过程。混合动力汽车尤其是插电式混合动力汽车发展较为成熟,相对纯燃油汽车碳排放更低。

2.2.1.2 空燃比

空燃比是混合气中空气与燃料之间质量的比例,是影响燃烧效率和污染物浓度的重要物理量。图 2-7 所示为空燃比对 CO、HC 和 NO 生成浓度的关系。

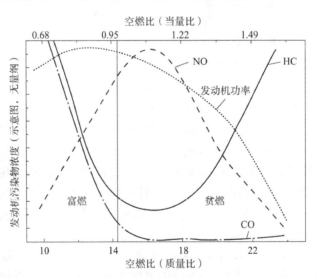

图 2-7 污染排放物与空燃比的关系

随着空燃比下降,混合气变浓,燃烧时氧气不足,不完全燃烧生成物 CO、HC 增加。在空燃比不小于 14.7 时,CO 浓度很低,但随着空燃比增大,因为混合气不均匀造成局部缺氧,仍有少量 CO 生成。同时,因 CO 氧化反应速度慢,燃烧温度下降,使 HC 浓度也增加。NO 浓度峰值出现在空燃比不小于14.7,表示高NO生成率必须兼具高温、富氧两个条件。HC生成变化规律则是两侧高、中间低:当混合气逐渐变稀时,在缝隙容积与激冷层中混合气燃料比例减小,因此,HC量减少。但当混合气过稀时,火焰有可能熄灭,因此,HC的生成量又会上升。

2.2.1.3 工况

汽车发动机主要在瞬态工况下运行,包括加速、匀速巡航、减速和怠速等。由于混合气浓度不同,不同工况下的污染物排放量相差很大(表2-2)。怠速工况与减速工况是HC生成的主要工况:在怠速工况下,燃烧温度较低,缸内残余废气量较大,燃烧条件恶化,HC排放浓度增加;在减速工况下,很高的进气管真空度使进气管内沉积的燃料油膜大量蒸发,这是HC增加的重要原因。加速工况是NO_x生成的主要工况,加速工况使发动机负荷增大,汽缸内燃烧温度升高导致高浓度NO_x生成。CO生成的主要原因是工况快速变化导致的空燃比波动,当空燃比波动至富燃时,过量燃料不完全燃烧生成大量CO。

2.2.1.4 油品

油品质量直接影响机动车的尾气排放水平。目前,欧洲和美国等做的研究主要是分析油品质量对不同技术类型车辆污染物排放的影响。硫是原油中天然存在的元素,若炼油过程中未进行脱硫处理,汽油将受到硫的污染。硫的存在会降低三元催化转换器的净化效率,导致尾气中的HC、CO和NO_x等有害物质的排放量增加。此外,辛烷值是衡量汽油抗爆性能的重要指标,高辛烷值汽油具有较强的抗爆燃能力,有助于减少发动机爆燃可能,从而降低NO_x排放。烯烃在汽油中作为提高辛烷值的成分,但其热稳定性较差,易产生胶质并沉积在进气系统中,影响燃烧效果并增加排放。烯烃还是光化学烟雾的前体物,其蒸发排放至大气中可能引发光化学反应,导致光化学污染。

2.2.2 机动车尾气的监测方法

机动车尾气排放物对大气污染造成危害,对这些排放物进行准确监测对于后续控制措施的制定有着重要意义。机动车辆尾气排放物的监测可分为台架测试、车载式监测、路面遥测、视频监测等。

2.2.2.1 台架测试

台架测试分为工况监测法和怠速监测法。

(1)工况监测法。

工况监测法是指按照常用的工况模型测量或检测汽车燃油、排放等性能的一种试验方法。常用的工况监测法包括简易工况法、驾驶循环测试法等。

我国《汽油车污染物排放限值及测量方法(双怠速法及简易工况法)》(GB 18285—2018)中的简易工况法测试内容包括:稳态工况法、瞬态工况法和简易瞬态工况法,对新生产汽车下线排放检测,生产企业可以选择采用三种方法的任意一种。简易工况法是将车辆置于底盘测功机上,车辆按规定速度在底盘测功机的滚筒上"行驶"。驱动轮带动滚筒转动,底盘测功机会按照检测标准事先设定向滚筒,最终向驱动轮施加一定的负荷,来模拟汽车道路行驶阻力。车辆按一定的速度、克服一定的阻力"行驶"完试验工况,同时测量尾气中污染物含量。以我国现行的简易瞬态工况法为例,测试主要根据GB 18285—2018中的"瞬态工况运转循环"表依次操作规定的分解运动状态,如怠速、加速、减速、匀速和加减挡等操作,在每一分解运动状态下需维持相应的时长、加(减)速度或车辆速度等指标。国内外简易工况法主要有:瞬态加载 IM195 法、稳态加载加速模拟 ASM 法、瞬态加载 VMAS 法和柴油车加载减速 LUGDOWN 法。

驾驶循环测试法是一种模拟实际驾驶条件的测试方法,与简易工况法不同,驾驶循环测试法通过预设的车速曲线来模拟城市、郊区或高速公路等不同道路环境下的驾驶行为与交通状态,包括频繁的加减速、怠速和巡航等工况。驾驶循环测试法能够更真实地反映车辆在实际道路行驶中的排放情况,有助于更准确地评估车辆的排放性能。主流的驾驶循环包括新欧洲驾驶循环(New European Driving Cycle,NEDC)、全球轻型汽车测试循环(Worldwide Light-duty Vehicle Test Cycle,WLTC)和中国轻型汽车测试循环(China Light-duty Vehicle Test Cycle,CLTC)等。这些测试程序通过标准化的驾驶循环,确保测试结果的可比性和一致性,为车辆排放控制提供科学依据。

工况监测法所需设备至少包括能模拟加速惯量和等速负荷的底盘测功机、五气分析仪和气体流量分析仪组成的取样分析系统、流量测量系统、发动机转速计、车载诊断系统(On-Board Diagnostics,OBD)、冷却装置、气象站和自动控制系统。

(2)怠速监测法。

《汽油车污染物排放限值及测量方法(双怠速法及简易工况法)》(GB 18285—2018)规定,双怠速法测试适用场景包括:新生产汽车下线检测中,对于无法手动切换两驱驱动模式的全时四驱车和适时四驱等车辆;生态环境主管部门对在用汽车进行的监督抽测以及无法使用简易工况法的车辆。

双怠速监测法是在怠速工况和高怠速工况下进行的测试方法。怠速工况指汽车发动机最低稳定转速工况,即离合器处于接合位置、变速器处于空挡位置(对于自动变速器的车应处于"停车"或"P"挡位);加速踏板处于完全松开位置。高怠速工况指用加速踏板将发动机转速稳定控制在标准规定的高怠速转速下。轻型汽车的高怠速转速规定为 2500 ± 200r/min,重型车的高怠速转速规定为 1800 ± 200r/min。

怠速工况测试法比较简便,不需要特殊的试验台,应用便携的测定仪器,在交通路口的验车处就可以进行测试。因此,怠速法在各国都广泛应用。在怠速工况下,机动车辆排气中主要污染物是 CO 和 HC。因此,怠速法只监测车辆排气中的 CO 和 HC,同时,发动机在高怠速转速工况时,过量空气系数应在 1.00 ± 0.05 范围内。

2.2.2.2 车载式监测

车载排放测试系统(Portable Emission Measurement System,PEMS)主要作用是对在道路实际行驶的车辆进行排放测试。如图 2-8 所示,设备通过与汽车尾气管道相连的取样口采集和同步检测污染物的浓度,包括 CO、HC、NO_x、颗粒物浓度或个数等,同时,通过与 OBD 连接,读取发动机及车辆的运行状态参数,如发动机转速、进气管压力、进气温度以及车辆速度等。对于没有内置 OBD 接口的车辆,可以在发动机的相应位置使用传感器得到发动机转速、进气管压力和进气管温度等参数。该测试手段以往多用于科学研究,目前也用于国Ⅵb 排放标准的实际行驶排放测试(Real Driving Emission,RDE),改善车辆在实际使用状态下的排放控制水平,有利于监管,能够有效防止实际排放超标的作弊行为。

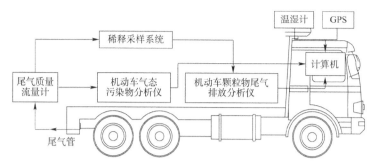

图 2-8 车载式排放监测设备示意图

2.2.2.3 路面遥测

路面遥测指运用遥测式机动车尾气排放检测技术,实现对路面行驶的机动车尾气排放状况在线监测,如图 2-9 所示,其原理是利用光源向道路对面的光学反光镜发送紫外光和红外光,光学反光镜会将其反射到检测器中。由于机动车尾气会吸收光线,因此,在机动车行驶通过这些光束时,会改变透射光的强度,检测器根据捕捉得到的光强变化从而实现对 NO_x、HC 和 CO 浓度的监测。具体而言,检测器主要对汽车尾气的各相对浓度进行测量,例如 NO/CO_2、HC/CO_2、CO/CO_2 等,再依据一定的公式进行推导计算,从而得出尾气中各种气体的绝对浓度。因此,当行驶的车辆处于化学计量空燃比燃烧状态时,则能够取得更好的遥测效果。

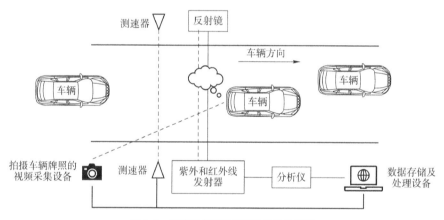

图 2-9 遥感技术测试机动车排放示意图

遥感装置不需要接触被测车辆,因此能够快速识别重污染车辆,而且能够测量汽车的加速度和速度,可以有效地避免非正常运行对汽车监测准确性所造成的影响。装置通过拍摄汽车尾部的图像和车辆牌照,能够在计算机中记录与汽车排放相关的数据,例如车辆的型号、制造厂家、车主、生产年份等,以此判断该汽车是否存在排放控制问题。

2.2.2.4 视频监测

"黑烟车辆"是典型的高污染车辆,同时也是 $PM_{2.5}$、PM_{10}(粒径小于 $10\mu m$ 的颗粒物)等颗粒物的主要贡献者,在道路移动源污染排放方面,柴油车贡献比例较高。伴随着城市交通摄像头数量的不断增加和计算机视觉技术的发展,以视频监控为基础的黑烟车自动检测方法成为主流,通过设置在路面截面上的高清摄像机,运用先进的林格曼灰度法、光流法、动态背景分离法等技术,对行驶在道路上的黑烟车辆进行识别和抓拍,实现 24 小时无人值守、自动检测黑烟车辆、抓取上传凭证等功能。

2.2.3 尾气排放量计算

在道路交通对大气污染成因解析、污染溯源分析、改善交通空气质量决策、汽车检验排放法规实施效果检验、交通规划与管控治理措施成效评估等方面,均须对大气环境中机动车污染物的排放量进行计算。因此,机动车尾气排放量计算是一项重要的基础工作。

2.2.3.1 污染物排放量的计算方法

常用的尾气污染物排放量的计算方法有两种:实测法和排放系数法。

(1)实测法。

实测法是通过气体分析仪实时连续对发动机排气组分进行测量,一般将采样探头插入排气管,对排气取样后送入气体分析仪得到各气体组分浓度,再通过废气质量计算其中某污染物的排放量。计算公式为

$$m_i = C_i Q \tag{2-3}$$

式中:m_i——尾气中污染物的排放量,kg;

C_i——机动车尾气中污染物的质量浓度,kg(污染物)/kg(排气);

Q——废气的总排放量,kg。

由于实测法是从实地测定中得到的数据,因而比其他方法更接近实际排放量,这是实测法最主要的优点,适用于微观层次个体车辆的排放计算,但实测法必须要解决好实测数据代表性不足的问题。为此,常对单车进行重复测量,获取某组分多次测量结果。对于污染物的实测浓度 C 的取值有两种情况:

①如果废气流量 Q 只有一个测定值,而污染物的浓度 C_i 反复测定多次,则污染物的浓度 C_i 取算术平均值;

②如果废气流量 Q 与污染物浓度 C_i 同时反复多次测定,此时废气流量 Q 取算术平均值,而污染物的浓度 C_i 则应根据废气流量 Q 大小取加权算术平均值。

(2)排放系数法。

道路机动车排放量(E)主要包括尾气排放(E_1)和 HC 蒸发排放(E_2)两部分。其计算公式为

$$E = E_1 + E_2 \tag{2-4}$$

道路机动车尾气排放量的计算公式为

$$E_1 = \sum_i P_i \times EF_i \times VKT_i \times 10^{-6} \tag{2-5}$$

式中:E_1——机动车排放源 i 对应的 CO、HC、NO_x、$PM_{2.5}$ 和 PM_{10} 的年排放量,t;

EF_i——i 类型机动车行驶单位距离尾气所排放的污染物的量,g/km;

P——所在地区 i 类型机动车的保有量,辆;

VKT_i——为 i 类型机动车的年均行驶里程,km/辆。

该方法既适用于城市在宏观层面计算机动车年排放总量,也可用于微观层面的排放模拟。对于可采集交通流数据的城市,可将公式中参数分辨率与交通流参数分辨率相对应,分时段、分区域计算,加和得到年排放量。

不同于燃烧效率不足导致的 HC 尾气排放,HC 蒸发排放源于非燃烧过程的物理挥发。燃

油因温度变化(如昼夜温差、高温环境)等因素通过油箱壁渗透或挥发造成 HC 蒸发排放,在行驶及驻车期间均会产生,其排放量按照下式进行计算

$$E_2 = \left(EF_i \times \frac{VKT}{V} + EF_2 \times 365\right) \times P \times 10^{-6} \qquad (2-6)$$

式中:E_2——每年行驶及驻车期间的 HC 蒸发排放量,t;

EF_i——机动车行驶过程中的蒸发排放系数,g/h;

VKT——当地车辆的单车年均行驶里程,km;

V——机动车运行的平均行驶速度,km/h;

EF_2——驻车期间的综合排放系数,包括热浸、昼间和渗透排放系数,g/d;

P——当地以汽油为燃料的机动车保有量,辆。

2.2.3.2 机动车排放的尾气系数计算方法

机动车排放系数指机动车单位行驶里程的大气污染排放量,机动车尾气的排放系数计算公式为

$$EF_{i,j} = BEF_i \times \varphi_j \times \gamma_j \times \lambda_i \times \theta_i \qquad (2-7)$$

式中:$EF_{i,j}$——i 类车在 j 地区的排放系数;

BEF_i——i 类车的综合基准排放系数;

λ_i——i 类车的劣化修正因子;

θ_i——i 类车的其他使用条件的修正因子;

φ_j——j 地区的环境修正因子;

γ_j——j 地区的平均速度修正因子。

综合基准排放系数 BEF 参考清华大学和中国环境科学研究院起草编制,于 2015 年发布的《道路机动车大气污染物排放清单编制技术指南(试行)》(本节中简称《指南》),分车型、排放标准、燃油类型、污染物类型进行取值。环境修正因子 φ_j 考虑温度、湿度、海拔等因素进行计算,修正公式为

$$\varphi_j = \varphi_{Temp} \times \varphi_{RH} \times \varphi_{Height} \qquad (2-8)$$

式中:φ_{Temp}——温度修正因子;

φ_{RH}——湿度修正因子;

φ_{Height}——海拔修正因子。

温度、湿度、海拔的修正因子可参考上述《指南》。

道路交通状况修正因子 γ_j 则是依据车辆的平均运行速度进行修正,可以分为小于 20km/h、20~30km/h、30~40km/h、40~80km/h 和大于 80km/h 五个速度区间。公交车一般按照小于 20km/h 进行修正。柴油车和汽油车平均速度修正因子同样存在差异,具体参考表 2-3 和表 2-4。

汽油车平均速度修正因子 γ_j 表 2-3

污染物	速度区间(km/h)				
	<20	20~30	30~40	40~80	>80
CO	1.69	1.26	0.79	0.39	0.62
HC	1.68	1.25	0.78	0.32	0.59

续上表

污染物	速度区间（km/h）				
	<20	20~30	30~40	40~80	>80
NO_x	1.38	1.13	0.90	0.86	0.96
$PM_{2.5}$、PM_{10}	1.68	1.25	0.78	0.32	0.59

柴油车平均速度修正因子 γ_j　　　表2-4

污染物	排放标准	速度区间（km/h）				
		<20	20~30	30~40	40~80	>80
CO	国Ⅰ前-国Ⅲ	1.43	1.14	0.89	0.54	0.61
	国Ⅳ-国Ⅴ	1.29	1.10	0.93	0.70	0.61
HC	国Ⅰ前-国Ⅲ	1.41	1.13	0.90	0.61	0.41
	国Ⅳ-国Ⅴ	1.38	1.12	0.91	0.64	0.48
NO_x	国Ⅰ前-国Ⅲ	1.31	1.08	0.93	0.74	0.66
	国Ⅳ-国Ⅴ	1.39	1.12	0.91	0.60	0.28
$PM_{2.5}$、PM_{10}	国Ⅰ前-国Ⅲ	1.22	1.08	0.93	0.71	0.49
	国Ⅳ-国Ⅴ	1.36	1.12	0.91	0.65	0.48

劣化修正因子 λ_i 则是依据车辆的使用年限确定。其他使用条件的修正因子 θ_i 则考虑实际油品的含硫量、乙醇掺混汽油的乙醇掺混度和柴油车载重对机动车污染物排放的影响。两者具体取值都可查询《指南》中的修正因子表获取。

由于《指南》尚未公开发布国Ⅵ排放标准车辆的排放因子，在实际应用中，可根据较国Ⅴ排放法规而言、国Ⅵ排放法规中规定的各污染物浓度限值变化率进行推算。

2.2.3.3　常见排放模型

由于机动车尾气排放量计算的广泛需求，各国根据自身情况发展了不同的机动车排放计算模型，建模基本思路是建立机动车尾气排放与其影响因素之间的数量关系或物理关系。首先，研究者根据机动车污染物排放的物理化学原理，借助各种测试手段，对影响机动车污染排放的主要因素进行判断和识别。然后，模型针对所识别的主要影响因素，设计机动车污染排放测试方案，对在各影响因素作用下机动车的排放进行测试。在获取样本足够的测试数据之后，模型通过数学统计和物理分析等方法描述机动车在各影响因素作用下的排放特征和规律，并据此构建机动车污染排放模型。按照计算模型建模尺度差异，可分为宏观排放模型和微观排放模型。

（1）宏观模型。

MOBILE 6.2 和 EMFAC 是最早出现的一代机动车排放因子模型，分别由美国国家环境保护局（Environmental Protection Agency，EPA）和加州空气资源局（California Air Resources Board，CARB）开发。它们建模思路和方法类似，对基于 FTP（Federal Test Procedure）的台架测试结果进行统计回归，综合考虑汽车的行驶里程、技术水平、劣化系数、行驶速度、气温、审查维护（Inspection/Maintenance，I/M）制度以及燃油品质等因素对排放的影响。然而，该类模型弱化了行驶特征这一影响机动车排放的重要因素，仅用平均速度来表征行驶工况对排放的影响，采用速度修正因子来修正非FTP工况下的基础排放。其中,速度修正因子是FTP工况与非FTP工况的平均速度差异与两种工况下排放水平差异的函数,如图2-10所示。同时,该类模型还包括欧洲早期开发的COPERT模型。

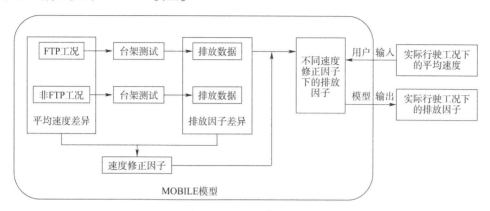

图2-10 MOBILE模型结构

MOBILE模型基于基础排放因子和两个假设,分别是同年代或相同控制技术的车辆排放水平相似以及基础排放劣化与驾驶里程增加呈线性,将部分车辆的测试排放因子外推至同类型车队。

$$E_j = BEF_j \times \prod_i CF_{i,j} \tag{2-9}$$

式中:i——修正因素的种类;

j——车辆类型;

E_j——j类型车修正后的排放因子,g/km;

BEF_j——j类型车基础排放因子,g/km;

$CF_{i,j}$——j类车第i种修正系数。

尽管如此,由于这类基于平均速度的模型的数据要求相对较低,模拟宏观尺度的机动车排放具有很强优势,所以,该类模型仍被广泛应用。在模型技术引入我国的早期,我国研究者利用已修正的MOBILE模型来研究北京、上海、南京等地区的机动车排放问题,并应用于上述地方政府的环境空气质量改善决策支持。

(2)微观模型。

①基于速度-加速度的统计模型。对机动车行驶状态最直观的描述方法是建立速度-加速度矩阵。因此,最简便的微观建模方法是根据实验数据计算和检索相应矩阵中的每一个速度和加速度单元,从而给出平均排放率值。MODEM模型是这类方法的代表,该模型将油耗排放数据依据"速度"和"速度加速度乘积"进行聚类,在预测瞬时油耗排放时按照"速度"和"速度加速度乘积"组合进行选择和计算数值。

②基于机动车比功率的模型。机动车比功率(Vehicle Specific Power, VSP)的物理意义是机动车瞬态输出功率与机动车质量的比值(单位为kW/t),该值成为EPA开发新一代机动车排放模型的主要参数之一,是联系机动车运行工况与排放水平之间的重要中间变量。VSP综合考虑机动车在行驶过程中动能和势能的变化,以及克服地面摩阻力和空气阻力所做的功,基本计算表达式如式(2-10)。对轻型车而言,通过确定经验系数,VSP计算公式可进一步简化为式(2-11)。

$$\text{VSP} = \frac{\dfrac{d(KE+PE)}{dt} + F_r v + F_A v}{m} \tag{2-10}$$

$$\text{VSP} = v[1.1a + 9.81(\text{atan}(\sin\theta)) + 0.132] + 0.000302 v^3 \tag{2-11}$$

式中：KE——车辆动能，N·m；

PE——车辆势能，N·m；

F_r——摩擦阻力，N；

F_A——空气阻力，N；

m——车辆质量，kg；

v——车辆行驶速度，m/s；

a——车辆行驶瞬态加速度，m/s^2；

θ——道路坡度，°。

这类模型的代表之一是 IVE 模型，其结构如图 2-11 所示。IVE 模型核心算法基于 MOBILE 模式，通过对上万套 EPA、CARB 和 UCR 的台架测试数据进行处理，得到基于 FTP 工况的基础排放因子。但是，在处理行驶特征这个重要影响因素时，IVE 模型改变了 MOBILE 模型基于平均速度的校正方法，主要采用 VSP 和发动机负载(Engine State，ES)两个代用参数对非 FTP 工况下的机动车排放进行模拟，其中，ES 与机动车瞬时速度和发动机前 20s 历史平均 VSP 有关。该方法利用 VSP 与 ES 将机动车运行工况分为 60 个状态元，每个状态元对应一个排放因子，建立机动车运行工况与排放速率或因子的关系。通过对比目标工况和 FTP 工况的状态单元分布，计算得到目标工况下机动车的排放值。式(2-12)为运行工况修正后的排放因子。

$$E = BEF \times \left(\sum_i BIN_i \times CF_i \right) \tag{2-12}$$

式中：E——修正后的排放因子，g/km；

BEF——基础排放因子，g/km；

i——状态元编号；

BIN_i——编号为 i 的状态元分布频率，%；

CF_i——编号为 i 的状态元的速度修正因子。

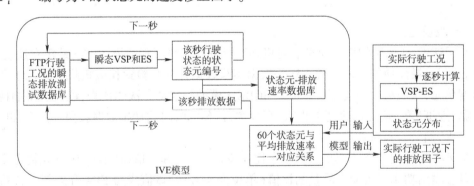

图 2-11 IVE 模型结构

最早清华大学环境工程系利用车载排放测试系统对北京、天津等 9 个城市百余辆轻型车进行测试，并引入 VSP 和 ES 的概念建立中国城市机动车排放因子模型。欧洲一些研究机构也通过实测数据结合 IVE 排放模型，在考虑车辆使用强度、行驶轨迹、驾驶模式、环境变量和车辆技术的条件下,开发了高时空分辨率的重型车排放因子。

美国 EPA 在 2001 年后研发的新一代排放模型 MOVES 模型则采用"VSP-速度"作为运行工况分组代用参数,根据速度区分运行、怠速、制动行为。在工况运行修正方面,IVE 与 MOVES 模型在工况划分上不同,但对工况修正的方法是相似的。

采用 VSP 作为行驶状态的代用参数的优势在于:经多种测试结果验证,机动车瞬态排放随 VSP 呈现较强的规律性变化;综合考虑机动车行驶过程中的速度、加速度和道路坡度等变化,其代表性要优于目前常用的其他代用参数,如 MOBILE 模式中的平均速度。但基于机动车比功率的模型所需车辆实际运行工况参数分辨率高,对数据要求比宏观模型要高。

③基于功率需求的物理模型。为了克服基于数学统计方法建模的模型不能解析车辆排放原理的不足,诸多研究工作从车辆功率需求角度出发建立模型。

较典型的模型是美国加州大学河边分校开发的 CMEM 模型(Comprehensive Modal Emission Model),该模型通过车辆行驶模式和发动机运行参数计算逐秒排放,能够与交通仿真模型较好地结合。CMEM 模型需要输入一系列车辆设计参数以及行驶中的变量,具体分为六个计算模块,包括发动机功率模块、发动机转速模块、空燃比模块、油耗模块、发动机排放模块、催化通过率模块,关键模块为发动机功率模块。最终排放量是燃油消耗率、发动机排放率和催化转换器排放通过率三个核心参数的乘积。CMEM 模型目前应用较少,因其对发动机参数依赖较高,参数设置复杂且获取成本较高,难以实现大规模车辆排放的计算。

EMIT 模型是由英国剑桥环境研究咨询公司基于 CMEM 模型开发,它与 CMEM 模型有着相同的排放数据库和算法,重点考虑轻型车作为计算对象,且仅设置发动机排放和尾气管排放两个模块,直接建立时变催化率和发动机排放之间的分段线性函数。

2.3 道路交通大气污染物扩散模型与计算

大气污染物在空间中的散布是在大气边界层的湍流流场中进行的,或者说其散布过程就是大气输送与扩散的结果。因此,利用大气污染扩散模型可以进行道路交通大气污染的预测。所谓大气污染扩散模型,是指利用数学模型,结合一定的假设条件,选取一系列参数,计算模拟实际情况下的大气污染物扩散迁移状况。此模型可用来预测在给定的污染物排放强度和气象条件下某种污染物的时间和空间分布,主要包括点源扩散模型和线源扩散模型。

2.3.1 经典扩散模型

2.3.1.1 高斯点源扩散模型

在大量的实测资料基础上,应用湍流统计理论得出了污染物在大气呈现近似高斯正态分布特征。虽然污染物浓度在实际大气扩散中不能严格符合正态分布的前提条件,但大量小尺度扩散试验证明,正态分布是一种可以接受的近似分布形态。

接下来阐述高斯点源扩散模型构建过程。

(1)高斯模式坐标系及其假设。

①坐标系。高斯模型的坐标系规定为:排放点源在地面上的投影点为坐标原点;平均风向为 x 轴且下风方向为 x 轴的正向;y 轴在水平面内垂直于 x 轴且 y 轴的正向在 x 轴的左侧;z 轴

垂直于水平面且 z 轴正向向上。该坐标系为右手坐标系。

②四点假设。高斯模型的四点假设为：a. 污染物在空中按高斯分布(正态分布)；b. 在整个空中风速是均匀的、稳定的，且风速大于 1m/s；c. 源强是连续均匀的；d. 在扩散过程中污染物质量是守恒的。

(2)点源扩散高斯模型。

①无限空间连续点源的高斯模型。由污染物正态分布的假设，下风向任一点的污染物平均浓度分布函数为

$$C(x,y,z) = A(x)\exp(-ay^2) \cdot \exp(-bz^2) \tag{2-13}$$

由概率统计理论，其方差的表达式为

$$\begin{cases} \sigma_y^2 = \dfrac{\int_0^\infty y^2 c \mathrm{d}y}{\int_0^\infty c \mathrm{d}y} \\[2mm] \sigma_z^2 = \dfrac{\int_0^\infty z^2 c \mathrm{d}z}{\int_0^\infty c \mathrm{d}z} \end{cases} \tag{2-14}$$

由假设 d. 可写出污染物的源强 Q 为

$$Q = \int_{-\infty}^{\infty} \int_{-\infty}^{\infty} \bar{u} c \mathrm{d}y \mathrm{d}z \tag{2-15}$$

式(2-13)~式(2-15)组成一个方程组。其中，源强 Q、平均风速 $\bar{u}$、扩散参数 σ_y 和 σ_z 为已知量，浓度 $C(x,y,z)$、函数 $A(x)$、系数 a 和 b 为未知量。经推导计算，便得到无限空间连续点源污染物扩散的高斯模型为

$$C = \frac{Q}{2\pi \bar{u} \sigma_y \sigma_z} \exp\left(-\left(\frac{y^2}{2\sigma_y^2} + \frac{z^2}{2\sigma_z^2}\right)\right) \tag{2-16}$$

式中：σ_y——横向扩散参数，m；

σ_z——垂直扩散参数，m；

$\bar{u}$——平均风速，m/s；

Q——污染物源强，g/s。

②高架连续点源高斯模型。高架连续点源的扩散问题，必须考虑地面对扩散的影响。它的坐标系和假设条件同前所述，并假定地面像镜面一样对污染物起到全反射的作用。按全反射原理，可以用"像源法"来处理这类问题。如图 2-12 所示，下风向任意 P 点的污染物浓度可看成由位置 $(0,0,H)$ 的实源和位置 $(0,0,-H)$ 的像源在 P 点所构成的污染物浓度之和。

a. 实源的作用。P 点在以实源排放点(有效源高处)为原点的坐标系中，它的垂直坐标(距烟流中心线的垂直距离)为 $z-H$。当不考虑地面影响时，实源在 P 点所造成的污染物浓度为

$$C_1 = \frac{Q}{2\pi \bar{u} \sigma_y \sigma_z} \exp\left(-\left(\frac{y^2}{2\sigma_y^2} + \frac{(z-H)^2}{2\sigma_z^2}\right)\right) \tag{2-17}$$

式中：H——排放源的高度，m；

z——接收点(计算点)的高度，m。

b. 像源的作用。P 点在以像源排放点(负的有效源高处)为原点的坐标系中，它的垂直坐

标为 $z+H$。像源在 P 点所产生的污染物浓度为

$$C_2 = \frac{Q}{2\pi\bar{u}\sigma_y\sigma_z}\exp\left(-\left(\frac{y^2}{2\sigma_y^2}+\frac{(z+H)^2}{2\sigma_z^2}\right)\right) \qquad (2\text{-}18)$$

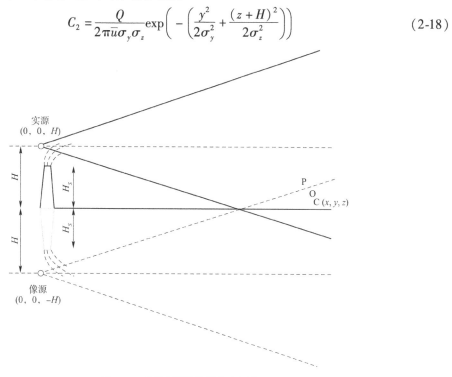

图 2-12　高架点源扩散模式示意图

P 点的实际浓度为实源和像源的作用之和（$C=C_1+C_2$），即

$$C = \frac{Q}{2\pi\bar{u}\sigma_y\sigma_z}\exp\left(\frac{-y^2}{2\sigma_y^2}\right)\left[\exp\left(\frac{-(z-H)^2}{2\sigma_z^2}\right)+\exp\left(\frac{-(z+H)^2}{2\sigma_z^2}\right)\right] \qquad (2\text{-}19)$$

排放点有效高度是指点源实际高度与排放气体抬升高度之和。其余各符号的物理意义与式(2-16)相同。式(2-19)为高架连续点源污染物的扩散模型。由该模型可求出下风向任一点的污染物浓度。

ⓐ地面浓度扩散模式。地面浓度扩散模式可由式(2-19)在 $z=0$ 的情况下得到，即

$$C = \frac{Q}{\pi\bar{u}\sigma_y\sigma_z}\exp\left(\frac{-y^2}{2\sigma_y^2}\right)\exp\left(\frac{-H^2}{2\sigma_z^2}\right) \qquad (2\text{-}20)$$

ⓑ地面轴线浓度扩散模式。地面浓度是以 x 轴为对称的，x 轴上具有最大值，向两侧(y 方向)逐渐减小。地面轴线浓度模式可由式(2-20)在 $y=0$ 的情况下得到，即

$$C = \frac{Q}{\pi\bar{u}\sigma_y\sigma_z}\exp\left(\frac{-H^2}{2\sigma_z^2}\right) \qquad (2\text{-}21)$$

ⓒ地面连续点源扩散模式。地面连续点源扩散模式可由式(2-19)排放源高度 $H=0$ 时得到，即

$$C = \frac{Q}{\pi\bar{u}\sigma_y\sigma_z}\exp\left(-\left(\frac{y^2}{2\sigma_y^2}+\frac{z^2}{2\sigma_z^2}\right)\right) \qquad (2\text{-}22)$$

2.3.1.2　线源扩散模型

当排放源沿一方向连续排放时，点源可以视为线源。在道路上由机动车辆排气所形成的

大气污染源(车流量>100辆/h)可以看作是线源。线源扩散模型主要有两类:无限长线源扩散模型和有限长线源扩散模型。

(1)无限长线源扩散模型。

一条平直的足够长的繁忙道路,可以看作为一无限长连续线源。图 2-13 所示为线源坐标系示意图,设 x 轴的正向为主导风向的下风方向,x 轴与无限长线源的交点为坐标原点。在水平面内 y 轴垂直于 x 轴,y 轴正向位于 x 轴的左侧。垂直向上为 z 轴正向。

一无限长线源可看成是由无限多个点源组成,每个点源的源强可以用单位长线源源强表示。无限长线源在某一空间点产生的污染物浓度,相当于无限长线源上的所有点源(单位长度线源)在该空间点产生的污染物浓度之和,它相当于一个点源在该空间点产生的污染物浓度对 y 轴的积分。因此,把点源扩散高斯模型式(2-16)对变量 y 积分,可得无限长线源扩散模型。

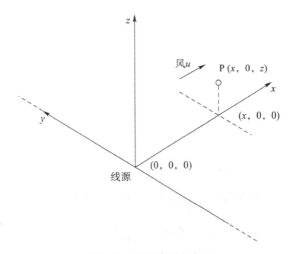

图 2-13 线源坐标系示意图

①风向与线源垂直时的无限长线源扩散模型。当风向与线源垂直时,取 x 轴与风向平行,y 轴为线源方向,其扩散模式为

$$C_{垂直} = \frac{Q_L}{2\pi \bar{u} \sigma_y \sigma_z}\left[\exp\left(\frac{-(z-H)^2}{2\sigma_z^2}\right) + \exp\left(\frac{-(z+H)^2}{2\sigma_z^2}\right)\right]\int_{-\infty}^{\infty}\exp\left(\frac{-y^2}{2\sigma_y^2}\right)dy$$
$$= \frac{Q_L}{2\sqrt{2\pi}\bar{u}\sigma_z}\left[\exp\left(\frac{-(z-H)^2}{2\sigma_z^2}\right) + \exp\left(\frac{-(z+H)^2}{2\sigma_z^2}\right)\right] \quad (2\text{-}23)$$

式中:Q_L——线源单位长度源强,mg/s·m。

②风向与线源平行时的无限长线源扩散模型。当风向与线源平行时,取 x 轴为线源方向。在 $\dfrac{\sigma_z}{\sigma_y}$=常数($B$)、$\sigma_y = ax$ 条件下的扩散模型为

$$C_{平行} = \frac{Q_L}{\sqrt{2\pi}\bar{u}\sigma_z}\exp\left(\frac{-y^2}{2\sigma_y^2}\right)\left[\operatorname{erf}\left(\frac{r_1}{\sqrt{2}\sigma_y(x-x_0)}\right) - \operatorname{erf}\left(\frac{r_1}{\sqrt{2}\sigma_y(x+x_0)}\right)\right]$$
$$\operatorname{erf}(\eta) = \frac{2}{\sqrt{\pi}}\int_0^{\eta} e^{-x^2}dx, \quad r_1^2 = y^2 + \frac{(z-H)^2}{B} \quad (2\text{-}24)$$

式中:erf——误差函数,用于表示高斯分布的积分。

③风向与线源呈任意夹角。风向与线源呈任意夹角(φ)时,用简单的内插方法,计算无限长线源两侧的污染物浓度

$$C_\varphi = \sin^2\varphi C_{垂直} + \cos^2\varphi C_{平行} \tag{2-25}$$

扩散参数 σ_y、σ_z 与地面风、大气稳定度及距线源的横向距离等有关,影响浓度呈高斯分布的形态,一般表达为

$$\begin{cases} \sigma_y = \gamma_1 x^{a_1} \\ \sigma_z = \gamma_2 x^{a_2} \end{cases} \tag{2-26}$$

式中系数 γ_1、γ_2 和指数 a_1、a_2 可参照表2-5和表2-6。

横向扩散参数幂函数表达式系数值,$\sigma_y = \gamma_1 x^{a_1}$　　　　表2-5

稳定度	α_1	γ_1	下风距离(m)	稳定度	α_1	γ_1	下风距离(m)
A	0.901074 0.850934	0.425809 0.602052	0~1000 >1000	D	0.929418 0.888723	0.110726 0.146669	1~1000 >1000
B	0.914370 0.865014	0.281846 0.396353	0~1000 >1000	D~E	0.925118 0.892794	0.0985631 0.124308	1~1000 >1000
B~C	0.919325 0.875086	0.229500 0.314238	0~1000 >1000	E	0.920818 0.896864	0.0864001 0.101947	1~1000 >1000
C	0.924279 0.885157	0.177154 0.232123	1~1000 >1000	F	0.929418 0.888723	0.0553634 0.0733348	0~1000 >1000
C~D	0.926849 0.886940	0.143940 0.189396	1~1000 >1000	—	—	—	—

垂直扩散参数幂函数表达式系数值,$\sigma_z = \gamma_2 x^{a_2}$　　　　表2-6

稳定度	α_2	γ_2	下风距离(m)	稳定度	α_2	γ_2	下风距离(m)
A	1.12154 1.51360 2.10881	0.0799904 0.00854771 0.000211545	0~300 300~500 >500	D	0.826212 0.632023 0.55536	0.104634 0.400167 0.810763	0~1000 1000~10000 >10000
B	0.964435 1.09356	0.127190 0.057025	0~500 >500	D~E	0.776864 0.572347 0.499149	0.111771 0.5289922 1.03810	0~2000 2000~10000 >10000
B~C	0.941015 1.00770	0.114682 0.0757182	0~500 >500	E	0.788370 0.565188 0.414743	0.0927529 0.433384 1.73421	0~1000 1000~10000 >10000
C	0.917595	0.106803	>0	F	0.784400 0.525969 0.322659	0.0620765 0.370015 2.40691	0~1000 1000~10000 >10000
C~D	0.838628 0.756410 0.815575	0.126152 0.235667 0.136659	0~2000 2000~10000 >10000	—	—	—	—

在道路交通大气污染物浓度预测计算中,大气稳定度对污染物扩散影响很大。大气越不稳定,就越有利于污染物扩散,使得污染物浓度降低;反之,大气越稳定,不利于污染物扩散,易造成污染,空气质量下降。我国《制定地方大气污染物排放标准的技术方法》(GB/T 3840—1991)中,关于大气稳定度的分类方法见表2-7。关于太阳辐射等级与地区云量和太阳高度角等的关系,可参阅该标准的相关规定。稳定度的级别规定是:A-极不稳定;B-不稳定;C-微不稳定;D-中性;E-微稳定;F-稳定;A~B-按 A、B 级数据内插,其余类推。

大气稳定度的等级 表2-7

地面风速* (m/s)	太阳辐射等级					
	+3	+2	+1	0	-1	-2
≤1.9	A	A~B	B	D	E	F
2~2.9	A~B	B	C	D	E	F
3~4.9	B	B~C	C	D	D	E
5~5.9	C	C~D	D	D	D	D
≥6.0	D	D	D	D	D	D

注:*地面风速指距离地面10m 高度处10min 平均风速。如使用气象台(站)资料,其观测规则与中国气象局规则相同。

(2)有限长线源扩散模型。

估算有限长线源产生的环境大气污染物浓度时,必须考虑有限长线源两端的"边缘效应"。随着接受点距有限长线源距离的增加,"边缘效应"将在更广泛的横风范围内产生影响。当风向垂直于线源时,通过接收点作垂直于线源的直线(x轴),直线的下风方向为 x 轴正向,线源的范围从 y_1 到 y_2,则有限长线源地面浓度扩散模型为

$$C = \frac{\sqrt{2} Q_L}{\sqrt{\pi} \bar{u} \sigma_z} \exp\left(\frac{-H^2}{2\sigma_z^2}\right) \int_{P_1}^{P_2} \frac{1}{\sqrt{2\pi}} \exp(-0.5p^2) \mathrm{d}p$$

$$P_1 = \frac{y_1}{\sigma_y}; P_2 = \frac{y_2}{\sigma_y} \tag{2-27}$$

【例2-1】 风向与一足够长的平直道路垂直,大气为D类稳定度,平均风速为4m/s,最大车流量为8000辆/h,排放 CO 的速率为39mg/(m·辆),扩散参数 $\sigma_z = 0.104 x^{0.826}$。计算道路下风向100m 处的 CO 浓度。

解: 把该道路看作无限长线源,且线源的有效高度 $H = 0$。

单位线源的源强为: $Q_L = 39 \times 8000/3600 = 86.67 [\mathrm{mg/(s \cdot m)}]$。

大气扩散参数: $\sigma_z = 0.104 \times 100^{0.826} = 4.67 (\mathrm{m})$。

道路下风向100m 处的 CO 浓度为: $C = \frac{\sqrt{2} Q_L}{\sqrt{\pi} \bar{u} \sigma_z} = \frac{\sqrt{2} \times 86.67}{\sqrt{\pi} \times 4 \times 4.67} = 3.70 (\mathrm{mg/m^3})$。

2.3.2 计算流体力学模型

经典的扩散模型在建立之初,并没有考虑城市的复杂密集建筑物场景,因此,扩散模型忽略错综复杂的建筑物对机动车尾气扩散的影响。除此之外,城市更加复杂的空间布局带来了

更高的浓度计算结果的精度要求。因此,计算流体力学(Compute Fluid Dynamic,CFD)被引入机动车尾气扩散的浓度分布计算中。

2.3.2.1 流体与 CFD

流体通常指气体和液体,不同于固体,流体在施加剪切力的时候会发生形变。CFD 是使用计算机求解流体控制方程的方法。以机动车尾气为例,尾气排出后,附近的空气流动发生改变,在这物理现象的背后,其风速、压力、温度等物理量遵循着相关物理定律。将这些物理定律写成数学中的偏微分方程形式,进行求解。目前,CFD 的解析解存在与否暂未得到证明,只能进行数值求解。

2.3.2.2 控制方程

CFD 的控制方程建立在流体力学的三大基本控制方程中:连续性方程,动量方程,能量方程。连续性方程来源于质量守恒方程,动量方程来源于牛顿第二定律,能量方程来源于能量守恒方程。控制方程的基本假设:流体是连续介质,忽略流体的随机分子运动。

(1) 连续性方程。

对于一长 dx,宽 dy,高 dz 的立方体微团,体积 $dV = dxdydz$。有密度 ρ,则无穷小微团质量 $dm = \rho dxdydz$。质量随时间 t 的变化为

$$\frac{\partial dm}{\partial t} = \frac{\partial \rho dxdydz}{\partial t} = \frac{\partial \rho}{\partial t}dxdydz \tag{2-28}$$

流体在 x 方向速度为 u,y 方向速度为 v,z 方向速度为 w。那么,微团在 x 方向上单位时间的质量变化为

$$\rho u dydz - \left(\rho u + \frac{\partial \rho u}{\partial x}\right)dydz = -\frac{\partial \rho u}{\partial x}dxdydz \tag{2-29}$$

同理可得 y 方向上单位时间质量的变化为

$$-\frac{\partial \rho v}{\partial y}dxdydz \tag{2-30}$$

z 方向上单位时间质量变化为

$$-\frac{\partial \rho w}{\partial z}dxdydz \tag{2-31}$$

依据质量守恒方程

$$\frac{\partial \rho}{\partial t}dxdydz = -\left(\frac{\partial \rho u}{\partial x} + \frac{\partial \rho v}{\partial y} + \frac{\partial \rho w}{\partial z}\right)dxdydz \tag{2-32}$$

得到连续性方程

$$\frac{\partial \rho}{\partial t} + \frac{\partial \rho u}{\partial x} + \frac{\partial \rho v}{\partial y} + \frac{\partial \rho w}{\partial z} = 0 \tag{2-33}$$

(2) 动量方程。

对无穷小微团进行受力分析,流体的无穷小微团受力可分为体积力和表面力。微团在三个方向上的受力 F 为

$$F = \begin{bmatrix} \left(-\frac{\partial p}{\partial x} + \frac{\partial \tau_{xx}}{\partial x} + \frac{\partial \tau_{yx}}{\partial y} + \frac{\partial \tau_{zx}}{\partial z}\right)dxdydz \\ \left(-\frac{\partial p}{\partial y} + \frac{\partial \tau_{xy}}{\partial x} + \frac{\partial \tau_{yy}}{\partial y} + \frac{\partial \tau_{zy}}{\partial z}\right)dxdydz \\ \left(-\frac{\partial p}{\partial z} + \frac{\partial \tau_{xz}}{\partial x} + \frac{\partial \tau_{yz}}{\partial y} + \frac{\partial \tau_{zz}}{\partial z}\right)dxdydz \end{bmatrix} \tag{2-34}$$

式中：p——压力，Pa；

τ——剪切应力，Pa，第一个下标表示作用于与该方向垂直的平面，第二个下标表示力的方向。

同时，流体微团在三个方向的加速度为

$$\begin{bmatrix} \dfrac{Du}{Dt} \\ \dfrac{Dv}{Dt} \\ \dfrac{Dw}{Dt} \end{bmatrix} \tag{2-35}$$

对 x 方向有动量方程

$$\rho dxdydz\dfrac{Du}{Dt} = \left(-\dfrac{\partial p}{\partial x} + \dfrac{\partial \tau_{xx}}{\partial x} + \dfrac{\partial \tau_{yx}}{\partial y} + \dfrac{\partial \tau_{zx}}{\partial z}\right)dxdydz$$

$$\rho\dfrac{Du}{Dt} = -\dfrac{\partial p}{\partial x} + \dfrac{\partial \tau_{xx}}{\partial x} + \dfrac{\partial \tau_{yx}}{\partial y} + \dfrac{\partial \tau_{zx}}{\partial z} \tag{2-36}$$

同理，y 方向有

$$\rho\dfrac{Dv}{Dt} = -\dfrac{\partial p}{\partial y} + \dfrac{\partial \tau_{xy}}{\partial x} + \dfrac{\partial \tau_{yy}}{\partial y} + \dfrac{\partial \tau_{zy}}{\partial z} \tag{2-37}$$

z 方向有

$$\rho\dfrac{Dw}{Dt} = -\dfrac{\partial p}{\partial z} + \dfrac{\partial \tau_{xz}}{\partial x} + \dfrac{\partial \tau_{yz}}{\partial y} + \dfrac{\partial \tau_{zz}}{\partial z} \tag{2-38}$$

2.3.2.3　机动车尾气扩散模拟

机动车尾气的扩散受到诸多因素影响，例如城市建筑物、气象、排放源强。对于道路的排放，一般将排放源视为线源。道路交通污染物源强度依据《指南》进行计算为

$$Q = \sum EF_i \times Q_i \times L \tag{2-39}$$

式中：Q——线源排放强度，kg/s；

EF_i——指南推荐排放因子，kg/(km·辆)；

Q_i——小时车流量，辆/h；

L——对应道路长度，km。

机动车在排放尾气的时候，运动过程也会诱发空气流动和湍流(Vehicle Induced Turbulence，VIT)，同样对污染物的传输扩散产生影响。湍流计算公式为

$$VIT = \dfrac{\rho C_d A_T \eta_T v^3}{B \cdot H} \tag{2-40}$$

式中：VIT——车辆诱导湍流动能，kg/(s·m³)；

ρ——空气密度，kg/m³；

C_d——车辆平均阻力系数，无量纲；

A_T——车辆平均迎风面积，m²；

η_T——交通流密度，辆/km；

v——车辆速度，m/s。

2.4 机动车排放污染物的危害与主要环境标准

2.4.1 机动车排放污染物的危害

机动车排放的污染物不但对环境造成污染,更对人的身体健康造成危害。机动车排放的主要污染物有:CO、NO_x、HC、颗粒物、CO_2 等,它们大部分是有害有毒物质,有些还带有强烈刺激性,甚至有致癌作用。

2.4.1.1 CO 的危害

CO 是无色、无刺激的有毒气体。CO 经呼吸道吸进入肺部被血液吸收后,能与血液中的血红蛋白(Hb)结合成碳氧血红蛋白(COHb)。CO 与 Hb 的亲和力比 O_2 大 250 倍,一经形成离解很慢,使血液失去传送氧的功能,发生低氧血症,因而导致人体内各组织缺氧。当人体血液中 COHb 含量为 20% 左右时就会引起中毒,当含量达 60% 时可因窒息而死亡。

2.4.1.2 NO_x 的危害

NO_x 是发动机有一定负荷时大量产生的一种褐色有刺激性气味的废气,主要成分是 NO 和 NO_2。发动机废气刚排出时,气体中存在的 NO 毒性较小,但容易被氧化成毒性较大的 NO_2 和其他氮氧化合物。NO_x 进入肺泡后能形成亚硝酸和硝酸,对肺组织产生剧烈的刺激作用。

NO_x 与 HC 受阳光中紫外线照射后发生化学反应,形成有毒的光化学烟雾。当光化学烟雾中的光化学氧化剂超过一定浓度时,具有明显的刺激性。它能刺激眼结膜,引起流泪并导致红眼症,同时对鼻、咽、喉等器官均有刺激作用,能引起急性喘息症,可以使人呼吸困难、眼红喉痛、头脑晕沉,造成中毒。光化学烟雾还具有损害植物、降低大气能见度、损坏橡胶制品等危害。我国的成都、上海于 1995 年发生了光化学烟雾,北京和南宁分别于 1998 年和 2001 年也发生过光化学烟雾事件。

2.4.1.3 HC 的危害

机动车辆尾气中所含的 HC 有百余种,其中大部分对人体健康的直接影响并不明显,但它是发生光化学烟雾的重要物质。排气中对人体健康危害较大的 HC 主要是醛类(甲醛、丙烯醛)和多环芳烃(苯并[a]芘等)。甲醛和丙烯醛对鼻、眼和呼吸道黏膜有刺激作用,可引起结膜炎、鼻炎、支气管炎等症状,它们还有难闻的臭味。甲醛刺激阈的主观指标为 $2.4mg/m^3$,当空气中甲醛浓度为 $5mg/m^3$ 时,接触的人立即出现血压降低倾向。甲醛还有致敏作用,使人发生变态反应疾病,苯并芘则是一种强致癌物质。

2.4.1.4 颗粒物的危害

由发动机排放出的颗粒物有三个来源,一是不可燃物质,二是可燃的但未进行燃烧的物质,三是燃烧生成物。燃烧过程排出的颗粒物质的组成中大部分是固态炭,火焰中形成的固体炭粒子称为炭黑。炭黑可以在燃烧气体燃料时形成,但更多的则是在燃烧液体燃料时形成。颗粒物质的组成中除炭黑外,还有 HC、硫化物和含金属成分的灰分等。含金属成分的颗粒物主要来自燃料中的抗爆剂、润滑油添加剂以及运动产生的磨屑等,柴油发动机燃料燃烧不完全时,其内含有大量的黑色炭颗粒。炭烟不仅本身对人的呼吸系统有害,而且炭烟粒的孔隙中往往吸附着 SO_2 及有致癌作用的多环芳香烃等物质。

颗粒物中的 $PM_{2.5}$,会深入到肺部的细支气管和肺泡,对呼吸系统造成直接伤害,引起呼吸道疾病,如哮喘、慢性阻塞性肺病,同时它们能进入血液循环,影响心血管系统的功能,增加患癌风险,影响儿童呼吸系统发育。颗粒物中的 PM_{10} 在吸入时可能导致刺激和损伤呼吸道,引发哮喘、支气管炎等呼吸系统问题,同时引起眼睛的刺激,导致眼部不适和炎症。颗粒物的危害主要体现在对呼吸系统的影响,对心血管系统的威胁以及对环境和气候的不良影响。因此,颗粒物的监测和控制对于保护人类健康和维护环境质量至关重要。

2.4.1.5 CO_2 的危害

CO_2 为无色无毒气体,对人体无直接危害。然而,随着大气中的 CO_2 浓度大幅度增加,它作为温室气体能够吸收红外热辐射,从而导致温室效应加剧。这会导致全球气温升高,南北极冰层融化,海平面上升以及沙漠化加剧,从而破坏人类和动植物赖以生存的生态环境。因此,近年来对 CO_2 排放的控制已成为汽车排放研究的重点之一。提高汽车燃油经济性和推广小排量汽车成为减少 CO_2 排放的关键措施。

2.4.2 环境空气质量标准

为贯彻《中华人民共和国环境保护法》和《中华人民共和国大气污染防控法》,保护和改善生活环境、生态环境,保障人民身体健康,我国在1982年制定了《大气环境质量标准》(GB 3095—1982),1996年第一次修订为《环境空气质量标准》并代替 GB 3095—1982,2000年第二次修订,2012年第三次修订。《环境空气质量标准》(GB 3095—2012)于2016年1月1日起正式实施,2018年第四次进行部分修改。

《环境空气质量标准》(GB 3095—2012)中规定了环境空气功能区分类、标准分级、污染物项目、平均时间及浓度限值、监测方法、数据统计的有效性规定及实施与监督等内容。环境空气功能区分为二类:一类区为自然保护区、风景名胜区和其他需要特殊保护的区域;二类区为居住区、商业交通居民混合区、文化区、工业区和农村地区。环境空气质量标准分为二级:一类区执行一级标准,二类区执行二级标准。各级环境大气污染物各项目浓度限值见表2-8和表2-9。表中的年平均是指一个日历年内各日平均浓度的算术平均值,季平均是指一个日历季内各日平均浓度的算术平均值,24小时平均是指一个自然日24小时平均浓度的算术平均值,1小时平均是指任何1小时污染物浓度的算术平均值,O_3 的日最大8小时平均是指其日最大8小时平均浓度值的算术平均值。标准中的污染物浓度均为质量浓度。

环境大气污染物基本项目浓度限值 表2-8

序号	污染物项目	平均时间	浓度限值		单位
			一级	二级	
1	SO_2	年平均	20	60	$\mu g/m^3$
		24小时平均	50	150	
		1小时平均	150	500	

续上表

序号	污染物项目	平均时间	浓度限值 一级	浓度限值 二级	单位
2	NO_2	年平均	40	40	$\mu g/m^3$
		24 小时平均	80	80	
		1 小时平均	200	200	
3	CO	24 小时平均	4	4	mg/m^3
		1 小时平均	10	10	
4	O_3	日最大 8 小时平均	100	160	$\mu g/m^3$
		1 小时平均	160	200	
5	PM_{10}	年平均	40	70	$\mu g/m^3$
		24 小时平均	50	150	
6	$PM_{2.5}$	年平均	15	35	$\mu g/m^3$
		24 小时平均	35	75	

环境大气污染物其他项目浓度限值 表 2-9

序号	污染物项目	平均时间	浓度限值 一级	浓度限值 二级	单位
1	总悬浮颗粒物(TSP)	年平均	80	200	$\mu g/m^3$
		24 小时平均	120	300	
2	NO_x	年平均	50	50	
		24 小时平均	100	100	
		1 小时平均	250	250	
3	铅(Pb)	年平均	0.5	0.5	
		季平均	1	1	
4	苯并[a]芘(BaP)	年平均	0.001	0.001	
		24 时平均	0.0025	0.0025	

2.4.3 机动车污染物排放标准

机动车污染物排放影响公众的身体健康和环境保护等长远利益,但往往与其自身的动力性、经济性以及制造商生产成本、利润等短期目标和局部利益存在矛盾。因此,污染物排放控制技术研发和工作推进始终在各国政府和国际约定的一系列排放标准的指导和管控下开展。

20 世纪 50 年代后世界各国经济迅速发展,汽车产量和保有量迅速增长,机动车排放污染物的危害逐渐被发现和重视。美国、日本和欧洲等主要的工业化国家和地区从 20 世纪 60 年代开始先后颁布了各项排放法规:从限制 CO 和 HC 排放开始,逐渐扩大到 NO_x;先管制量大面广的车用汽油机,逐渐覆盖到车用柴油机,再扩大到其他燃料类型的发动机;先控制气体排放物,逐渐把烟度和颗粒物排放物也涵盖进来;先控制车用汽油机怠速排放和车用柴油机自由加速烟度排放,后逐渐扩大到实际行驶工况下的污染物排放控制。同时,逐步制定和完善法定的排放测试方法,并随着控制技术的进步,不断加严法规规定的各项污染物排放限值。

我国从20世纪80年代开始进行汽车的排放控制,总体参考和借鉴欧盟(Euroean Union, EU)排放法规体系,并根据我国经济和社会发展的现状,先后颁布了一系列法规,并不断修订排放限值及测试方法,从无到有逐步建立起我国汽车排放控制体系,具体情况如下。

轻型汽车排放标准于1997年7月发布,经过多次修正。第一阶段:GB 18352.1—2001等同于欧Ⅰ标准,从2001年1月1日起实施;第二阶段:GB 18352.2—2001等同于欧Ⅱ标准,从2004年7月1日起实施;第三、四阶段:GB 18352.3—2005等同于欧Ⅲ标准、欧Ⅳ标准,于2007年7月1日起实施;第五阶段:GB 18352.5—2013等同于欧Ⅴ标准,自2018年1月1日起实施;第六阶段:GB 18352.6—2016等同于欧Ⅵ标准,2020年7月1日起实施。排放标准具体实施时间见表2-10。

汽车排放标准实施时间 表2-10

标准	实施时间		
	轻型汽油车	重型柴油和燃气车	
国Ⅰ	1999—2002	2000—2002	
国Ⅱ	2003—2005	2003—2005	
国Ⅲ	2006—2008.2	2006—2013.6	
国Ⅳ	2008.3—2013.2	公交、环卫、邮政等重型柴油和燃气车	2008.7—2015.7
		其余行业重型柴油和燃气车	2013.7—2015.7
国Ⅴ	2013.3—2019.12	重型燃气车、公交、环卫等重型柴油车	2015.8—2019.6
		其余行业重型柴油车	2015.8—2019.12
国Ⅵ	2020.7至今	2019.7至今	

重型压燃式发动机标准于2000年6月发布GB 17691—2001,第一阶段:相当于欧Ⅰ标准,自2000年9月1日实施;第二阶段:相当于欧Ⅱ标准,自2003年9月1日实施;第三、四、五阶段:于2005年5月发布GB 17691—2005,分为Ⅲ、Ⅳ、Ⅴ阶段,基本相当于欧Ⅲ标准、欧Ⅳ标准、欧Ⅴ标准并分别于2007年、2010年和2012年施行;第六阶段:于2018年7月发布GB 7691—2018,2019年起实施。

重型点燃式发动机标准于2002年发布GB 14762—2002,第一阶段:2002年7月1日实施;第二阶段:2003年9月1日实施;2008年发布GB 14762—2008,分为Ⅲ、Ⅳ阶段,分别于2009年7月1日和2012年7月1日实施。重型压燃式和点燃式发动机标准实施参考见表2-11。

重型压燃式/点燃式发动机标准 表2-11

标准	实施时间	标准号	标准名称
国Ⅰ	1999年	GB 17691—1999	《压燃式发动机和装用压燃式发动机的车辆排气污染物限值及测试方法》
国Ⅱ	2001年	GB 17691—2001	《车用压燃式发动机排气污染物排放限值及测量方法》
国Ⅲ	2007年	GB 17691—2005	《车用压燃式、气体燃料点燃式发动机与汽车排气污染物排放限值及测量方法(中国Ⅲ、Ⅳ、Ⅴ阶段)》

续上表

标准	实施时间	标准号	标准名称
国Ⅳ	2010年	GB 17691—2005	《车用压燃式、气体燃料点燃式发动机与汽车排气污染物排放限值及测量方法(中国Ⅲ、Ⅳ、Ⅴ阶段)》
国Ⅴ	2012年	GB 17691—2005	《车用压燃式、气体燃料点燃式发动机与汽车排气污染物排放限值及测量方法(中国Ⅲ、Ⅳ、Ⅴ阶段)》
国Ⅵ	2019年	GB 17691—2018	《重型柴油车污染物排放限值及测量方法(中国第六阶段)》

轻型汽车同样需要进行五类试验，包括常温下冷起动后排气污染物排放、实际行驶污染物排放、曲轴箱污染物排放、蒸发污染物排放、污染控制装置耐久试验。对于Ⅰ型试验，即常温下冷起动后排气污染试验分为6a、6b两阶段，具体限值见表2-12和表2-13。

轻型车Ⅰ型试验排放限值(6a阶段) 表2-12

车辆类别		测试质量 (TM)(kg)	限值						
			CO (mg/km)	THC (mg/km)	NMHC (mg/km)	NO_x (mg/km)	N_2O (mg/km)	PM (mg/km)	PN[1] (个/km)
第一类车		全部	700	100	68	60	20	4.5	6.0×10^{11}
第二类车	Ⅰ	TM≤1305	700	100	68	60	20	4.5	6.0×10^{11}
	Ⅱ	1305<TM≤1760	880	130	90	75	25	4.5	6.0×10^{11}
	Ⅲ	60<TM	1000	160	108	82	30	4.5	6.0×10^{11}

注：2020年7月1日前，汽油车过渡限值为6.0×10^{12}个/km。

轻型车Ⅰ型试验排放限值(6b阶段) 表2-13

车辆类别		测试质量 (TM)(kg)	限值						
			CO (mg/km)	THC (mg/km)	NMHC (mg/km)	NO_x (mg/km)	N_2O (mg/km)	PM (mg/km)	PN[1] (个/km)
第一类车		全部	500	50	35	35	20	3.0	6.0×10^{11}
第二类车	Ⅰ	TM≤1305	500	50	35	35	20	3.0	6.0×10^{11}
	Ⅱ	1305<TM≤1760	630	65	45	45	25	3.0	6.0×10^{11}
	Ⅲ	1760<TM	740	80	55	50	30	3.0	6.0×10^{11}

注：2020年7月1日前，汽油车过渡限值为6.0×10^{12}个/km。

2.5 道路交通大气污染防控

2.5.1 道路交通大气污染控制技术

2.5.1.1 发动机结构的改进

对机动车的发动机结构进行改进可以有效减少机动车尾气中污染物的含量。主要手段集中在改进发动机的燃烧系统、燃油喷射系统及进排气系统。

改进燃烧系统主要有分层燃烧技术和稀薄燃烧技术。分层燃烧是指在发动机中将燃油混合气分成浓、稀两部分进行充分燃烧。在分层燃烧系统中,使进入汽缸的混合气浓度依次分层,在火花塞周围充有易于点燃的浓混合气(空燃比为12~13.5)以保证可靠的点火,在燃烧室的其余大部分区域为稀混合气。这样,燃烧室内总平均空燃比大于18,以减少CO和NO_x的排放量。稀薄燃烧是指发动机可以燃用汽油含量很低的可燃混合气,其空燃比可以达到65:1。理论上混合气越稀,内燃机热力循环越接近空气循环(理论循环),等熵指数值越大,热效率越高。在均质燃烧模式下,燃油蒸发效果更好,同时,蒸发的吸热过程降低了混合气温度,使得发动机产生爆震的可能性大幅降低,因此,压缩比可以适当增加,能在实现稀混合气稳定燃烧的同时,增大燃烧速度,以实现快速燃烧,获得高的热效率和降低排污量。

改进燃油喷射主要是汽油直接喷射技术和电子控制汽油喷射系统。汽油直接喷射技术,简称缸内直喷,顾名思义,就是把汽油直接喷射到汽缸内。发动机采用汽油喷射系统的最大优点是使各缸的喷油量非常均匀,并且能按照发动机的使用状况和不同工况,精确地供给发动机所需的最佳混合气空燃比。它可以在较稀的混合气条件下工作,从而减少HC和CO的排放量。该技术可以提高功率约10%,节省燃料5%~10%。电子控制汽油喷射系统的采用,每缸的喷油量控制得更精确,混合气空燃比控制得更严格,使CO和HC的排放量降到最低,但NO_x的排放量会显著升高。再采用NO_x的机外净化技术,可以获得减少CO、HC、NO_x排放量的效果。电子控制汽油喷射系统可按照运行工况的不同,控制混合气的空燃比和点火时刻,也可以控制二次空气喷射及废气再循环等,并可考虑各种因素对柴油机性能的影响,从而减少CO、NO_x的排放量。

涡轮增压技术利用废气能量压缩进气,以提高进气密度,可以全面改善发动机的排放指标、动力性和经济性等综合性能。涡轮增压系统是由涡轮增压器和中冷器两部分组成,通过涡轮增压器压缩空气,由中冷器对压缩后的空气进行冷却。在提高发动机功率输出的同时,降低了发动机压缩始点的温度和整个循环的平均温度,从而降低发动机的NO_x排放和排气温度。此外,涡轮增压技术可以提高小排量发动机功率,使动力总成小型化和轻量化,进一步降低车辆行驶过程中的CO_2排放。

2.5.1.2 废气净化装置

对机动车发动机排出的废气进行净化处理,是减少污染物排放的另一主要途径,可分为机内净化和机外净化。

(1)机内净化。

机内净化是指改善可燃混合气的品质和燃烧状况,减少各类污染物的产生。

废气再循环(Exhaust Gas Recirculation, EGR)仅对降低NO_x生成量有效。一部分排气经EGR控制阀流回进气系统,稀释了氧浓度,燃烧速度降低,同时还使工质的比热容提高,这将造成燃烧温度降低,从而抑制NO_x的生成。但是废气再循环率过大会导致全负荷时最大功率下降,中等负荷时的燃油消耗率增大,HC排放量上升,小负荷或急速时燃烧不稳定甚至失火。因此,一般在汽油机大负荷、起动及暖机、急速和小负荷时不使用EGR系统。为了消除EGR对动力性和经济性的负面影响,同时采用一些快速燃烧和稳定燃烧的措施,比如采用进气涡流和双火花塞点火,将显著改善燃油消耗率。

(2)机外净化。

机外净化是指利用设置在发动机外部的附加装置将排出的废气净化后再排入大气。

①三元催化转换器。三元催化转换器(TWC),如图2-14所示,是一种能使CO、HC和NO_x三种有害成分同时净化的处理装置。这种反应器要求把空燃比精确地控制在理论空燃比附近,当废气进入催化器,利用CO等还原性气体将NO_x催化分解成N_2和O_2,而HC和CO在催化作用下氧化,生成H_2O和CO_2,实现同时对三种有害成分的高效率净化。为此,常将三元催化转换器与电子控制单元结合使用,以达到理想的减排效果。

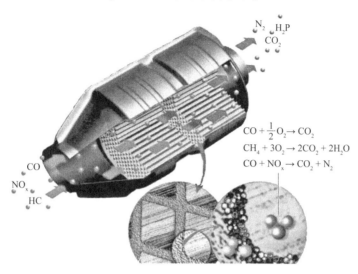

图2-14 三元催化转换器

②颗粒捕集器。颗粒捕集器是一种安装在发动机后处理系统中的陶瓷过滤器,它可以在微粒进入大气之前将其捕捉,分为柴油机颗粒捕集器(Diesel Particulate Filter,DPF)和汽油机颗粒捕集器(Gasoline Particulate Filter,GPF),颗粒捕集器能够减少发动机90%以上的颗粒物排放。捕捉到的微粒排放物质随后在车辆运转过程中燃烧再生形成CO_2。其基本工作原理是:如柴油微粒过滤器喷涂上金属铂、铑、钯,柴油发动机排出的含有炭粒的黑烟,通过专门的管道进入发动机尾气微粒捕集器,经过其内部密集设置的壁流式过滤器,将炭烟微粒吸附在陶瓷微孔通道内,常见颗粒捕集机理如图2-15所示。当微粒的吸附量达到一定程度后,尾端的燃烧器自动点火,氧化燃烧吸附的炭烟微粒,生成CO_2排出颗粒捕集器。

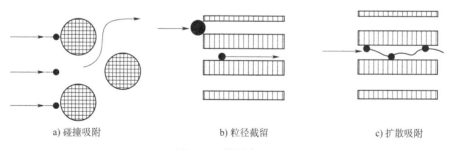

a) 碰撞吸附　　　　b) 粒径截留　　　　c) 扩散吸附

图2-15 颗粒捕集机理

③选择性催化还原。在特定的催化剂下,利用还原剂选择性将机动车尾气中的NO_x反应生成无毒无污染的N_2和H_2O,被称为选择性催化还原(Selective Catalytic Reduction,SCR)。SCR利用NO_x还原的基本原理,将尿素水溶液喷入废气中,将废气中的NO_x还原成N_2和H_2O,其反应原理如下:

$$CO(NH_2)_2 + 2H_2O \rightarrow 2NH_3 + CO_2 + H_2O$$
$$4NH_3 + 2NO_2 + O_2 \rightarrow 3N_2 + 6H_2O$$
$$4NH_3 + 4NO + O_2 \rightarrow 4N_2 + 6H_2O$$

当温度高于300℃时,利用催化剂可以将NO_x与NH_3迅速反应,生成N_2和H_2O。NO_x与NH_3反应过程如下:

$$8NH_3 + 6NO_2 \rightarrow 7N_2 + 12H_2O$$
$$4NH_3 + 6NO \rightarrow 5N_2 + 6H_2O$$

SCR主要组成部分有尿素计量器、发动机电子控制单元(Electronic Control Unit,ECU)、SCR催化转化器、尿素喷射系统、传感器等。尿素计量器收到ECU指令后,从尿素水溶液罐中提取尿素液并与压缩空气混合形成尿素雾,并通过喷嘴将其喷入发动机排气管中。在排气管中尿素水溶液经蒸发、热解及水解等系列的物化反应后与排气充分混合进入SCR催化器中,在催化剂的作用下,NH_3与NO_x反应生成N_2和H_2O,排到大气中。SCR技术NO_x脱除效率高,可达70%~100%。

④氮氧化物存储还原技术。氮氧化物存储还原(Nitrogen oxides Storage Reduction,NSR)技术在稀燃条件下,将NO_x储存在催化剂上,切换至浓燃条件时,NO_x释放出来与还原性组分反应生成N_2。

在稀燃条件下,NO在活性组分上先被氧化成NO_2,再与碱性组分形成硝酸盐或亚硝酸盐储存在催化剂表面。切换至富燃条件时,硝酸盐或亚硝酸盐分解释放出NO_2。CO、HC和NO_2在活性中心上发生氧化还原反应,生成N_2、CO_2和H_2O。可以看出,NSR技术要求稀燃发动机在稀燃与富燃转换的条件下工作,在稀燃条件下发生NO_x储存,一般时间可达几分钟甚至十几分钟,而后在一个非常短暂的富燃条件下发生NO_x的释放与还原,使储存位再生。

⑤控制燃油蒸发排放。为了减少汽车排放,当前汽车都装备了燃油蒸发排放控制系统。该系统能够存储燃油系统产生的燃油蒸汽,阻止燃油蒸汽泄漏到大气中,同时将收集的燃油蒸汽适时地送入进气歧管,与正常混合气混合后进入发动机燃烧,使燃油得到充分利用。该系统主要由活性炭罐储存装置、燃油蒸发净化控制装置和燃油箱燃油蒸发控制装置组成。

活性炭罐是燃油蒸发系统中储存蒸汽的部件,活性炭罐的下部与大气相通,上部有接头与油箱相连,用于收集和清除燃油蒸汽。中间是活性炭粒,它具有极强的吸附作用。燃油箱内的燃油蒸汽,经油箱管道进入活性炭罐后,蒸汽中的燃油分子被吸附在活性炭颗粒表面,活性炭罐有一个出口,由软管与发动机进气歧管相连。软管的中部设一个活性炭罐电磁阀(常闭),以控制管路的通断。

2.5.2 道路交通大气污染控制措施

2.5.2.1 改进燃料

通常,汽车燃油提炼以成品油为主要原料,所以容易导致汽油烯烃含量偏高。在汽车燃油提炼的过程中,如果出现过量烯烃或不饱和烃,则容易增加CO和HC排放。通过改进燃料的手段可以减少这些污染物的排放,常见改进方法有研发新型燃料、燃油掺水和汽油裂化。由于能源需求的急剧增长和日益严苛的排放要求,寻求污染物排放较低的可再生能源作为燃料成为目前备受关注的研究课题。近几年新发展的几种新型燃料有乙醇汽油、生物柴油、甲醇汽油、氢气燃料等,这些新型燃料在控制大气污染、减轻环境压力上具有很好的应用前景。

乙醇汽油通常由乙醇和传统的汽油混合而成,形成一种可替代传统汽油的混合燃料。乙醇通常通过发酵和蒸馏过程从生物质材料(如玉米、甘蔗、小麦等)中提取,因此被认为是一种可再生能源。乙醇汽油混合比例通常以"E"值表示,例如 E10 表示含有 10% 乙醇的混合物。乙醇汽油在使用过程中可以降低尾气排放的碳足迹,对环境相对友好,同时具有较高的辛烷值,有助于提高燃烧效率。在一些国家,推广乙醇汽油也被视为一项可持续发展和降低对传统石油资源依赖的举措。

生物柴油通常由植物油脂或动物脂肪通过转化过程制成。这种燃料与传统石油柴油相似,但其生产过程涉及生物质资源,如油菜、大豆、棕榈油或食用油的转化。生物柴油被认为是一种低碳替代品,因为它在生长阶段吸收的二氧化碳几乎与燃烧时释放的相等,因此,其使用对减缓气候变化具有潜在好处。生物柴油在柴油发动机中的使用具有相似的性能,并且通常可以在现有的燃料基础设施中使用,这使得其成为一种可持续发展和环保的燃料选择。

氢气是一种可再生清洁能源,其燃烧主要产物是水。氢气可以通过电解水、天然气蒸汽重整或生物质气化等方式生产。在燃料电池中,氢气与氧气反应产生电能,驱动电动汽车或提供电力。在内燃机中,氢气替代传统汽油或柴油,与氧气燃烧将化学能转变为热能,相较传统化石燃料:①氢气燃烧速度快,氢气层流火焰速度约为天然气和汽油的 7 倍;②低热值高(120MJ/kg),约为汽油的 2.7 倍;③着火界限宽,氢燃料内燃机能在超稀薄混合气下稳定工作;④排放特性好,主要产物是 H_2O,不产生 HC 和 CO,仅有较少 NO_x 排放;⑤扩散系数大,容易和空气形成均匀可燃混合气。氢燃料发动机在技术和实用价值上都较易实现,具有高效清洁的特点。因此,氢气被认为是未来清洁能源体系中的关键组成部分,有望在推动可持续能源发展和减缓气候变化方面发挥重要作用。

2.5.2.2 发展新能源汽车与零排放车辆

新能源汽车是指采用非常规的车用燃料作为动力来源(或使用常规的车用燃料、采用新型车载动力装置),综合车辆的动力控制和驱动方面的先进技术,形成的技术原理先进、具有新技术、新结构的汽车。目前,新能源汽车主要有纯电动汽车、混合动力汽车、燃料电池电动汽车、氢发动机汽车和其他新能源汽车等。新能源汽车在运行过程中排放的污染物较少,即使按所耗电量换算为发电厂的排放,造成的污染也少于传统汽车,因为发电厂的能量转换率更高,而且集中排放可以更方便地加装减排治污设备。目前,我国对新能源汽车的研究十分重视。

混合动力汽车结合了传统驱动系统和能量存储系统,利用内燃机和电机来驱动车辆,是传统汽车向纯电动汽车过渡的重要桥梁。混合动力汽车一般由发动机和辅助动力蓄电池两个独立能量源提供动力,由于辅助动力蓄电池能辅助配合发动机输出,从而使发动机能持续运行在高效率的工作区间内,因此,混合动力汽车相比传统汽车具有更好的燃油经济性,相比于纯电动汽车又具有更高的续驶里程。目前,混合动力汽车可以实现诸如怠速停机、发动机转矩平顺、换挡辅助、制动能量回收等不同功能。相较传统燃油汽车节油 10% ~ 45%,各类气态污染物排放降低 5% ~ 50%,具有较大的节能减排潜力。

零排放汽车指的是在运行过程中不会产生尾气的车辆,常见的有纯电动汽车和燃料电池汽车。而机动车零排放区是一类针对机动车的排放控制区,只有驾驶零排放汽车、骑自行车或者步行才能够不受限制地进入该区域,如果驾驶非零排放的汽车,则完全不能进入该区域或者必须支付一定的费用才能够进入。截至 2023 年底,全球范围内约 30 个城市已经实施或者计划实施零排放区(包括变体),其中大部分是欧洲城市,例如,在英国,伦敦的两个自治区联合实施了一个覆盖五条街道的近零排放区;伦敦金融城正在试点一个覆盖一条街道的近零排放区;日本东京计划在2030年之前,逐步推广至零排放区域,并为电动汽车的使用者提供支持。此外,荷兰的阿姆斯特丹、挪威的奥斯陆、法国的巴黎等城市也都宣布了在2035年前分阶段实施零排放区的详细计划。这些零排放区政策的实施能够进一步加速电动汽车的推广,从而助力城市在空气质量提升和温室气体减排等目标的实现。

2.5.2.3 加强废气排放管理

(1)制定严格的废气排放标准。

为了统一评价大气的环境质量,我国颁布了《环境空气质量标准》(GB 3095—2012),对大气污染物的浓度限值进行了规定。1983年我国颁布了第一批机动车尾气污染控制排放标准,这一批标准的制定和实施,标志着我国汽车尾气法规从无到有,并逐步走向法治治理汽车尾气污染的道路。同时,我国开始逐步参照欧盟的排放法规,将相关机动车排放标准分多个阶段进行,从2000年的国Ⅰ到如今的国Ⅵ,先易后难,循序渐进,有效合理地管理控制废气排放,并不断修订排放限值及测试方法,从无到有逐步建立起汽车排放控制体系。此外,各地方政府也根据情况制定了相应的机动车废气排放管理的规定。

(2)监督与管理机动车排污性能。

在车辆营运过程中,要做好对车辆排污性能的监督和管理。汽车及发动机生产主管部门应强化对其产品的行业监督,不达到国家有关排放标准的产品不得出厂;公安、交通管理部门在年检和抽检中,对排放超标的车辆按有关规定处罚;汽车维修管理部门应将排放污染纳入维修质量考核内容,经维修的车辆必须达到有关标准;强化对进口车辆的管理,排气污染不符合国家标准要求的不得进口。

(3)发展机动车尾气遥感监测系统。

遥感监测系统融合了尾气遥感监测、黑烟车电子抓拍、道路环境空气质量实时监测等多种技术手段,可以实现对机动车污染排放进行精细化管理,筛选高排放车辆。遥感监测系统的使用加大了对超标机动车辆的监察力度,结合遥测数据,可以对机动车排放检验机构实行监测倒查机制,加强对环检机构检测行为的监管。同时,利用遥感监测数据,可以摸清机动车出行特征,分析机动车污染排放来源,为改善空气质量提供依据。但是,目前投入使用的遥感监测系统还不足以覆盖城市的交通枢纽,遥感监测系统还需进一步发展。

2.5.2.4 加强道路交通管理

加强城市交通管理,保护良好的交通秩序,减少交通拥堵和各种干扰,使汽车以均速行驶,既可减少排放的污染物,又可节约能源,提高道路通行能力。具体措施如下:

①加强对道路的养护,使道路保持平整,保证汽车在良好的路况下行驶,减少排放有害气体;
②加强汽车维护管理,以保证汽车安全和减少有害气体的排放量;
③限制拖拉机、载重柴油机车在城市市区道路上行驶;
④取消道路上各种关卡和收费站(以其他收费方式取代),减少车辆的怠速状态;
⑤改善城市道路交叉口的通行条件和交通干道的通行条件,以减少有害物质的排放;
⑥加强油料质量管理,防止产生严重污染的劣质油料上市;
⑦加强道路两侧绿化,种植能吸收(或吸附)CO、HC和NO_x等有害气体的树种,以减小道路交通大气污染的范围;

⑧加快智慧交通基础设施建设,如在城市主干道设置绿波建议行驶速度标志,避免不必要的加减速,以降低排放并提高通行效率;

⑨倡导生态驾驶行为,识别和量化激进驾驶排放增量,并有针对性地提出驾驶行为改善建议。

【复习思考题】

2-1 请列举机动车尾气的主要大气污染物,分别阐述其对人体的危害。

2-2 请列举至少三项机动车尾气监测方法,并简要说明监测过程。

2-3 请计算某国道NO_x的道路长度排放强度(g/km),该国道昼间小时交通量为:小型车1803辆/h;中型车1245辆/h;大型车582辆/h。小型车辆尾气排放标准以国Ⅳ和国Ⅴ为主,比例各占一半,均为汽油客车;中型车和大型车辆尾气排放标准以国Ⅲ和国Ⅳ为主,比例各占一半,均为柴油货车。各类车的车辆速度为:小型车60km/h;中型车50km/h;大型车40km/h。各车型基础排放因子和速度修正系数见表2-14和表2-15。

各车型NO_x基础排放因子(单位:g/km)　　　　　　　　　　　　表2-14

机动车类型		NO_x	机动车类型		NO_x	机动车类型		NO_x
小型汽油客车	国Ⅲ	0.100	中型柴油货车	国Ⅲ	6.221	大型柴油货车	国Ⅲ	7.934
	国Ⅳ	0.032		国Ⅳ	4.354		国Ⅳ	5.554
	国Ⅴ	0.017		国Ⅴ	3.701		国Ⅴ	4.721

各车型平均速度的修正系数　　　　　　　　　　　　表2-15

车辆类型	速度区间(km/h)				
	<20	20~30	31~40	41~80	>80
汽油车	1.38	1.13	0.90	0.86	0.96
柴油车	1.39	1.12	0.91	0.60	0.28

2-4 某一高架连续点源排放污染物,在风速为2m/s、有效高度为H时,地面最大浓度为C_{max};当风速为4m/s、有效高度为$\frac{3}{4}H$时,地面最大浓度$C_{max\frac{3}{4}}$是C_{max}的多少倍?(假定扩散参数σ_y不变)。

2-5 请判断以下说法是否正确,如不正确,请给出依据并修正。

(1)在晴朗的夜间到清晨,多因地面放热而形成逆温辐射,在此期间于逆温层结下的汽车尾气污染物不易扩散;

(2)高压时汽车尾气污染物易清除;

(3)某城市实测的空气质量指数AQI为320,那该城市出现中度大气污染;

(4)$PM_{2.5}$与PM_{10}都称为可吸入颗粒物,在我国环境空气质量标准中的浓度限值一致;

(5)洛杉矶烟雾与伦敦烟雾发生条件相同,因此为同类污染事件。

2-6 请列举至少四项常见的道路交通大气污染控制技术或措施。

第 3 章
道路交通噪声污染与控制

　　道路交通噪声是现代城市噪声污染的主要来源之一。该噪声具有分布范围广、持续时间长的特点。由于城市的道路密度大、人口密集程度高、汽车保有量大,一旦道路交通噪声污染超标,将会带来严重的负面影响。本章系统介绍道路交通噪声污染的相关理论知识,通过本章的学习能够了解声音的基础知识,包括声音的基本描述参数、噪声的计量参数;掌握噪声在空气中的传播规律;熟悉道路交通噪声的监测方法、预测模型、影响因素以及道路交通噪声的防控措施。

3.1　声音的基础知识

3.1.1　基本描述参数

　　声音是由物体振动产生的声波,通过媒质(气体、液体或固体)传播,并能被人或动物听觉器官所感知的波动现象。发出振动的物体称为声源,声音以波的形式振动传播。在声波传播过程中,媒质内振动相位相同的点联成的同相位面称为波阵面。根据波阵面的几何形状不同,可以将声波分为三类:球面波、柱面波和平面波。

　　声波的基本参数包括振幅 A、频率 f、周期 T、声速 C 和波长 λ。

　　(1)振幅 A。

　　振幅是某一质点振动时距中间轴的位移。对某一质点而言,振幅随时间周期性变化。距中间轴的最大位移为最大振幅。振幅与声音的强度有关。

(2) 频率 f。

频率是指某一质点以中间轴为中心,在1s内来回振动的次数,其单位为赫兹(Hz)。人耳能感觉到的声波频率范围在 20~20000Hz 之间,低于 20Hz 的声波称为次声波,高于 20000Hz 的声波称为超声波。次声波和超声波不能使人耳产生听觉。

(3) 周期 T。

周期是质点完成一次全振动经过的时间,其单位为秒(s)。

周期与频率的关系为

$$T = \frac{1}{f} \tag{3-1}$$

(4) 声速 C。

声速是声波在媒质中传播的速度,记作 C,单位为 m/s,具体计算为

$$C = \sqrt{\frac{K}{\rho}} \tag{3-2}$$

式中:ρ——媒质的密度,kg/m^3;

K——媒质的体积弹性模量,N/m^2。$K = \frac{dp}{\frac{d\rho}{\rho}}$,其中,$dp$、$d\rho$ 分别为压强和密度的微小变化量。

声波在空气中传播时,空气的压强和密度发生迅速的变化,该变化近似绝热过程。根据理想气体绝热方程,声速的计算式为

$$C = \sqrt{\frac{\gamma R T}{\mu}} \tag{3-3}$$

式中:T——空气的绝对温度,K(开尔文);

γ——气体的定压比热与定容比热的比值,对于空气(双原子气体)$\gamma = 1.40$;

R——普适气体常数,$R = 8.31 J/(mol \cdot K)$;

μ——空气的摩尔质量,在标准状态下,$\mu = 2.87 \times 10^{-2} kg/mol$。

将上述各项常数代入式(3-3),得到常温下($T = 15℃$)的声速 $C = 340 m/s$。

(5) 波长 λ。

波长是声波在传播路径上两相邻同相位质点之间的距离,单位为 m。

声速与波长、频率关系为

$$C = f\lambda \quad 或 \quad C = \frac{\lambda}{T} \tag{3-4}$$

人耳能感觉到的声波频率范围在 20~20000Hz 之间,其对应的波长范围为 17.0~0.017m。

3.1.2 声音的频谱

反映振动现象最基本的物理量是频率,复杂振动通常采用频谱来描述。复杂振动中质点位移可以视为一种随时间变化的函数图像,通过傅里叶变换可将其解析成一组光滑的正弦函数的叠加,如图 3-1 所示。

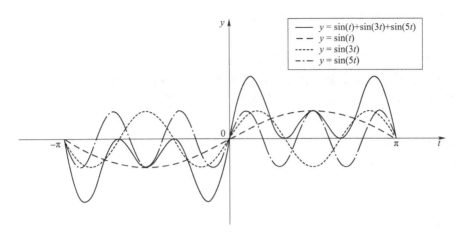

图 3-1 正弦声波叠加

将复杂振动的振幅按频率排列的图像即为该振动的频谱,横坐标表示分振动的频率,纵坐标则表示分振动的振幅。对于频率为 f 的周期性复杂振动,根据傅里叶定理可分解为频率是 f 的简谐振动的整数倍,即为 $f, 2f, 3f, 4f, \cdots$,其振动谱是分立的线状谱,图 3-2 中每一条线称为谱线。

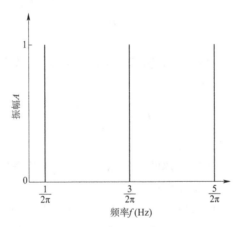

图 3-2 正弦叠加声波的频谱

对于非周期性振动(如阻尼振动或短促的冲击),也可以分解为频率连续分布的无限多个简谐振动的叠加。频谱不再是分立的线状谱,各谱线密集使其顶端形成一条连续曲线,即为连续谱。连续谱曲线即为各种谱线的包络线,因此,其可由许多不同频率的简谐振动构成的分立谱表示。

常用的频带(或频程)是 1 倍频程或 1/3 倍频程。倍频程是对频率作相对比较的单位,两个频率之间的相距频程倍数 n 的计算为

$$\frac{f_2}{f_1} = 2^n \quad \text{或} \quad n = \log_2 \frac{f_2}{f_1} \tag{3-5}$$

式中:f_1——频带(频程)的下限频率,Hz;

f_2——频带(频程)的上限频率,Hz;

n——频程的倍数。

当 $n=1$ 时，$f_2=2f_1$，f_2 与 f_1 之间称为 1 倍频程（简称倍频程）。当 $n=\frac{1}{3}$ 时，$f_2=2^{\frac{1}{3}}f_1$，f_2 与 f_1 之间称为 1/3 倍频程。1 个倍频程可分为 3 个 1/3 倍频程。1 倍频程或 1/3 倍频程通常用频带的中心频率表示，频带的中心频率 f_c 是上下限频率的几何均值，即

$$f_c = \sqrt{f_1 \times f_2} \tag{3-6}$$

在声学测量中，1 倍频程和 1/3 倍频程的划分及它们的中心频率列于表 3-1。

1 倍频程和 1/3 倍频程的划分 表 3-1

1 倍频程		1/3 倍频程		1 倍频程		1/3 倍频程	
中心频率（Hz）	截止频率（Hz）	中心频率（Hz）	截止频率（Hz）	中心频率（Hz）	截止频率（Hz）	中心频率（Hz）	截止频率（Hz）
16	11.2~22.4	12.5	11.2~14.1	1000	710~1420	800	710~900
		16	14.1~17.8			1000	900~1120
		20	17.8~22.4			1250	1120~1400
31.5	22.4~45	25	22.4~28	2000	1420~2840	1600	1400~1800
		31.5	28~35.5			2000	1800~2240
		40	35.5~45			2500	2240~2800
63	45~90	50	45~56	4000	2840~5680	3150	2800~3550
		63	56~71			4000	3550~4500
		80	71~90			5000	4500~5600
125	90~180	100	90~112	8000	5680~11360	6300	5600~7100
		125	112~140			8000	7100~9000
		160	140~180			10000	9000~11200
250	180~355	200	180~224	16000	11360~22720	12500	11200~14100
		250	224~280			16000	14100~17800
		315	280~355				
500	355~710	400	355~450			20000	17800~22400
		500	450~560				
		630	560~710				

3.1.3 声音的传播特性

（1）声音的传播。

在理想条件下，声音的强度会随着传播距离的增加而发生衰减。其原因有两点：第一，声能量随声波波阵面的扩张而使得通过波阵面的单位面积的声能量减少；第二，声音以波形式在媒质中传播，带动传播路径中媒质的质点进行往复运动，使得声能量发生损失。在自然环境中，声音的传播还会受气象条件（如风速、温度、雨、雾等）以及障碍物的影响而衰减。

(2)声音的衍射。

声音的衍射是指声波在媒质中传播时遇到障碍物,部分声波会绕至障碍物背后并继续向前传播的一种现象,又称声绕射。

(3)声音的反射。

声波的反射、折射及透射都是在两种媒质的分界面处发生的。当声波入射到墙、板等表面时,声能的一部分将被反射。若单位时间内的入射声能量为 E_i,反射声能量为 E_α,则声能量反射系数 α 的计算式为

$$\alpha = \frac{E_\alpha}{E_i} \tag{3-7}$$

(4)声音的折射。

声波的折射是指当声波从一种声阻抗为 Z_1 的媒质中入射到另一种声阻抗为 Z_2 的媒质时,其能量的传播方向发生了改变。媒质的声阻抗与媒质的温度、密度有关。

(5)声音的吸收和透射。

声波入射到墙、板等构件时,除一部分声能被反射外,其余部分将透过构件和被构件材料吸收。根据能量守恒定律,单位时间的入射声能量 E_i、反射声能量 E_α、透射声能量 E_t 和吸收声能 E_τ 有如下关系

$$E_i = E_\alpha + E_t + E_\tau \tag{3-8}$$

从入射声波和反射声波所在的空间看,材料的吸收系数 γ 与声能量反射系数 α 之间的关系为

$$\alpha + \gamma = 1 \quad \text{且} \quad \gamma = \frac{E_t + E_\tau}{E_i} \tag{3-9}$$

材料的声能量透射系数 β 为

$$\beta = \frac{E_t}{E_i} \tag{3-10}$$

我们将反射系数 α 值小的材料称为吸声材料,把透射系数 β 值小的材料称为隔声材料。

3.1.4 噪声的计量参数

环境中充满着各种声音,生活离不开声音。从生理学角度来看,凡是人们不需要的声音都可统称为噪声,该声音是否属于噪声取决于接收者的主观判断。在计算噪声传播衰减之前,先要了解常用的噪声计量单位,如声功率、声强、声压以及声功率级、声强级、声压级。

(1)声功率。

声功率是声源在单位时间内向外辐射的声能,记作 W,单位是瓦(W)或微瓦(μW)。声功率越大,表示声源单位时间内发射的声能量越多,所产生的噪声强度越强。声源的声功率与频率有关,在计量时应指明其频率范围。声源辐射的声功率一般与环境条件无关,属于声源本身的一种特性。

(2)声强。

声强是衡量声场中声音强弱的物理量,是单位时间内在垂直于声波传播方向的单位面积上通过的声能量,记作 I,单位是 W/m^2。

自由声场中(无障碍物),点声源均匀地向四周辐射声能,距声源某处球面上的声强计算式为

$$I = \frac{W}{4\pi r^2} \tag{3-11}$$

式中：r——与点声源的直线距离，m。

线声源亦称柱面声源，可以认为由无数个互不相干的点声源组成。在自由声场中（无障碍物），线声源均匀地向周围辐射声能，距声源中心线某处圆柱面上的声强的计算式为

$$I = \frac{dW}{2\pi r} \tag{3-12}$$

式中：dW——线声源单位长度的声功率，W/m；

r——与线声源的垂直距离，m。

（3）声压。

声压是指声音在传播过程中，媒质中的压强相对于无声波时压强的变化，记作 P，单位为帕（Pa）。声波传播时，声场中任一媒质层质点的声压都是随时间而变化的，每一个时间点（瞬时）的声压称为瞬时声压。声压的实际效果是某段时间内瞬时声压的平均值，该平均值称为有效声压。

在自由声场中，某处声压的平方与该处声强成正比，与空气的密度和声速的乘积成反比，即

$$p^2 = \frac{I}{\rho_0 C} \tag{3-13}$$

式中：ρ_0——空气密度，kg/m³。

习惯上用 ρ_0 表示空气中无声波时的密度。有声波时密度的改变是个极小量，所以，这里仍用 ρ_0 表示。空气的密度与声速的乘积 $\rho_0 C$ 称为空气的特性阻抗。

（4）声功率级。

大量的实测试验表明，一定频率声波的声压或声强有上、下两个限值。在下限以下，人耳听不到声音；在上限以上，人耳会有疼痛感。声音的频率不同，其上限值和下限值也不同。一般称下限值为听阈值，上限值为痛阈值。声波在空气中传播，在 1000Hz 时，正常人耳的听阈值是 2×10^{-5}Pa，痛阈值是 20Pa；对应的听阈声强为 10^{-12}W/m²，痛阈声强为 1W/m²。

从听阈值到痛阈值，声音强弱变化的范围非常宽。在 1000Hz 时，痛阈声压是听阈声压的 10^6 倍，痛阈声强是听阈声强的 10^{12} 倍。在这样宽广的范围内用声压或声强的绝对值来衡量声音的强弱是很不方便的，因此引入"级"的概念。使用"级"来描述声音不仅简单，且更接近于人耳听觉特性。声音的物理量——声功率、声强、声压的级的划分，采用与基准值的比的对数来表达，单位为分贝（dB）。

声功率级等于声功率和基准声功率之比值取 10 的对数再放大 10 倍，即

$$L_W = 10\log_{10}\frac{W}{W_0} \tag{3-14}$$

式中：L_W——声功率级，dB；

W_0——基准声功率，$W_0 = 10^{-12}$W。

（5）声强级。

与声功率级类似，声强级等于声强和基准声强之比值取 10 的对数再放大 10 倍，即

$$L_I = 10\log_{10}\frac{I}{I_0} \tag{3-15}$$

式中：L_I——声强级，dB；

I_0——基准声强，$I_0 = 10^{-12} \text{N/m}^2$。

(6)声压级。

声压级等于某处的声压的平方和基准声压的平方之比值取10的对数再乘以10，即

$$L_P = 10\log_{10}\frac{P^2}{P_0^2} = 10\log_{10}\left(\frac{P}{P_0}\right)^2 = 20\log_{10}\frac{P}{P_0} \tag{3-16}$$

式(3-16)表明声压每变化10倍，相当于声压级变化20dB。

式中：L_P——声压级，dB；

P_0——基准声压(1000Hz纯声的听阈声压)，$P_0 = 2 \times 10^{-5} \text{N/m}^2$。

声功率级、声强级和声压级都属于无量纲的量，单位为分贝(dB)，其数值大小与基准参考值有关。使用分贝进行表示，既能衡量声音的强弱，又能把百万数量级变化的数字变成0~120之间的数字，并且"分贝"的表达方法与人耳判断声音强度的变化大体一致。以声压为例，经验证：声压变化1.4倍等于声压级变化3dB，人耳刚好可以分辨这种声音强度的变化声压变化3.16倍，声压级差10dB，人耳感觉响度约增加(或减小)1倍。

(7)声压级的叠加。

当 m 个不同声源同时作用时，总声压按照能量法则进行叠加，计算式为

$$P_t = \sqrt{P_1^2 + P_2^2 + \cdots + P_m^2} \tag{3-17}$$

叠加后的总声压级的计算式为

$$L_{P_t} = 20\log_{10}\frac{P_t}{P_0} = 20\log_{10}\frac{\sqrt{P_1^2 + P_2^2 + \cdots + P_m^2}}{P_0} \tag{3-18}$$

当 $P_1 = P_2 = \cdots\cdots = P_m = P$ 时，总声压级为

$$L_{P_t} = 20\log_{10}\frac{\sqrt{mP^2}}{P_0} = 20\log_{10}\frac{P}{P_0} + 10\log_{10}m = L_P + 10\log_{10}m \tag{3-19}$$

由式(3-19)可见，两个数值相同的声压级的叠加，只比单个声压级增加约3dB。

对于 m 个声压级 $L_{P_i}(i=1,2,\cdots,m)$ 在某处的叠加，可按照式(3-20)直接计算总声压级为

$$L_{P_t} = 10\log_{10}(10^{\frac{L_{P_1}}{10}} + 10^{\frac{L_{P_2}}{10}} + \cdots + 10^{\frac{L_{P_m}}{10}}) \tag{3-20}$$

$$= 10\log_{10}\left(\sum_{i=1}^{m} 10^{\frac{L_{P_i}}{10}}\right)$$

式中：L_{P_i}——第 i 个声压级 $(i=1,2,\cdots,m)$，dB；

m——声压级个数，个。

声强级、声功率级的叠加也可以用到上述方法进行计算。

3.1.5 噪声的主观评价

同一个体对于不同声音的主观感觉不一样，声音的轻和响是人耳对声音响度的判断，是人耳鼓膜接收到入射声后的主观感受量。研究表明，声音的响度不但与其声压级大小有关，而且与其频率的高低有着密切的联系，如中频、高频的声音听起来比低频的响得多。因此，声压级只能表示声音在物理上的强弱，并不能完全反映出人耳主观感觉上的强弱。

（1）响度级。

响度级是人们对声音主观评价的一个基本量。图3-3所示为《声学 标准等响度级曲线》（GB/T 4963—2007）推荐的纯音标准等响度级曲线，是以1000Hz纯音作为基准声学信号，依照声压级的概念提出的一个"响度级"。响度级既能显示出声音在客观上的大小，又能反映出声音在主观感觉上的强弱，它描述的是声音的响亮程度。响度级的单位为方（phon），在频率为1000Hz，强度为听阈以上40dB的纯音所产生的响度为1phon。选取1000Hz纯音作为基准音，凡是人们听起来和该基准音一样响的声音，不论其声压级和频率是多少，它的响度级就等于该纯音的声压级值。

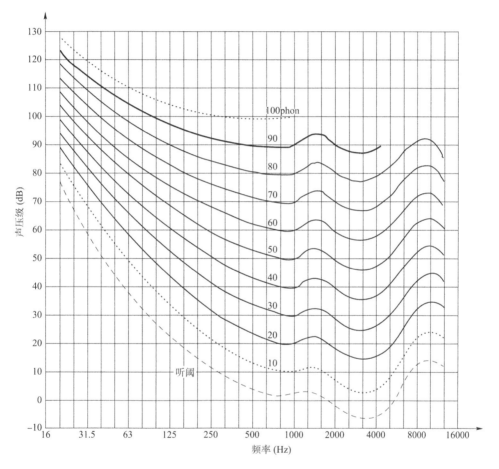

图3-3 纯音标准等响度级曲线图（双耳自由场测听，前向入射）

注：1. 自由场测听条件下的听阈 T_f 由短划线表示；

2. 因为缺少20phon和听阈之间的实验数据，10phon的等响度级曲线用点线表示，同时，100phon的等响度级曲线也用点表示，因为只有一个研究所提供了100phon等响度级曲线的数据。

通过与基准纯音相比较，可以得到整个音频范围各个纯音的响度级。在图3-3中任意一条曲线上的每一个点都代表一个纯音，尽管同一条曲线上的每个纯音的声压级和它的频率都不相同，但是它们的响度级是相同的。从图3-3可以看出，人耳对高频声特别是3000~4000Hz的声音最敏感，而对低频声尤其是100Hz以下的低频声不敏感。如同样响度级40phon，对1000Hz的声音其声压级是40dB，对3000~4000Hz的声音其声压级是33dB，而对100Hz声音的声压级则为51dB。可见,人耳对声音的主观感觉随频率的不同相差很大。

(2)计权声级。

相同强度的纯音,如果频率不同,个体对于响度的主观感受是不同的。因此,在评价噪声的强弱时,需要考虑个体主观上的响度感受。对不同频率的声压级给予适当增减的修正方法称为频率计权。经过频率计权后得到的声级称为计权声级。

常用的有A、B、C三种计权网络,其频率响应特性曲线的国际规定如图3-4所示。A计权网络曲线近似为响度级为40phon的等响曲线的倒置,B计权网络曲线近似为响度级为70phon的等响曲线的倒置,C计权网络曲线近似为响度级为100phon的等响曲线的倒置。通过计权网络测得的声级值分别为A计权声级、B计权声级和C计权声级,简称A声级、B声级和C声级,其单位分别表示为dB(A)、dB(B)和dB(C)。如果不加频率计权,也就是说仪器对不同频率的响应是均匀的,即线性响应,测量的结果就是声压级,直接以分贝或dB表示,称为L计权声级,用L_{lp}表示。

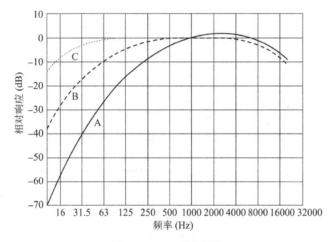

图3-4 A、B、C计权网络

在三种计权网络中,A计权网络算出的A声级是模拟人耳对于55dB以下低强度噪声的频率特性而设计的,能够将声音中低频大部分过滤掉,较好地反映出人们对噪声吵闹的主观感受。所以,A声级是目前广泛应用的一个噪声评价量,已被国际标准化组织和绝大多数国家采用,作为噪声评价的主要指标。A声级通常用于稳态噪声(随时间变化不大的噪声)的评价量。对于随时间起伏变化的非稳态噪声的评价量采用等效声级、昼夜等效声级、统计声级、噪声污染级等。B计权网络主要模拟的是55~85dB的中等强度噪声的频率特性;C计权网络的计权曲线在主要音频范围内基本上是平直的,只有在最低和最高段略有下跌,所以,C声级与线性声压级比较接近。在低频段,C计权与A计权的差别最大,因此,根据C声级与A声级的相差大小,可以大致上判断该噪声是否以低频为主。

(3)等效声级。

当噪声的A声级随时间起伏变化时,需用按能量法则算出的平均A声级来评价该噪声,称为等效连续A声级,简称等效声级,记作L_{Aeq},单位为dB或dB(A)。

等效声级等效于一个连续稳定的噪声作用在测量周期内,此稳定噪声和实际起伏噪声具有相同的A计权能量。等效声级的表达式为

$$L_{Aeq} = 10\log_{10}\frac{1}{T}\int_0^T 10^{0.1L_{AP_i}}dt \tag{3-21}$$

式中：L_{AP_i}——连续测量时间内第 i 个采样 A 声级，dB 或 dB(A)；

T——噪声测量时间长度。

当噪声的 A 声级采用等时间间隔测定时，式(3-21)可改写为

$$L_{Aeq} = 10\log_{10}\frac{1}{N}\sum_{i=1}^{N}10^{0.1L_{AP_i}} \tag{3-22}$$

式中：L_{AP_i}——第 i 次测量得到的 A 声级，dB 或 dB(A)；

N——测量次数，次。

如果噪声随时间发生阶段性变化，可按照声级的不同划分成若干时间段进行计算，式(3-21)可改写为

$$L_{Aeq} = 10\log_{10}\left(\sum_{i=1}^{N}\frac{t_i}{T}\times 10^{0.1L_{AP_i}}\right) \tag{3-23}$$

式中：L_{AP_i}——第 i 个时间段隔测量得到的 A 声级，dB 或 dB(A)；

T——噪声总的测量时间长度；

t_i——第 i 个时间段的时间长度。

(4) 昼夜等效声级。

因噪声在夜间比昼间对人干扰更大，为了考虑这种因素，提出了昼夜等效声级作为评价量，记作 L_{dn}，单位为 dB 或 dB(A)。计算昼夜等效声级时，规定将夜间测得的噪声级加 10dB(A)，然后再计算一昼夜 24 小时的等效声级。其表达式为

$$L_{dn} = 10\log_{10}\frac{1}{24}\left[T_d \times 10^{0.1L_d} + T_n \times 10^{0.1(L_n+10)}\right] \tag{3-24}$$

式中：T_d、T_n——昼、夜时间长度，h；

L_d——昼间的等效声级，dB 或 dB(A)；

L_n——夜间的等效声级，dB 或 dB(A)。

关于昼、夜时间段的划分，应按照当地的规定来划分。我国一般规定，夜间为 22 时至次日早晨 6 时，昼间为早晨 6 时至 22 时。

(5) 统计声级。

当噪声随时间起伏变化较大时，常用统计方法来评价。用噪声级出现的累积概率表示这类噪声大小，称为统计声级，又称为累积分布声级，记作 L_N，单位为 dB 或 dB(A)。

统计声级 L_N 表示在测量时间内，有 $N\%$ 时间的噪声级超过该数值。常用的指标有 L_{10}、L_{50}、L_{90}，分别表示在测量时间内有 10%、50%、90% 时间的声级超过它的值。在应用中，L_{10} 代表噪声的峰值，L_{50} 代表中值，L_{90} 代表背景噪声级。

(6) 噪声污染级。

从噪声对人的影响来讲，起伏变化的噪声比平稳的噪声干扰要更大一些。噪声污染级是综合噪声的能量平均和起伏变化特性因素而给出的评价量，记作 L_{Np}，单位为 dB 或 dB(A)，表达式为

$$L_{Np} = L_{Aeq} + 2.56\sigma \tag{3-25}$$

式中：L_{Aeq}——测量时间内的等效声级，dB 或 dB(A)；

σ——标准偏差,dB 或 dB(A)。

如果噪声声压级为正态分布,规定时间内统计声级与等效声级之间的关系为

$$L_{Aeq} \approx L_{50} + \frac{(L_{10} - L_{90})^2}{60} \tag{3-26}$$

一定时间内的噪声污染级和等效声级与统计声级存在如下关系

$$L_{Np} = L_{Aeq} + (L_{10} - L_{90}) \tag{3-27}$$

3.1.6 噪声的危害

(1)引起听力损伤。

长期暴露在噪声中可能引起听力损伤。按照损伤程度的不同,听力损伤可分为以下三种类型。

①听觉疲劳。在噪声的作用下,人的听觉敏感性会降低,其表现为听阈提高约 10~15dB(A),但离开噪声环境一段时间后可自行恢复,这种现象称为听觉适应。当所处环境的噪声较大,听阈提高 15dB(A)以上时,离开噪声环境以后很长时间才能恢复,这种现象叫作听觉疲劳,已属于病理前期状态。

②噪声性耳聋。国际标准化组织(International Organization for Standardization,ISO)规定,500Hz、1000Hz、2000Hz 三个频率的平均听力损失超过 25dB(A),称为噪声性耳聋。

③爆发性耳聋。当人受到很大声压的冲击影响时(如爆炸、炮击等),耳鼓膜内外产生较大的压力差,导致鼓膜破裂、双耳完全失聪,称为爆发性耳聋。

(2)影响人的正常生活和工作。

噪声会影响人的正常生活,妨碍休息和睡眠,使人感到烦躁,这种影响对老人和病人尤为明显。相关研究显示:在 40~45dB(A)的噪声刺激下,睡着的人的脑电波开始出现觉醒信号;对于突发性的噪声,40dB(A)的强度可使 10% 的人惊醒,60dB(A)的强度则会使 70% 的人惊醒。

强噪声不仅会增加作业者的生理负担和能量消耗,还会导致神经紧张、心情烦躁、注意力不集中、容易疲劳等,从而影响人的工作效率,甚至造成工伤。研究表明,交通噪声会对驾驶人产生一定的负面影响。驾驶人在"制造"噪声的同时,也是噪声污染的直接受害者。因为其距离噪声源更近,所以噪声更容易导致其发生一些难以预料的生理和心理变化,例如疲劳、思维混乱,进而影响其驾驶表现。

(3)影响人的谈话交流。

噪声对人的语言信息具有掩盖作用,由于语言信息的频率范围是 500~2000Hz,因此,在此频率范围下的噪声对交谈的干扰最大。通常,普通谈话声(距唇部 1m 处)约在 70dB(A)以下,大声谈话可达 85dB(A)以上。当噪声级低于谈话声时,交谈才可正常进行。相关实验研究表明,不同声级的噪声对交谈有不同的影响,见表 3-2。

噪声对交谈的影响 表3-2

噪声级[dB(A)]	主观反映	保证正常讲话距离(m)	谈话质量
45	安静	10	很好
55	稍吵	3.5	好

续上表

噪声级[dB(A)]	主观反映	保证正常讲话距离(m)	谈话质量
65	吵	1.2	较差
75	很吵	0.3	差
85	太吵	0.1	无法交谈

(4)对人的生理系统产生影响。

①对视觉系统的影响。在噪声的作用下,人的视觉分析器官功能会下降,表现为视力清晰度及稳定性下降,130dB 以上的强烈噪声会引起眼震颤和眩晕。

②对神经系统的影响。在噪声的长期作用下,人的中枢神经会出现功能性障碍,表现为植物神经衰弱综合征(如头痛、头晕、失眠、多汗、记忆力衰退、反应迟钝等),噪声强度越大,神经衰弱症出现的频率越高。

③对心血管系统的影响。噪声会使交感神经紧张,引起心跳过速、心律不齐、血压升高等症状。根据英国《环境健康》杂志刊登的瑞典隆德大学医院的一项调查研究显示,对于60岁以下的人来说,60dB(A)以上的交通噪声环境与患高血压之间有明显关联。

3.2 噪声在空气中的传播衰减计算

3.2.1 基本公式

声传播衰减包括几何发散衰减(A_{div})、大气吸收衰减(A_{atm})、地面效应衰减(A_{gr})、屏障屏蔽衰减(A_{bar})以及其他多方面原因引起的衰减(A_{misc}),单位均为 dB(A)。对于无指向性点声源,接收点(r)处的声压级 L_r 可表示为

$$L_r = L_{r_0} - (A_{div} + A_{atm} + A_{gr} + A_{bar} + A_{misc}) \tag{3-28}$$

式中:L_{r_0}——与声源距离为 r_0 的参照点处的声压级,dB(A);一般取 $r_0 = 7.5m$。

3.2.2 几何发散衰减

(1)点声源的几何发散衰减。

点声源的几何发散衰减指的是点声源在自由场传播的球面扩展引起的衰减。

无指向性点声源几何发散衰减计算式为

$$L_r = L_{r_0} - 20\log_{10}\left(\frac{r}{r_0}\right) \tag{3-29}$$

式中:r_0——参照点与点声源的直线距离,m,一般 $r_0 = 7.5m$;

r——接收点与点声源的直线距离,m。

式(3-29)中第二项表示点声源的几何发散衰减,即

$$A_{div} = 20\log_{10}\left(\frac{r}{r_0}\right) \tag{3-30}$$

如果已知点声源的声功率级 L_W,且声源处于自由声场,与声源直线距离 r 处的声压级为

$$L_r = L_W - 10\log_{10}(4\pi r^2) = L_W - 20\log_{10}(r) - 11 \qquad (3-31)$$

如果声源处于半自由声场,则式(3-31)演变为

$$L_r = L_W - 10\log_{10}(2\pi r^2) = L_W - 20\log_{10}(r) - 8 \qquad (3-32)$$

(2)线声源的几何发散衰减。

线声源的几何发散衰减指的是线声源在自由场传播的柱面扩展引起的衰减。

①无限长线声源。无限长线声源几何发散衰减计算式为

$$L_r = L_{r_0} - 10\log_{10}\left(\frac{r}{r_0}\right) \qquad (3-33)$$

式(3-33)中第二项表示无限长线声源的几何发散衰减,即

$$A_{div} = 10\log_{10}\left(\frac{r}{r_0}\right) \qquad (3-34)$$

②有限长线声源。如图 3-5 所示,设线声源长度为 l_0,单位长度线声源辐射的倍频带声功率级为 L_W。在线声源垂直平分线上距声源 r 处的声压级可用式(3-35)或式(3-36)进行计算。

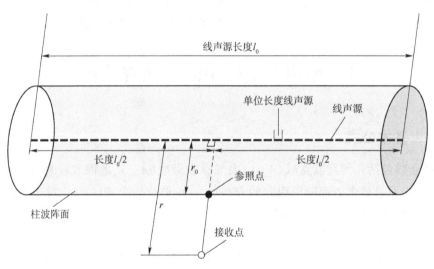

图 3-5　有限长线声源

$$L_r = L_{r_0} + 10\log_{10}\left[\frac{\frac{1}{r}\arctan\left(\frac{l_0}{2r}\right)}{\frac{1}{r_0}\arctan\left(\frac{l_0}{2r_0}\right)}\right] \qquad (3-35)$$

或

$$L_r = L_W + 10\log_{10}\left[\frac{1}{r}\arctan\left(\frac{l_0}{2r}\right)\right] - 8 \qquad (3-36)$$

(3)面声源的几何发散衰减。

面声源的几何发散衰减指的是面声源在自由场传播的平面扩展引起的衰减。

一个大型机器设备的振动表面、车间透声的墙壁,均可以认为是面声源。如果已知面声源单位面积的声功率,各面积元噪声的相位是随机的,面声源可看作由无数点声源连续分布组合而成,其合成声级可按能量叠加法求出。

图 3-6 给出了长方形面声源中心轴线上的声衰减曲线。

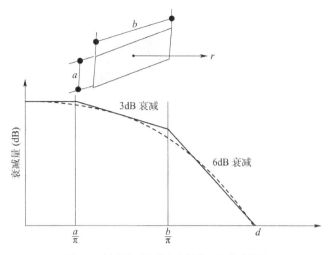

图 3-6　长方形面声源中心轴线上的衰减特性

当接收点和面声源中心距离 r 处于下条件时,可按下述方法近似计算:当 $r < \dfrac{a}{\pi}$ 时,几乎不衰减($A_{div} \approx 0$);当 $\dfrac{a}{\pi} < r < \dfrac{b}{\pi}$ 时,距离加倍衰减 3dB(A)左右,类似线声源衰减特性[$A_{div} \approx 10\log_{10}\left(\dfrac{r}{r_0}\right)$];当 $\dfrac{b}{\pi} < r$ 时,距离加倍衰减趋近于 6dB(A),类似点声源衰减特性[$A_{div} \approx 20\log_{10}\left(\dfrac{r}{r_0}\right)$]。其中,面声源的 a 小于 b。图 3-6 中虚线为实际衰减量。

3.2.3　大气吸收衰减

大气吸收引起的衰减(A_{atm})按式(3-37)计算,即

$$A_{atm} = \frac{\alpha(r - r_0)}{1000} \tag{3-37}$$

式中:α——大气衰减系数,是关于温度、湿度和声波频率的函数,dB(A)/km。

式中的 α 为温度、湿度和声波频率的函数,在噪声预测计算中一般根据建设项目所处区域常年平均气温和湿度选择相应的大气吸收衰减系数,见表 3-3。

倍频带噪声的大气吸收衰减系数 α(单位:dB(A)/km)　　　　表 3-3

温度(℃)	相对湿度(%)	倍频带中心频率(Hz)							
		63	125	250	500	1000	2000	4000	8000
10	70	0.1	0.4	1.0	1.9	3.7	9.7	32.8	117.0
20	70	0.1	0.3	1.1	2.8	5.0	9.0	22.9	76.6
30	70	0.1	0.3	1.0	3.1	7.4	12.7	23.1	59.3
15	20	0.3	0.6	1.2	2.7	8.2	28.2	28.8	202.0
15	50	0.1	0.5	1.2	2.2	4.2	10.8	36.2	129.0
15	80	0.1	0.3	1.1	2.4	4.1	8.3	23.7	82.8

3.2.4 地面效应衰减

声音在传播过程中,由于声源和接收点之间的直达声和地面反射声的干涉引起的衰减即地面效应衰减。

地面类型可分为以下几种:
①坚实地面,包括铺筑过的路面、水面、冰面以及夯实地面;
②疏松地面,包括被草或其他植物覆盖的地面,以及农田等适合于植物生长的地面;
③混合地面,由坚实地面和疏松地面组成。

当声波越过坚实地面传播时,由于地面效应引起的等效声级的衰减可以忽略不计;当声波越过疏松地面传播时,或大部分为疏松地面的混合地面时,在预测点仅计算 A 声级情况下,地面效应引起的倍频带衰减(A_{gr})可用式(3-38)计算,即

$$A_{gr} = 4.8 - \left(\frac{2h_m}{r}\right)\left(17 + \frac{300}{r}\right) \tag{3-38}$$

式中:h_m——传播路径的平均离地高度,m;
r——声源到接收点的距离,m。

h_m 可按图 3-7 进行计算,即 $h_m = F/r$。其中,F 为面积,单位为 m^2。

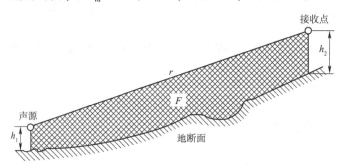

图 3-7 平均高度 h_m 的估计方法示意图

若 A_{gr} 计算出负值,则 A_{gr} 可用"0"代替。

地面效应衰减的一般计算法可参照《声学 户外声传播的衰减 第 2 部分:一般计算方法》(GB/T 17247.2—1998)中 7.3 的规定进行计算。

3.2.5 声屏障屏蔽衰减

位于声源和预测点之间的实体障碍物,如围墙、建筑物、土坡或地堑等起声屏障作用,从而引起声能量的较大衰减。在声屏障屏蔽衰减(A_{bar})的计算中,可将各种形式的屏障简化为具有一定高度的薄屏障;当屏障厚度超过一定程度被认为是厚屏障时,可将其简化为两个薄屏障,从而计算屏障屏蔽衰减。

如图 3-8 所示,S、O、P 三点在同一平面内且垂直于地面。

定义 $\delta = SO + OP - SP$ 为声程差,$N = \dfrac{2\delta}{\lambda}$ 为菲涅耳数,其中 λ 为声波波长。

(1)有限长薄屏障在点声源声场中引起的衰减的计算。
①计算图 3-9 所示三个传播途径的声程差 δ_1、δ_2、δ_3 和相应的菲涅耳数 N_1、N_2、N_3。

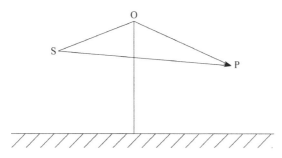

图 3-8 无限长声屏障示意图

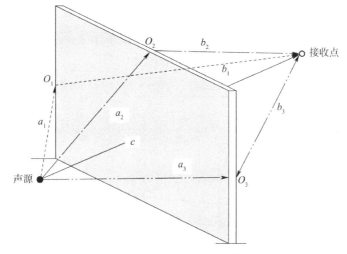

图 3-9 在有限长声屏障上不同的传播路径

②声屏障引起的衰减计算式为

$$A_{bar} = -10\log_{10}\left(\frac{1}{3+20N_1} + \frac{1}{3+20N_2} + \frac{1}{3+20N_3}\right) \quad (3-39)$$

当屏障很长(作无限长处理)时,可简化为

$$A_{bar} = -10\log_{10}\left(\frac{1}{3+20N_1}\right) \quad (3-40)$$

(2)双绕射计算。

对于图 3-10 和图 3-11 所示的双绕射情景,可由式(3-41)计算绕射声与直达声之间的声程差 δ,即

$$\delta = \left[(d_{ss} + d_{sr} + e)^2 + a^2\right]^{\frac{1}{2}} - d \quad (3-41)$$

式中:e——在双绕射情况下两个绕射边界之间的距离,m;

d——声源到接收点的直线距离,m;

d_{ss}——声源到第一绕射边的距离,m;

d_{sr}——第二绕射边到接收点的距离,m;

a——声源和接收点之间的距离在平行于屏障上边界的投影长度,m。

声屏障屏蔽衰减(A_{bar})在单绕射(即薄屏障)情况,最大取 20dB(A);声屏障屏蔽衰减

(A_{bar})在双绕射(即厚屏障)情况,最大取 25dB(A)。计算了声屏障屏蔽衰减后,不再考虑地面效应衰减。

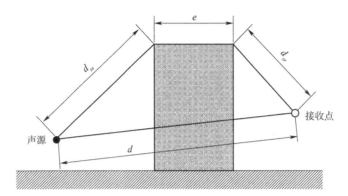

图 3-10 双绕射示意 1

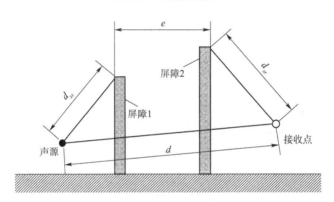

图 3-11 双绕射示意 2

3.2.6 其他方面原因引起的衰减

其他方面原因引起的衰减(A_{misc})包括绿化林带噪声衰减、通过工业场所的衰减,通过房屋群的衰减等。在声环境影响评价中,一般情况下,不考虑自然条件(如风、温度梯度、雾)变化引起的附加修正。

绿化林带的附加衰减与树种、林带结构和密度等因素有关。在声源附近的绿化林带,或在预测点附近的绿化林带,或两者均有的情况都可以使声波衰减,如图 3-12 所示。噪声通过林带造成的衰减随着通过林带的长度 d_f 的增长而增加,其中 $d_f = d_1 + d_2$,为了计算 d_1 和 d_2,可假设弯曲路径的半径为 5km。表 3-4 中的第 2 行给出了通过总长度为 10~20m 之间的密叶型林带时,由林带引起的衰减;第 3 行为通过总长度 20~200m 之间密叶型林带时的衰减系数;当通过密叶型林带的路径长度大于 200m 时,可使用 200m 的衰减值。

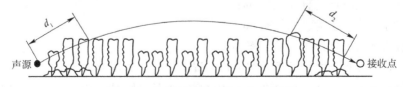

图 3-12 通过树和灌木时噪声衰减示意图

1倍频带噪声通过密叶型林带时产生的衰减　　　　　表3-4

项目	传播距离 $d_f(m)$	1倍频带中心频率(Hz)							
		63	125	25	500	1000	2000	4000	8000
衰减 [dB(A)]	$10 \leq d_f$ <20	0	0	1	1	1	1	2	3
衰减系数 [dB(A)/m]	$20 \leq d_f$ <200	0.02	0.03	0.04	0.05	0.06	0.08	0.09	0.12

通过工业场所的衰减、房屋群的衰减等可参照《声学 户外声传播衰减 第2部分:一般计算方法》(GB/T 17247.2—1998)进行计算。

3.3 车辆噪声

3.3.1 车辆噪声的构成

道路交通噪声主要是指机动车辆在运行过程中产生的噪声,包括发动机、机械传动机构、来自路面的冲击以及辅助功能系统的使用所产生的不同程度的振动,主要包括动力噪声和轮胎噪声。

(1)动力噪声。

动力噪声的强度主要受机动车动力输出大小的影响,包括动力产生过程、传动过程、动力改变车辆运动状态过程以及使用车辆动力来达到特定目的的辅助系统所产生的噪声。

①发动机噪声。发动机是机动车辆的动力来源,为机动车辆的正常运行提供了动力保障。目前,道路上行驶的机动车辆的类型有内燃机汽车、电动汽车和混合动力汽车,由于其动力来源不同,所造成的噪声也不同。

②传动系统噪声。传动系统噪声包括变速器噪声、万向传动噪声、驱动桥噪声和传动轴噪声。

③车身振动噪声。车身振动噪声通常分为两类,一类是空气与车身之间的冲击、摩擦而产生的噪声;另一类是车身结构振动引起的噪声,例如车身骨架和各种板壁在路面凹凸不平时产生的发动机垂直振动、车身扭转振动、车身横向振动、悬架横向角振动,从而产生车身结构振动辐射噪声。

④辅助系统噪声。辅助系统噪声主要由两部分构成,第一部分是保证车辆安全驾驶的辅助系统所产生的噪声(如制动声、鸣笛声等);第二部分是营造舒适车内环境的辅助系统所产生的噪声(如车内空调声、扬声器的声音等)。

(2)轮胎噪声。

汽车轮胎主要由胎面、胎壁、胎肩、尼龙冠带层、钢丝带束层、帘布层、气密层、胎圈等组成。其中,胎面花纹和轮胎材料对轮胎噪声的影响最大。轮胎噪声的形成机理主要包括以下3种。

①空气泵吸。当胎面花纹与地面接触时,在轮胎的三个方向会产生压缩变形,使胎面槽的容积减小,将槽内或路面凹部的空气排出;当胎面离开路面时,花纹槽的容积恢复,空气再流回

槽内。周而复始,胎面花纹和路面凹部内空气的不连续流动形成了压力波动,在物理形态上可描述为声波的形成。

②空气动力学效应。由于轮胎的旋转和移动引起周围空气的不稳定流动产生了压力波,具体表现为空气干扰噪声、赫姆霍兹共振、气柱共鸣声(胎面沟槽与地面形成管共振)和轮胎与路面间形成的楔形口放大轮胎噪声的喇叭放大效应。

③轮胎振动噪声。其噪声产生主要包括6种情形:a.滚动过程中胎面花纹块撞击路面产生的噪声,接地前后缘胎面元素(主要是花纹)垂直分速度的突然变化,引起的加速度噪声,这个过程中还包括冲击振动引发的噪声;b.胎面元素离开地面时产生的黏切力使轮胎表面产生切向的振动;c.由于轮胎滚动时的不均匀性而触发的自激振动噪声;d.路面的不规则引起的胎面径向和胎侧振动而产生的声辐射;e.轮胎支撑件(如钢圈)的振动;f.道路与轮胎之间的摩擦噪声。

当车辆速度较低时,汽车产生的噪声主要来自发动机噪声源。随着车辆速度的提高,轮胎噪声所占比例相应增加,当车辆速度为60~70km/h时,轮胎噪声成为汽车、特别是轿车和轻型车的主要噪声源;当车辆速度超过80km/h时,空气和车身摩擦的声音逐渐突出。

3.3.2 车辆噪声测量方法

在道路交通噪声控制工程中,为了达到控制目的,必须对所处的环境噪声污染特性进行测量,如声音的强度、频率以及变化规律。通过获取可靠的数据,能够正确制订有效的控制措施。这里主要介绍我国4部与道路交通噪声测量相关的标准。

(1)轮胎噪声监测标准及方法。

轮胎噪声测量方法有实验室(轮胎试验台)法、拖拉法和滑行法。前两种测量方法所需的实验设备和实验条件较难满足,目前普遍采用惯性滑行法进行测量,具体参照《轮胎惯性滑行通过噪声测试方法》(GB/T 22036—2017)的相关规定。

该标准推荐了一种在惯性滑行条件下,测量安装在试验车辆或拖车上的轮胎噪声的测试方法,其场地布置如图3-13所示。在该方法中,车辆法与拖车法相比,轮胎噪声测试结果更接近实际效果,但轮胎噪声受悬架参数的影响;拖车法测试结果更接近单个轮胎实际产生的噪声。该标准适用于新的轿车轮胎和载重汽车轮胎噪声的测试。

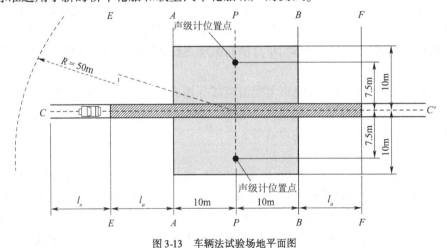

图3-13 车辆法试验场地平面图

(2)机动车辆车外噪声测量方法。

①机动车非行驶状态下车外噪声测量方法。按照《声学 机动车辆定置噪声声压级测量方法》(GB/T 14365—2017),使用内燃机的四轮以下摩托车、四轮载客车、四轮载货车在定置(挂空挡或 P 挡)时,车外噪声测量需关注发动机从怠速加速至目标转速过程中的噪声,测量点在排气口位置。该标准主要用于测量定置状态下车辆排气噪声,旨在检测排气系统故障,为道路车辆排气系统路边检测提供简便方法,助力保障车辆正常运行与环境噪声控制。

②机动车加速行驶状态下车外噪声测量方法,涵盖室内测量与室外测量两种模式,具体规范如下。

a. 室内测量遵循《汽车加速行驶车外噪声室内测量方法》(GB/T 40625—2021)。该标准包含两种方法,方法 A 旨在测量车辆动力总成噪声,为保证测量准确性,要求轮胎噪声不得干扰动力总成噪声测量,必要时需于室外测量测试车辆的轮胎噪声,用于最终噪声级的合成计算;方法 B 则是在室内底盘测功机上直接测量车辆加速通过噪声,并对测量结果加以修正,以此得出等效于室外测量结果的预测值。

b. 室外测量遵循《汽车加速行驶车外噪声限值及测量方法》(GB 1495—2002)。该标准主要用于测量车辆加速行驶时的最大噪声级,对测试车辆有特定要求,如装有带自动驱动机构风扇的测试车辆,测量期间风扇需保持自动工作状态;而装有水泥搅拌器、非制动系统用空气压缩机等设备的车辆,测量期间这些设备不得自动工作。

3.3.3 车辆噪声模型及影响因素

本小节着重探究影响车辆噪声的具体因素,并研究如何拟合车辆噪声模型以实现对单辆车行驶噪声的有效预测。而 3.3.2 详细说明了单辆车在非运行和运行状态下开展噪声测量实验的具体要求与规范。考虑到不同车型动力总成有所不同,在构建单辆车噪声排放模型时,依据《环境影响评价技术导则 声环境》(HJ 2.4—2009)的相关规定,将交通流按车型细分为小型、中型、大型三类,具体划分方法见表 3-5,以此优化模型构建,进而提高对道路交通噪声源等效声级预测的准确性。

车辆类型划分　　　　　　　　　　　　　　　　表 3-5

车型	汽车总质量(t)
小型车(S)	3.5 以下
中型车(M)	3.5~12
大型车(L)	12 以上

小型车一般包括小货车、轿车、7 座及以下旅行车等;中型车一般包括中货车、中客车(7~40 座)、农用三轮车、农用四轮车等;大型车一般包括集装箱车、拖挂车、工程车、大货车、大客车(40 座及以上)等。大型车和小型车以外的车辆,可按相近归类。

(1)车辆行驶噪声排放模型。

尽管不同车型动力总成存在差异,在路面上的行驶状态也各不相同,但总体而言,车辆噪声与行驶速度密切相关。按照 3.3.2 规定的要求布置好试验场地后,通过采集车辆通过声级计时的最大声级以及瞬时车辆行驶速度,即可构建单辆车行驶噪声排放模型。该模型常见的表达形式为

$$L = c_1 \times \log_{10} V + c_2 \tag{3-42}$$

式中:c_1、c_2——拟合噪声排放模型待定系数;

L——单辆车的噪声级,dB(A);

V——车辆速度,km/h。

车辆在道路行驶过程中运行状态多样,并非仅为匀速,诸如超车、路口停车等场景下会出现加速与减速行为。为准确刻画车辆在不同运行状态下的噪声排放值,将单辆车的运行状态划分为匀加速、匀减速及匀速三类,并且,为进一步提升对匀加速和匀减速过程中噪声排放值估计的准确性,引入加速度与速度共同对该状态下的噪声排放值进行估算。研究基于广州市域单辆车噪声排放数据,构建了广州市三种车型的车辆行驶噪声排放模型。各类车型单辆车噪声数据采集的样本量详见表3-6,其中沥青路面单辆车噪声排放模型见式(3-43),水泥路面的单辆车噪声排放模型见式(3-44)。

广州市单辆车噪声排放数据样本量统计表　　　　表3-6

路面材料	大型车	中型车	小型车	合计
沥青路面	368	217	1232	1817
水泥路面	704	342	1489	2535

沥青路面单辆车噪声排放模型为

$$\text{大型车} \begin{cases} \text{加速}: L_{OL} = 53.81 + 16.65\log_{10} V + 1.75a \\ \text{减速}: L_{OL} = 54.10 + 15.95\log_{10} V + 0.36a \\ \text{匀速}: L_{OL} = 31.77 + 29.70\log_{10} V \end{cases}$$

$$\text{中型车} \begin{cases} \text{加速}: L_{OM} = 26.63 + 30.75\log_{10} V + 0.47a \\ \text{减速}: L_{OM} = 21.76 + 33.59\log_{10} V + 0.19a \\ \text{匀速}: L_{OM} = 28.36 + 29.73\log_{10} V \end{cases} \tag{3-43}$$

$$\text{小型车} \begin{cases} \text{加速}: L_{OS} = 30.92 + 23.21\log_{10} V + 1.21a \\ \text{减速}: L_{OS} = 27.78 + 25.01\log_{10} V + 0.82a \\ \text{匀速}: L_{OS} = 27.96 + 24.91\log_{10} V \end{cases}$$

式中:a——车辆加速度,m/s^2。

水泥路面单辆车噪声排放模型为

$$\text{大型车} \begin{cases} \text{加速}: L_{OL} = 62.04 + 11.81\log_{10} V + 2.97a \\ \text{减速}: L_{OL} = 61.00 + 10.25\log_{10} V - 0.27a \\ \text{匀速}: L_{OL} = 39.53 + 25.84\log_{10} V \end{cases}$$

$$\text{中型车} \begin{cases} \text{加速}: L_{OM} = 42.08 + 19.12\log_{10} V + 1.57a \\ \text{减速}: L_{OM} = 49.65 + 11.71\log_{10} V + 0.29a \\ \text{匀速}: L_{OM} = 32.54 + 28.04\log_{10} V \end{cases} \tag{3-44}$$

$$\text{小型车} \begin{cases} \text{加速}: L_{OS} = 41.83 + 15.12\log_{10} V + 1.48a \\ \text{减速}: L_{OS} = 32.00 + 19.96\log_{10} V - 0.58a \\ \text{匀速}: L_{OS} = 33.27 + 23.19\log_{10} V \end{cases}$$

(2)车辆行驶噪声强度的影响因素。

①车辆类型。不同设计总质量的机动车,其发动机、传动结构等设计各异,导致不同类型

的机动车在道路上以相同速度行驶时,所排放噪声的等效声级存在差异。

②动力来源。根据动力驱动方式不同,目前市场上的汽车可分为燃油车、纯电动汽车和混合动力汽车三种类型。不同动力驱动方式下,发动机及变速器所产生的噪声强度各异。

③载质量。实测数据和相关文献显示,载质量对汽油车(小型车)的噪声强度影响甚微,对中型货车的噪声强度是略有增加,而大型货车载重时的噪声强度比空车时增加约3dB(A)。

④机动车辆的行驶状态。车辆速度是表征机动车辆行驶状态的主要指标。车辆在行驶过程中速度不断变化,存在加速、减速、匀速和怠速的行为。试验表明,考虑加减速状态的机动车辆噪声排放模型在平均误差和误差标准差方面优于《公路建设项目环境影响评价规范》(JTG B03—2006)中规定的模型,具体对比结果见表3-7。

预测结果的平均误差和误差的标准差对比　　　　表3-7

车型	行驶状态	实测数据量	考虑加减速状态的机动车辆噪声排放模型		《公路建设项目环境影响评价规范》(JTG B03—2006)规定的模型	
			平均误差(dB)	误差的标准差(dB)	平均误差(dB)	误差的标准差(dB)
小型车	加速	76	1.94	1.10	3.27	1.73
	匀速	23	2.26	1.26	2.85	1.53
	减速	52	1.58	0.81	3.32	1.43
中型车	加速	14	2.26	1.97	3.31	2.31
	匀速	20	2.28	1.85	3.20	1.99
	减速	24	2.17	1.41	3.57	3.03
大型车	加速	32	2.08	1.62	8.07	4.22
	匀速	38	2.38	3.08	2.43	2.76
	减速	20	1.94	1.56	5.60	3.64
合计		299	2.10	1.63	3.96	2.52

⑤路面材料。测试结果表明:小型车在刚性路面上的噪声级比相同车辆速度下的柔性路面高约3dB(A),主要原因是小型车在刚性路面上的轮胎噪声远大于柔性路面;中型车和大型车在刚性及柔性路面上的行驶噪声级差异较小,相同车辆速度下,刚性路面上的噪声级比柔性路面高约1dB(A)。

⑥路面粗糙度。路面粗糙度反映了路表面集料棱角阻止轮胎滑动的能力,通常以路面摩擦因数和路表构造深度来表示。小型车的行驶噪声级需根据表3-8进行调整;中型车和大型车则无须对此进行修正。

路面粗糙度噪声级修正值　　　　表3-8

粗糙度(mm)	噪声级修正值(dB)	粗糙度(mm)	噪声级修正值(dB)
<0.4	−2	1.0~1.3	+4
0.4~0.7	0	>1.3	+6
0.7~1.0	+2	—	—

⑦路面平整度。路面平整度是指相对于一个基准几何平面,路面在纵横方向上的凹凸量。测试结果表明,路面平整度对车辆行驶噪声强度影响甚微。然而,破损严重或砂石路面会增加

车体振动,从而导致噪声强度增加。

⑧道路的干湿状态。机动车辆在湿润路面和干燥路面上行驶时,所排放噪声的等效声级存在差异。根据《汽车加速行驶车外噪声限值及测量方法》(GB 1495—2002),在雨后对大型、中型、小型三种车型在不同车辆速度下的最大等效声级进行测量。

实验结果表明,车辆在湿润路面上的噪声值明显高于干燥路面上的噪声值。同时,湿润和干燥路面条件下的噪声差值随车型的增大而减小,即相比于干燥路面,小型车在湿润路面的噪声增加值大于中型车和大型车在湿润路面的噪声增加值。从速度角度分析,三种车型的噪声值在干湿路面上的差异都随速度增大而减小,即速度越大,干湿路面的噪声差值越小。

⑨路面纵坡。试验表明,路面纵坡对小型车的行驶噪声影响不显著。然而,大型车在上坡时,由于发动机转速增加,导致发动机噪声增大,进而使车辆行驶噪声显著增强。

在广州市内选取了五个斜坡路段作为试验路段,其坡度分别为 1.33%、2.38%、4.29%、4.58% 和 4.64%。试验场地的选取和试验的设计均严格遵循《汽车加速行驶车外噪声限值及测量方法》(GB 1495—2002)中相关规定。在实验中,每侧设置两个声级计,间距 20m,并在上下游距离声级计 100m 处各设置一个测速仪。当车辆经过声级计且无其他车辆噪声干扰时,记录车辆经过声级计时的噪声值,并测量相应行驶速度,同时记录车型、行驶车道及上坡或下坡状态。每条记录包含七个字段:车辆类型、上坡/下坡、速度、加速度、噪声值、与声级计的距离、道路纵坡。根据试验数据拟合结果为

$$\text{上坡}\begin{cases} \text{小型车}: L_{su} = 19.92 + 30.15\log_{10}V + 0.2(a + g\sin\theta) - 0.11Vg\sin\theta \\ \text{中型车}: L_{mu} = 60.64 + 6.09\log_{10}V + 1.54(a + g\sin\theta) + 0.43Vg\sin\theta \\ \text{大型车}: L_{lu} = 59.14 + 9.85\log_{10}V + 2.71(a + g\sin\theta) + 0.2Vg\sin\theta \end{cases}$$

$$\text{下坡}\begin{cases} \text{小型车}: L_{sd} = 21.04 + 31.49\log_{10}V + 1.13(a - g\sin\theta) - 0.19Vg\sin\theta \\ \text{中型车}: L_{md} = 63.52 + 5.29\log_{10}V + 0.78(a - g\sin\theta) + 0.34Vg\sin\theta \\ \text{大型车}: L_{ld} = 45.41 + 15.47\log_{10}V + 2.12(a - g\sin\theta) + 0.63Vg\sin\theta \end{cases}$$

(3-45)

式中:θ——道路坡度(°)。

此外,选取一个坡度为 4.23% 的路段进行验证实验,采集大型、中型、小型车在上坡和下坡时的噪声排放数据各 10 组,共计 60 组数据用于模型的验证。

选取《公路建设项目环境影响评价规范》(JTG B03—2006)的基本排放公式与《环境影响评价技术导则 声环境》(HJ 2.4—2021)的道路纵坡修正公式组合得到标准模型。通过比较考虑了纵坡坡度因素的模型与标准模型,对单辆车噪声排放的等效声级计算值与测量值的差值进行了对比分析,结果显示,考虑了纵坡坡度因素的模型优于标准模型,更能准确反映出单辆车在上下坡过程中的噪声排放情况。

⑩道路平面线形。在现实中,道路平面线形并非总是直线,而是会包含不同程度的弧度。汽车在转向过程中会出现差变速现象:一方面,这会改变齿轮原本的转动状态,产生冲击噪声;另一方面,由于现代车辆普遍配备转向助力功能,转向时电机的参与会产生电机噪声;此外,方向的改变会增大轮胎的接触面积,改变摩擦受力方向,从而增大轮胎噪声。

⑪机动车辆辅助功能的使用。在机动车辆的行驶过程中,其他辅助功能的使用也会增加机动车辆行驶过程中的噪声的等效声级,例如使用扬声器听歌、使用空调、开启天窗(改变气体流动方向,产生空气动力性噪声)、鸣笛等。

(3) 轮胎噪声强度的影响因素。

①道路铺设材料与铺设方式。在车辆行驶过程中,轮胎噪声与路面之间存在耦合作用。车辆在光滑路面上行驶时,产生的轮胎噪声主要为泵浦噪声;在粗糙路面上行驶时,路面的冲击振动噪声成为轮胎噪声的主要来源。因此,路面材料与铺设方式高度影响轮胎噪声。城市道路主要分为刚性路面和柔性路面,前者以水泥混凝土路面为代表,后者以各种形式的沥青路面为代表,在农村地区还有土路路面。由于道路铺面材料的不同,路面的粗糙程度也会有所不同,进而影响轮胎噪声强度。

测量结果表明,路面铺面材料对小型车的轮胎噪声影响较大。在刚性路面,轮胎噪声强度随车辆速度增大而迅速增加,见表3-9,当车辆速度超过80km/h时,行驶噪声中轮胎噪声占主导地位。在柔性路面上,行驶噪声中轮胎噪声也略高于动力噪声。经测量,在距行车线7.5m处,小型车轮胎噪声级与车辆速度(V)的关系式为

$$L_{AST1} = 29.50 \times V^{0.220} \tag{3-46}$$

$$L_{AST2} = 39.70 \times V^{0.142} \tag{3-47}$$

式中:L_{AST1}——小型车在水泥混凝土路面上行驶时轮胎噪声的等效声级,dB(A);

L_{AST2}——小型车在沥青混凝土路面上行驶时轮胎噪声的等效声级,dB(A)。

小型车在两种路面上轮胎噪声级的对比　　　　表3-9

车辆速度(km/h)	50	60	70	80	90	100	110	120	车型
水泥混凝土路面噪声级[dB(A)]	69.8	72.6	75.1	77.4	79.4	81.3	83.0	84.6	上汽桑塔纳
沥青混凝土路面噪声级[dB(A)]	69.1	70.9	72.5	73.9	75.2	76.3	77.4	78.3	
噪声级差值[dB(A)]	0.7	1.7	2.6	3.5	4.2	5.0	5.6	6.3	

中型车的轮胎噪声与路面铺面材料的关系不大,且在任何车辆速度下,其轮胎噪声级与动力噪声级十分相近。中型车在距行车线7.5m处的轮胎噪声强度可用下式估算,即

$$L_{AMT} = 28.77 \times V^{0.250} \tag{3-48}$$

路面铺面材质对大型车的轮胎噪声影响不明显,行驶噪声中动力噪声级略大于轮胎噪声级,但载质量会增加轮胎噪声。大型车在距行车线7.5m处的轮胎噪声强度可用下式估算,即

$$L_{ALT} = 32.12 \times V^{0.225} \tag{3-49}$$

路面铺设方式同样会影响车辆在行驶过程中轮胎产生的噪声强度。例如,相较于非减速带道路,显然车辆在通过减速带时,轮胎噪声的等效声级会明显增大。这是因为轮胎与道路的接触面积和方式发生改变,导致产生了冲击噪声,进而使轮胎噪声的等效声级增加。

根据另外一个试验表明,随着摩擦因数的增加,轮胎噪声中低频部分的噪声能量占比会增加;相反,轮胎噪声中的高频部分的噪声能量占比会减小。具体表现为,车辆行驶在地下停车场(地下停车场的铺面多较为光滑)过程中产生的噪声比行驶在正常路面时产生的噪声更为尖锐,更加具体地表现为车辆在转弯或者停车时因滑动而产生尖锐的轮胎摩擦噪声。

②道路的湿润程度。在路面干燥的情况下,摩擦因数较大;而在潮湿的情况下,由于水分子处于轮胎和路面之间,摩擦因数会减小。摩擦因数的大小会影响机动车辆的抓地力,在一定情况下可能导致轮胎从滚动摩擦转变为滑动摩擦。这种变化会影响轮胎噪声的频谱分布,从而影响机动车辆的轮胎噪声的强度。当路面湿润达到一定程度,将会使得轮胎接触的材质发生变化,不但与路面接触,也和水流接触,从而产生水动力噪声。

③轮胎的花纹。轮胎花纹的类型、横向花纹的深度和宽度、花纹的节距、胎肩花纹的开放形式和花纹深度、胎压、轮胎硬度、轮胎刚度和均匀性都会影响轮胎噪声强度。例如,横向花纹沟的深度和宽度增加会增加振动,而花纹沟打通后,封闭的气体释放减少了泵浦效应,从而导致轮胎噪声增强;优化节距的排列方式可以降低轮胎噪声强度;胎面胶硬度越大,噪声也越大;胎面和胎侧的振动、轮胎与路面撞击及轮胎滑动都会产生振动噪声,如果这个振动频率与轮胎的固有频率接近或一致,就会引起轮胎共振,产生比较强的噪声。

3.3.4 车辆行驶噪声的频谱特性

(1)三种车型的行驶噪声频率分布。

道路交通噪声中大型、中型、小型三种车型的噪声频率范围见表3-10。由表可见,小型车的噪声以中高频为主,中型、大型车的噪声以中低频为主。除此之外,水泥混凝土路面上的噪声频率比沥青路面上的高,由于人耳的听觉特性,这便是听觉上感到水泥混凝土路面上的噪声大于沥青路面上的主要原因。

车辆噪声的频率分布　　　　　　　表3-10

车型	车辆速度(km/h)	行驶噪声频率(Hz)		轮胎噪声频率(Hz)	
		沥青混凝土路面	水泥混凝土路面	沥青混凝土路面	水泥混凝土路面
小轿车	60~120	500~2000	630~2500	630~2000	800~2500
中型车	40~80	80~800	125~1600	160~1000	315~1600
大型车	40~80	80~1000	250~2000	250~1000	315~2000

(2)等效频率及计算方法。

等效频率代表道路交通噪声能量最集中的频率,它能够表征道路交通噪声的特性。等效频率可用于计算声屏障的声衰减,可以大大简化A计权声级插入损失的计算。

等效频率的计算步骤如下。

①确定声程差 δ 的取值,通常取值为 $\delta_j = 0.01, 0.1, 0.5, 1, 2.5, 5, 10$,单位为m。

②根据实测的接收点处道路交通噪声1/3倍频程频带声压级,计算该处无屏障时A计权频带声级 L_{Ami} 和总A计权声级 L_{Am},计算式分别为

$$L_{Ami} = L_{pi}(r) - \Delta L_i \tag{3-50}$$

$$L_{Am} = 10\lg\left(\frac{1}{N}\sum_{i=1}^{N} 10^{0.1 L_{Ami}}\right) \tag{3-51}$$

式中:$L_{pi}(r)$——预测点(r)处,第i倍频带声压级,dB(A);

ΔL_i——第i倍频带的A计权网络修正值,dB(A);

N——频带数。

③计算绕射声衰减 $\Delta L'_d(f_s, \delta_j)$,即

$$\Delta L'_d(f_s, \delta_j) = \begin{cases} 10\lg\left[\dfrac{3\pi}{4\arctan}\dfrac{\sqrt{(1-t^2)}}{\sqrt{\dfrac{(1-t)}{(1+t)}}}\right] & \left(t = \dfrac{40 f_s \delta_j}{3c} \leq 1\right) \\ 10\lg\left[\dfrac{3\pi}{2\ln\left(t + \sqrt{(t^2-1)}\right)}\sqrt{(t^2-1)}\right] & \left(t = \dfrac{40 f_s \delta_j}{3c} > 1\right) \end{cases} \tag{3-52}$$

式中：$f_s = 315,400,500,630,800,1000,1250, Hz$;

$\delta_j = 0.01,0.1,0.5,1,2.5,5,10, m$;

c——声速，m/s，一般取 340m/s。

④计算建声屏障后接收点处各频带的绕射声衰减 $\Delta L'_{di}$，A 计权频带声级 L_{Ami} 和 A 计权总声级 L_{Am}，即

$$L_{Ai}(f,\delta_j) = L_{Ami} - \Delta L'_{di} \quad (3-53)$$

$$L_A(\delta_j) = 10\lg(\sum_{i=1}^{N} 10^{0.1L_{Ai}}) \quad (3-54)$$

⑤计算出总的绕射声衰减 $\Delta L_d(\delta_j)$，即

$$\Delta L_d(\delta_j) = L_{Am} - L_A(\delta_j) \quad (3-55)$$

⑥将 $\Delta L_d(\delta_j)$ 与各频带的 $\Delta L'_d(f_s,\delta_j)$ 进行比较，最小差值对应的中心频率即为等效频率，即

$$\Delta f = \frac{1}{7} \sum_{j=1}^{7} |\Delta L_d(\delta_j) - \Delta L'_d(f_s,\delta_j)| \quad (3-56)$$

(3) 计算等效频率。

【**例 3-1**】 根据表 3-11 中的各频带的中心频率和无屏障各频带 A 计权频带声级，计算等效频率。

各频带的中心频率和无屏障各频带 A 计权频带声级 表 3-11

中心频率(Hz)	315	400	500	630	800	1000	1250
A 计权频带声级[dB(A)]	47.7	48.3	54.1	54.7	57.7	60.7	58.7

解：①根据题目给出的无屏障时 A 计权频带声级 L_{Ami} 计算总 A 计权声级 L_{Am}。

$$L_{Am} = 10\lg(\sum_{i=1}^{7} 10^{0.1L_{Ami}}) = 65.03$$

②根据式(3-52)计算绕射声衰减 $\Delta L'_d(f_s,\delta_j)$，填入表 3-12。

$\delta_j = 0.01,0.1,0.5,1,2.5,5,10$

$f_s = 315,400,500,630,800,1000,1250$

绕射声衰减计算结果 表 3-12

绕射声衰减 $\Delta L'_d(f_s,\delta_j)$		声程差 δ_j(m)						
		0.01	0.1	0.5	1	2.5	5	10
中心频率 f_s(Hz)	315	5.09	7.06	10.59	12.58	15.48	17.81	20.24
	400	5.18	7.46	11.25	13.31	16.27	18.64	21.09
	500	5.27	7.88	11.89	14.01	17.02	19.42	21.90
	630	5.39	8.36	12.58	14.75	17.81	20.24	22.73
	800	5.53	8.89	13.31	15.53	18.64	21.09	23.61
	1000	5.70	9.42	14.01	16.27	19.42	21.90	24.43
	1250	5.89	9.98	14.72	17.02	20.21	22.71	25.26

③根据式(3-53)和式(3-54)计算有屏障 A 计权频带声级 $L_{Ai}(f,\delta_j)$ 和 A 计权总声级 $L_A(\delta_j)$，填入表 3-13。

A 计权频带声级和计权总声级计算结果 表 3-13

A 计权频带声级 $L_{Ai}(f,\delta_j)$		声程差 δ_j(m)						
		0.01	0.1	0.5	1	2.5	5	10
中心频率 f_s(Hz)	315	42.61	40.64	37.11	35.12	32.22	29.89	27.46
	400	43.12	40.84	37.05	34.99	32.03	29.66	27.21
	500	48.83	46.22	42.21	40.09	37.08	34.68	32.20
	630	49.31	46.34	42.12	39.95	36.89	34.46	31.97
	800	52.17	48.81	44.39	42.17	39.06	36.61	34.09
	1000	55.00	51.28	46.69	44.43	41.28	38.80	36.27
	1250	52.81	48.72	43.98	41.68	38.49	35.99	33.44
$L_A(\delta_j)$		59.41	55.95	51.53	49.32	46.21	43.76	41.25

④根据式(3-55)计算出总的绕射声衰减 $\Delta L_d(\delta_j)$，填入表 3-14。

绕射声衰减计算结果 表 3-14

δ_j	0.01	0.1	0.5	1	2.5	5	10
$\Delta L_d(\delta_j)$	5.62	9.08	13.50	15.71	18.82	21.27	23.78

⑤根据式(3-56)计算 Δf，填入表 3-15。

Δf 计算结果 表 3-15

f_s	315	400	500	630	800	1000	1250
Δf	2.70	2.08	1.48	0.85	0.17	0.48	1.14

由计算结果看出，Δf 最小值为 0.17，其对应的频率是 800Hz，则等效频率为 800Hz。

3.4 道路交通噪声预测方法

3.4.1 公式计算法

3.4.1.1 交通噪声预测模型

在行车道上行驶的车辆可被看作无指向性的点声源；当行车道上的车流量足够大时，可以将由行车道上车流构成的道路交通噪声源看作由等间距排列的点声源构成的线声源。

(1) 单个车辆的等效声级。

如图 3-14 所示，当一辆车从左向右驶过参照点 P，并且继续往右行驶时，在行车道上行驶的车辆，可视为半自由声场的点声源，在 P 处的声强表示为

$$I_P = \frac{W}{2\pi R^2} = \frac{W}{2\pi[r^2 + (vt)^2]} \tag{3-57}$$

式中：W——单辆车辐射的声功率，W；

r——接收点到车行线的距离，m；

v——车辆速度,m/s;

t——时间,s。

该时刻的声压级为

$$L_P = L_w + 10\log_{10}\frac{1}{2\pi} + 10\log_{10}\frac{1}{r^2+(vt)^2} \tag{3-58}$$

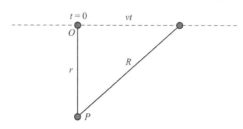

图 3-14 单车噪声级计算示意图

如果同种车型单辆车匀速行驶时在参考距离 r_0 处测得的声级为 L_o,那么

$$L_o = L_w + 10\log_{10}\frac{1}{2\pi} + 10\log_{10}\frac{1}{r^2} \tag{3-59}$$

综合式(3-58)和式(3-59),得

$$L_P = L_o + 10\log_{10}\frac{r_0^2}{r^2+(vt)^2} \tag{3-60}$$

车辆在 T 时间内经过点 P,在点 P 处产生的等效声级为

$$\begin{aligned}L_{eqo} &= 10\log_{10}\frac{1}{T}\int 10^{0.1L_P}\mathrm{d}t \\ &= 10\log_{10}\frac{1}{T}\int_{-\infty}^{+\infty}10^{0.1\left[L_o+10\log_{10}\frac{r_0^2}{r^2+(vt)^2}\right]}\mathrm{d}t \\ &= L_o + 10\log_{10}\frac{1}{T}\int_{-\infty}^{+\infty}\frac{r_0^2}{r^2+(vt)^2}\mathrm{d}t \\ &= L_o + 10\log_{10}\frac{\pi r_0}{Tv} + 10\log_{10}\frac{r_0}{r}\end{aligned} \tag{3-61}$$

(2)一种车型车流的等效声级。

假设同种车型以相同的车辆速度匀速行驶,则一种车型的车流在点 P 处的等效声级为

$$\begin{aligned}L_{eqoi} &= 10\log_{10}\sum_{m=1}^{N_i}10^{0.1L_{eqo}} \\ &= L_{oi} + 10\log_{10}\frac{N_i}{Tv_i} + 10\log_{10}\frac{r_0}{r} + 10\log_{10}\pi r_0\end{aligned} \tag{3-62}$$

(3)公路交通噪声预测模式。

式(3-62)为第 i 种车流在点 P 处的等效声级的计算式,考虑到声音的传播衰减、地面吸收和障碍物的附加衰减量,第 i 种车流在距离行车线 r 处的等效声级为

$$\begin{aligned}L_{eqi} &= L_{oi} + 10\log_{10}\frac{N_i}{Tv_i} + 10\log_{10}\pi r_0 + 10\log_{10}\frac{r_0}{r} + 10\log_{10}\left(\frac{r_0}{r}\right)^\alpha + \Delta L \\ &= L_{oi} + 10\log_{10}\frac{N_i}{Tv_i} + 10\log_{10}\left(\frac{r_0}{r}\right)^{1+\alpha} + \Delta L - 16\end{aligned} \tag{3-63}$$

式中:L_{eqi}——第 i 种车型的车流在接收点处的等效声级,dB;

L_{oi}——第 i 种车型在参照点处的平均辐射噪声级,dB;

N_i——第 i 种车型的车流量,veh/h;

v_i——第 i 种车型的车辆速度,km/h;

r_0——参考距离,一般取 $r_0 = 7.5\text{m}$;

r——接收点(计算点)距行车线的距离,m;

T——计算时间,一般取 1h;

α——与地面因素有关的吸收因子,硬地面(沥青和水泥)时 $\alpha = 0$,软地面(土壤或有植被覆盖的地表)时 $\alpha = 0.5$;

ΔL——噪声传播途中障碍物的附加衰减量,dB;

-16——常数,$10\log_{10}\pi r_0 = 10\log_{10}\pi \times 7.5 \times 10^{-3} = -16$。

行车道上实际车流为大型、中型、小型三种车型的混合车流,因此,公路交通噪声的等效声级为三种车型车流的等效声级的叠加,即

$$L_{eq} = 10\log_{10}\sum_{m=1}^{n}10^{0.1L_{eqi}} \tag{3-64}$$

式中:n——车型分类数,$n=3$。

【例 3-2】 某高速公路上昼间小时交通量为:小型车 703 辆/h,中型车 245 辆/h,大型车 182 辆/h。各类型车辆的车辆速度分别为:小型车 100km/h,中型车 80km/h,大型车 65km/h。公路路面为沥青混凝土,路面高出地面 0.5m,公路与接收点之间没有障碍。计算距行车线 100m 处的等效声级。

解: ①计算各类车型在参照点($r_0 = 7.5\text{m}$)处的平均辐射噪声级,由单辆车噪声排放模型计算得

$$L_{os} = 79.9\text{dB}, L_{om} = 88.0\text{dB}, L_{ol} = 87.1\text{dB}$$

②利用式(3-63)计算各类车流在计算点($r = 100\text{m}$)处的小时等效声级,即

$$L_{eqs} = 55.5\text{dB}, L_{eqm} = 60.0\text{dB}, L_{eql} = 58.7\text{dB}$$

③计算接收点处总的小时等效声级为

$$L_{eq} = 10\log_{10}(10^{0.1L_{eqs}} + 10^{0.1L_{eqm}} + 10^{0.1L_{eql}}) = 63.2\text{dB}$$

3.4.1.2 交通噪声预测计算

(1)等效行车道。

在采用噪声预测模型计算道路交通噪声时,一般认为车辆集中在等效行车道上形成车流。等效行车道的中心线称为等效行车线,接收点至等效行车线的距离为距最近行车道中心线的距离 r_1 与距最远行车道中心线的距离 r_2 的几何平均值。等效行车道示意图如图 3-15 所示。

计算式为

$$r = \sqrt{r_1 \times r_2} \tag{3-65}$$

(2)有限长路段的修正。

在《环境影响评价技术导则 声环境》(HJ 2.4—2021)中规定,声源中心到预测点之间的距离超过声源最大几何尺寸 2 倍时,可以将该声源近似为点声源。《声屏障声学设计和测量规范》(HJ/T 90—2004)中规定声源与接收点的距离为线声源长度的 3 倍时,可将线声源当作点声

源。当道路交通噪声源为线声源时,应根据路段的线形对接收点的等效声级进行修正,即
$$L_{eqc} = L_{eq} + \Delta L_c \tag{3-66}$$
式中：L_{eqc}——进行路段线形修正后的等效声级,dB(A);

L_{eq}——使用预测模型计算的等效声级,dB(A);

ΔL_c——修正值,dB(A)。

$\Delta L_c = 10\log_{10}\left(\dfrac{\theta}{180}\right)$,$\theta$ 为计算点对路段的张角,如图3-16所示。

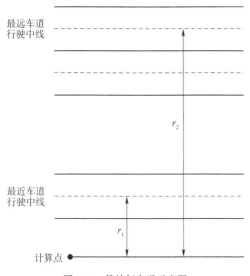

图3-15 等效行车道示意图　　图3-16 接收点对路段的张角示意图

(3)障碍物的附加衰减量。

①声障的附加衰减量。路堑、高路堤和路侧的山丘、土岗等是噪声传播途中的声障,会产生附加衰减。关于声障噪声衰减量的计算已在本书的3.2.5 声屏障屏蔽衰减和3.3.4 车辆行驶噪声频谱特性部分进行了讨论。

②房屋的附加衰减量。房屋会对噪声产生遮挡,在进行噪声预测时,可根据房屋占地面积比按表3-16进行估算。

房屋噪声衰减量估算表　　　　表3-16

房屋状况	衰减量 ΔL
第一排房屋占地面积40%~60%	3dB(A)
第一排房屋占地面积70%~90%	5dB(A)
每增加一排房屋	1.5dB(A),最大衰减量≤10dB(A)

③林带的附加衰减量。通常树林的平均衰减量用式(3-67)估算,即
$$\Delta L = k \times b \tag{3-67}$$
式中：k——林带的平均衰减系数,dB/m,一般取0.12~0.18dB/m;

　　b——噪声通过林带的宽度,m。

3.4.2 动态模拟法

公式计算法根据实际道路的车流量、车流组成、车辆速度等参数对交通噪声进行计算,可以获得一段时间内接收点处的等效声级,但无法得到噪声随时间的起伏变化情况。为解决这一问题,研究者提出了交通噪声动态模拟方法。动态模拟法通过微观交通仿真软件或模型对道路交通流进行仿真,获取仿真路网上车辆的实时位置、速度和加速度等参数,实时计算出每一时刻每一辆车的噪声排放,在此基础上计算出每一时刻接收点处的瞬时声级。

3.4.2.1 动态模拟法的原理及计算流程

动态模拟法需要利用微观交通仿真软件或模型实现对道路交通流的模拟。常用的微观交通仿真软件有 PARAMICS、VISSIM、CORSIM、SUMO 等。动态模拟法首先根据实际场景在微观交通仿真软件中搭建路网,包括道路路段(路段长度、车道数、车道宽度、限速、行驶方向、专用车道、限行)、交叉口(交叉口类型、转向规则、信号控制相位及周期)、交通小区(车辆出行的 OD)等。然后根据需求设置各个交通小区的 OD 量、车流组成比例、车辆行驶规则等参数。设置完成后,仿真软件即可模拟路网上的交通流运行情况,具体流程如图 3-17 所示。

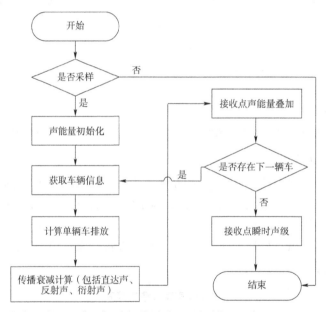

图 3-17 动态模拟法计算流程图

由于微观交通仿真可实时获得路网中车辆的位置、速度及加速度等参数,因此,动态模拟法能够实现每秒甚至更短的时间间隔计算接收点的噪声级计算。为确保仿真结果的准确性,一般舍弃仿真前 10~15min 交通流未达到稳定状态的数据。如果需要模拟路网在 1h 内的交通噪声变化情况,则仿真时长应设置为 70min 或以上。

动态模拟法的计算流程可分为以下几个步骤:

①获取每个时间步长内道路网上所有车辆的位置、速度和加速度;

②分别计算每一辆车对各个接收点产生的声压级;

③叠加路网上所有车辆对某一个接收点产生的声压级,得到该接收点在当前时刻的瞬时声级;

④对某个接收点在指定时间段内所有时间步长的声压级进行叠加,得到该接收点在指定时间内的等效声级。

3.4.2.2 交通噪声动态模拟计算方法

假设在 i 时刻,车辆 k 的坐标为 $(x_{i,k}, y_{i,k}, z_{i,k})$,车辆的速度为 $v_{i,k}$,加速度为 $a_{i,k}$,接收点 j 的坐标为 (x_j, y_j, z_j),通过单车噪声排放模型计算得到 i 时刻车辆 k 在参照点 $r_0 = 7.5\text{m}$ 处的声压级为 $L_{i,k}$,那么,在 i 时刻第 k 辆车在接收点 j 处产生的声压级为

$$L_{i,k}^j = L_{i,k} + 10\log_{10}\left(\frac{r_0^2}{r^2}\right)$$
$$= L_{i,k} + 10\log_{10}\left[\frac{r_0^2}{(x_{i,k}-x_j)^2 + (y_{i,k}-y_j)^2 + (z_{i,k}-y_j)^2}\right] \quad (3-68)$$

式中:$L_{i,k}^j$——接收点 j 在 i 时刻受到车辆 k 的声压级,dB(A)。

假设路网上在 i 时刻共有 n_i 辆车,则接收点 j 在 i 时刻受到的声压级为当前时刻路网上所有车辆在该接收点产生的声压级的叠加,即

$$L_i^j = 10\log_{10}\sum_{k=1}^{n_i} 10^{0.1 L_{i,k}^j} \quad (3-69)$$

式中:L_i^j——接收点 j 在 i 时刻接收到的声压级,dB(A)。

根据上述计算公式,可以得到路网上每一个接收点在每一个时间步长的声压级,即可以实时模拟计算道路周边的交通噪声。值得注意的是,路网上车辆的车型种类不同,在计算时应选择相应的单车排放模型。

如需要计算一段时间内接收点的等效声级,则需要把该时间段内所有时间步长的声压级进行叠加,然后计算平均等效声级,即

$$L_j = 10\log_{10}\frac{1}{N}\sum_{i=1}^{N} 10^{0.1 L_i^j} \quad (3-70)$$

式中:L_j——接收点 j 的等效声级,dB;

N——计算时间段内经过的时间步长数,如计算时间为 1h,时间步长为 1s,则 $N=3600$。

动态模拟法计算得到的结果还需要在计算得到的等效声级的基础上附加这些修正项和噪声衰减,计算方法与公式计算法相同,但是不需要考虑有限长路段的修正。

3.5 道路交通噪声污染控制

3.5.1 法规与标准

(1)《中华人民共和国噪声污染防治法》。

《中华人民共和国噪声污染防治法》对道路交通噪声污染防治作出了五方面的规定,对道路交通的全过程进行管理。第一,道路交通基础设施建设方面:①规定新建公路、铁路线路选线设计,应当尽量避开噪声敏感建筑物集中区域;②制定交通基础设施工程技术规范,应当明确噪声污染防治要求。第二,车辆方面:规定禁止驾驶拆除或者损坏消声器、加装排

气管等擅自改装的机动车以轰鸣、疾驶等方式造成噪声污染。第三,车辆运行方面:规定交通运输工具运行时就应当按照规定使用喇叭等声响装置,除规定在市区或者养老院等声敏感区域须按照规定使用声响装置外,对于车辆喇叭的使用规定更为严格。第四,噪声管理职权方面:划定禁止机动车行驶和使用喇叭等声响装置的路段和时间,需要地方人民政府生态环境主管部门会同公安机关根据声环境保护的需要进行划定,公安机关交通管理部门依法设置相关标志、标线。第五,噪声污染治理方面:规定因公路、城市道路和城市轨道交通运行排放噪声造成严重污染的,需要对噪声污染情况进行调查评估和责任认定,制定噪声污染综合治理方案,并且制定噪声污染综合治理方案,应当征求有关专家和公众等的意见。

我国还颁布了一系列噪声标准和噪声控制的规定,如对车辆噪声实行年检和车辆出厂检验。多数城市实行市区禁鸣或夜间禁鸣、禁止货车进入市区、车辆限速等政策。这些对降低城市环境噪声都有较大的作用。国际上,美国、日本等国家还制定了道路交通噪声标准,用来控制公路沿线两侧不同区域的允许噪声声压级,对公路建设的声环境保护从法律上做了规定。

(2)《声环境质量标准》。

生态环境部颁布的《声环境质量标准》(GB 3096—2008)中,将区域划分为五类声环境功能区:0 类声环境功能区指康复疗养区等特别需要安静的区域;1 类声环境功能区指以居民住宅、医疗卫生、文化教育、科研设计、行政办公为主要功能,需要保持安静的区域;2 类声环境功能区指以商业金融、集市贸易为主要功能,或者居住、商业、工业混杂,需要维护住宅安静的区域;3 类声环境功能区指以工业生产、仓储物流为主要功能,需要防止工业噪声对周围环境产生严重影响的区域;4 类声环境功能区指交通干线两侧距离之内,需要防止交通噪声对周围环境产生严重影响的区域,包括 4a 类和 4b 类两种类型,其中,4a 类为高速公路、一级公路、二级公路、城市快速路、城市主干路、城市次干路、城市轨道交通(地面段)、内河航道两侧区域,4b 类为铁路干线两侧区域。

该标准中规定的声环境功能区具体范围根据《声环境功能区划分技术规范》(GB/T 15190—2014)执行。标准还明确了交通干线的定义,并且规定了交通干线两侧 4 类区环境以及其他声环境功能区环境噪声限值,见表 3-17。该标准适用于声环境质量评价与管理,但不适用于机场周围受飞机通过(起飞、降落、低空飞越)噪声影响的区域。

声环境功能区噪声限值　　　表 3-17

声环境功能区类别		声压级限值[dB(A)]	
		昼间(06:00—22:00)	夜间(22:00—06:00)
0 类		50	40
1 类		55	45
2 类		60	50
3 类		65	55
4 类	4a 类	70	55
	4b 类	70	60

3.5.2 声源控制措施

(1)改进汽车制造工艺。

机动车辆机械结构复杂,机械部件的振动产生的噪声会影响行驶过程中产生的噪声声压级的大小。目前,在改进汽车制造工艺方面消除和减少车辆行驶噪声的方法有以下几种。

①改进机动车辆整体的结构设计。金属材料消耗振动能量的能力较弱,如果使用材料内耗大的高分子材料制作机械零件,则会使噪声大大降低。例如,在机械部件连接处使用橡胶、尼龙垫片,可以吸收机械部件相互碰撞的声音。

②提高机械加工质量和装配精度。提高机动车辆各个机械部件的加工质量和装配精度,可以减少各机械部件之间的摩擦、振动等。研究表明,将轴承滚珠的加工精度提高一级,就可以使轴承噪声声压级降低10dB(A)。

③改进轮胎设计和制造工艺。轮胎的花纹形式、节距种类及排列顺序、胎面胶配方以及轮胎均匀性等都对轮胎噪声有一定的影响。采用尽可能多的节距数、优化节距排列,调整胎面花纹形式、减小花纹沟深度和宽度,适当降低胎面胶的硬度,减小胎冠和胎侧的刚度,提高轮胎均匀性等,均有利于降低轮胎噪声。

车辆主要噪声源控制措施及降噪效果见表3-18。

降噪措施及降噪效果 表3-18

声源	控制措施	降噪效果
动力系统	安装发动机隔声装置	3~6dB(A)
	对发动机表面辐射噪声进行隔声处理	2~4dB(A)
	选用低噪声发动机	2~6dB(A)
	安装消声器	2~3dB(A)
排气系统	采用双层复合结构的消声器和排气管	1~2dB(A)
	排气管合理悬挂和减振	0~1dB(A)
进气系统	合理设计空气滤清器,使其具有消声效果	1~2dB(A)
传动系统	提高齿轮精度,采用低噪声齿轮箱	1~2dB(A)
轮胎	采用低噪声轮胎	高速时2~3dB(A)
冷却系统	采用低噪声冷却风扇	1~2dB(A)
	采用自动风扇离合器	2~3dB(A)

(2)使用新能源汽车。

目前,我国绝大多数载重汽车和公共汽车等效声级为88~91dB(A),一般小型车辆等效声级是82~85dB(A)。大多数车辆以内燃机作为动力,在运行过程中产生噪声较大。市场上典型的电动公共汽车在停车时的等效声级为60dB(A),在45km/h的速度下行驶时,其噪声等效声级在76~77dB(A)。研究表明,电动公共汽车的等效声级比一般的内燃机公共汽车的等效声级低10~12dB(A)。因此,大量使用新能源汽车可以在一定程度降低区域整体的道路交通噪声。

(3)使用低噪声路面。

低噪声路面又称透水性路面或多孔隙路面。它是在沥青路面或水泥混凝土路面结构层上铺筑一层具有高孔隙率的沥青混合料,其空隙率通常在15%~20%之间。常用多孔路面的厚度为2~5cm,为了平衡孔隙太小易被行车尘埃堵塞的问题,集料的最大料径一般取15mm为宜。多孔沥青路面在路面内部会形成发达而贯通的空隙,从而产生一种负宏观效应。相关研究表明,多孔隙沥青混凝土路面与传统的水泥混凝土路面相比,噪声可降低3~6dB(A),雨天则可降低约8dB(A)。

(4)减少道路上行驶的车辆。

道路上行驶的车辆是产生道路交通噪声的主要原因。而机动车辆被使用的原因有:a.有明确目标的一次或多次货物或者人的运输,该目标包含明确的起点和终点;b.为了进行交通运输服务的生产性运输,该运输并无明确的终点,车辆在行驶过程中寻找需要被运输的目标对象,例如出租车寻找目标乘客的过程;c.无固定终点目的的出行,例如车辆试驾或漫无目的地行驶。其中,前两个是造成车辆被使用的主要原因。

①减少不必要的道路交通出行需求。由于无明确目的,车辆在行驶过程中具有随机性,容易对道路交通产生干扰。减少这类机动车辆能够一定程度降低道路交通噪声的强度。

②对交通出行需求进行转化和替代。例如,通过手机银行办理业务代替前往银行;线上购物代替实体店购物;视频通话代替面对面见面;等等。

此外,可以将人的移动变成货物的移动。货物的运输可以根据目的的异质性进行合并和拆分,从而一定程度降低道路上行驶的车辆数量,进而降低道路交通噪声的强度。

③鼓励使用公共交通。公共交通具有运量大、满载情况下单位个体平均耗能低、被运输对象所使用的费用低等特点。使用公共交通工具能够一定程度降低道路上小汽车的数量,从而降低道路交通噪声强度。

④减少过境车辆。过境车辆是指终点不在本区域,但因线路和个人需求经过本区域的车流。可以通过交通工程手段引导这部分车流不进入目标区域,从而一定程度上减少区域内道路交通噪声的强度。

⑤限制车型。对区域道路中运行的机动车进行车型控制,可以有效降低道路交通噪声的影响。例如,货运机动车由于车辆自身荷载很大,在交叉口或公交站附近频繁加减速,导致道路交通噪声增加。因此,可以设置大型车禁行区以降低区域的道路交通噪声的强度;也可以通过对区域内该车型进行时间限制,使得噪声能量在时间上分布均匀,降低某个时间段的噪声强度。

(5)减少单辆机动车运行时产生的噪声。

①限制车辆速度。对于车辆整体而言,车辆速度是影响整辆车运行时动力噪声和轮胎噪声声压级的主要因素。在高速行驶状态下,轮胎噪声占一辆车行驶时产生的噪声的主要部分,噪声频率集中在中频段。通过限制车辆速度,可以使频率分布及重心向低频方向移动,从而降低车辆的动力及轮胎噪声,达到降噪的目的。

②禁止鸣笛。相关研究表明,车辆鸣笛会增加道路交通噪声的等效声级,且车辆鸣笛噪声

频率集中于高频、发生突然,对于周边居民的影响比较大。因此,规定禁鸣喇叭区域,在一定程度能够降低区域内道路交通噪声的等效声级。

3.5.3 传播途径控制措施

(1)公路规划。

合理选线,避绕敏感区。交通流量大的城市道路应避免穿越城市市区和乡镇的中心区,并尽可能避让学校、医院、城镇居民住宅区和规模较大的农村村庄等环境敏感点。

当交通流量大的城市道路必须从敏感建筑物旁穿过时,可以选择以下措施:

①将道路转入地下,其上布置为花园或者步行区;

②将道路设计成半地下式,利用路堑边坡对道路交通噪声的传播起声障作用,以降低道路两侧接收到的道路交通噪声。

(2)建筑布局规划。

城市道路两侧应布置商业、工贸、办公建筑,以起到声屏障的作用。若临街建住宅,将临路侧布置为厨房、厕所等非居住用房,或采用封闭门、窗、走廊等隔声措施,可以减少噪声干扰。

可在临街一侧设置阳台,以挡去道路交通噪声入射到上一楼层室内;然而,阳台的底面,即其下面一层楼房的防雨棚,如果设计不当,则会产生反射声,增加入射到下层室内的噪声,如图 3-18 所示。阳台挡板设计以实体为佳,兼顾美观,可建造假镂空挡板;挡板越高,降噪效果越好,可在雨棚上进行吸声处理以降低道路交通噪声的等效声级。阳台的突出部分可以遮挡道路交通噪声直接向室内辐射声音,随着声源距离越近,效果越佳。沿道路侧的建筑布局,还应考虑使噪声的影响减到最低程度。图 3-19 所示是建筑物避免噪声反射布置的示意图。

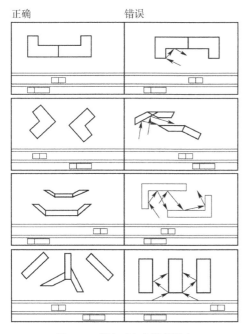

图 3-18 阳台对室内噪声影响

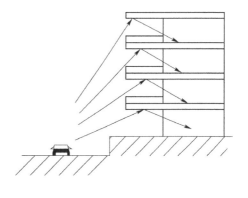

图 3-19 建筑物避免噪声反射示意图

(3)声屏障。

①声屏障降噪原理。声屏障是用来遮挡声源和接收者之间直达声的设施,它对交通噪声的衰减作用主要是通过吸声和隔声来达到的。声屏障的隔声原理与光照射相似,如图3-20所示,当声波遇到一个阻挡的障板时,会发生反射,并从屏障上端绕射。于是在障板的另一面会形成一定范围的声影区,声影区只有透射噪声,可以达到利用声屏障降噪的目的。

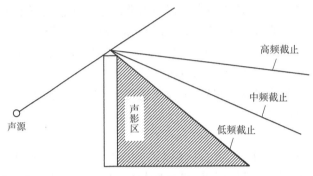

图3-20 声屏障的隔声原理图

②声屏障类型。声屏障按其形状、材质和表面性能不同,可以分为以下几类。

a. 按形状不同,可分为直壁式、F形、土堤、半地下式、隧道式及壳式;

b. 按材质不同,可分为木质、砖砌、混凝土、玻璃纤维、金属板和土墙等;

c. 按表面性能不同,可分为吸声型和反射型。

③声屏障设计。

a. 设计噪声衰减量。接收点处的公路交通噪声级与期望环境噪声级之差,称为声屏障的设计噪声衰减量。接收点处的期望环境噪声级应根据环境标准容许值和背景值来确定,当背景值大于标准限值时,取背景值为期望环境噪声级;当背景值小于标准时,取标准容许值为期望环境噪声级。

b. 声屏障的位置。声屏障的位置应根据受保护对象与声源之间的地形条件综合确定。一般情况下,当地形平坦,即受保护对象与声源处于同一高度,声屏障越接近声源或接收点,其噪声衰减越大。通常将声屏障建于公路之侧面,为了保证行车安全,声屏障与路应保持一定距离,该距离依路基结构不同而异,城市高架路一般将声屏障设在防撞栏上,而郊区公路则设在路肩外,一般距路边缘应不小于2.0m。

c. 声屏障高度。当声屏障的位置、声源及接收点的高度确定后,它与接收点、声源三者之间的相对距离及高差便随之确定。根据确定的设计噪声衰减量,得出声程差,再计算得无限长声屏障的高度。除了满足噪声衰减,还应考虑经济合理。临近居住区、学校和医院等公共社区的高速公路上的声屏障,其高度一般为2~5m;如需超过5m,可将屏障的上部做成折形或弧形,将端部伸向公路,以增大有效高度。

根据《声屏障声学设计和测量规范》(HJ/T 90—2004)中的规定,声屏障一般高度在3~6m。

d. 声屏障长度。声屏障的长度应大于其保护对象沿公路方向的长度,一般来讲,声屏障的外延长度应大于受保护对象到声屏障距离的2~3倍,具体长度取决于受保护对象的具体情况。

e.声屏障材质。当要求降噪量大于10dB(A)时,声屏障的透射声衰减量一般应大于25dB(A),这就需要使用密度高的材质,相应的材料要求是单位面积重量至少大于$10kg/m^2$。公路常用声屏障材料有:砖、混凝土块和轻质材料。为了减少现场作业和便于生产,标准化的金属结构声屏障得到广泛应用。

f.声屏障结构。声屏障的荷载以风荷和自重为主,必要时考虑冰雪载荷及侧向土压力等。结构形式上属悬臂结构,其设计比较简单。为了安全,结构设计时还应考虑防撞击的措施。

一些不同类型声屏障适用范围及效果的比较见表3-19。

公路声屏障适用范围及效果比较 表3-19

类型	适用范围及效果
土堤结构	适用于公路与受保护对象之间有充足空间可以利用的场合,是经济有效的降噪办法,降噪效果依土堤高度而异
混凝土砖石结构	适用于郊区和农村区域,易与周围自然环境相协调,价格便宜,便于使用与维护,降噪效果约为10~13dB(A)
木质结构	适用于农村、郊区个人住宅或院落且木材资源比较丰富的地区的噪声防护,降噪效果约6~14dB(A)
金属和复合材料结构	目前世界各国普遍使用的结构形式,材料易于加工,便于安装,易于景观设计和规模化生产,降噪效果很好
组合式结构	根据现场条件、周围环境、景观要求和经济条件因地制宜

(4)隔声绿化带。

隔声绿化带也称为隔声林带,是指公路两旁人工栽植的成行列分布,以乔木、灌木为主的林带。林带对声波的传播有一定阻碍作用,乔木的树干对于高频率的声波起散射作用,树叶的周长接近和大于声波波长时,有较大的吸收作用。隔声绿化带的降噪原理是当声波通过高于声线1m以上的密集植物丛时,植物会产生吸收屏障效应,会使得噪声能量发生衰减。

①隔声绿化带的降噪效果。

林带的降噪效果与林带的宽度、高度、位置、配置、树木种类以及种植密度等有密切关系。结构良好的林带(如采用种植灌木丛或者多层森林带构成茂盛的成片绿林带)有明显的降噪效果。根据日本近年调查结果表明,40m宽的结构良好的林带,可以减少噪声等效声级10~15dB(A)。绿化带声衰减的实测数据差别很大,衰减量的计算只能通过经验公式进行估算。声波穿过树木密集程度不同,衰减量差别较大。例如,经过100m的稀疏树木,噪声的等效声级大约只有3dB(A)的衰减量;对于浓密森林(同是100m),可达到15~20dB(A)的衰减量。松林(树冠)全频带噪声等效声级衰减量为0.15dB(A)/m,冷杉(树冠)为0.18dB(A)/m,茂密的阔叶林为0.12~0.17dB(A)/m,浓密的绿篱为0.25~0.35dB(A)/m,草地为0.07~0.10dB(A)/m。一般街道两侧的观赏遮阴绿林,其降噪效果不大。林带具体降噪效果可以按3.2.6和3.4.1中提及的方法进行估算。

密集的绿化林带对噪声的最大附加衰减量一般不超过10dB。绿化带如果不宽,噪声的衰减效果不明显,但是对于人的心理有重要影响。

②隔声绿化带的设计要点。

隔声绿化带的设计应遵循以下原则:选用树冠矮、分支低、枝叶茂密的灌木与乔木上下搭配,构成隔声林带;林带位置应尽量靠近公路,其间静距离宜在6~15m,林带宽度最好不小于15m,一般为20~30m;林带高度宜在10m以上;林带可分层,在车道近旁可栽种灌木绿篱带,稍远处可种植草地,再远处可栽种乔木林带。

隔声林带适用于满足下列条件的环境敏感点的保护:公路运营中远期噪声超标;受保护的敏感点超标量较小;公路与受保护对象之间有足够的空间。

隔声绿化带除具有降噪功能外,还可兼具吸收CO、NO_2等有害气体,滤除灰尘,美化景观,调节气候,防风固沙,防止水土流失,涵养水源,净化地表径流等功能,所以,公路设计中应充分利用公路边坡及路界内区域进行植树绿化。在通过有人群居住的区域时,可适当增加路边至路界的宽度,进行植树绿化、建筑绿化带。

(5)隔声窗。

隔声窗是一种专门设计的用于降低外界噪声传入室内的窗户。其通过特殊的材料和结构设计,有效阻挡声波传播,显著降低噪声对室内环境的干扰。与普通单层玻璃窗相比,隔声窗能够显著减少中高频噪声的传播,部分高性能隔声窗甚至可将噪声降低30dB以上。

隔声窗通常采用多层玻璃结构(如双层或三层玻璃),玻璃层之间夹有空气层、惰性气体(如氩气)或真空层,以增强隔音效果。此外,隔声窗还配备高质量的密封条和多道密封设计,进一步减少声波通过缝隙的穿透。部分隔声窗采用非平行面设计和内置声学材料,有效降低声波共振,进一步提高隔声性能。一些隔声窗结合了通风隔声设计,如自然通风隔声窗和螺旋叶片结构,在实现降噪的同时兼顾通风功能。窗框材料多选用铝合金、PVC或断桥铝,这些材料不仅具有良好的隔声性能,还兼具隔热、保温等附加功能。

隔声窗主要通过以下四种机制减少声波传播:

①玻璃表面反射部分声波;

②中间空气层或隔音膜吸收声波能量,减少声波穿透;

③多层玻璃结构中的空气层或惰性气体层起到阻尼作用,削弱声波能量;

④高质量密封条防止声音通过缝隙传入室内。

隔声窗广泛应用于住宅、学校、医院、办公室等需要安静环境的场所,尤其适用于靠近交通干道、机场或其他噪声源的建筑。

3.5.4 其他措施

(1)建设声景观。

声景观是指在特定场景下,个体、群体或社区所感知、体验或理解的声环境。与传统的声音环境不同,声景观主要关注人、听觉、声环境与社会之间的关系。良好的声景观对人的认知能力和生理健康具有显著的恢复作用;高质量的声景观能够提高人类福祉,保护人类健康,减轻压力并提高生活质量。

在声景理论中,声音不仅包含了交通噪声、建筑施工噪声、工业噪声和社会生活噪声,还包含自然声,如鸟鸣声、流水声等使人感到愉悦的声音。声景被认为是一种可被我们利用的资源,它不仅考虑了声音的声压级等物理指标,还重视人对声音的感受。相关研究表明,想要提升区域的声环境质量,仅对噪声进行控制是不够的。声景营造对于全面提升公园、校园、街区等城市开放空间的声环境质量具有重要意义。因此,可以在相关区域构建声景观,以抵消或者降低道路交通噪声的负面影响。

(2)使用噪声地图进行声管理。

噪声地图是指利用声学仿真模拟软件绘制,并利用实际测量的噪声数据进行检验校正,最终生成地理平面和建筑物内部的噪声值分布图。通常,噪声地图以不同颜色的噪声等高线、网格和色带来表示噪声的强度。

该技术可追溯到20世纪70年代,当时欧洲尝试通过噪声地图的手段,呈现交通噪声在城市中的分布状况。英国是第一个绘制出噪声地图的国家,该项目由英国的区域环境运输部门主导,于2000年完成伯明翰的噪声地图的绘制工作。在2002年,欧盟发布了《环境噪声指令》(*Environmental Noise Directive*),以此推动欧洲各国进行噪声地图绘制。在政策引导下,德国至2017年已有1000多个城镇完成了规定的噪声地图绘制工作。与欧洲各成员国相比,我国对于噪声地图相关的研究开展得较晚,香港最先开展了噪声地图的相关研究,直到2009年,其他城市才开展与噪声地图相关的各项研究。在高校中,中山大学在噪声地图方面的研究开展比较早,于2012年发布了自主知识产权的噪声地图计算与渲染系统,并绘制出广州8个行政区、总计面积2391 km^2 的道路交通噪声地图。

目前,噪声地图绘制主要通过两种方式:第一种是利用噪声监测数据对研究区域的噪声地图进行绘制;第二种方式是使用噪声预测模型对研究区域的噪声地图进行绘制。第二种方式是目前比较主流的噪声地图绘制方法,如3.4中介绍的道路交通噪声预测方法。

噪声地图可以展示在噪声源的作用下空间中噪声的分布情况,以及空间上某一噪声接收点在时间上的变化情况。因此,通过道路交通噪声地图能够找到道路交通噪声黑点,以此作为参考进行道路交通噪声污染的治理。此外,道路交通噪声地图还可以指导道路交通自动监测站点的布设,以确保站点的设置科学合理,更好地监测和控制道路交通噪声。

【复习思考题】

3-1 简述在环境声学中声源的分类。

3-2 简述噪声的定义。

3-3 简述噪声强度用"级"来度量的原因。

3-4 简述A声级的定义。

3-5 简述常用的1倍频带中心频率。

3-6 请写出一个完整的接收点道路交通噪声计算公式。

3-7 某一个道路交通噪声监测点的一天的小时等效声级数据见表3-20,求该监测点昼夜等效声级。

小时等效声级   表3-20

小时	等效声级[dB(A)]	小时	等效声级[dB(A)]	小时	等效声级[dB(A)]
1	55.1	9	80.2	17	76.2
2	49.6	10	75.2	18	77.8
3	45.3	11	76.3	19	79.1
4	45.9	12	77.4	20	78.1
5	50.5	13	75.1	21	70.5
6	60.7	14	78.3	22	65.4
7	65.6	15	77.6	23	60.4
8	77.5	16	75.4	24	58.8

3-8 根据表3-21计算其等效频率。

无屏障时各频带中心频率和各频带声级   表3-21

中心频率(Hz)	315	400	500	630	800	1000	1250
不进行频率计权声级(dB)	41.1	43.5	50.9	52.8	56.8	60.7	60

3-9 在一个4车道、道路铺面为沥青混凝土路面的高速公路上昼间小时交通量为：小型车703辆/h，中型车245辆/h，大型车182辆/h。各类型车辆速度为：小型车100km/h，中型车80km/h，大型车65km/h。基于线声源的假设，计算距离声源100m处接收点的等效声级(只考虑几何效应衰减)。

第4章
道路交通其他环境问题

道路交通所造成的环境问题,主要是指在道路营运过程中对环境造成的影响,道路建设期间产生的环境影响也包括在内。除了前面提及的大气污染和噪声污染,在道路工程建设期和营运期还会产生振动污染、水污染和光污染等环境问题,并对道路交通景观环境和生态环境造成影响。通过本章的学习能够进一步了解道路交通造成的其他环境问题,并掌握相关必要的计量方法和防治策略。

4.1 道路交通振动环境影响与防治

4.1.1 道路交通振动的概念和危害

4.1.1.1 基本概念
(1)振动。

振动的广泛定义是指一个物体在其平衡位置附近做周期性的往复运动,是一种瞬时性的能量,任何一种机械都会产生振动。环境振动主要来源于自然振动和人为振动;自然振动主要由地震、火山爆发等自然现象引起;人为振动主要来源于工厂、施工现场、道路、铁路等场所。

(2)道路交通振动。

道路交通振动主要来自道路上运行的机动车辆,机动车辆在行驶时引起周边地表的振动,包括地面振动和建筑物振动。振动产生的原因有三方面:一是车辆以一定的速度行驶时,对路面的重力加载产生的冲击;二是车辆在路面行驶时,车轮与路基相互作用产生的振动;三是路面不平整和车轮的损伤也是振动的来源。

(3)道路交通振动特点。

①持续时间。道路交通振动来源于道路上行驶的车辆,意味着只要有车辆行驶,该振动就存在,在交通繁忙的路段产生的振动影响持续时间长。

②振动频率。道路交通振动的频率在 2~160Hz 范围内,其中,以 5~63Hz 的频率成分较为集中,振级多在 65~90dB 范围内。随着交通流的车流量、车型构成、荷载以及车辆行驶速度的差异而不同。

③传播衰减。振动的衰减与距离振源的距离、振源的振动频率、车辆行驶速度等有关;还与地层土的密度有密切关系,一般土的黏弹性系数大、衰减快,而土的密度越高,振动衰减就越慢。振动在半无限弹性介质中(如地面)传播时,在弹性体内产生纵波(压缩波)和横波(切变波),同时还存在一种沿表面传播的波,称为瑞利波。瑞利波是面波。

由地表面激振的波动理论分析,点振源上、下方向振动,瑞利波的振幅以传播距离 $r^{-\frac{1}{2}}$ 衰减,地表内(地基中)纵波和横波的振幅以 r^{-2} 衰减。对于线振源,纵波和横波的振幅以 r^{-1} 衰减。

有关道路交通振动随传播距离的衰减研究表明,软土地基比一般黏土地基随距离振动衰减要小,一般黏土地基比砂砾地基随距离振动衰减小,岩石地基随距离振动衰减最小。有研究表明,在公路边测得的振动在水平方向上的分量比铅垂方向小很多,距离道路边越远,表面波的波动越占优势,一旦进入到地表内表面波会迅速衰减。

也有研究表明,车辆自重、道路交通的繁忙程度和路面平整度是振动传递的主要影响因素。道路交通在铅垂方向引起振动要大于水平方向,并且振动衰减要快于水平方向。在距离道路 10m 内,距离道路越近振动衰减的速率越快,超过 10m 后振动衰减速率变慢,超过 15m 后振动衰减速率接近 0。

4.1.1.2 道路交通振动危害

(1)对人体的影响。

振动对于人体的影响是多方面的,主要包括对人体健康的影响、对人体舒适度的影响、对人工作效率的影响三个方面。

①振动对人体健康的影响。根据对于人体作用方式的不同,振动分为局部振动和全身振动。局部振动也称职业性雷诺现象、振动性血管神经病和振动性白指病,主要是由于局部肢体长期接触强烈振动而引起的外周血管循环机能的改变。交通荷载对人体的作用方式一般是全身振动,长期处于该环境中会造成消化能力下降、肝脏的解毒功能发生障碍、腿部反射减退或者消失、失眠等。当振动频率和人体内脏器官的固有频率接近时,内脏器官会因共振而造成损伤。

②对人体舒适度的影响。对于生活环境来说,道路交通振动一般不会对人造成直接伤害,但是会干扰人们的日常生活,使人们感到极度不适和心情烦躁,严重时会影响睡眠和休息。有

研究表明,人对振动的心烦效应和对振动的感觉十分一致,认为这是由于振动感觉器遍布全身和振动易引起人体内脏器官共振,故轻微振动也能引起心烦。

③对人工作效率的影响。振动会妨碍人的精力集中,特别是在振动和噪声共存的环境中,人的大脑思维受到干扰,视觉受到影响,人们将难以集中精神进行思考、运算和判断。

(2)对建筑的影响。

一般情况下,道路交通产生的振动不会像地震那样对现代建筑物产生直接倒塌的危害,但随着振动的不断持续,会引起建筑物的变形、开裂等。影响建筑物振动损伤的因素有振动的强度、建筑物本身的结构强度、建筑物材料的特性以及动力特征等。

(3)对敏感设备的影响。

目前,各个行业对于材料的高纯度、产品的高精度和高可靠性都有一定的需求,超细微加工、装配和测试对环境要求极为严格。而道路交通引起的振动对于一些敏感仪器的应用有很大的影响。例如,道路交通产生的微小振动会使得彩色胶片乳漆剂涂抹不均,会使得微电子设备无法正常工作等。

4.1.2 道路交通振动计算方法及相关标准

4.1.2.1 道路交通振动计量参数

(1)振动的描述参数。

①频率。频率是描述振动快慢的物理量,以 Hz 为单位。《机械振动和冲击—人体暴露于全身振动评估第一部分》(ISO2631/1—1997)给出的环境振动考虑的频率范围为 0.1~80Hz,其中,0.5~80Hz 频率范围的振动常被用来研究其对人的身体状况、舒适和感觉程度的影响,而较低频率范围 0.1~0.5Hz 内的振动主要是用来研究振动会使人引发的各种振动病的致病机理。

②强度。强度是描述振动强度的物理量,有速度、加速度、位移等。振动对结构体和人体的影响实际上是振动能量转换的结果,加速度的有效值能较好地反映这种情况。因此,在环境振动的分析中,振动强度一般以加速度有效值表示,常以 m/s² 作为单位。

③振动方向。人对不同方向的振动感觉不一样,ISO 2631/1—1997 提出在研究振动时以心脏为原点,将人体划分为三个坐标,分别是 x 方向(前后)、y 方向(左右)、z 方向(上下)。由于人体对 z 方向的振动最为敏感,振动相关法规和标准中多对 z 方向的振动做出限定。

④暴露时间。人暴露在振动环境中的时间不同,受到的振动影响也不同。当振动强度变化或者发生中断时,可考虑有效暴露时间,即振动强度超过某一限值的时间总和。

(2)振动的评价参数。

①振动位移。振动位移是物体振动时相对于某一个参照系的位置移动。振动位移能很好地描述振动的物理现象,常用位移级 L_S 来表示,单位为 dB,即

$$L_S = 20 \log_{10} \frac{S}{S_0} \tag{4-1}$$

式中:S——振动位移,m;

S_0——位移基准值,m,一般取 8×10^{-12} m。

②振动速度。人们受振动影响的程度也取决于振动速度。振动速度即物体振动时位移的时间变化量。通常,当振动比较小、频率比较高时,振动速度对人们的感觉起主要作用。在振

动测量中,常用振动速度级L_V表示,单位为 dB,计算如式(4-2)所示,国际上一般采用振动速度级L_V评价交通引起的环境振动。

$$L_V = 20\log_{10}\frac{v_{rms}}{v_0} \tag{4-2}$$

$$v_{rms} = \sqrt{\int_{t_1}^{t_2}\frac{v^2}{t_2-t_1}dt} \tag{4-3}$$

式中:v_0——速度基准值,m/s,我国标准取1×10^{-9}m/s,美国标准取2.54×10^{-8}m/s,欧洲标准取1×10^{-8}m/s,德国标准取5×10^{-8}m/s;

v_{rms}——振动速度有效值,m/s;

t_2——t_2时刻对应的时间基准值,s;

t_1——t_1时刻对应的时间基准值,s;

v——原始信号中的振动速度,m/s。

③振动加速度。人们受振动影响的程度也取决于振动的加速度,其是物体振动速度的时间变化量。当振幅较大、频率较低时,通常振动的加速度起主要作用。现在普遍被用来评价振动对人体的影响,在外加振动频率接近人体及其器官的固有振动频率时,机体的反应最明显。分析和测量振动加速度时常用加速度级 VAL 表示,单位为 dB,计算式为

$$VAL = 20\log_{10}\frac{a_{rms}}{a_0} \tag{4-4}$$

式中:a_{rms}——加速度有效值,m/s^2;

a_0——加速度基准值,m/s^2。

根据《城市区域环境振动测量方法》(GB 10071—1988)规定加速度基准值为1×10^{-6}m/s^2。

④振动级。振动级的定义为修正的加速度级,用 VL 表示,单位 dB,计算式为

$$L = 20\log_{10}\frac{a'_{rms}}{a_0} \tag{4-5}$$

$$a'_{rms} = \sqrt{\frac{1}{T}\int_0^T a_w^2(t)\,dt} \tag{4-6}$$

式中:a'_{rms}——修正的加速度有效值,m/s^2;

$a_w^2(t)$——经过频率计权的振动加速度(随时间变化),m/s^2;

T——振动测量的平均时间,s。

频率计权的振动加速度$a_w(t)$的计算方法如下:首先,对原始的加速度信号进行 1/3 倍频程谱分析;然后得到对应第 i 个中心频率的振动加速度a_i;其次,乘以第 i 个中心频率对应的振动加速度的计权因子W_{ji},典型中心频率对应的计权因子W_{ji}见表 4-1;最后,对于计权后的加速度序列进行 1/3 倍频程谱分析逆变换即可得到频率计权的振动加速度$a_w(t)$。

ISO 2631/1—1997 规定的振动加速度频率计算因子   表 4-1

1/3 倍频程的中心频率(Hz)	1	2	4	6.3	8	16	31.5	63	80
z 方向的$W_{zi}/1000$	482	531	967	1054	1036	768	405	186	132
x 或 y 方向的$W_{ji}/1000$	1011	890	512	323	253	125	63.2	29.5	21.1

在环境评价中,振动评价通常采用垂向计权振动加速度级作为单值评价量,即 Z 振级。

4.1.2.2 道路交通振动测量标准及方法

交通系统对环境和周围建筑物的影响可通过图 4-1 的示意加以说明:由道路上运行的车辆对轨道和路面的冲击作用产生振动,通过路基传递到周围的地层,再通过地层向四周传播,激励附近地下结构或地面建筑物产生振动,并进一步诱发室内结构和家具的二次振动和噪声,对建筑物的结构安全和居民的生活和工作产生影响。

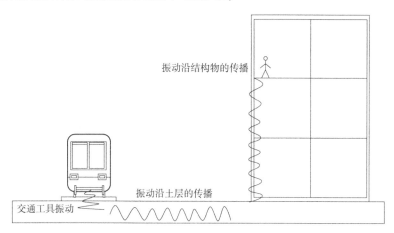

图 4-1 交通工具引起的环境振动

我国有 3 部标准对振动测量进行规范。

(1)《机械振动与冲击 人体暴露于全身振动的评价 第 1 部分:一般要求》(GB/T 13441.1—2007)。

该标准以振动输入人体的点为坐标原点进行振动测量,测量的基本中心坐标系分为坐姿、立姿和卧姿;其中,针对坐姿由下到上又分为脚部、座椅表面和座椅靠背三个区域,还进一步对座椅平面的空间直角坐标系区分了三个旋转方向。

①仪器安放:规定固定于测量位置的传感器应该正交安放。

②测量位置:传到人体的振动应当在人体和支撑面间的界面上进行测量。座椅的支撑面的测量点应该在坐骨凸起部位的下面、座椅靠背处的测量点应该在支撑人体的主要区域、放脚处的测量点应当在最经常放脚的支撑面上;卧姿的测量点应该分别在盆骨、后背处和头下设置三处。需要注意,当振动通过非刚性或柔性材料传递到人体时,测量点应处于人和支撑面之间主要接触区域。

③测量时间:测量时间长度应该能充分保证合理的数据统计精度,并且能够保证所振动对拟评估的暴露具有典型性。当完整的暴露包括具有不同特性的时间段时,可以要求分别对不同时间段做单独分析。对于 1Hz 的下限频率至少需要测量 108s;对于 0.5Hz 的下限频率至少需要测量 227s;如果有代表性的振动暴露,测量时间通常会更长。

(2)《城市区域环境振动测量方法》(GB 10071—1988)。

该标准规定了城市区域环境振动的测量方法,可以用于测量环境中来源于道路交通的振动。

①测量位置及拾振器的安装:测量点位于各类建筑物室外 0.5m 以内振动敏感处,必要时可以置于建筑物室内地面中央。需要确保拾振器平稳安放在平坦坚实的地面上,避免置于如

地毯、草地、沙地或雪地等松软的地面上,且灵敏度主轴方向与测量方向一致。

②测量值及读数方法:测量值为 z 方向的振级,仪器的时间计权常数为 1s。对于稳态振动,每一个测量点测量一次取 5s 内的平均示数作为评价量;冲击振动中,取每次冲击过程中的最大读数为评价量,对于重复出现的冲击振动,以 10 次读数的算术平均值为评价量;无规振动,每个测量点读取瞬时示数,采样间隔不大于 5s,连续测量时间不少于 1000s,以测量数据的 VL_{Z10} 为评价量。

③其他要求:测量道路交通振动时,需要同时记录车流量。

(3)《环境振动监测技术规范》(HJ 918—2017)。

为了掌握工业生产、建筑施工、交通运输和社会生活中所产生的振动对周围环境影响需要展开监测而制定该标准。该标准规定了环境振动监测的仪器性能、测量条件、测点布设、拾振器的安装、采样及数据分析、测量时段及测量值、测量记录、质量保证和质量控制等技术要求,适用于环境振动监测。

①测量点布设要求:选择被测建筑物受振源影响相对较大的位置,可以通过现场咨询和试验确定;尽可能避开下层地下室、地窖、防空洞等位置,并且不得将点布置在最底层的地下室中;可根据建筑属性分别布设测量点;当测量区域不具备测量条件时,可以选择与环境振动条件相对一致的位置设置测量点。

②拾振器安装要求:灵敏主轴方向应保持与 z 方向一致,测试过程中不得产生倾斜和附加振动;拾振器的三个接触点或底部应全部接触地面;遇到非平坦、非坚实地面(坚实地面有坚硬的土地、混凝土、沥青铺面等)时需要使用辅助测量装置,并进行相应记录;连接拾振器的数据线也应进行固定。

③测量时段和测量值:在昼间和夜间分别选择能反映建筑物受环境振动影响最大的时段进行测量;道路交通属于无规振动,测量值取累积百分 Z 振级 VL_{Z10}。

④采样及数据分析:测量仪器时间计权常数取 1s,振动信号采样间隔不大于 0.1s;使用数采仪进行振动信号测试时,采样频率应满足奈奎斯特采样定理的要求,采样频率与被测振源最高频率的比值宜取 6;使用计算软件通过信号处理的方式计算振级时,应加窗函数,对于随机信号处理宜选择汉宁窗,对于冲击信号的处理宜选择矩形窗。

4.1.2.3 道路交通振动计算方法

车辆通过时产生的土体振动波不是只含单一类型的波,而是一种由 P 波(Primary Waves)、S 波(Secondary Waves)和表面波复合形成的复合波。其中,P 波是一种纵波或压缩波,其介质中的粒子振动方向与波的传播方向平行;S 波是横波,介质中的粒子振动方向与波的传播方向垂直;表面波则通常比 P 波和 S 波慢,但往往会造成更大的破坏。在近场域内,P 波、S 波和表面波都对近场域内的振动起着很大的作用。而在远场域内,地面振动中起主要作用的波是表面波,此时,表面波占总能量的 67%,S 波占 26%,P 波仅占 7%。

振动波在地下和地表面的传播情况如图 4-2 所示。在土体的半空间中按照球状波面传播的波包括 S 波和 P 波,而基本上以圆柱面形式在地表上沿着水平方向传播的波是瑞利波(简称 R 波)。由于土体存在几何阻尼,因此,随着距离振源的增大,振动强度随之减弱。

目前,道路交通振动衰减模型有以下几种。

(1)Borintz 振动衰减经验公式。

Borintz 在半空间土体表面存在扰动作用的情况下,综合考虑了距离、振动频率、振源形式

和土层性质,提出了地面振动衰减经验公式为

$$A = A_0 \exp(-\alpha(r-r_0))\left(\frac{r}{r_0}\right)^{-n} \tag{4-7}$$

$$\alpha = \xi\omega/c \tag{4-8}$$

式中:A——与振源距离为 r 处振动加速度的幅值,m/s^2;

A_0——与振源距离为 r_0 处基准点的振动加速度的幅值,m/s^2;

α——土的阻尼衰减系数;

r_0——基准点与道路中心的距离,m;

r——计算点与道路中心的距离,m;

n——常数;

ξ——土的阻尼比;

ω——振动波圆周频率,rad/s;

c——土中振动波的速度,m/s。

常数 n 与扰动的形式及波的类别有关,当点荷载作用下,靠近地面的体波 $n=2$,土体内部的体波 $n=1$,R 波 $n=1/2$;当荷载为线荷载时,对体波 $n=1.5$,R 波 $n=0$。

交通工具引起的振动波在地下和地面传播情况如图 4-2 所示。

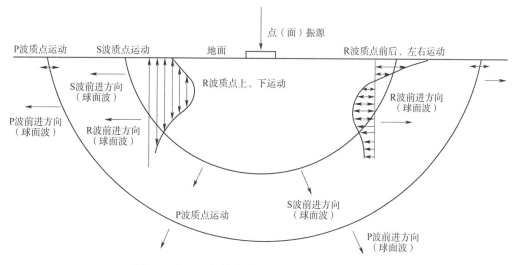

图 4-2 交通工具引起的振动波在地下和地面传播情况

(2)潘复兰模型。

潘复兰在 Borintz 提出模型上考虑基础埋深的影响,在振源附近主要以体波衰减为主,体波几何衰减规律为 r^{-2};在振源远处主要以面波衰减为主,面波几何衰减规律为 $r^{-1/2}$。当与道路中心的距离大于 r_R 时,衰减计算如式(4-9)所示;当与道路中心的距离小于 r_R 时,衰减计算如式(4-10)所示。

$$A = A_0 \left(\frac{r_0}{r}\right)^2 \exp(-\alpha f(r-r_0)) \tag{4-9}$$

$$A = A_0 \left(\frac{r_0}{r}\right)^{1/2} \exp(-\alpha f(r-r_0)) \tag{4-10}$$

式中:A——与振源距离为 r 处振动加速度的幅值,m/s^2;

A_0——与振源距离为 r_0 处基准点的振动加速度的幅值,m/s²;

r_0——基准点与道路中心的距离,m;

r——计算点与道路中心的距离,m;

f——振源频率,Hz。

而 r_R 代表远近场判断阈值,计算式为

$$r_R = r_0 + \beta h \tag{4-11}$$

h——基础埋深,m;

β——系数,$2 \leqslant \beta \leqslant 3$。

(3)茅玉泉模型。

茅玉泉基于大量现场实测数据,综合考虑振源类型、振动方向、汽车辆速度度以及土类型对衰减的影响,提出模型如式(4-12)所示。当计算 z 方向的衰减时,使用式(4-12),当计算 x 和 y 方向的衰减时,使用(4-13)。

$$A = K_0 \sqrt[3]{\sqrt{V^2}} \, r^{-K_z} e^{-\alpha r} \tag{4-12}$$

$$A = K_0 \sqrt{V} r^{-K_i} e^{-\alpha r} \tag{4-13}$$

式中:K_z——系数,取 0.75;

K_i——系数,$i = X、Y$,取 0.6;

α——系数,取值见表 4-2;

K_0——系数,取值见表 4-2。

K_0、α 系数   表 4-2

系数	淤泥质亚黏土		亚黏土(湿陷性黄土)		卵石层		硬土层	
	刚性	柔性	刚性	柔性	刚性	柔性	刚性	柔性
K_0	5	3.75	2(1.5)	1.5(1.2)	1	0.8	0.3	0.25
α	5	5	15	15	30	30	50	50

4.1.3 道路交通振动污染控制

道路交通振动会对人体、建筑、精密设备和文物等产生影响。因此,有必要对道路交通振动采取一定的控制措施,用以降低或者避免振动给环境、人体带来的负面影响。

4.1.3.1 振动源控制技术

一般来说,远离振源可以最大程度减少和避免振动带来的危害。道路交通中行驶的机动车辆是道路交通振动的发生源头,道路是道路交通振动发生的场所。根据道路交通振动产生的原因,具体控制措施如下。

①改进汽车制造工艺,如选用具有阻尼效果的材料加工汽车配件、提高汽车部件加工精度和汽车安装精度、在部件连接处采用橡胶垫片吸振以减少汽车在运行过程中产生的振动。

②定期维护车辆,将车辆送维修点维护,及时发现车辆安全隐患、更换汽车机油、在关键部位添加润滑油,使得汽车在运行过程中更加顺畅,减少因车辆不良运行状况产生的振动。

③改善和提高路面平整度,路面不平整会使得车辆在运行过程中产生冲击振动。

④从路面材料出发,研究能够减振、吸振的道路铺面材料。

⑤在道路设计、施工时采用各种地基的处理方法,如利用双灰加固路基、下埋刚性板或者梁、采用刚性更大的混凝土箱形格栅等,以减少车辆在运行过程中产生的振动向周边环境传播。

⑥减少道路交通流量,减少道路交通中的机动车辆振动源。

⑦控制道路中机动车运行的车辆速度,降低机动车辆在运行过程中产生的振动。

⑧减少车辆荷载,也是降低机动车辆在运行过程中产生的振动。

⑨控制道路中行驶机动车辆的类型、运行时间,以减少区域振动在空间、时间集中发生的情况,以减少振动对受体的影响。

4.1.3.2 传递过程控制技术

(1)控制道路与敏感点的距离。

振动在地面传播时,其振动强度随传播距离衰减较快。一般情况,道路交通振动传至距路边30m左右便不会有太大的影响,传至50m便可安全。对于有特殊要求的敏感点,如天文台、文物古迹等,可根据相应的振动标准控制路线距这些地点的距离。

(2)设置隔振沟。

隔振沟是在路基附近开设沟槽,以切断振动传播路径或使振动波绕过沟槽后改变性质。一般隔振沟的宽度应大于60cm,沟深应为地面波波长的1/4(在低频时其波长较长,如$f=10Hz$时,波长可达数百米),因此,隔振沟深度应在被保护建筑物基础深度的2倍以上。为了有效地隔离道路交通振动,隔振沟的长度应大于保护目标沿道路方向的长度,有时需在保护目标的周围挖一圈隔振沟。据研究,明沟(即沟内不填充物体而保持空气层)的隔振效果普遍比充填式沟好,因为波障壁的隔离是基于波能反射、折射及绕射等原理,最有效的隔振方式应传递最少的波能。但在实际应用上,明沟有稳定性的问题,由于明沟和土壤的交界没有能量传递,需设置支撑构架使其保持稳定,因此,其在实际工程中较难实现。

(3)设置隔振墙。

隔振墙也常用来作隔振使用,其效能与隔振沟类似。有试验表明,减振墙的板质、厚度和深度对减振效果均有影响。向地层下打入柱桩,形成柱列或柱阵,也可以获得显著的减振效果,国外已成功地采用这种措施防止地铁运行和其他振动对建筑物的干扰。

4.1.3.3 受振控制技术

对敏感建筑物进行基础隔振处理,即在建筑物和地面基础间放置钢弹簧或者橡胶块隔离地面传播的振动。在临近铁路线、地铁线、轻轨线以及重型卡车通过的道路旁的居民楼、办公楼、旅馆、高级住宅、音乐厅、会议中心等进行弹性浮置隔振,可以减少振动对建筑的影响并消除由振动产生的二次噪声。特别是在有振动干扰但交通便利、地价昂贵的城市换乘中心建造对振动最为敏感的医院、科研场所、酒店等,隔振处理必要性更大。

4.1.3.4 道路交通振动限值标准及措施

(1)《城市区域环境振动标准》(GB 10070—1988)。

为了控制城市环境振动污染,我国于1988年12月10日颁布《城市区域环境振动标准》(GB 10070—1988),该标准规定了城市中各类区域z方向的Z振级标准值(表4-3)及适用地带范围和监测方法,适用于城市环境。

各类区域铅垂向 Z 振级标准值　　　　　　　　　　　　　　　　　表 4-3

适用地带范围	适用地带范围的划定	昼间(dB)	夜间(dB)
特殊住宅区	指特别需要安宁的住宅区	65	65
居民、文教区	指纯居民和文教、机关区	70	67
混合区、商业中心区	指一般工业、商业、少量交通与居民混合区	75	72
工业集中区	指在一个城市或区域内规划明确确定的工业区	75	72
交通干线道路两侧	指车流量每小时 100 辆以上的道路两侧的区域	75	72
铁路干线两侧	指距每日车流量不少于 20 列的铁道外轨 30m 外两侧的区域	80	80

(2)《机械振动与冲击 人体暴露于全身振动的评价 第 1 部分：一般要求》(GB/T 13441.1—2007)。

该标准规定了周期、随机和瞬态的全身振动的测量方法，指出了综合决定振动暴露能够被接受程度的主要因素，能够用于研究振动对人体行为的潜在影响的领域。该标准适用于通过支撑面传递到整个人体的运动，这些支撑包括站立人的脚、坐着人的臀部和脚、躺卧人的支撑区域的振动。这种类型的振动出现在交通工具、机械设备、建筑物中以及正在工作的机器附近。该标准还给出了关于振动对于人的身体状况、舒适度、振动病的各种评价方法和频率计权的使用指南。

人们对舒适度等的感觉不尽相同，该标准给出了在公共交通中综合振动总值的不同量值可能反映的近似描述，见表 4-4。

人全身振动舒适感觉近似描述　　　　　　　　　　　　　　　　　表 4-4

频率计权的振动加速度 a'_{rms} (m/s^2)	振动影响下人的感觉
<0.315	感觉不到不舒适
0.315~0.63	有点不舒适
0.5~1	相当不舒适
0.8~1.6	不舒适
1.25~2.5	非常不舒适
>2.0	极不舒适

该标准还规定了加速度的频率计权因子，用以评价身体状况、舒适和感知、运动病；还描述了有 50% 的机警、健壮的人能够察觉到 z 方向基本频率计权振动加速度峰值为 0.015m/s^2 的振动。当感知阈值大约为 0.015m/s^2 时，反应的四分位范围可扩大为 0.01m/s^2 到最高的 0.02m/s^2。感知阈值随着振动持续时间增加 1s 会有轻微下降，而随着持续时间的进一步增加会下降很少，虽然感知阈值随着持续时间的增加而不再继续降低，但在振动量高于阈值的状况下产生的感觉可能会继续增加。

(3)《机械振动和冲击—人体暴露于全身振动评估第一部分》(ISO 2631/1—1997)。

ISO 制定了《机械振动和冲击—人体暴露于全身振动评估第一部分》(ISO 2631/1—1997)，它根据振动对人体的影响将振动分成了四个等级。

①振动的"感觉阈"，即人体刚刚能感觉到的振动强度。事实上，人体能感觉到的振动远

远低于伤害人体的实际值。

②振动的"舒适感降低阈",即随着振动强度的增加,到达一定程度,使人们感到"不舒适"、产生"厌烦"感觉的振动强度。这是人的大脑对客观的振动信息做出的主观判断,不会产生生理影响,因此存在十分明显的个体差异。

③振动的"疲劳-工效降低阈",即当振动进一步增强到某种程度,人对振动的感觉由不舒适进入疲劳的振动强度。这时人对振动已出现生理反应,人的注意力会被转移、工作效率降低,当振动停止后,这些生理现象随之消失。

④振动的"暴露极限阈",当振动强度超过这一限度时,对人体会造成病理性的损伤,影响人体的健康。人长期在超过极限阈的强烈振动环境下工作或生活时,感觉器官和神经系统会产生永久性病变,即使振动停止后也较难复原。这种由于振动引起的病变就是振动病。

4.2 道路交通水污染与防治

4.2.1 道路交通水污染的概念和危害

4.2.1.1 水体污染

水体污染是指污染物进入河流、海洋、湖泊、地下水等水体后,使水质和沉淀物的物理化学性质、活生物群落组成发生变化,从而降低水体的使用价值和功能,并影响人类正常生产、生活以及影响生态平衡的现象。通常环境学中的水污染指的是水体污染。

4.2.1.2 水体污染物

水体污染物的种类很多,根据污染物特性的不同,总体上可以被分为物理性污染物、化学性污染物和生物性污染物三类。

(1)物理性污染物。

物理性污染物可分为以下几类:

①热污染物,指使水温升高,物理性质发生变化的污染物;

②色度污染物,指使水体形成色度,造成其透光性变差,影响水生生物的光合作用,妨碍水体自我净化的污染物;

③固体污染物,指水体受悬浮态或胶体态固体物、溶解物污染的污染物。

(2)化学性污染物。

化学性污染物可分为以下几类:

①酸、碱污染物,常伴随着无机盐污染;

②氮、磷污染物,会使水体富营养化;

③需氧有机物,降解过程中会消耗水中的溶解氧,如糖、蛋白质等;

④有机有毒物,大多属于人工合成物,常见的有农药、酚类、芳香族化合物等;

⑤持久性有机物污染物,指通过各种环境介质(大气、水、生物体等)能够长距离迁移并长期存在于环境,具有长期残留性、生物蓄积性、半挥发性和高毒性,且能够通过食物网积聚,对人类健康和环境具有严重危害的天然或人工合成的有机污染物质;

⑥油脂类污染物,含油污水的排放和石油产品的泄漏是这类污染物的主要来源。

(3) 生物性污染物。

生物性污染物主要来源于生活污水,特别是医院污水和某些生物制品工业污水排入水体后,往往带入大量病原菌、寄生虫卵和病毒。

4.2.1.3 水体污染源

水体污染源是指造成水体污染的污染物的发生源,通常指向水体排入污染物或对水体产生有害影响的场所、设备和装置,可分为自然污染源和人为污染源。

(1) 自然污染源。

自然污染源指自然界自行向水体释放有害物质或造成有害影响的场所,诸如岩石和矿物的风化和水解、火山喷发、水流冲刷、大气降尘的降水淋洗和地面径流、生物在地球化学循环中释放物质等,都属于自然污染源。

(2) 人为污染源。

人为污染源指人类生产和生活活动中形成的污染源,污染物包括工业污水、生活污水、农田水的排放等,是环境保护研究和水污染防治的主要对象。人为污染源来源十分复杂,按生产活动不同,可分为工业污染源、农业污染源、生活污染源、交通污染源等;按照空间不同,可分为点污染源和面污染源。

4.2.1.4 水体污染的危害

水体污染造成的危害主要有以下四个方面。

(1) 加剧水资源的缺乏状况。

我国人均占有水资源仅为世界人均水资源拥有量的1/4。水体污染会加剧缺水的状况。

(2) 危害人体的健康。

当给水水源受到溶解性固体污染后,水中无机盐浓度增加,有可能引起人体腹泻;当给水水源受到酚类物质的污染并且达到一定浓度,会使得人体出现头昏、头痛、呕吐等症状,甚至会给神经系统造成不可逆的影响;当给水水源受到有机氯化物污染并且达到一定浓度时,会影响人体皮肤、神经、肝脏、钙的代谢等;很多细菌和病毒会随着水的流动造成扩散,造成疾病的蔓延。

(3) 危害农作物。

当灌溉水受污染时,其中的污染物质有可能杀死农作物或者引起农作物变种,从而引起农作物产量减少。

(4) 破坏生态系统。

水体受到色度污染物污染后,会影响水生生物的光合作用,导致水体自净能力减弱;受到热污染物污染时,会加剧水中的化学变化,加速对周边环境的破坏;受到需氧有机物污染时,会消耗水中溶解的氧,导致水生生物窒息;受到氮磷污染物污染时,会使得水富营养化,加速藻类和细菌的繁殖,加速水体老化。

4.2.1.5 水质衡量指标

水质指标用于量化水的性质,是控制和掌握污染水处理设备的处理效果与运行状态的重要依据,可分为以下6类:

①物理性指标,如温度、色度、浊度、电导率、固体含量、悬浮固体等;
②无机化学指标,如酸碱度(pH)、硬度等;

③有机化学指标,如生化需氧量(BOD)、化学需氧量(COD)、总有机碳(TOC)、总需氧量(TOD)、溶解氧(DO)等;

④细菌污染指标,如细菌总数、大肠杆菌数、游离余氯等;

⑤毒理学指标,如氟化物、氰化物、砷、汞、铬、硝酸盐等;

⑥放射性指标,如放射性物质浓度等。

4.2.2 道路交通水污染计算方法及相关标准

道路交通水污染是指道路施工建设和运营期间产生的污水对于周围自然水体的影响。

4.2.2.1 道路交通水污染源

1)道路施工期间污水来源。

道路施工期间对于水环境的影响是暂时性的,随着施工期结束,污染源也会消失,采取适当的管理措施可以得到有效控制。道路施工期间对于水污染的主要来源有以下3个方面。

(1)生活污水。

生活污水主要污染物为含有氨氮的有机污染物和固体废弃物,这些污染物主要来自施工人员的排泄物、食品类残渣、生活中使用的洗涤剂、塑料类废弃物、纸类废弃物。这些物质会提升水的5日生化需氧量(BOD_5)、化学需氧量(COD)、悬浮固体的指标,需要消耗自然水体中更多的溶解氧,有可能影响其他水生生物的生存,污染物过多时有可能导致其自净能力有可能没办法吸收和降解这些污染物。如果直接排放这些污染物,有可能会对施工区域周围的地表水和地下水产生不利影响。

(2)生产污水。

道路在施工过程中会涉及混凝土浇筑养护、混凝土拌和冲洗、综合加工生产、施工机械及车辆冲洗、检修、维护,这些过程产生的主要水环境污染物为固体悬浮物和油类有机物,其中,在砂石料冲洗中所含悬浮物的颗粒径一般为 0.5~160μm,这些污染物混合的污水酸碱度(pH)可以高达 11~12。

(3)水土流失。

道路施工过程中涉及挖方和填方过程,会破坏沿线生物栖息环境和地表植被环境,使得出现水土流失的现象;施工过程中还会有建筑材料回填过程和产生工程弃渣,会占用该区域的土地,造成施工区域的植被破坏、水土流失。这些过程会产生泥沙污染和重金属污染,前者会导致水体的含沙量增加,导致河道淤积,影响当地的自然环境;后者会破坏水生生物的生存环境,严重影响水源水质。

2)道路运营期间污水来源。

(1)大气污染物沉降。

道路运营期间机动车会产生废气改变大气污染物的物质结构。水是许多大气污染物的良好溶剂,如NO_x、SO_2、CO_2等,会产生酸雨。《2023年中国生态环境状况公报》中指出:目前,全国酸雨区面积约44.3万km^2,占陆域国土面积的4.6%,比2022年下降0.4个百分点;其中,重酸雨区面积占0.04%,无重酸雨区。尽管全国生态环境质量总体改善,但部分区域仍面临酸雨和水体污染的挑战,酸雨对土壤和水体的长期影响仍需进一步加强监测和治理。

(2)附属设施污水。

道路建成投入运营后,其服务设施将排放一定量的污水,如服务区、收费站、管理所、加油站、养护工区、汽车维修点等,产生的污水可归类为生活污水和工业污水两类。

①生活污水。以高速公路服务区为例,其设施构成包括厕所、办公楼、宿舍、旅社、浴室、餐厅、机修车间和洗车场等。高速公路服务区排水由生活污水和洗车、机修等车间排放的生产污水组成。因洗车及机修所排放的污水量相对较小,高速公路服务区污水以服务区常住工作人员和过往旅客产生的生活污水为主要组成。该部分生活污水的主要特征是水质比较稳定、浑浊、深色,具有恶臭,呈微碱性,一般不含有毒物质,但常含植物营养物质,且含有大量细菌(包括病原菌)、病毒和寄生虫卵。

②工业污水。洗车场、车辆维修站排水和加油站的污水可归属于工业污水类。以大型洗车场和加油站的污水为例,污水中常含泥沙颗粒物和油类物质。油类不溶于水,在水中的形态为浮油或乳化油。乳化油的油滴微细,且带有负电荷,需破乳混凝后形成大的油滴才能除去。洗车场和加油站的含油污水以浮油为主。

(3)路面径流污水。

路面径流污染是指降雨过程中雨水及其形成的径流流经路面时携带路面沉积物直接流入水体而造成的水体污染,是一种面源污染,具有污染强度高、污染负荷大、有害物质含量多等特点。

①污染物来源。在道路营运期间路面的沉积物种类和来源复杂,包括机动车辆通行时排放尾气的沉降物、机动车辆渗漏的机油、排放的空调水、轮胎磨损物、车辆金属构件磨损、大气颗粒沉降物、道路铺面材料磨损、道路交通事故泄漏、公路运输过程中的路面抛洒物、边坡和绿化带肥料等。这些物质都是由于道路交通活动引起的,沉积在路面或者路面附近。当降雨发生时,路面累积的污染物由于雨水的溶解和冲刷等作用输入雨水径流之中进入周边自然水体或者城镇下水道;另外,由于道路交通活动而累积的路侧污染物随着降尘、降雨进入路面、边坡、绿化带土壤表层,再通过降雨或者降雪进入地表水体和城镇下水道。

a.固体颗粒物主要来源:路面与轮胎之间的磨损颗粒物、道路材料颗粒、道路运输的泄漏、粉尘等大气污染物。

b.重金属主要来源:汽车机械的磨损颗粒、车辆尾气、车辆油料泄漏、大气的粉尘。

c.油脂和有机物主要来源:汽车燃料和润滑油的泄漏以及废气的油脂。

d.氮、磷主要来源:大气粉尘和道路绿化所施的化肥。

②环境效应。环境效应主要包括对受纳水体的影响和对周边土壤的影响。

a.对受纳水体的影响。道路路面径流向地表水体输入大量的泥沙污染物,泥沙汇入水体形成水体悬浮物,会增加水体的浑浊度;重金属、油、脂及毒性有机物等随着径流进入地表水,引起水体中的有毒物质增加,会使得水生生物死亡,其腐化过程中消耗水中溶解的氧,使得水质恶化。其中,可溶性污染物会随着水流的下渗进入地下水,引起地下水体的污染。

b.对周边土壤的影响。道路路面径流会污染周边的土壤,影响土壤中营养物质和能量的转化,从而使得生物生产受到影响,严重的会使得土壤失去生产能力。最大累积系数(有时也被称为富集因子或污染负荷指数)是环境科学中用于评估土壤或其他介质中特定污染物浓度相对于背景值增加程度的一个指标。它通常用来量化某种污染物在特定区域内的累积情况,并帮助确定该区域是否受到了污染以及污染的程度。根据研究显示,江苏宁连高速公路部分路段的土壤中,铅、铜、镍的最大累计系数达到了1.94、1.82、1.69,表明三种重金属的含量远高于背景值,已经达到了中度污染的状态,这主要是受路面径流的影响。

(4)道路交通事故造成的污染物泄漏。

由于道路交通运行中车辆与车辆之间的行驶冲突,造成事故的发生而引起事故地点周围的水污染。根据道路交通事故发生的地点,由道路交通事故所造成的水污染的效果和严重程度也不同,可以分为以下两类。

①高速公路。由于自然环境、人文等原因,高速公路不可避免地会经过包括江、河、湖泊以及地下水等在内的自然水体。高速公路的车辆行驶速度高且有较多运输固体、液体的货车,发生事故时对周边水体造成的污染往往最为严重。对周边水环境产生影响的主要类型有以下几种。

a. 有害化学物质的泄漏。据统计,我国大部分危险化学物品都涉及异地运输的问题,其中,通过高速公路运输不在少数。这些化学物品大部分为易燃物体气体、毒性物体、有害固体、毒性气体和爆炸品,如液氯、二甲苯、二氯甲烷、甲醇、石油等。一旦发生道路交通事故,这些物质直接倾泻到周边自然水体、土壤,通过土壤渗入地下水,将对下游及周边城镇民众的生命和财产安全带来潜在的威胁。

b. 固体物品的倾泻与散落。固体物品运输车常常会因为道路交通导致车上承载的固体物品翻入公路周边的水体、沟渠中以及路面上。有些固体物品为水溶性有害物质,该类型污染物进入水体后会改变周边水体的物理和化学性质;非可溶性物体会成为水体中的悬浮物,难以打捞,长年累月会对水体造成污染,也会造成下游民众的恐慌。

c. 肇事车辆的倾翻和破损。由于车辆在高速公路上行驶的速度高,部分车辆可能出现冲出护栏直接进入水体的情况,会造成车辆内部液体发生泄漏直接进入水体造成污染。车辆会在高速公路上发生追尾、侧撞、剐擦等,一方面会使得车辆的金属、橡胶、塑料构件散落在道路上,会随着路面径流进入水体、渗入地下水;另一方面有可能使得车辆内部的液体,如汽油、机油等发生泄漏,导致含有油脂和有机物的污染物进入周围陆地水体或渗入地下水源。

d. 车辆自燃。车辆的行驶,需要发动机不断燃烧汽油或柴油以提供所需的动能,发动机在能量转化的过程中会产生热能;为了保持高速的行驶速度,需要转化更多的能量,因此产生的热能也越多。再加上在夏季高温,发动机容易爆缸起火,车辆自燃,灭火过程中使用灭火设备,会使得燃烧后的有害物质以及车内原本的液体随着灭火时所产生的液体流到沟渠中、陆地水源中或者渗入地下水。

以上各种方式,都可能会在路面存有残留物,残留物会随着路面径流污染周边的水体。

②城市道路。在城市道路中,车辆多数时间以低速状态行驶,因此发生交通事故时的严重程度往往小于其在高速公路上发生的严重程度,但会发生高速公路中描述的四种污染水体的类型。其污染水源的方式多数是直接影响城市下水道污水的水质。

4.2.2.2 道路交通水环境调查标准

环境现状调查是开展道路交通环境保护工作的基础,调查的目的是掌握环境质量现状或本底,为环境影响预测、评价以及环境管理提供基础数据。该部分可参考《公路建设项目环境影响评价规范》(JTG B 03—2006)和《建设项目竣工环境保护验收技术规范 公路》(HJ 552—2010)。

4.2.2.3 道路交通水污染执行标准

在道路交通施工期间和道路营运期间产生的污水一般执行《污水综合排放标准》(GB

8978—1996);如果污水接入城镇下水道,一般执行《污水排入城镇下水道水质标准》(GB/T 31962—2015)。由于道路交通中会产生油、脂、重金属等毒性污染物,为了进一步降低其对于自然环境的影响,我国颁布了《汽车维修业水污染物排放标准》(GB 26877—2011)用以规定从事汽车修理服务的企业的污水排放。针对现有企业和新建企业设置了不同的标准,主要检测项目有9项,还分为直接排放限值(排污单位直接向环境排放水污染物)和间接排放限值(排污单位向污水处理系统排放污染物)。针对国土开发密度已经较高、环境承载能力开始减弱,或环境容量较小、生态环境脆弱,容易发生严重水环境污染问题而需要采取特别保护的地区设置了单独的排放限值。除此之外,该标准还规定了监测要求。

4.2.2.4 道路交通水环境相关法规

(1)水环境保护法规。

道路交通水环境相关法规一方面需要有保护天然水体的功能,另一方面也要控制水体的污染,因此,我国主要水环境法规大致可以分为两类。

①水资源保护法规。我国于1988年颁布了《中华人民共和国水法》,标志着我国开始进入依法用水、保护水和治水的新阶段,颁布至今已经经历了三次修订。该法律规定,开发利用水资源应当全面规划、统筹兼顾、综合利用、讲求效益,充分发挥水资源的各种功能。

②水污染防治法规。《中华人民共和国环境保护法》于1989年颁布。该法律是为了保护和改善环境、防治水污染、保护水生态、保障饮用水安全、维护公众健康、推进生态文明建设、促进经济社会可持续发展而制定的法律。除此之外,相关部门还依据该法律制定了《水污染物排放许可证管理暂行办法》《饮用水水源保护区污染防治管理规定》等专项行政规章。

(2)水环境标准。

水的用途十分广泛,需要保护其免受污染,以免影响后续的合理开发和有效利用,因此,要制定水体的质量标准和污水排放标准,以便保护水体并合理安全开发水资源。

(3)水质标准。

陆地水体包括江河、湖泊、水库等,根据水体存在的空间不同,可以分为地表水和地下水。道路交通水环境水质标准主要参考以下两种陆地水体水质标准。

①《地表水环境质量标准》(GB 3838—2002)对我国领域内江河、湖泊、运河、渠道、水库等具有使用功能的地表水域的水质进行限定,并依据水域环境功能高低将地表水划分为五个类别。不同功能水域执行不同标准限值,规定同一水域兼有多类使用功能,执行最高功能类别对应的标准值。该标准规定了检测项目以及项目的分析方法。

②《地下水质量标准》(GB/T 14848—2017)对地下水的物理、化学和生物性质进行规定。该标准依据化学组分含量由低到高将地下水分为五类,并规定了地下水质量检测的常规、非常规指标及限值。

涉及城市中的交通路段水环境水质标准,可以参照《城市供水水质标准》(CJ/T 206—2005)和《城市污水再生利用 地下水回灌水质》(GB/T 19772—2005)中关于城市供水水质要求以及城市污水再利用的水质要求。

(4)水环境影响评价标准。

为了贯彻《中华人民共和国环境保护法》《中华人民共和国水污染防治法》和《中华人民共和国环境影响评价法》,规范和指导水环境影响评价工作,保护环境防治地表水和地下水污染,我国颁布了《环境影响评价技术导则 地表水环境》(HJ 2.3—2018)《环境影响评价技术导

则 地下水环境》(HJ 610—2016),用以规定水环境影响评价的一般性原则、工作程序、内容、方法及要求。

4.2.3 道路交通水污染控制

4.2.3.1 污水处理的基本方法与系统

(1)基本方法。

污水处理的基本任务就是采用各种技术与手段,将污水中所含的污染物质分离去除回收利用,或将其转化为无害物质,使水得到净化。根据污染物质的净化原理不同,可以将现有的污水处理技术分为物理法、化学法、生物法三类,见表4-5。

污水处理的基本方法　　表4-5

分类	处理方法	处理对象
物理法	稀释、均衡调节、沉淀、离心分离法、隔油、气浮、过滤分离法、热处理法、磁分离法	悬浮物、大颗粒油滴、浮油、乳化油、金属盐等
化学法	投药法、传质法、电解法、水质稳定法、自然衰变法、消毒法	胶体、乳化油、溶解性物质(例如氰化物、重金属离子、气体等)、放射性物质等
生物法	人工(包含:活性污泥法、生物膜法、厌氧生物处理法)、自然(包括稳定塘法、土地处理法)	胶体状和溶解性有机物、氮、磷、溶解性有机物等

(2)污水处理系统。

根据处理程度的不同,污水处理系统可以分为一级处理、二级处理和三级处理。

一级处理主要解决悬浮固体、胶态固体、悬浮油类等污染物的分离,多采用物理法,通常为二级处理的预处理。

二级处理主要去除污水中呈胶体和溶解状态的有机污染物质,多采用较为经济的生物处理法,经过二级处理后一般能够达到排放标准。

三级处理进一步处理一、二级处理后难以降解的有机污染物和氮、磷等可溶性无机污染物,三级处理后能够达到工业用水和生活用水的标准。

污泥是污水处理过程中的产物。城市污水处理产生的污泥能够作为农肥使用,但存在大量细菌、寄生虫卵以及从工业污水中带来的重金属离子,需要进行无害化处理。无害化处理的主要方法有减量处理(如浓缩、脱水等)、稳定处理(如厌氧消化、好氧消化等)、综合利用(如消化气利用、污泥农业利用等)和最终处理(如干燥焚烧、填地投海等)。

污水系统的构成需要基于污水的水质和水量、回收有用物质的可能性、经济性以及受纳水体的具体条件,根据调查研究与经济技术比较后决定,必要时需要进行试验。

4.2.3.2 施工期的水环境污染防治

道路施工期间产生的施工污水和施工营地的生活污水都是暂时性的,施工期间,可以对施工人员进行集中管理,对施工营地产生的污水采用化粪池或者干厕处理,也可以建一个小型的蒸发池收集处理施工污水。施工过程中,凡是大面积切割山坡,应在其上2m以外设截水沟;挖方超高路段(高度超过8m)应采用复式断面,并设置相应的绿化和排水设施;对于路基施工和两侧的取土场形成的土质裸露面,采用塑料薄膜临时覆盖;采用播草籽防护的坡面播种后,应覆盖无纺布作为临时防冲刷措施;妥善处理工程弃渣、安置临时堆料,尽量选择远离水源、河道的堆放点进行堆积,如果无法避免堆放点临近水源,尽量选择非主干水系地点进行堆积;施工完成后及时进行土地整治,尽快恢复植被。除此之外,还需要加强监管和采取先进的施工工艺,使用无害施工材料,以防范此类污染。

4.2.3.3 营运期间的水环境污染防治

(1)道路附属设施的污水处理。

①生活污水的处理。高速公路沿线的服务区、收费站、管理站及道路沿线的车站等排放的污水以生活污水为主,其水质与城市生活污水水质接近,可以采用生活污水处理技术进行处理。需要根据附属设施的大小、投资条件、污水处理要求、受纳水体的要求等,选择对应的方法和工艺。以回收为目的的污水处理一般要求使用能进行三级处理的污水处理系统;排放污水执行《污水综合排放标准》(GB 8978—1996)中规定的一级标准、二级标准时,一般需要采用能进行二级处理的污水处理系统;当污水用作农田灌溉水时需要执行《农田灌溉水质标准》(GB 5084—2021)的规定,一般需要采用能进行一级处理的污水处理系统。

②含油污水的处理。针对洗车场、汽车维修点、加油站的污水主要采用电解法以及膜生物反应器方法处理含油废水,以便废水排放满足《中华人民共和国生活杂用水水质标准》(GJ 25.1—89)中的要求。

浮油的处理方法有物理隔油和过滤法。物理隔油常用设备隔油池,当污水进入隔油池后,泥沙沉淀于池的底部,浮油漂浮于水面,利用设置在水面的集油管收集、撇渣机或者人工去除。常用隔油池的形式有平流式、斜板式、波纹斜式,去除粒径大于 $60\mu m$ 的油滴和大部分固体颗粒效果较好。

含油污水常用的处理方法有物理法、化学法、物理化学法和生物法。

a. 物理法,通过物理作用分离和去除污水中的油类污染物。常用的方法有重力分离法、过滤法、离心分离法等。

b. 化学法,通过化学反应去除或者回收污水中的油类污染物。常用的方法有化学药剂絮凝法和电絮凝法。

c. 物理化学法,气浮法为常用的处理方法,即向污水注入空气,在界面张力、气泡上升浮力、静水压力差等多种力的共同作用下,使得污水中的乳化油随气泡上浮形成浮渣,实现固、液分离。常用的方法有加压溶气浮选法、叶轮浮选法、曝气浮选法、絮凝浮选法。

d. 生物法,利用微生物的代谢作用,在微生物酶的催化作用下将溶解于水中的油分解和转化。常用的方法包括活性污泥法、生物膜法、生物滤池法。

(2)道路路面径流污染防治措施。

①路面径流污染非原位处理技术。非原位处理技术是指将路面径流引到其他地方进行净化处理的技术。目前,对道路路面径流污染较为有效的非原位处理技术主要有植被控制、人工湿地以及设置滞留设施。

a. 植被控制,主要是通过地表密植的植物和地表土层截留、过滤、吸附、沉淀地表径流中的污染物,达到径流控制的目的。植被控制可以去除径流中的重金属、油类、悬浮物以及吸附在悬浮物上的其他污染物。有研究表明,植草渠道对重金属,特别是对离子态和溶解态重金属的去除效果较好;在径流铜流量为 2.7L/min 时,种植有柳枝稷、高羊茅的长缓坡能够固持 88% ~ 100%的铜(Cu)。也有研究表明,植被可以拦截径流中 95%的泥沙、80%的总氮(N)、62%的硝基氮（NO_x）、78%的总磷（P）。

b. 人工湿地，是一种人工建造和监督控制的、与沼泽类似的地面，建在符合要求的洼地中，由填料和土壤混合组成填料床，并在床表面种植具有处理性能的水生植物。有研究表明，人工湿地对于径流中的各种污染具有较好的净化效果；特别是种植了芦苇和宽叶香蒲的人工湿地，对于高速公路路面径流中的铬（Cd）、铜（Cu）、铅（Pb）、锌（Zn）去除率分别达95%、88%、86%、95%，与沉淀物中的重金属浓度相比，植被中累积的金属浓度几乎可以忽略不计。

c. 滞留设施，通过设置滞留池汇集路面径流，通过沉淀作用去除径流中的污染物。按照运行特点，可以将滞留池分为干式滞留池和湿式滞留池。有研究表明，干式滞留池对于径流中的重金属的去除效果较好，无法降低化学需氧量（COD）；湿式滞留池物理沉淀与生物净化具备协同作用，沉淀具有初期快速净化作用，生物净化则具有彻底净化作用。

②路面径流污染原位处理技术。原位处理技术是指在路面径流产生的地方进行净化处理的技术。原位处理技术主要是通过透水铺装、矿物材料等原位措施等对路面径流污染进行净化处理，不仅能够达到相同甚至更高的净化水平，且直接利用道路自身各个组成部分的多孔结构和渗透特性实现对路面径流的净化。该技术不需要占用额外的土地。

a. 透水沥青。有研究表明，透水沥青能够过滤碳氢化合物、氮磷污染物，但是会增加总氮的含量；透水沥青的净化效果与孔隙率和孔隙结构有关，通过提高掺混陶粒率能够一定程度提升透水沥青的净化功效。

b. 环境矿物材料。有研究表明，通过选用不同材料组合成的生态滤沟，能够较好地去除径流中的各种污染物。

c. 绿地土壤渗滤。有研究表明，土壤的吸附与沉淀作用能够去除有机污染物和重金属，通过设计不同结构的生态浅层渗滤系统，能够对径流中的污染物具有较好的净化效果。

③其他控制技术。

a. 路面交通管理。交通量是影响路面径流污染的主要因素，交通管理部门可以通过控制车流的速度和流量，尽可能减少因加速、减速、制动、起动等带来的污染，严禁抛洒、尾气排放超标、漏油的车辆行驶等。改进机动车设备，提高燃烧效率，降低尾气排放污染物量。改进汽车废气净化装置，推广清洁能源，推广液化天然气、乙醇汽油等燃料。

b. 路面清扫。路面清扫能够有效去除粒径大于250μm的颗粒物，普通路面清扫能够去除20%以上的路面颗粒物，真空清扫装置可以去除70%以上的路面固体颗粒物。

（3）道路交通事故污染物泄漏防治措施。

①当发生道路交通事故后，存在酸类、碱类、有机污染物等化学燃料泄漏的可能，要进行现场清理，并将清理物转移至有相应危险废物处理处置资质的单位。对于液化石油气及燃油类污染物，需要进行降温，避免高温燃烧。

②做好事故现场的污染源拦截，可以采用筑坝的方式防止残留物流入水体。

③如果发现物体不慎落入事故周边水体，可采取以下方法：a. 调集机械对倾泻物进行打捞，对沉入河底并且存在潜在污染威胁的物品应派专业人员进行潜水作业，确保污染物能够及时彻底地离开水体；b. 在事故现场的下游开展布点监测，密切监控水质状况，分析水质情况，预测未来可能影响的水体范围以及超标程度等；c. 落实水厂应急预案，组织水厂增加储备物资，必要时使用应急水源；d. 对道路交通事故发生沿河电站进行蓄水以稀释污染物。

④在城市道路中发生道路交通事故，造成污染物泄漏，污染物多数流入城市下水道；需要

与污水处理厂保持沟通,增加污水处理的流程,做好污水排放水质的监测。

4.3 道路交通光污染与控制

4.3.1 道路交通光污染的概念

4.3.1.1 光污染的概念

光污染问题最初在20世纪30年代由天文界提出。一些学者认为逐渐普及的灯光照明对于各类天文星体的观测造成了不良的影响,英国、美国等称其为"干扰光",日本称其为"光害"。我国首次对光污染做出定义的是《城市环境(装饰)照明规范》(DB31/T 316—2004),认为光污染是由外溢光或杂散光的不利影响造成的不良照明环境。随着人类社会的逐步发展,光污染问题涉及人类生活的各个领域,现该标准已更新为《城市景观照明技术规范》(DB31/T 316—2023)。从广义上来说,光污染是指过量的光辐射对人类的日常生活、工作、休息和娱乐造成不良影响的现象。光污染包括可见光、红外线、紫外线引起的污染。

夜晚卫星图观测光照是一种比较测量地区间光污染的宏观方法,根据我国相关光照卫星图显示,我国夜间光照主要集中在京津冀、中部部分地区及东部沿海,这也是受光污染影响较大的区域。光污染通常来源于城市夜晚各类交通工具、建筑物和基础设施内部光源和灯具不合理安装与使用。作为一种由光辐射引起的污染,光污染具有以下特点。

(1)方向性。

光的传播会被障碍物所阻挡,光污染是由部分光源产生的光传送到人类的视觉中引起的,而这个过程可以被一些障碍物所消除或减缓。

(2)相对性。

光污染的相对性主要表现在两个方面。一是只有在特定的环境条件下光才会成为严重的光污染;二是光污染的判断主体是人类,具有一定的主观性,不同人对光污染的判断会存在一定差异。

(3)局部性。

光会随着距离的增加逐渐减弱,因此,光污染往往局限在光源附近的区域。这也使得对于光污染的治理,可以直接从消除光源的角度出发。

(4)暂时性。

不同于水污染、大气污染等其他属于化学性质的污染,光污染更偏向于物理性质的污染,它的污染形式决定了其时间上的暂时性。

4.3.1.2 光污染的分类

光污染具有许多分类方式,国际上主要将光污染分为三种类别。

(1)人工白昼。

人工白昼指夜间的室外照明。商场和酒店楼上的霓虹灯、灯箱广告和灯饰标志,道路和工地照明等发出的强光,使得夜晚如同白天一样,打乱人体生物钟,导致白天工作效率低下,严重影响了人们的正常工作和休息。一般认为,人工白昼会影响人的睡眠,甚至影响健康。图4-3

所示为常见的人工白昼现象。

图 4-3　人工白昼

（2）白亮污染。

白亮污染指白天阳光照射强烈时，城市里建筑物的玻璃幕墙、釉面砖墙、磨光大理石和各种涂料等装饰反射光线，明晃白亮，眩眼夺目所造成的污染。据统计，一般白粉墙面的光反射系数为 69%～80%，镜面玻璃的光反射系数为 82%～88%，特别光滑和洁白的纸张光反射系数可以超过 90%，这些数值远超草地、森林等自然地形外貌的光反射系数。城市中人类活动的加剧导致部分光反射系数较高的材料得到大量应用，由此带来的白亮污染存在很大的隐患。图 4-4 所示为常见的白亮污染现象。

（3）彩光污染。

彩光污染指歌舞厅中的黑光灯、旋转灯、荧光灯等所产生的光污染，是光污染中对人体危害最大的一种。舞厅中最常见的黑光灯所产生的紫外线强度大大高于太阳光中紫外线的强度，且对人体的有害影响持续时间长，人体如果长期接受这种照射，可诱发流鼻血、脱牙、白内障，甚至导致白血病和其他癌变。光谱光色度效应测定显示，如以白色光的心理影响为 100，则蓝色光的心理影响为 152，紫色光的心理影响为 155，红色光的心理影响为 158，黑色光的心理影响最高，为 187。可以说，彩光污染对人体生理心理的影响是极为严重的。图 4-5 所示为常见的彩光污染现象。

图 4-4　白亮污染

图 4-5　彩光污染

除此之外，根据分类依据不同，光污染的表现形式还有多种类别。按照光的波长进行分类,光污染可以分为红外光污染、紫外光污染和可见光污染。近些年,蓝光污染作为新型的光污染类型受到广泛关注,该种光污染波长为400～500nm,主要来自计算机、手机等电子设施,对于人的视网膜危害极大。按照灯光污染的类型分类,可以分为眩光污染,杂乱光污染,光害骚扰污染和天空辉光污染。按照光污染的影响时间分类,光污染可分为昼光光污染和夜光光污染。

4.3.1.3 光污染的表现形式

(1)光泛滥和光干扰。

目前,世界范围内最主要的光污染表现形式就是光泛滥和光干扰。光泛滥相对较为宏观,通常用来描述整个城市的光污染,大量的光污染使天空背景变亮,甚至会使城市失去夜空。光干扰相对而言更为微观,它与人类的生活息息相关,例如夜间光污染干扰人们的正常休息,行车时光污染会直接影响驾驶人驾驶车辆。2004年,上海市发布《城市环境(装饰)照明规范》当年,环卫灯光管理处每天收到的十几份投诉,基本上都是光干扰,尤以干扰居民夜间休息的反映最多。

(2)眩光污染。

眩光即黑暗中的强光。在照明良好的城市大街上,车辆的远光灯会让对向的行人或者驾驶人短暂性"视觉丧失",从而引发交通事故,并且,在防护不当的情况下,这种眩光还会伤害人的视力。随着汽车保有量的飞速增长,一种能极大提高驾驶照明亮度的氙气车灯技术被广泛应用于汽车照明,但这种新型的照明技术屡屡成为制造道路光污染的凶手,给道路交通安全造成隐患。

(3)光误导。

光误导主要体现在光色的误导。例如,部分交通信号灯受到照明设施的影响,无法对驾驶人提供准确有效的信号指导,甚至可能会导致交通混乱和交通事故。天空中飞行的飞机受到城市大量光照的影响,可能无法正常辨认航空信号灯,影响飞机的正常运行。

4.3.2 道路交通光污染计算方法及相关影响

4.3.2.1 道路交通光污染

道路交通光污染是指由于实施道路交通活动所需要的基础设施及车辆照明引发的光污染。夜晚行车需要有效的道路照明来保障道路车辆的正常运行,但是,这些设立于道路附近的基础照明设施会带来光污染。据统计,所有光污染中,35%～50%是由道路照明产生的。道路照明设施产生的光污染大多属于"人工白昼"污染的类型。光作为一种电磁辐射,具有一定的波长,可见光通常指的是波长为380～960nm的电磁辐射。因此,对于光以及光污染具有一定的测量标准。

(1)光通量 Φ(luminous flux)。

光通量是标度可见光对人眼的视觉刺激程度的物理量,其计算式为

$$\Phi = K_m \int_0^\infty \frac{\mathrm{d}\Phi(\lambda)}{\mathrm{d}\lambda} \cdot V(\lambda) \cdot \mathrm{d}\lambda \tag{4-14}$$

式中:Φ——光通量,流明(lm);

$\dfrac{\mathrm{d}\Phi(\lambda)}{\mathrm{d}\lambda}$——辐射通量的光谱分布;

$V(\lambda)$——光谱光视效率;

K_m——辐射的光谱光视效能的最大值。

明视觉条件下波长为 $\lambda_m = 555\text{nm}$，$V(\lambda) = 1$ 的单色光绝对光谱光效率值 $K_m = 683\text{lm/W}$。

一个完整球体的立体角是 4π 球面度。因此，一个在所有方向均匀辐射 1 坎德拉的球体光源总光通量为 1 坎德拉（cd）× 4π 球面度（sr）= 4π 坎德拉·球面度（cd·sr）≈ 12.57 流明（lm）。

(2) 发光强度 I（luminous intensity）。

点光源向各个方向发出可见光，在某一特定方向上，在立体角元 $\mathrm{d}\Omega$ 内发出的光通量 $\mathrm{d}\Phi$，则在该方向上点光源的发光强度 I 为

$$I = \frac{\mathrm{d}\Phi}{\mathrm{d}\Omega} \tag{4-15}$$

式中：I——发光强度，描述了光源在某一方向上发光的强弱程度，即单位立体角的光通量，单位为坎德拉（cd）；

$\mathrm{d}\Omega$——立体角元；

$\mathrm{d}\Phi$——光通量。

(3) 亮度 L（luminance）。

亮度表示光源上单位投影发光面积的发光强度，计算公式为

$$L = \frac{\mathrm{d}\Phi}{\mathrm{d}A \cdot \cos\theta \cdot \mathrm{d}\Omega} = \frac{I}{\mathrm{d}A} \tag{4-16}$$

式中：L——亮度，cd/m^2；

$\mathrm{d}A$——光源发光面的面积元；

I——所求方向上光源的发光强度。

4.3.2.2 光污染对人的影响

道路交通的光污染对于人类生产生活的影响，主要是对人的身体健康状态、视力水平产生危害，并且会对某些特定行业如天文学的正常工作进行破坏。

(1) 健康状态方面。

据统计，长期在白色光亮污染环境下（如设置大量照明设施的城市主干道）生活工作的人，容易出现视力下降。除此之外，人工白昼使得人体自身生物钟紊乱，会让人产生头晕目眩、失眠、情绪低落、食欲不振等类似神经衰弱的症状。在道路交通光污染的环境下生活，人体的各项机能将受到严重危害。

(2) 视力水平方面。

据统计，2020 年我国中小学生近视率达到 52.5%，过半数中小学生存在视力问题，近视率居世界第一；而我国大学生的近视率甚至超过了 75%。眼镜成为年轻人的必需品。近视的主要原因为两个，分别是用眼习惯和视力环境，而光污染的泛滥影响了人们的视力环境。道路交通照明的灯光反射到人的眼睛，将会造成瞳孔的频繁缩放，加速眼部疲劳，长时间受到灯光刺激会导致视网膜水肿，严重的会破坏视网膜上的细胞。据统计，长期在白亮污染的环境下工作生活的人群，白内障的发病率达到了 45%。

除此之外，光污染对于天文观测活动同样具有较大的影响。据天文学统计，在夜晚天空不受光污染的情况下，可以看到的星星约为 7000 颗，而在路灯、背景灯、景观灯乱射的大城市里，只能看到 20~60 颗。由于光污染，许多天文观测站不得不反复更换地址。人类的天文观测活动区域在光污染不断蔓延的趋势下不断减少。

(3) 睡眠影响方面。

光污染对人的睡眠有多方面的影响,主要通过干扰人体的自然生物节律和抑制褪黑素的分泌来影响睡眠质量,主要容易引起以下五大问题。

① 扰乱昼夜节律。人的生理活动遵循一定的昼夜节律,这种节律受到外界光线变化的调节。夜间暴露于人造光源下会误导大脑认为是白天,从而打乱正常的昼夜节律。

② 抑制褪黑素分泌。褪黑素是一种由松果体在夜晚分泌的激素,它对于调节睡眠—觉醒周期至关重要。研究表明,即使是低水平的人造光源也能抑制褪黑素的正常分泌,进而导致入睡困难、睡眠浅以及早醒等问题。

③ 引起失眠和其他睡眠障碍。长期处于光污染环境中的人群更容易出现失眠症状。据临床统计,有 5% ~ 6% 的失眠案例与环境光线有关。

④ 增加患病风险。由于睡眠不足或质量差,个体患心血管疾病、糖尿病、肥胖症以及某些类型癌症(如乳腺癌)的风险可能增加。此外,光污染可能通过影响睡眠和扰乱人体昼夜节律,增加了大脑中的炎症反应,这可能是阿尔兹海默症的一个潜在风险因素。

⑤ 引发不良情绪问题。光污染还可能导致抑郁等精神健康问题,因为它会引起头昏心烦、情绪低落、身体乏力等类似神经衰弱的症状。

4.3.2.3 光污染对交通安全的影响

道路交通的光污染对于交通安全同样存在影响。安全的车辆出行过程中,驾驶人的视线清晰稳定是重要的保障,世界各国都对车辆驾驶人的视力标准有严格的要求。但是,夜间出行时光污染会影响驾驶人的视野,尤其是眩光会使驾驶人失去视野,使其无法正确判断道路情况,无法对面前的障碍物、行人、车辆、信号标识等做出有效的反应。夜晚影响车辆出行的光污染主要来源有两类。一是城市建筑的强光照射,该类光污染来自固定设施,一般情况下影响较小,但是在部分光照密集的区域会存在多束光照混合,形成混光并影响驾驶人视线。二是行驶在道路上的其他车辆,高亮度的车灯成为交通安全隐患。我国明确规定道路行驶遇到对向车辆应该及时将远光灯切换至近光灯,以避免影响对向驾驶人视线,但当前仍然存在不少夜间道路因为远光灯影响视线导致的交通事故。夜间出行的行人、夜间工作人员等相关人群在道路周围活动,同样存在光污染带来的风险。

过去常见的光污染影响交通安全案例往往集中在夜晚,但是近些年,部分大城市高层建筑幕墙玻璃带来的光污染也值得重视。该类光污染对交通安全影响最大的时点往往是日照强度大的中午,太阳光经过该类型的建筑材料反射,形成强大的眩光,当这些光束进入驾驶人的视野时会影响正常出行的视野,导致驾驶人的视线不清甚至眩晕感,对交通安全存在巨大的隐患。

4.3.2.4 光污染对生态系统的影响

光污染对生态系统的影响可以分为光污染对于动物的影响和光污染对于植物的影响。

(1) 光污染对于动物的影响。

道路交通光污染对于动物的影响主要体现在扰乱动物的正常作息,减少动物的生活区域。几十亿年来,地球上的生命习惯了日夜交替的规律,绝大多数动物的活动时间集中在白天,而夜晚往往是这些动物进行睡眠休息活动的时段。但是,道路及城市过度的光照射破坏了动物的睡眠环境,影响了动物的正常生活休息和繁衍。有些动物对于光照具有恐惧心理,在光照范围不断扩散的趋势下,这些动物不断缩减自己的行动区域。例如,在北京颐和园的古建筑群内曾经栖息着许多雨燕,但是在大量的"亮光工程"下,这些雨燕的生活环境受到影响,逐渐一去不复返。相关工作人员经过调查,确定了促使雨燕离去的罪魁祸首,于是对建筑的照明进行调整,最终帮助这些雨燕重返家园。除此之外,比较著名的案例还有光污染对海龟的迁徙造成影响。美国佛罗里达州的海岸上,因为将人工光源错认为海洋上明亮的地平线,每年都有数百万的幼年海龟死亡。

除此之外,照明器具发射出的辐射能量对于动物尤其是鱼类生物也具有非常不利的影响。例如,动物吸收照明辐射能量后,不仅引起温度变化,而且动物细胞的电场和生理也会发生变化。将金鱼放入磁场中,磁场强度越强,鱼就越不想吃鱼饵。又如夜间照明可能会加速害虫的繁衍速度。由于昆虫的向光性,室外夜间灯光可吸引大量产卵期的昆虫,大量昆虫集中在照明区域,虫卵很快就会变成幼虫和成虫,进而引起虫害。对益虫和鸟类,夜间过亮的室外照明会使不少的益虫和益鸟直接扑向灯光,成为它们的丧命原因。表4-6为光照对动物与人类节律产生影响的照度阈值。

光照对动物与人类节律产生影响的照度阈值　　　　表4-6

分类	照度抑制褪黑素分泌的阈值(lx)
啮齿类	0.03
鸟类	0.3～1
普通鱼类	1
热带鱼类	0.3
普通人类	40～350
光敏感人群	6

(2)光污染对于植物的影响。

道路交通光污染对于城市的植物同样影响深远,主要体现在以下三个方面。

①破坏植物生物钟的节律。大多数植物日长夜息,具有明显的生长周期性,多数情况下植物按照体内生物钟的节律进行活动,但在夜间大量光辐射照射下,植物无法依据正常生物钟指导进行成长,长时间的高辐射能量会导致植物的叶茎变色甚至枯死。

②影响植物花芽形成。光对植物的影响包括光合作用、植物的趋光性、屈光性、分光灵敏性、光周期性等。光的适度照射对于植物的花芽正常形成至关重要,部分植物在长时间大规模的光照下会加速花芽的形成,而过早形成的花芽无法正常发挥作用。

③打扰植物的正常休眠。植物的叶片可以通过测量日夜长短,确定冬季是否快要到来,并以此作为落叶和冬眠的信号。但是,光污染改变了其对季节变化规律的判断,许多植物在人工照射下选择在秋天正常生长,延迟其落叶期和冬眠期。

4.3.3　道路交通光污染防治

4.3.3.1　路灯照明控制

道路交通的光污染可以通过合理设置路灯等照明设施来防治。在合适的路灯照明下,车辆上驾驶人拥有清晰的视线,无须长时间使用远光灯,有效地减少了会车时光污染带来的交通隐患。道路的路灯照明标准应该既能保证车辆的顺利通行,又不能因为亮度过高影响周围居民的正常生活。国际照明委员会(Commission Internationale de I'Eclairage,CIE)对于不同地区交通出行所需的照明有着明确的规范。表 4-7 为 CIE 对于不同地区交通出行推荐的照明规范,表 4-8 是 CIE 对于人行道交叉口照明的推荐规范。

CIE 对于不同地区交通出行推荐照明规范 表 4-7

道路简述	照明等级	在整个使用路面上的水平照度维持值(lx)		半柱面照度(lx)
		平均	最小	最小
知名度高的道路	P1	20	7.5	5
夜间有大量行人或骑自行车人使用的道路	P2	10	3	2
夜间有中等行人或骑自行车人使用的道路	P3	7.5	1.5	1.5
夜间有少量只与邻近房产有关的骑自行车和行人使用的道路	P4	5	1	1
夜间有少量只与邻近房产有关的骑自行车和行人使用的道路 对保留乡村或环境的建筑特征而言是重要的	P5	3	0.6	0.75
夜间有很少只与邻近房产有关的骑自行车和行人使用的道路 对保留乡村或环境的建筑特征而言是重要的	P6	1.5	0.2	0.5
仅需用灯具发出的直射光提供视觉诱导的道路	P7	不适用		

CIE 对于人行道交叉口照明的推荐规范 表 4-8

区域类型	照度值(lx)	
	平均值	最小值
商业区和工业区	25	10
住宅区	10	4

规范的路灯照明控制能够改善光污染带来的视线环境,确保夜间行车的安全与效率。

4.3.3.2 绿化带防护

不同的受光体对光的吸收和反射能力不同,绿色植物可以将反射光转变为漫反射,从而达到防治光污染的目的。除此之外,合理地布设绿化带如立体绿化,可以减小光反照率,从而有效控制和降低光污染。绿化带防护作为一种实现起来简单、效果明显并且能够改善人居环境和城市整体生态条件的防护方式,正在逐渐受到更多的关注与应用。

绿化带防护光污染的主要原因是光在反射面分别为绿化带和道路时,反射的形式有所不同。如图 4-6 所示,光滑的道路表面作为反射面时,主要发生镜面反射,大量的反射光以相同的角度反射,造成了大量道路光污染,严重影响了道路交通的安全。而采用绿化带后,绿化带中的各类植物叶片、枝干、枝茎等表面较为粗糙,在接收到各类光后,主要发生漫反射,使得反射光的角度差异较大,降低了光污染的发生频率,能够有效对光污染进行控制和治理。

除此之外,不同颜色的材料反射系数有所不同。城市道路的两侧主要为各类城市建筑,而车辆、路灯等产生的灯光往往会照射到建筑的表面上。在建筑的建造和粉刷过程中,为了增加环境的亮度,许多的建筑会在墙面上采用高反射系数的色彩,如白色、红色、黄色等,而灯光在照射到这些颜色的墙面时候,会反射出高亮度的反射光,形成光污染。与之相比,绿化带的主要颜色是绿色,相较而言反射系数更低,能够更好地减少反射光的亮度,并以此对光污染实施控制。部分常见材料的反射系数见表4-9,不同类型的材料对光的反射系数有所不同,而绿化带的反射系数一般小于25%,相较各类建筑材料,能够更好地对光污染进行限制。

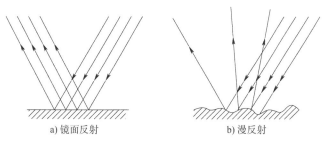

图4-6 道路和绿化带对光照的反射形式

部分常见材料的反射系数表　　表4-9

材料	反射系数(%)	材料	反射系数(%)
白色墙壁	65	干净的混凝土	0.3
淡色墙壁	50~60	腐蚀的混凝土	0.2
深色墙壁	10~30	草坪(7—8月)	25
灰色石棉板	30	草坪	18~23
水泥面	25	森林	5~18

绿化带的铺设方式对光污染的防治能力也有所影响,近年来,垂直绿化和立体绿化等概念的提出和应用不仅对道路交通的大气污染、噪声污染等污染防治有所帮助,也能够进一步增强绿化带对光污染的消减。道路的垂直绿化和立体绿化是指充分利用道路两侧的地理环境和设施条件,采用攀缘植物或其他植物依附或铺贴于各种构筑物或者空间结构上。采用立体绿化可以进一步减少道路交通产生的光镜面反射,提高绿化带的光污染控制作用。立体绿化如图4-7所示。

图4-7 立体绿化

4.3.3.3 遮光板

除了上述两种光污染控制措施外,在道路中间或者车辆内部设置遮光板也是一种常见的光污染控制方式。遮光板是指为减少光线对物体的影响,避免光线直射的不透光的板材,遮光板往往采用透光率较低的材料,将外部光源发射的光有效阻隔在外,以此减少光污染的危害。透光率表示光线透过介质的能力,是透过透明或半透明体的光通量与其入射光通量的百分率。

遮光板主要应用于交通、摄影、航空等行业。按照材料不同,遮光板可以分为塑料遮光板、纸板遮光板、EPP遮光板等,通常是为了应对光线过强或者过弱,按照需求利用遮光板对光强进行调节。在交通领域,遮光板通常作为交通安全产品,能够对于道路交通光污染进行大幅削弱。在一些特定道路上,有对道路遮光板使用的规定。

道路交通遮光板主要根据铺设方式和应用目的不同分为两类,分别是车辆内部遮光板和路中遮光板,以下简单对两者进行介绍。

(1) 车辆内部遮光板。

在夏天的正午时分,太阳光可以通过车辆的前后风窗玻璃照射进入车辆,对驾驶人的驾驶行为产生极大的影响。此时,驾驶人可以降下前遮光板,通过调整遮光板的角度,合理设置照射进车内的太阳光角度,以此对阳光的光污染进行控制。

图 4-8 路中遮光板

(2) 路中遮光板。

路中遮光板针对的光污染主要是对向道路带来的光照。在夜间行车时,如果对向车辆使用的是远光灯,将会对驾驶人的驾驶产生极大的干扰。为此,在双向道路中间隔断设施的基础上,采用大量的路中遮光板,以此减少对向车辆灯光带来的光污染,保证驾驶人在夜间的安全行驶。图 4-8 所示为常用的路中遮光板样式。

4.4 道路交通景观环境评价与保护

4.4.1 道路交通景观环境

4.4.1.1 景观

景观最初来源于园林艺术,园林在先,景观在后。关于园林景观设计的研究历史悠久,随着时代的变迁,园林景观中的视觉因素"景"逐渐受到重视。景观是客观存在的景物、景色,通过人们的主观感受描述,在人们心目中产生的感受和印象。景观是客观和主观的结合,即客观景物在人们感受中的体现。景观是由地貌过程和各种干扰作用(如人为作用)而形成的具有特定生态结构功能和动态特征的宏观系统。

4.4.1.2 道路交通景观

在《交通工程手册》中,道路景观是指用路者在道路上以一定速度运动时视野中的道路及环境四维空间形象。如果用路者的运动速度是0,视野中看到的则是道路与环境的三维空间形象。前者是动态的,后者是静态的。道路景观也包含路外人视觉中对道路及环境配合的宏观印象。《中国大百科全书》中对公路景观的定义是指展现在行车者视野中的公路线形、公路构筑物和周围环境组成的图景。

道路交通景观是指由地形、植物、建筑群、构筑物、绿化等组成的各种物理形态以及这些物理形态所蕴含的情感内涵、历史文脉、文化价值等构成的综合系统,是自然和人类事物交织而成的某种空间。

4.4.1.3 道路交通景观的特点

道路交通景观不同于城市、乡村景观,也有别于自然山水、风景名胜。其特点与性质可概括为下面4个方面。

(1)构成要素的多元性。

道路交通景观是由自然与人工、有形与无形的多种元素构成,其中,道路线形及道路构造物起决定性的作用。

(2)时空存在的多维性。

从道路交通景观空间来说,上连天、下接地;从时间上看,道路交通景观有前后的空间变化、有四季和早晚的变化、人与景相对位移变化、人的心理时空运动所形成的时间轴。它是一个加上了时间维度的动态四维空间。

(3)评价的多主体性。

评价的主体不同,评价主体所处的位置不同、活动方式不同,评价原则和出发点必有显著差别。

(4)环境的多重性。

道路交通景观既具有自然属性,又具有社会属性;既具有功能性和实用性,又具有观赏性和艺术性。

4.4.1.4 道路交通景观的分类

(1)根据道路性质的不同,道路交通景观可以分为公路景观和城市道路景观。

(2)根据构成景观客体的要素不同,道路交通景观可以分为:①自然景观,包括动物、植物、地形地貌、水体、天象时令;②人文景观,包括虚拟景观(如历史传闻、古迹遗址、神话传说等)和具象景观(包括沿途景观、公路本身、配套设施)。这种分类适用于对道路交通沿线一定范围内的自然景观与人文景观的保护、利用、开发、创造等工作的研究,强调道路交通自身景观与沿线景观的协调关系。

(3)根据主体活动方式不同,道路交通景观可以分为动态景观和静态景观。这种分类方法适用于研究景观主体处于高速行驶、慢行或静止状态,对动态景观及静态景观的生理、心理感受、视觉观赏特征及与之相对应的动景观序列空间设计与静景观的组景技法、手段。

(4)根据景观的处理方式不同,道路交通景观可以分为保护与利用景观和设计、创意景观。这种方法适用于公路规划、设计和建设者,用于决定在公路规划和设计中景观的保留、改造、开发、利用、设计和创造。

(5)根据使用者视点不同,道路交通景观可以分为:内部景观,即行驶在道路上以及驻足在公路附属设施内的驾驶人和乘客所看见的景观;外部景观,即从公路沿线居住地等其他公路以外的视点所看到的包括公路在内的景观。

4.4.1.5 道路交通景观构成要素

(1)公路景观。

公路景观包括自然景观、人文景观、公路工程,包括公路自身及沿线一定区域内的所有视觉信息,主要构成要素见表4-10。

公路景观主要构成 表4-10

要素	分析内容
公路线形景观	交通安全性能;交通线形美学(包括平曲线、缓和曲线、竖曲线、纵坡等)
构造物景观	桥梁(形式、功能、与道路的协调性、与周围环境的协调性);立交;隧道;收费站
公路景观绿化	安全运输功能;创造景观功能;环境保护功能
交通工程设施景观	交通安全设施;道路照明设施及监控系统;通信系统;收费系统;供配电系统;服务设施
服务区景观	高速公路上的服务区
其他方面	道路路面的铺装色彩等

(2)城市道路景观。

城市道路景观是城市景观的重要组成部分,其由静态的自然景观、人工景观和动态的交通流以及人类活动所构成,主要构成要素见表4-11。

城市道路景观主要构成 表4-11

要素	分析内容
城市道路	城市道路网(包括道路特征、方向性、连续性等);城市道路线形、道路铺装;城市快速路与交通干道景观;商业街与居住区道路;人行道
建筑与构造物	建筑与道路环境;交叉口;街道广场和街头小品;城市立交;高架路
街道绿化	行道树种植;人行道绿化;分车带绿化
交通设施	交通标志、标线、信号;行人过街设施;道路照明设施;交通流、人的活动

4.4.1.6 道路交通景观的功能

(1)使用功能。

使用功能是道路交通景观功能构成的首要方面,是景观设施的外在因素,能够起到改善道路交通景观、固坡、诱导行车视线等作用。

(2)精神功能。

精神功能是指通过道路交通景观展现出来的环境气氛,满足人们在视觉、情感、自然、人文等方面的精神需求,强调其使得所有置身于景观环境之中的人能够充分享受到多方面的精神满足。

(3)美化功能。

美化功能主要体现在视觉的形式美方面,主要通过自身形象来表达意念、传达情感。

(4)安全保护功能。

安全保护功能包括两方面:一方面,道路交通景观的建设可以对其周围的生态环境进行有目的的保护;另一方面,通过道路交通景观环境设计避免在项目中给周边环境带来破坏,或是能够防止周边环境带来的自然危险。

(5)综合功能。

综合功能是指道路交通景观的多重价值性,除了具备明显的视觉特征、安全、生态和美学价值,还有促进公路可持续发展的作用。

4.4.1.7 道路交通景观设计目的

道路交通景观设计是指从美学观点出发,在满足交通功能的同时,充分考虑道路空间的美观、路用者的舒适性及与周围景观的协调性,让使用者感觉安全、舒适、和谐所进行的设计。道路交通景观设计的目的可概括为:工程高效、自然和谐、人文传承。

4.4.1.8 道路交通景观评价的目的

道路交通景观评价的主要目的有两个:一是识别具有保护价值的景观资源,道路交通建设项目通常规模大、涉及面广、建设周期长、地貌破坏或改变剧烈,经常会遇到景观资源影响和保护问题;二是提出景观资源保护措施,项目建设地点原有的景观资源是一种物质与精神、客观性与主观意识性相结合的特殊性资源,也是一种不可替代资源。

4.4.2 道路交通景观环境评价

4.4.2.1 相关标准

《公路建设项目环境影响评价规范》(JTG B03—2006)规定了道路交通景观影响评价的相关内容。

(1)评价分类。

评价分为内部评价和外部评价,对应的评价对象为工程构造物和景观敏感区。当无特殊工程构造物时,可不进行内部景观评价;当无景观敏感区时,可不进行外部景观评价。景观评价应该突出对景观敏感路段的评价。

(2)评价内容。

针对工程构造物,应选取代表性构造物,对其造型、色彩等美学特性和与周围环境协调性进行评价。

针对景观敏感区,应对其进行逐段评价,评价内容为其受到道路交通项目建设影响的方面,包括完整性、美学价值、科学价值、生态价值、文化价值等。

(3)评价方法。

可以采用"文字描述"结合效果模拟分析法对工程构造物的美学特性进行评价;可以采用"文字描述""眺望点视觉模拟分析法""专家评议法"对景观敏感区受到道路交通项目建设的影响进行评价。

(4)评价结果。

提出代表性工程构造物的优化方案建议和道路交通景观视觉冲突的替代或减缓措施、方案。

4.4.2.2 评价指标选取

(1)指标选取原则。

为了使评价结果能够客观、全面,评价指标的选取必须能够综合反映道路交通景观评价的各个方面,需要遵循6个方面的原则:科学性、系统性、简明性、动态性、可比性、定性与定量相结合,具体见表4-12。

基本原则 表4-12

基本原则	内容
科学性	科学选取指标,指标概念明确,并且有一定科学内涵,能够反映公路建设项目景观评价内容
系统性	将道路交通景观作为一个独立的整体,综合考虑道路工程设施周围的自然景观和人工景观,使得选取的指标能够系统反映现象中的内在本质
简明性	指标简单明了并具有代表性,能够准确清楚地反映问题
动态性	选取的指标应能够具有动态性,综合反映道路工程设施与周围自然景观、人工景观的协调的趋势和特点
可比性	尽可能采用国际上通用的名称、概念与计算方法,同时也要考虑我国的历史资料
定性与定量相结合	选取的指标应尽可能量化,辅助以定性指标用以描述难以量化但是又意义重大的指标

(2)指标选取方法。

目前,国内外选取指标的方法有:范围法、目标法、部门法、问题法、因果法、复合法、分析法、专家咨询法等。这些方法各有优势,可以通过目标法与构成要素分析法相结合,从美学、环境、功能三个方面来选取道路交通景观评价指标,具体流程如图4-9所示。

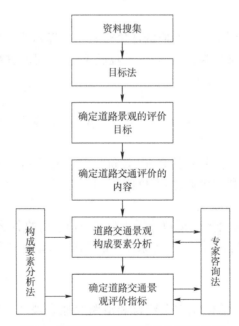

图4-9 道路交通景观环境评价指标选取流程

(3)选取指标。

①公路景观环境评价指标。从环境、功能、美学三个方面选取公路景观环境评价指标,具体见表4-13。

公路景观环境评价指标 表4-13

准则层	子准则层	指标层
环境影响评价	公路对地形地貌的影响	公路建设占地面积、公路建设项目路基土石方工程量、公路设计合理性等
	公路对生态环境的影响	水土流失强度、灾害发生频率、生态系统稳定性、施工方案设计合理性等
	公路对自然景观的影响	景观多样性指数、景观破碎度、自然景观分离度等
功能评价	公路对区域人流、物流改善度	区域公路网面积、公路网综合密度、区域公路网里程满意度、公路网连通度、运输强度等
	公路景观绿化功能	植被覆盖率、空气污染指数、噪声影响程度、中央分隔带栽植高度、路边绿化带与路边的距离等
	交通工程设施及服务区功能	交通标志、标线与视觉特性的协调度、视线诱导标与线性一致的程度、服务区设施完善程度等
美学评价	公路与沿线景观的协调	景观敏感度、公路与区域内景观的协调程度、公路线形与地形的协调程度等
	公路绿化视觉效果	公路与植被景观的协调程度、公路边坡绿化处理率、公路实施标准化、美化建设率等
	附属工程	公路废弃方利用率、高级和次高级路面铺装率、公路隧道和大型桥梁照明设施的完备率等

②城市道路景观环境评价指标。从环境、功能、美学三个方面选取城市道路景观环境评价指标,具体见表4-14。

城市道路景观环境评价指标 表4-14

准则层	子准则层	指标层
环境影响评价	地形、地貌、自然因素	城市道路面积、城市道路环境景观灵敏度等
	生态环境	交通与生态环境协调度、干道(交叉口)污染物排放超标率、干道噪声超标率等
	城市格局与空间布局影响	城市格局的合理性、人口协调度等
功能评价	城市人流、物流改善度	道路交通服务水平、公交线网面积密度、道路容量与需求匹配指数、交通组织管理规划等
	城市道路	道路网等级结构、道路功能清晰率、道路网连接度等
	道路绿化	道路绿化覆盖率、道路绿化与环境协调性等
	交通设施	交通标志设置合理性、交通标线施划率、行人过街设施设置完善程度、主干路亮灯率、无障碍设施设置合理性等

续上表

准则层	子准则层	指标层
美学评价	建筑与道路的协调	道路空间围合度、道路宽度与道路延伸长度的比例、建筑对人的影响程度等
	道路绿化视觉效果	道路绿化与道路特性的协调程度、绿化对道路净空的影响等
	路面铺装、道路小品	路面铺装与道路交通功能的适应性、道路小品与视觉特性协调程度、广告设置合理性等

4.4.2.3 评价方法

(1) 道路交通景观环境敏感度评价方法。

道路交通景观敏感度是道路周围环境的景观被人们注意到的程度的度量,是景观的易见性、可见性、清晰性、醒目程度等的综合反映,与道路交通景观本身的空间位置、与道路的相对位置关系、物理属性等有着密切关系。从道路使用者角度出发,影响道路交通景观环境敏感度的因素有很多,道路交通景观环境敏感度是一个综合性指标。

主要考虑的影响因素有:道路交通景观表面相对于道路使用者视线所形成的角度(该角度越大,景观被看到和注视到的部位就越大);道路交通景观与道路使用者的距离(距离越近,景观的易见性和清晰度就越高,道路交通景观敏感度就越大);道路交通景观在道路使用者的视域内出现的概率(概率越大或持续时间越长,景观的敏感就越大);景观的醒目程度(景观与道路及其周围环境的对比度越大,景观的敏感度就越大)。

(2) 道路交通景观环境协调度评价方法。

道路交通景观环境协调度 R 使用定性和定量的方法判断道路与周围景观环境协调发展状况的一种度量。总共有五种协调状态:①全面改善,道路与环境处于协调状态;②有所改善,道路与环境处于基本协调状态;③维护现状且有恶化趋势,道路与环境处于需要协调状态;④有所恶化,基本不协调状态;⑤全面恶化,不协调状态。道路交通景观环境协调度 R 计算如式(4-17)所示,分级标准见表4-15。

$$R = f(S_{P1}, S_{P2}, T_P) \tag{4-17}$$

式中:S_{P1}——道路自身景观环境综合评价值;

S_{P2}——道路外部景观环境综合评价值;

T_P——道路交通景观建设投资环境综合评价值。

道路与景观环境协调程度分级标准　　　表4-15

分级范围	$100 \leqslant R \leqslant 90$	$90 < R \leqslant 70$	$70 < R \leqslant 50$	$50 < R \leqslant 30$	$R < 30$
协调状态	协调	基本协调	需要协调	基本不协调	不协调

由于道路所处的地区不同,S_{P1}、S_{P2} 和 T_P 应依据该区域景观设计参数进行筛选,并确定单项指标的分级评分,S_{P1}、S_{P2} 和 T_P 可看成具有相同权重的子系统。

(3) 道路交通景观环境综合评价方法。

任何一处道路交通景观均由多重要素组成,各自具有明显的特征和可比性。因此,道路交

通景观评价是指对群体景观的评价,属于多因子评价,可采用道路交通景观综合评价指数法,即

$$B = \sum_i M_i \times W_i \tag{4-18}$$

式中:B——道路交通景观环境综合评价指数;

M_i——景观在评价因子i下的得分值的级别;

W_i——评价因子i的权值;

$M_i \times W_i$——某景观评价分指数。

道路交通景观综合评价指标由分指数叠加得出,该法适宜研究多属性、多因子评价问题。具体计算步骤包括权值确定、评价因子分级和景观分级计算。

①权值确定。权值反映不同评价因子间重要性程度差异的数值,也是体现评价因子在总指标中的地位与作用,以及总指标的影响程度。由于在道路交通景观环境中,多数评价因子比较抽象、宏观,故采用专家打分定权,确定各评价因子的权值。以采用层次分析法确定权重为例,具体步骤如下:

a. 将分析的问题层次化,通过层次结构确定判断矩阵。例如,可以将公路景观评价下分为环境影响评价C_1、功能评价C_2、美学评价C_3三个因子,因此,可以构建判断矩阵A_1,即

$$A_1 = \begin{bmatrix} C_1、C_3 & C_1、C_2 \\ C_2、C_3 & C_2、C_1 \end{bmatrix} \tag{4-19}$$

b. 比较行元素与列元素的重要性,对指标重要性进行判断。例如比较式(4-19)中C_1和C_3哪个重要,C_1和C_2哪个重要,C_2和C_3哪个重要;专家根据矩阵元素标度(表4-16)进行打分,得到具有确定数值的判断矩阵A_1。

矩阵元素标度方式 表4-16

标度	含义
1	两个元素相比具有同样重要性
3	两个因素相比,一个因素比另一个因素稍微重要
5	两个因素相比,一个因素比另一个因素明显重要
7	两个因素相比,一个因素比另一个因素强烈重要
9	两个因素相比,一个因素比另一个因素极端重要
2、4、6、8	上述两相邻判断中值
倒数	$a_{ij} = \dfrac{1}{a_{ji}}$

通过比较可以获得判断矩阵,计算矩阵的最大特征值λ_{max}和对应的特征矩阵,特征矩阵中的元素即为对应评价因子的权重值。

根据层级采用层层递推的方式计算各层级因子之间的权重。

②评价因子分级。每项评价因子设三个级别,依据其优劣程度赋值,分级指标数值越高表示景观质量越好。

③景观分级计算。首先根据道路建设前后现场实地踏勘调查的资料,研究确定各类景观

类型在每一个评价因子下的级别M_i,并按该级别的得分值乘以该因子的权重,得出这一因子下的景观评价分指数$M_i \times W_i$。各分指数相加得到道路交通景观综合评价指数B。B占理想道路交通景观指数B^*的百分比即为景观质量分数M,计算式为

$$M = \frac{B}{B^*} \times 100\% \quad (4\text{-}20)$$

式中:M——景观环境质量分数;

B——景观环境综合评价指数;

B^*——理想景观环境综合评价指数,指景观环境评价指数为标准状态下的得分值。

以M作为景观分级的依据,并以差值百分比分级法划分为四个等级,见表4-17。

景观质量等级划分   表4-17

M	100~80	79~60	59~40	<40
景观质量等级	Ⅰ	Ⅱ	Ⅲ	Ⅳ

注:Ⅰ级——道路建设与沿线景观协调;

Ⅱ级——道路建设与沿线景观较协调;

Ⅲ级——道路建设对沿线景观轻度破坏;

Ⅳ级——道路建设对沿线景观严重破坏。

4.4.3 道路交通景观环境保护与设计

4.4.3.1 相关标准

《公路环境保护设计规范》(JTG B04—2010)规定了景观保护设计的相关内容。

(1)总体原则。

①道路景观总体设计应该考虑公路景观的动态视觉效果。

②公路景观设计应综合考虑线路、构造物、排水防护工程、绿化、沿线设施等各项景观要素,协调路内景观与路外景观,使公路景观与沿线自然、人文景观和谐统一。

③根据工程及沿线区域环境特征或行政区划等,可将公路划分为若干景观设计路段。

④公路上的各种人工构造物的造型与色彩,应考虑景观效果和使用者的视觉感受。

⑤有条件可以利用各种人工构造物和绿化改善公路景观。

(2)具体要求。

①公路景观设计应合理组合路线的平、纵、横面,保证线形流畅、视野开阔;线位方案比选应将环境景观作为考虑因素。

a.在自然景观单一的路段,其线形设计宜以曲线为主并保持连续;

b.平、竖曲线的线形几何要素宜均衡、协调;

c.深挖方路段宜对路堑与隧道方案的景观效果进行比选、论证;路线跨越山河谷地时,宜对高路堤与高架桥方案的景观效果进行比选、论证;

d.路线沿横坡较陡的山坡布设时,宜对分离式路基、半填或半挖与纵向高架桥方案的景观效果进行比选、论证。

②对公路沿线有景观价值的孤立大树、独立山丘或建筑等自然景观和人文景观应充分利用,服务区、停车场、观景台的设置宜利用公路沿线景观。

③有特殊要求的公路,路面色彩和护栏、路缘石的色彩与形状等宜与沿线自然景观相协调。

④分离式立交、人行天桥等应根据所处的自然环境和人文环境设计,合理确定桥梁形式、色彩和材质以及各部位比例。

⑤有特殊要求的桥梁宜进行景观照明设计。

⑥声屏障应该根据所处自然环境和人文环境的不同,通过色彩、材质和造型进行景观设计。

⑦隧道口设计应结合地形、地区的自然和人文特点,与周围环境相协调;隧道洞口内的照明、通风、标志等附属设施和洞壁内饰设计,应综合考虑景观效果。

⑧互通式立交区设计应从立交的选型、构造物及附属设施色彩、路基边坡坡面和立交区内绿化等方面综合考虑,宜利用原有自然植被,使立交与自然景观有机地结合,并与原有地形、地貌和谐统一。

⑨公路服务区、停车区、管理区、观景台等沿线场区及建(构)筑物,应结合当地的人文环境确定建筑风格,并使建(构)筑物本身各部位比例协调,色彩、材质、形状等与周围自然环境相协调。

⑩公路景观设计应注意防止视觉污染。其要求如下:路用地范围内设置的景观小品,应注意色彩、造型的协调,避免引起视觉混乱;当公路两侧有影响视觉的场所时,宜采取绿化或工程措施予以遮蔽或改善。

4.4.3.2 道路交通景观环境质量管理程序

对道路景观环境实行有序管理,是景观环境保护最基本、最有效的措施之一。参照国内外的管理模式,图4-10给出了道路交通景观环境质量管理程序。

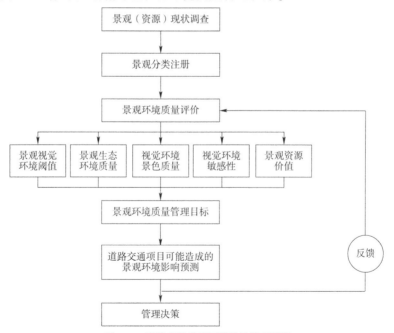

图4-10 道路交通景观环境质量管理程序

4.4.3.3 道路交通景观规划设计原则

道路景观的规划、设计涉及对原有景观的保护、利用、改造及对新景观的开发、创造,它不仅与景观资源的审美情趣及视觉环境质量有着密不可分的联系。还对生态系统、自然资源及文化资源的持续发展和永续利用有着非常重要的意义。因此,在道路交通景观规划、设计中,应遵循以下几项原则。

(1) 可持续发展原则。

随着时代的发展、社会的进步,人们越来越认识到自然、社会、经济的协调发展是迫切必要的。因此,道路交通景观建设必须注意对沿线生态资源、自然景观及人文景观的持续维护和利用。从时间和空间上规划人类的生活和生存空间,使沿线景观资源的建设保持持续的、稳定的、前进的姿态。

(2) 动态性原则。

道路景观作为反映人类文明的缩影,应保持一个不断更新演替的过程,即在道路景观建设和塑造过程中,坚持动态性原则,力争在时代的不断发展进程中,赋予道路景观新的内容。

(3) 地区性原则。

不同地区有其独特的地理位置和地形地貌特征,气候气象特征,植被及野生动物分布特征,并且不同地区的人们又有不同的文化传统和风俗习惯。在道路交通景观设计中,应体现地区的特点,形成不同地区特有的道路交通景观。

(4) 整体性原则。

在道路景观规划设计中。应当将道路宽度、纵坡、平竖曲线、道路交叉点、道路连贯性及其构筑物、沿线设施、道路绿化等与沿线地形、地貌、生态特征、景观资源等作为有机整体统一规划与设计,使道路与沿线自然系统更加和谐。

(5) 经济性原则。

道路景观建设中,不必将精力放在耗费大量人力、物力、财力的观赏景观塑造上,而应重点放在对道路沿线原有自然景观资源及人文景观资源的保护、利用与开发;研究如何使道路本身及其沿线措施、构筑物作为人文景观与原有地形地貌、自然环境相协调。

4.4.3.4 道路交通景观规划设计流程

道路交通景观设计是协调道路建设工程与环境保护中的一环,考虑道路建设与沿线一定区域的景观环境相协调、坚持可持续性发展原则应贯穿于道路景观规划设计中。道路交通景观规划设计流程如图 4-11 所示。

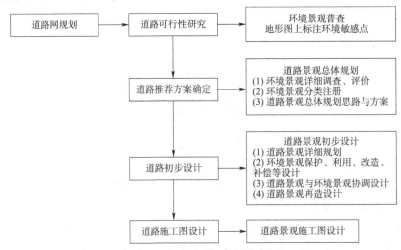

图 4-11 道路交通景观规划设计流程

4.5 道路交通生态环境影响与保护

4.5.1 生态系统与生物多样性

4.5.1.1 生态系统

系统是指彼此间相互作用、相互依赖的事物有规律地联合的集合体,是有序的整体。一般认为,系统的形成至少需要3个条件:有两个以上的组分;各组分相互联系,具有一定结构;具有独立的、特定的功能。生态系统是指在一定的空间中共同栖居着的所有生物与其环境之间由于不断地进行物质循环和能量流动而形成的统一整体。生态系统的概念最早是由英国生态学家Tansley于1936年提出,他认为"更基本的概念是完整的系统,不仅包括生物复合体,而且还包括环境的全部物理因素的复合体。我们不能把生物从其特定的、形成物理系统的环境中分隔开来。这种系统是地球表面上自然界的基本单位。这些生态系统有各种各样的大小和种类"。因此,生态系统主要在于强调一定地域中各种生物相互之间、它们与环境之间功能上的统一性。生态系统主要是功能上的单位,而不是生物学中分类学的单位。生物在其生活中不断从环境中获取自身所需物质和能量以维持自身的新陈代谢,同时也不断排放物质到环境中,从而改造环境。生物与生物、生物与环境总是不可分割的相互联系、相互作用着,它们通过能量传递,物质循环和信息作用形成一个整体,即生态系统。生态系统是由生物群落和非生物环境两部分组成,主要分成4个部分:生产者、消费者、分解者、无机环境。其中,生产者、消费者和分解者是生物群落的三大功能类群。

自然生态系统常常趋向于稳态或平衡状态,系统内的所有成分彼此相互协调,这种平衡状态是通过反馈过程来实现的。当生态系统中某一成分发生变化的时候,它必然会引起其他成分出现一系列的相应变化,这些变化最终又反过来影响最初发生变化的那种成分,这个过程就叫反馈。借助于这种自我调节过程,生态系统保持自身的生态平衡,各个成分都能使自己适应于物质和能量输入输出的任何变化,包括结构上的稳定、功能上的稳定和能量输入输出上的稳定。

生态平衡是一种动态平衡,因为能量流动和物质循环总在不间断地进行,生物个体也在不断地进行更新。生态系统是由生产者、消费者和分解者三大功能类群以及非生物成分所组成的一个功能系统,一方面生产者通过光合作用不断地把太阳(辐照)能和无机物质转化为有机物质,另一方面消费者又通过摄食、消化和呼吸把一部分有机物质消耗掉,而分解者则把动植物死后的残体分解和转化为无机物质归还给环境供生产者重新利用。可见,能量和物质每时每刻都在生产者、消费者和分解者之间进行移动和转化。在自然条件下,生态系统总是朝着种类多样化、结构复杂化和功能完善化的方向发展,直到使生态系统达到成熟的最稳定状态为止。

生态系统达到动态平衡的最稳定状态时,它能够自我调节和维持自己的正常功能,并在很大程度上克服和消除外来的干扰,保持自身的稳定性。然而,生态系统的这种自我调节功能是有一定限度的,当外来干扰因素如火山爆发、地震、泥石流、雷击火烧、人类修建大型工程、排放有毒物质、喷洒大量农药、人为引入或消灭某些生物等超过一定限度的时候,生态系统自我调节功能本身就会受到损害,从而引起生态失调,甚至导致发生生态危机。生态平衡失调的初期往往不容易被人们觉察,一旦发展到出现生态危机,就很难在短期内恢复平衡。为了正确处理人和自然的关系,我们必须认识到整个人类赖以生存的自然界和生物圈是一个高度复杂的具有自我调节功能的生态系统,保持这个生态系统结构和功能的稳定是人类生存和发展的基础。因此,人类的活动除了要讲究经济效益和社会效益外,还必须特别注意生态效益,以便在改造自然的同时能基本保持生物圈的稳定与平衡。

4.5.1.2 生物多样性

生物多样性是指地球上所有生物体及其所包含的基因和其赖以生存的生态环境的多样化和变异性。具体来讲,生物多样性包括生态系统多样性、物种多样性和遗传多样性。其中,物种的数量是衡量生物多样性丰富程度的基本标志。

(1)生态系统多样性。

生态系统的多样性主要是指地球上生态系统组成、功能的多样性以及各种生态过程的多样性,包括环境的多样性、生物群落和生态过程的多样化等多个方面。陆地生态系统包括农田、草甸、沼泽、草原、荒漠、森林等生态系统,而水生生态系统主要有河流、湖泊、水库、海洋等生态系统。

(2)物种多样性。

物种多样性表达的是物种丰富度及其可维持程度,是衡量一定地区内生物资源丰富程度的客观指标。物种多样性包括两个方面,其一是指一定区域内的物种丰富程度,可称为区域物种多样性;其二是指生态学方面的物种分布的均匀程度,可称为生态多样性或群落物种多样性。根据生长环境不同,可以将生物分为陆地生物和海洋生物。其中,陆地生物主要包括野生植物、栽培植物、微生物、野生动物、驯化动物、昆虫等,海洋生物主要包括海洋植物、海洋微生物、海洋动物、海洋养殖生物等。

(3)遗传多样性。

广义的遗传多样性是指地球上所有生物携带的各种遗传信息的总和。这些遗传信息储存在生物个体的基因之中。因此,遗传多样性也是生物的遗传基因的多样性。任何一个物种或生物个体都携带着大量的遗传基因。一个物种所包含的基因越丰富,它对环境的适应能力就越强。基因的多样性是生命进化和物种分化的基础。在生物进化发展的过程中,遗传基因的改变是产生遗传多样性的根本原因。

4.5.2 道路交通对生态环境的影响

道路的建设和营运对地区局部生态环境的影响往往是永久性的。道路对自然环境的影响范围虽主要集中在道路两侧200~300m范围,但对自然生态的影响是要远远大于这个范围。美国哈佛大学地貌生态学家理查德·福曼认为,占地面积1%的道路,可以对20%国土的自然生态造成直接影响。

4.5.2.1 道路交通的生态效应

(1)道路交通的分割效应。

道路建设对自然生态环境的分割效应直接体现在道路本身的物理分割,自然环境中建设道路会改变生物群落、减少动物种群数目、影响动物迁移等,使自然生态平衡受到破坏。此外,道路交通还体现在空间上的噪声分割,汽车产生的噪声可能对生态系统中的物种间的交流造成阻碍和误导作用。

(2)道路路面的小气候效应。

由于道路路面的组成材料(多为水泥、沥青等)与周围地表不同,改变了该处的地表以及地下的生态环境,且由于常用的路面组成材料热容量小、反射率较大,造成该处路面上空气温和气流变化与周围截然不同,加上汽车驶过排出的尾气和释放的热量,使得道路成为一个"热浪带",对周围生态环境造成影响。

(3)道路交通的接近效应。

道路的开通使许多原先人类难以到达的地区的可达性和易入性得到提高。而这些地区由于过去没有受到人类活动的冲击,其生物多样性相对较高,但其生态系统也相对脆弱,道路的建设将对这些自然区域构成威胁。接近效应是公路对生态的一种间接影响。

4.5.2.2 道路建设对自然植被的破坏

道路建设本来就是人类改变自然的一种手段。道路施工过程中的开挖、取、弃土方,若处理不当将会对该处的地表径流产生不良影响。除此之外,道路建设过程中也将不可避免地破坏自然景观、占用土地、破坏植被,可能还会影响自然地貌。

4.5.2.3 道路运营对生物种群的影响

道路占据了生物原有的生存场所,其结果可能会使种群间的交流减少,导致该地区的生物多样性下降。研究表明,在日交通量近万的道路两侧几百米的范围内没有一种动物能够正常繁衍生息。除此之外,道路建设可能会阻碍物种迁徙的脚步,动物在穿越道路时可能会与车辆相撞引起伤亡。

4.5.3 道路交通与生态环境保护

4.5.3.1 合理选择路线

道路选线,通常应避开珍稀濒危野生动植物的生存区域及古树名木集中分布区、重要自然遗迹分布区、具有旅游价值的自然景观、自然保护区、风景名胜区和森林公园等。

4.5.3.2 尽量减少道路用地

在保证道路通行能力的同时尽量减少道路的占地面积,特别是尽量减少对良田和天然林地的征用。

4.5.3.3 保证动物迁徙之需

在野生动物的重点分布区,适当增加隧道和桥梁,在保证动物的迁徙移动路线受到道路的影响降至最低的同时,加强隧道口和桥下的天然景观的恢复。

4.5.3.4 修复道路两旁绿化环境

以林地景观为背景,植物配置以乔、灌、草结合,常绿与落叶相结合,针叶林与阔叶林相结合,观赏植物与经济植物相结合,多树种、多层次和多样化的立体配置,尽量采用当地物种,避免引入外来物种对当地生物系统造成冲击。

4.5.3.5 加强对建设方的宣传教育

特别要宣传相关保护生物多样性的法律法规、珍稀野生动植物的简易识别和简易保护方法。同时,当地的林业部门和环保部门需要加强对建设方的生态监管,杜绝捕猎和乱砍滥伐。

【复习思考题】

4-1 简述常用水质指标。
4-2 简述废水预处理的作用。
4-3 简述道路交通振动的防治措施。
4-4 简述道路交通振动测量的注意事项。
4-5 简述国际上光污染的几种分类方式。
4-6 简述道路交通光污染的危害。
4-7 请概述道路交通社会环境和道路交通景观环境的区别。
4-8 请概述道路交通对生态环境的影响。
4-9 简述降低道路交通对生态环境的影响的方法。

第5章
道路交通低碳发展

随着我国经济社会发展,交通能源消耗规模持续扩大,推动交通领域碳减排显得尤为重要。构建以清洁能源为主、能源高效利用的低碳交通能源系统,不仅是减少碳排放的关键,更是社会可持续发展的必然要求。通过本章的学习可以掌握低碳道路交通系统的内涵与构成要素,了解低碳交通工具、能源设施以及交通能源融合发展路径,同时可以熟悉低碳道路网络的组成,学习国内外绿色低碳交通的制度以及带来的启示。

5.1 低碳交通的概念与内涵

5.1.1 低碳交通的概念

机动车作为工业化的产物促进了人类发展,但在生产、运行和报废处理过程中不仅会消耗大量资源、能源,同时也会产生大量废弃物,从而造成大气污染、噪声污染、振动污染、水污染等诸多环境污染问题,并引发气候变化、温室效应、极端自然灾害等异常气候现象,严重威胁到人类健康以及生态环境的平衡。一方面,随着生活水平的提高,人们对生存环境质量的要求也越来越高;另一方面,随着交通的发展特别是汽车工业的发展,交通环境污染物和温室气体排放总量快速增加,由此造成的生存和发展的矛盾日益尖锐。因此,从可持续发展的角度出发,我国城市交通发展转型迫在眉睫。

近年来,随着城市交通污染的日益加重,呼吁绿色低碳交通的声音日渐高涨。绿色低碳交通概念包含绿色交通和低碳交通两部分。绿色交通是以减少交通拥堵、降低能源消耗、促进环境友好、节省建设维护费用为目标的城市综合交通系统;绿色交通强调交通系统的环境友好性,主张在城市交通系统的规划建设和运营管理过程中注重环境保护和生活环境质量。低碳交通则进一步强调了减少温室气体排放这一全球性课题和关乎人类社会命运前途的关键问题,重在强调通过各种措施以减少交通运输带来的二氧化碳排放量。绿色交通与低碳交通在概念上有一定重叠,低碳交通可认为是绿色交通的组成部分,但更强调减碳。两者都具有可持续发展的战略目标,能够以最少的社会成本实现最大的交通效率,与城市环境相协调,与城市土地利用模式相适应,在本章节中将着重介绍低碳交通。

5.1.2 低碳交通的内涵

低碳交通是一种新的发展理念和实践目标,它根植于低碳交通的实践活动之中,是人们在交通全生命周期过程中应当遵循的新的价值观念,包括交通工具的制造、使用和报废、交通建设的决策、交通规划、设计、施工和评价以及交通消费等。它主要包括以下内涵:

①节约资源,改善交通运输的用能结构,通过可再生能源等对化石燃料的替代,逐步实现绿色低碳化转型;

②努力建设节能、环保、通畅、安全的交通设施,大力发展步行、自行车、公共交通等低污染、低排放的交通方式,不断开发环保型机动车辆和智能型车辆、淘汰高能耗高污染车辆等;

③加强智慧交通管理技术应用,实现交通供需动态平衡,促进交通环境友好和社会公平;

④最大限度地减少对城市环境的污染、对生态系统的损害和温室气体排放量,使城市交通体系与城市的发展和空间布局相互协调。

5.2 低碳道路交通系统构成要素

低碳道路交通系统主要由交通建设主体、物质基础设施和社会保障与服务三类元素组成,如图5-1所示。低碳道路交通系统各个组成元素相互影响、相互作用,物质基础设施和社会保障与服务的建设发展需要发挥交通建设主体的能动性,基础设施制约交通主体的交通需求总量和需求特性,社会保障与服务对物质基础设施起着推动和保障作用。

5.2.1 交通建设主体

交通建设主体指全体低碳道路交通参与者,包括政府、居民、企业与非政府组织,他们是道路低碳交通的组织者、管理者、从业者、出行者和影响者。具有低碳意识的交通参与者是构成城市低碳道路交通系统的重要组成部分。低碳道路交通体系不同于传统交通运输体系,是一种政府、企业和非政府组织、公众三方共同参与、相互协作产生的新型公共产品,需要三方紧密配合共同完成传统道路交通运输体系向低碳模式的方向发展转变。

(1)政府主导。

低碳道路交通的建设和发展需要有专门的组织来调控、推动,在低碳道路交通运行过程中也需要有专门的组织来规范人们的交通行为和保证交通秩序。这就需要政府及其职能机构承担起低碳交通的规划、管理和安全保障服务等公共管理职责,起到领导、指导和引导的作用。政府通过低碳交通体系规划,明确低碳交通发展的方向、思路、规模、布局和目标,把低碳交通体系的构建工作上升为一项地区或城市的发展战略。政府通过建立相关低碳交通技术标准和规范,制定监管制度和低碳交通行业标准,形成低碳交通政策体系,并建立相应的评估体系,实施监督管理。组织开展国际、国内合作,利用多种方式和渠道,与国际社会、国内地区或城市开展技术合作和交流,拓宽低碳交通建设资金渠道,培养低碳交通人才队伍。培育低碳交通文化,通过政策引导加上广泛的宣传,对公众进行低碳理念教育和低碳消费引导,提升公众低碳交通意识。地方政府在发展低碳交通体系时应综合考虑本地区的区位特点和当地产业布局、产业结构的特点,统筹城市低碳交通体系与相关因素,合理规划城市道路设施、城市空间布局、建筑密度、公共产品分布等,通过低碳交通引导城市空间扩张,防控环境污染。

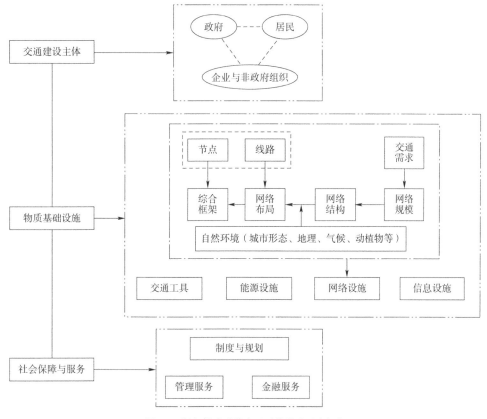

图 5-1 绿色低碳道路交通系统构成要素框架

(2)企业及其他非政府组织参与。

企业及其他非政府组织对低碳交通文化的形成及低碳交通的宣传、教育、监督、建言献策等方面具有重要的作用。非政府组织可以运用各种手段在全社会范围内普及、倡导人与自然和谐发展的生态文明价值观以及低碳消费模式,支持和引导公众的低碳交通出行,提高公众对低碳交通体系发展的关心度、判断力和参与度。各媒体可以充分发挥舆论在低碳交通体系建设中的导向、监督和推动作用,增加社会各界实施低碳交通体系建设的主观能动性和自觉性。交通行业协会可以通过制定行业低碳标准,约束行业内企业的行为,向政府反映情况,提出建议,起到政府与企业之间的桥梁和纽带作用,助推有关政策的实施,并开展与国际社会的交流和合作。高校、科研机构等非营利机构在低碳、智慧交通技术等方面拥有大量的专业人才、丰富的专业知识储备和先进的理念,可以为低碳交通体系建设提供咨询、监督、服务,为低碳交通建设培养人才。

(3)公众响应。

低碳交通与公众的生活质量和生活空间密切相关,公众低碳交通意识加强,直接关系到交通体系低碳化的进程,拥有低碳生活和消费理念的广大公众是低碳交通发展的可持续动力。公众应提高自身的素质,树立低碳理念,切实参与到低碳交通的实践行动中,执行低碳法律法规和制度,并合理购买低碳交通服务。

如果公众的出行行为偏好与低碳交通的目标一致,就能促进低碳交通目标的实现;反之,则阻碍低碳交通目标的实现。从出行偏好来说,如果公众都采用追求自由、舒适的个体交通出行,将会导致机动车的泛滥,降低路网交通功能和运输效率,不仅容易形成交通拥堵,而且还会使城市环境恶化。从交通行为来说,无节制、过分自由的交通行为,会危害交通安全,导致交通事故率的增加。因此,公众应通过合理有序的交通行为、理性化的出行选择来为城市交通的低碳化发展提供有力的支持。

5.2.2 物质基础设施

交通工具、能源设施、网络设施、信息设施是组成低碳道路交通体系的主要物质基础。物质基础设施的低碳化,不仅可以提高交通管理效率,减少交通运输费用、交通时间和不可预知的财产损失,更为重要的是可以减少能源的浪费、交通污染物排放和碳排放,降低对环境的污染。

(1)交通工具。

交通工具包括机动车和非机动车,不同的交通工具其污染物排放量和碳排放量是不同的,在城市低碳道路交通系统中,各种交通工具的构成比例、技术水平、功能状态等是系统运转效率的基础性因素,直接影响整个城市低碳道路交通系统运行的效率。通过技术创新,研发和推广纯电动汽车、插电式混合动力汽车(含增程式汽车)和燃料蓄电池汽车等新能源车辆,研发机动车轻质化材料,可以降低能耗,减少污染物和碳排放。低碳交通工具的内容在5.3.1详细介绍。

(2)能源设施。

能源设施包括交通能源的生产、包装、运输、存储、供应等设施。使用化石能源的机动车排放是造成城市大气污染、生态环境破坏和温室气体增加的主要源头之一,能够减少污染物和温室气体排放量的新能源汽车将逐渐替代传统化石燃料汽车,相应的低碳能源设施也应加快建设。常见的低碳能源设施有充电桩、加氢站、充气站等,相关内容在5.3.2详细介绍。

(3)网络设施。

网络设施是在一定地理空间范围(城市或地区)内由各种交通方式的线路(城市道路、轨道)和节点(枢纽、站点)等固定技术装备组成的综合架构,其空间分布、通过能力和技术装备体现了整个低碳交通体系的状况和水平。低碳道路网络以相应的城市空间为基础,以城市实际的交通需求和人文发展水平作为规划建设的依据,具有合理的规模、布局与结构,并与内部交通网络和外部交通网络相互协调,能够提高城市土地利用效率和交通的组织效率,最大限度地减少交通网络设施在施工和运行过程的资源和能源消耗,减少对环境的污染和自然生态系统的损害。低碳道路网络不仅为出行者提供安全、便捷、舒适、公平的出行环境,还是交通污染物的净化器和天然碳汇,可以降低交通工具所排放的污染物和二氧化碳对城市环境的负面影响。常见的低碳道路网络有步行交通系统、自行车交通系统、公共交通系统等,相关内容在5.4详细介绍。

(4)信息设施。

信息设施包括数据传输、传感、云计算及其他信息设施,信息技术、数据传输技术、传感技术与云计算技术等集成运用于交通系统,能够保障人、车、路与环境之间的相互交流,提高交通系统的效率、便捷性、安全性与经济性,大幅降低污染物和温室气体的排放量。此外,现代信息技术、物联网技术等在交通领域的广泛应用和深度融合,还将显著提升交通管理和服务的智慧化水平,形成智慧交通系统。通过对传统车辆进行智慧化改造,通过智慧交通系统和以手机等为终端的移动式交通出行信息平台,人们可以确切地掌握交通出行的主动性,充分利用交通出行过程的时间和相关的服务,进而促进人们更多地选用低碳交通的出行方式。

5.2.3　社会保障与服务

低碳道路交通制度与规划、管理服务、金融服务等对低碳道路交通体系运行有着重要的保障和推动作用。

(1)制度与规划。

低碳道路交通体系建设要以规划为先导,创新交通制度。低碳交通制度与规划不仅要关注城市经济社会系统对交通发展的需要,也要关注交通带来的自然资源消耗、环境污染和碳排放问题。通过低碳交通规划,从宏观上引导交通走向低碳,中观上合理布局道路网络密度、道路等级结构、道路功能分区,微观上创新道路分类设计,以公共交通、自行车、步行为交通导向,加强道路两边的绿化建设,发展道路碳汇。另外,要广泛吸引公众参与其中,建立起较为完善的组织机构和参与方式、途径和程序。关于国内外低碳交通制度与规划的内容在5.5详细介绍。

(2)管理服务。

管理服务协调城市土地与城市交通合理利用,维护交通秩序,监督交通工具低碳化,对出行者、车辆和路网进行合理的协调,实现整个低碳道路交通系统运行效率的最优化,使城市交通供需能够达到相对的动态平衡。城市政府应结合自身特点进行交通管理改革,改变城市交通管理体制与城市低碳交通建设不相适应的状况,通过货运物流化、交通智慧化、系统信息化、工作高效化来提高交通运输的组织、管理及服务水平。在交通行政管理机构中,应设立以交通运输部门为核心,多部门相互协作,职责明确的低碳交通管理机构,负责城市交通能源管理及污染物和碳排放的统计、监督与动态评估。建立城市交通节约资源、减少排放的激励机制,落实节约资源、减少排放的责任制。

(3)金融服务。

低碳道路交通建设离不开绿色金融的支持。从服务的领域上看,绿色金融是指为支持环境改善、应对气候变化和资源节约高效利用的经济活动,即对节能低碳型交通工具推广、新能源设施建设、公共交通设施建设与运营等领域的项目投融资、项目运营、风险管理等所提供的金融服务。从形式和制度上看,绿色金融是指通过绿色信贷、绿色债券、绿色股票、绿色发展基金、绿色保险等金融工具和相关政策支持交通向绿色低碳化转型的制度安排。通过构建绿色金融体系，动员和激励更多社会资本投入到绿色低碳交通产业，同时更有效地抑制污染性投资。不仅有助于加快道路交通向绿色低碳化转型，支持生态文明建设，也有利于促进环保、新能源、节能等领域的技术进步，加快培育新的经济增长点，提升经济增长潜力。

5.3 道路交通与能源的融合发展

在智能化、低碳化、高效化、综合一体化的共同目标引领下，能源与交通将呈现相互交叉、相互支撑、相互协同的发展态势，二者共同驱动、融合发展。能源的变革可能会显著改变交通的形态，而交通的转型也可能对能源的发展产生深刻影响。因此，能源与交通两大领域的融合发展与协同演进被视为未来发展的重要趋势。从长远来看，能源与交通的协同创新与融合发展，有望推动能源供给体系与交通保障体系向智能、清洁、高效、便捷的方向发展，并可能形成能源与交通领域协同开发、统筹配置、综合利用的低碳交通能源网络。本节主要介绍低碳交通能源网络中的低碳交通工具、低碳能源设施以及道路交通与能源的融合。

5.3.1 低碳交通工具

(1) 低碳交通工具定义。

低碳交通工具是指以清洁能源或可再生能源为动力，具备环境友好或碳排放低等优点的出行工具，或人均交通排放量低的公共交通。

(2) 低碳交通工具种类。

从动力能源类型角度分类，由人力、蓄电池等驱动的交通工具在运行过程中无尾气排放，常见的有自行车、电动自行车、新能源汽车。

①自行车。自行车由人力驱动，是零排放的交通方式，在出行中承担短途出行的任务。

②电动自行车。电动自行车带有电机辅助，在使用过程中不会排放尾气，对环境友好，是低碳出行的代表之一。它提供更快的速度，减少体力消耗，使得中短距离的出行更加快捷方便。目前，电动自行车在一些城市中已经成为中短距离出行的重要交通方式。

③新能源汽车。新能源汽车主要指使用新型动力，具有先进技术原理和新结构的汽车。现阶段新能源汽车主要有纯电动汽车、插电式混合动力汽车、增程式汽车和氢燃料蓄电池汽车。纯电动汽车和氢燃料蓄电池汽车在行驶过程中不会产生尾气排放，因此可以有效减少大气污染和温室气体排放。插电式混合动力汽车结合了传统内燃机和电动汽车的优点，具有长续航里程、纯电模式下无尾气排放等优点。

除了从能源角度区分低碳交通工具，还可以从运量角度对其分类，主要包括大运量的低人均碳排放交通工具，如地铁、轻轨、常规公交及大容量快速公交系统等。其中，使用电力系统或清洁能源的公共交通同时满足能源绿色低碳和人均排放低碳。

①城市轨道交通。城市轨道交通是一种以电能为动力，通过轨道运行的快速大运量公共交通系统。常见的轨道交通有地铁、轻轨和有轨电车。城市轨道交通不受路面交通状况、气象的影响，能够提供快速、准时的高载客运输服务，从而有效减少交通拥堵和汽车尾气排放。

②常规公交。公交汽车作为一种公共交通工具，其低碳属性主要体现在相对于私家车而言，能够承载更多的乘客，从而在单位里程上减少能源消耗和碳排放。同时，随着城市公交汽

车中新能源车辆的占比不断增加,它们的使用减少了对化石燃料的依赖,降低了碳排放与尾气排放。

③快速公交。快速公交系统(Bus Rapid Transit,BRT),是一种介于快速轨道交通与常规公交之间的新型公共客运系统,是一种大运量交通方式,通常也被称作"地面上的地铁系统"。它是一种独特的城市客运系统,通过现代化公交技术、智能交通和运营管理,开辟公交专用道路和建造新式公交车站,实现轨道交通运营服务,达到轻轨服务水准。在低建设成本的情况下,同时兼顾了较高的通行效率和绿色低碳。

(3)低碳交通工具发展路径。

随着机动车保有量的增长和石油资源的日益短缺,新能源汽车技术将逐步得到发展和应用。表 5-1 列出了几种新能源汽车基于全生命周期的碳排放、经济性和技术水平(与使用化石能源比较),不同的新能源汽车技术处于不同的发展阶段,每一种新能源汽车技术都有着不同的温室气体减排特性。因此,新能源汽车的发展路径应当结合各地能源资源状况来制定。

基于全生命周期的新能源汽车碳排放、经济性与技术水平(与化石能源比较)　　表 5-1

汽车类型	使用能源类型	碳排放	经济性	技术水平
纯电动汽车	火力发电	较高	较好	成熟期
	可再生能源生产的电力	非常低		
混合动力汽车	煤电与化石能源结合	较高	较差	成熟期
	可再生能源生产的电力与化石能源结合	低		
氢燃料汽车	以煤炭等化石燃料为主的能源生产氢	高	较差	起步期
	利用可再生能源生产的电力生产氢	很低		

由表 5-1 可知,一旦电能主要来源于水能、风能、太阳能等可再生能源,并利用可再生能源生产的电力生产氢能,氢能汽车和电动汽车在全生命周期中除了整车制造与报废阶段还会产生污染物和碳排放外,其他阶段中的排放很少。因此,纯电动汽车和氢能汽车应当成为新能源汽车的长期发展方向。虽然从全生命周期来看,混合动力车目前并不能显著降低碳排放,但作为一种向纯电动汽车的过渡,是中短期内一种较好的技术选择。因此,新能源汽车的发展路径应当是多种新能源汽车技术并进,逐步向纯电动和氢能汽车方向发展。

5.3.2 低碳能源设施

5.3.2.1 低碳能源设施定义

在道路交通中,低碳能源设施通常指新能源的生产、包装、运输、存储、供应等设施。本节主要介绍低碳能源供应设施,常见的种类有充电站、换电站、加氢站等。

新能源汽车的发展离不开各种创新产业的支撑,完善的能源供应网络是新能源汽车产业推广的前提和基石,如何开展能源基础设施的配套建设显得更为重要。因此,我国将新能源供应设施的规划布局作为推动新能源汽车发展的主要内容,为此出台了一系列激励措施并投入大量资金支持新能源基础设施的建设。国家电网和南方电网分别投入巨资建设充电站、充电桩等与新能源汽车相关的配套充电设施;山东省提出在 2025 年要建成公共、居民基础设施分别达到 18 万台和 90 万台以上,为新能源汽车发展提供充足的充电服务;华为数字能源在

2023年首次发布"新一代全液冷超充架构"的充电网络解决方案,可以支持750V和900+V双电压适配,在250A的快充桩上可以实现7.5min把蓄电池SOC从30%提升到80%,续航增加250km;截至2023年上半年,全球累计已经建成加氢站达到1089座,其中,中国累计建成加氢站351座,全球占比达到32.2%。截至2024年5月,广东省已建成加氢站55座,山东省已建成34座,浙江、江苏、河北、河南等多地均已建成超过20座。此外,截至2023年底,全国有11个省(自治区、直辖市)分别出台了相关政策支持氢能基础设施建设,并明确提出了2025年加氢站具体建设目标,其中广东省提出到2025年建成加氢站超200座。伴随着新能源汽车从零开始向新的数量级增长,这些未来的"加油站",正成为市场各方尤其是能源、电气公司追逐的焦点,也是新能源产业市场化过程中的重要因素之一。

5.3.2.2 低碳能源设施种类

(1)充电基础设施。

目前,最典型的新能源供给设施为充电基础设施,电力供给方式主要包括两种:一种是有线充电,也叫接触式充电,它主要有标准充电、快速充电和动力蓄电池更换3种类型;还有一种是无线充电,也叫非接触式充电,这是一种新型的充电方式,根据技术的区别可分为四种类型,包括感应式充电、谐振式充电、微波充电、激光充电。

①接触式充电设施。

a.标准充电。标准充电是由电网提供220V或380V交流电源,通过车载充电装置的滤波、整流和保护等功能,主要采用恒压、恒流并最终以相当低的电流给电动汽车内的动力蓄电池充电。电流大小约为15A,一般充电时间为5~8h,有时甚至长达10~20h。一般在小区或办公场所停车场建设交流充电桩,可由客户为家用电动汽车或者清洁车等小型电动汽车充电。

标准充电方式充电时间较长、充电功率小、用电要求低,因此,充电设施安装成本较低。这种慢充方式对动力蓄电池影响小,可以有效提高充电效率,同时也延长了动力蓄电池的使用寿命。标准充电最大的优势就是适合选择在夜间利用车辆闲置时间进行充电,避开电力高峰时段,充电成本降低,但也因为如此,它的最大缺点是充电时间过长,需长时间占用一个车位进行充电,有紧急运行需求时难以满足。

b.快速充电。快速充电是由地面提供直流电源,充电电流可达150~400A,能在20min到2h内为电动汽车进行快速充电,几分钟内即可充满70%~80%的电量,充电时间上已经较接近燃油机动车的加油时间,适合有紧急充电需求的车辆。快速充电一般在高速公路旁或市区的充电站建设直流充电桩,可为长途车辆、出租车、中大型商用车以及其他有快速充电需求的车辆提供服务。

快速充电方式直接为车上的动力蓄电池进行充电,不需要加装车载充电装置,有利于减轻车身重量。然而,该方式充电时间短,充电功率一般较大,需要通过整流装置将交流电变换为直流电,对动力蓄电池组的耐压性和保护提出了更高的要求,同时,对充电设备的材料和安全性提出了更高的要求,计量收费系统也需要根据特定需求进行设计。快速充电的主要优点是在车辆运行间隙能够快速补充电量,弥补了常规充电速度较慢的不足。然而,其建设成本较高,因此更适用于需要长途行驶的车辆。

c.动力蓄电池更换。动力蓄电池更换是拆下车载动力蓄电池组并更换已经充满电量的备用动力蓄电池,也称为地面充电系统、机械充电等,其实施方法为动力蓄电池租赁,对更换完毕需要循环使用的动力蓄电池组采用地面充电系统进行统一充电。动力蓄电池更换服务一般由充电站或换电站提供,适合市政车辆、电力工程车等固定线路的运行车辆,以及运行频繁的出租车等运营车辆。

动力蓄电池更换方式需要大量充电站或换电站的建设,而备用动力蓄电池的存储空间是其中最大的挑战。此外,动力蓄电池更换过程需要高度专业化的操作,因此需要配备专业人员和设备,这导致了较高的投资成本。客户租用充满电的动力蓄电池,有利于提高车辆的使用效率,且操作时间最短,方便快捷,这是该方式最大的优势。

②非接触式充电设施。

a. 感应式充电。感应式充电以电磁感应电力传输(Inductive Coupling Power Transfer, ICPT)技术来实现,一般适用于小型便携式电子设备。ICPT主要以电磁场为媒介,利用变压器耦合,通过初级和次级线圈之间的感应产生电流。

b. 谐振式充电。谐振式充电通过电磁耦合共振电力传输(Electromagnetic Resonant Power Transfer, ERPT)技术或射频电力传输(Radio Frequency Power Transfer, RFPT)技术实现。ERPT技术利用接收天线的固有频率与发射场电磁频率一致时引起电磁共振,从而实现很强的电磁耦合。通过非辐射磁场,实现电能的高效传输。

c. 微波充电。微波充电通过微波电力传输(Microwave Power Transfer, MPT)技术来实现。相比感应式和谐振式,微波的传输距离更远,对于太空科技领域如人造卫星、航天器之间的能量传输以及新能源开发利用等有重要的战略意义。

d. 激光充电。激光充电是利用激光可以携带大量能量的特性,用较小的发射功率实现较远距离的电能传输。激光最主要特点为方向性强、能量集中,不存在干扰通信卫星的风险,但如果中间存在障碍物,就会影响能量在发射端与接收端之间的传输效率,射束能量在传输途中会部分丧失。

(2)加氢站。

加氢站是为燃料电池车辆加注氢燃料的专门场所,是氢能利用过程中的重要环节,目前较为典型的有5种:撬装加氢站、固定式加氢子站、站外管道供氢的加氢母站、制氢加氢一体站和加氢合建站。

①撬装加氢站。

a. 不含固定储氢装置的撬装加氢站。氢气长管拖车将压力不大于20MPa的压缩氢气运送进加氢站,通过卸气柱卸气至撬装压缩加氢装置,增压后为燃料电池车辆进行加注。

b. 含固定储氢装置的撬装加氢站。氢气长管拖车将压力不大于20MPa的压缩氢气从氢气生产单位运送进加氢站,通过卸气柱卸气至撬装压缩加氢装置,增压至45MPa存入固定储氢装置内。车辆加氢时,从固定储氢装置中输出的氢气,通过撬装压缩加氢装置加注到燃料电池车辆的车载储氢瓶中。

②固定式加氢子站。

固定式加氢子站工艺流程与含固定储氢装置的撬装加氢站类似,区别在于前者将压缩机和加氢机拆分成两个设备,压缩机设置在工艺装置区内,加氢机设置在加注区。这种设计使得整个加氢站的功能更加明确,从而进一步提高了加氢站的安全性及合规性,符合现行国标要求。该类型加氢站可按正常流程进行报建,可作为永久站在城市公共区域进行推广。

③站外管道供氢的加氢母站。

站外管道供氢的加氢母站主要是将站外0.4~2.0MPa的氢气通过管道引入站内。国内目前市政道路上的氢气管道较少,大部分氢气管道设置于化工区内或钢铁企业厂区内,因此,站外管道供氢的加氢母站多建设于化工、钢铁企业附近。石油化工、煤炭化工、氯碱化工及钢铁生产等企业均有较为充足的工业副产氢,经进一步提纯后供应给加氢母站,因此提供的氢气价格相对低廉。

④制氢加氢一体站。

针对氢源不足和运输成本过高的难题,制氢加氢一体站应运而生。根据站内制氢规模的不同,较小的制氢加氢一体站仅可满足本站燃料电池车辆用户的加注需求,而较大的制氢加氢一体站,除了能满足本站燃料电池车辆用户的加注需求外,还可作为母站,为氢气长管拖车进行充装,为其他加氢子站提供氢源。

目前,已有实际案例中站内制氢方式主要有两种,即电解水制氢和甲烷水蒸气重整制氢,其制氢工艺在技术上均已比较成熟,涉及的主要原料为水、电、气,均可从市政公用管网获取,且正常生产过程中,对周边环境影响较小,是站内制氢的重要发展方向。

⑤加氢合建站。

目前,氢气的生产成本依然较高,单独运营加氢站经济性相对较差。建设加氢合建站后,可通过加油站或加气站的营运收入补贴加氢部分。主要的合建方式有三种:加氢站与加油站合建、加氢站与压缩天然气(Compressed Natural Gas,CNG)加气站合建、加氢站与液化天然气(Liquefied Natural Gas,LNG)加气站合建。随着车辆能源的多样化发展,建设集加油、加气、加氢、充电等功能为一体的综合能源供应站也变得十分有必要。综合能源供应站尤其适合作为高速公路服务区加注站使用,从而打破了能源车辆长距离跨省市运行的限制,对新能源车辆的推广发展起到至关重要的推动作用。

(3)其他低碳能源设施。

除了充电基础设施和加氢站,其他绿色低碳能源供应设施还包括天然气加气站、新能源加油站等,目前已得到了广泛的应用。

天然气加气站分为压缩天然气加气站、液化天然气加气站、压缩液化天然气(Liquefied Compressed Natural Gas,L-CNG)加气站和移动式加气站。相比同样容量CNG加气站,L-CNG加气站的投资和运行成本更低。图5-2所示为移动式加气站,指的是用一个天然气车头连接两个装满天然气的车尾,并且车头和车尾可以分离,此外再连接一个加气的压缩机;通过压缩机压缩车尾里的天然气,然后输给运输车辆。当一个车尾里装载的天然气用完时,可以分离后连接另一个装满液化气的车尾,空了的车尾连接车头前往附近的加气点加气,并且循环使用。

图5-2 移动式加气站

新能源加油站是指在传统石化加油站的基础上改造,增加了新型燃料油的供应,典型的有醇醚燃料、生物质柴油等。未来,新能源加油站不仅供应这些"绿色"燃料油,还会与充电站、加氢站、加气站等合建,实现新能源的综合供应。

5.3.3 道路交通与能源融合

(1)道路交通与能源融合的主要途径与目标。

①随着交通运输行业向低碳、高效方向转型,交通系统与能源系统的深度融合成为重要发展趋势。融合的主要途径包括以下几方面。第一,清洁化动力。当前,新能源汽车已成为减排增效的主力,其核心在于利用可再生能源供电或制氢,替代传统化石燃料,以实现车辆全生命周期内的碳减排。第二,基础设施互通。充电桩、加氢站与配套能源网络的建设,需要交通与电力、燃气乃至信息管网协同布局,通过"集中式+分布式"相结合,提升能源供应的灵活性与稳定性。第三,数字化协同。在物联网与大数据支持下,车辆运行工况、路网流量及实时能耗可被精准监测,实现"源－网－车"数据的互通与优化,形成交通流与能源流的自适应调度机制。第四,储能与智能调度。电动车具备移动储能的潜质,通过车网互动(Vehicle to Grid ,V2G)技术,如图5-3所示,不仅可向电网回馈电能,实现电能峰谷调节,还可以应急供电等场景中发挥作用。

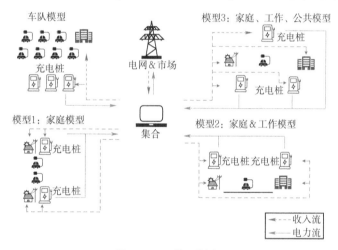

图5-3 V2G的工作原理

基于上述4条路径,开发多能协同的新型公路交通综合能源系统的配套设备或服务,见表5-2,通过物联网解决方案,利用高性能支撑数据将新型公路交通综合能源系统与不同场景耦合,构建一个开放架构、信息共享的弹性扩展体系,实现交通运输领域的多能协同供应和能源综合梯级利用。

新型交通综合能源系统的配套设备或服务   表5-2

类型	核心设备	集成开发系统	平台及服务
光	逆变器	大型电站、分布式光伏、房屋光伏、水面光伏、智能清扫	云平台 智能运维 数字能源服务 虚拟发电 碳资产管理 区块链
风	风电变流器	风电场	
储	储能变流器	储能系统、家庭光储	
电	充电桩、电控	光储存、V2G	
氢	制氢设备	制氢系统、氢能发电	

②实现道路交通与能源融合的目标主要集中在以下方面：一是促进碳减排，大幅降低交通领域的碳排放和污染物排放；二是提高能源使用效率，通过智能调度减少能源浪费，提升资源利用率；三是确保运输系统稳定性与安全性，在面对自然灾害或局部电力短缺时，通过分布式储能与多能源互补保障交通运行；四是推动经济效益与社会效益并举，通过技术创新与产业联动，带动新基建与新业态的发展。

鉴于技术、经济与政策等层面仍面临不确定性，需要以务实与谨慎的态度开展示范与推广，鼓励多方协作，避免盲目扩张或一刀切的投入。只有在积累扎实应用案例并及时评估的基础上，才能逐步探索出符合区域特点的最优融合路径。

（2）场景驱动的交通与能源融合发展模式。

交通与能源的融合，不仅取决于技术路径，也受应用场景影响。不同的地域、交通方式和需求规模，对融合模式的要求差异较大。

城市公共交通场景：在中心城区，公交车、电动出租车或共享出行方式已逐渐采用电力驱动，充电基础设施往往与城市电网深度耦合。若通过分布式光伏发电、储能设施与充电场站的综合建设，可形成小规模的"微电网+公共交通"模式，其能量流示意图如图 5-4 所示。此时，大数据平台可监测站点客流与车辆调度，智能地为车辆分配充电时段与功率，平抑电网波动并节约乘客等待时间。

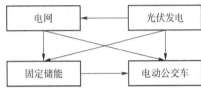

图 5-4　公交站能源枢纽能量流示意图

高速公路与物流场景：对于跨区域物流运输或长途客运，充电或加氢网络布设需充分考虑行驶里程与补能效率。高速公路沿线若能融合分布式风电、光伏与储能系统，通过集中+分布式充电（或换电）模式提升运营效率，则更易实现大规模车辆的低碳化运营。然而，高速路段分散、用能波动性大，也带来电网承载能力与运维成本上的挑战。

市郊与乡村场景：在偏远地区，能源供应往往不稳定。若能将交通工具的电池储能与小型可再生能源发电装置结合，则可形成既能满足日常出行又可补充村镇电力不足的多功能系统。但前期投入与技术可靠性，是这些地区的关键因素。

在上述场景中，融合模式的发展还要考虑政策扶持与市场可行性。合理的补贴、税收减免、融资通道与基础研究投入，可加速示范推广与成本下降。然而，也需警惕"概念先行、应用滞后"的风险，避免为追求新概念而忽视系统效益评估。唯有基于真实场景需求的驱动与验证，才能逐步实现交通与能源的高效互联。

5.3.4　低碳交通能源网络案例

5.3.4.1　低碳交通工具推广案例

（1）电动汽车推广案例。

2023 年，我国纯电动和插电式混合动力乘用车的销量分别突破 500 万辆和 250 万辆，市场份额超过 35%，是全球电动汽车产销第一大国。在国家政策的引导下，部分城市设定了更为积极的电动汽车推广目标，通过制定和实施具有地方特点的电动汽车推广政策，取得了超出全国平均水平的推广成果。上海、北京、深圳、广州等 13 个中国城市由于在电动汽车推广中的领先地位（世界前 50），被国际清洁交通委员会（International Council on Clean Transportation，ICCT）评为 2021 年的"世界电动汽车之都"。

北京作为电动汽车推广的先驱城市之一,通过财税政策与非财税政策的结合,大力推动了本地电动汽车产业的发展。在电动汽车市场早期发展阶段,财税激励政策的作用极为关键。中央与地方政府的新能源汽车购置补贴,大大降低了消费者的购置成本,提高了消费者的购车积极性。到2020年,北京市的邮政、城市快递、轻型环卫车辆(4.5t以下)基本为电动汽车,办理货车通行证的轻型物流配送车辆(4.5t以下)基本为电动汽车,在中心城区和城市副中心使用的公交车辆为电动汽车。在北京市政府的大力推动下,截至2023年底,北京电动汽车总保有量已超50万辆。

深圳市政府近年来推行了《深圳市大气质量提升计划》《深圳市新能源汽车充电设施管理暂行办法》《2018年"深圳蓝"可持续行动计划》《深圳市推进新能源工程车产业发展行动计划(2019—2021年)》等一系列相关政策,实施了上牌优惠、购车补贴、充电基础设施建设补贴、路权优惠、停车优惠等电动汽车激励政策,大力推进了公交车、出租车、物流车、环卫车等车队的电动化。至2023年底,深圳市出租车和公交车均实现全面电动化,电动出租车和电动公交车的保有量分别超过1.3万辆和1.5万辆;深圳市的电动货车总量已接近12万辆。其中,中型货车和小型货车的电动化比例持续提升,电动货车在中型货车中的占比约60%,在小型货车中的占比约为30%。至2024年初,深圳市的纯电动和插电式混合动力小客车的推广总量已超过30万辆。深圳市在小客车领域的电动化率处于全国领先水平。深圳市的电动大型客车推广量也显著增加,至2023年底,超过7000辆电动大型客车投入使用。

(2)氢能汽车推广案例。

目前,氢能源汽车的主要应用范围集中在商用车领域。根据新能源汽车国家检测与管理平台的统计数据,截至2023年底,国内氢燃料电池汽车中物流用车占比为40%~50%,主要用于物流配送和长途运输等场景;公交车和客车占比为30%~40%,主要用于城市公交车和通勤客车领域;小型客车占比为10%~20%,目前主要在试点城市进行应用,市场化程度较低。物流用车和公交客车仍将是氢燃料电池汽车的主要市场,特别是随着政策支持和基础设施的建设,预计到2025年,氢燃料电池物流用车和公交车的占比将继续增长,逐渐形成以这两大应用为主的市场格局。目前,我国在氢能源制造、储运、燃料电池等方面发展迅速,截至2023年底,我国氢能源汽车保有量约为10000辆,预计到2025年,氢燃料电池车辆保有量将达到约5万辆。

2022年,北京冬奥会北京赛区、延庆赛区、张家口赛区三大赛区提供氢能交通保障服务,累计投入200辆氢能大巴。累计发送7205车次、接驳160697人次,里程888599km,减排700余吨CO_2。所使用200辆氢能客车单车最高载客48人,设计速度100km/h,纯氢续航约450km,适应低温、爬坡等路况场景。相较传统化石能源车辆,氢能客车每行驶100km,可减少70kgCO_2排放。

截至2024年7月,佛山全市累计推广应用氢能源汽车超1600辆,车型涵盖公交车、小客车、厢式物流车、翼展车、渣土车、环卫车等,其中,公交车数量约占60%。在2020年,佛山市就已完成1000辆氢燃料电池公交车投放任务,截至2024年7月,佛山氢能公交车辆安全行驶超9000万km,是国内应用规模最大的地区之一。

5.3.4.2 低碳能源设施推广案例

(1)充电基础设施推广案例。

近年来,在我国充电基础设施受到各级政府的高度重视和国家产业政策的重点支持。国家陆续出台了多项政策,鼓励充电基础设施的发展与创新。截至2024年10月,全国充电基础设施累计数量为1188.4万个,同比上升49.4%。2024年1~10月,充电基础设施增量为328.8万个,同比上升19.8%。其中,随车配建私人充电桩增量为262.3万个,同比上升30.1%。

截至2024年10月,广东省公共充电桩保有量超过64万个,位居全国第一,其中包括21万个直流充电桩,浙江、江苏分列第二和第三,分别为27.9万个、27.1万个。全国换电站部署已超过4000座,浙江换电站保有量最多,达到489座,广东、江苏位居第二和第三,分别为482座、414座。

上海将充电桩作为市政基础设施的一部分,提出超前配套建设,车桩比达到了1.2∶1,远远高于全国车桩比平均7∶1的水平。为满足市民日益增长的充电需求,上海还将充电基础设施建设列入为民办实事项目,有序推进公共(含专用)充电桩、示范站、示范小区三项建设任务。2021年,上海累计新增2万个公共(含专用)充电桩,建成并验收出租车示范站27座、共享充电桩示范小区17个。根据上海充换电设施公共数据采集与监测市级平台的数据,截至2023年底,市级平台接入点充换电设施运营商超过290家,累计接入全市的公用及专用充电桩超过16万个,其中,公用桩超过9万个,极大满足了市民新能源车充电需求。

(2) 加氢站推广案例。

氢能基础设施种类较多,最重要的基础设施是加氢站。关于加氢站,在技术方面,我国的35MPa加氢站技术已趋于成熟,加氢站的设计、建设以及三大关键设备——45MPa大容积储氢罐、35MPa加氢机和45MPa隔膜式压缩机均已实现国产化。2016年以后中国加氢站建设开始提速,2016年至2018年翻倍增长,2019年建成的加氢站数量是2018年的2倍。截至2024年6月底,我国共建成加氢站507座,覆盖31个省(区、市),加氢站数量居世界首位。从地域分布来看,加氢站主要集中在东部沿海等氢燃料电池汽车产业发展较为领先的省市。广东、山东、河北、河南、浙江是国内加氢站建设数量前五的省份,总计占比45.4%,其中,广东以66座加氢站的数量一骑绝尘,山东、河北以44座加氢站的数量紧随其后。

从加氢站类型来看,综合能源站是当前加氢站的主流趋势,其次是制加氢一体站。综合能源站大多依靠已有的加油站而建。从供给能力来看,国内加氢站建设趋势向"建大站"发展,供给能力小于500kg/d的加氢站43座,占比8.48%,供给能力500~1000kg/d的加氢站289座,占比为57.00%,供给能力大于1000kg/d的170座,占比为33.53%。

目前,大连市的氢能产业技术在全国处于领先水平。2016年,我国首座利用风光互补发电制氢的70MPa加氢站(同济-新源加氢站)在大连建成,集成了可再生能源现场制氢技术、90MPa超高压氢气压缩和存储技术、70MPa加注技术以及70MPa加氢站集成技术,成为氢能与燃料电池汽车领域先进技术的窗口。2021年,大连市氢燃料电池公交车正式上线运营,运营线路主要围绕新建的英歌石加氢站周边。英歌石加氢站是一座油氢合建站,站内加氢设备分为卸车、升压、储存和加氢等4个系统,所有材料和设备均采用国际顶级设备。此次投运的氢燃料电池公交车瓶储压力是35MPa,通过站内和公交车之间大约10MPa的瓶储压力差给车辆加氢。

在广东省,由于加氢站补贴数额高、氢能企业多、政策支持力度大。在氢能产业政策较为完善的广东佛山,对加氢站补贴力度最高可达到800万元,对加氢站运营补贴最高可达到20

元/kg;2021年1月和7月分别在广东佛山顺德区和南庄投入运营2个制氢加氢加气一体化站,加氢能力分别为1000kg/d和1100kg/d,分别可为80辆和100辆氢燃料公交车提供加氢服务。在广东韶关,2021年底投入运营了广东韶钢产业园加氢站,加氢能力为4000kg/d,可为300多辆氢能物流车辆加氢,是国内加氢能力最大、集成新技术最多并使用光伏绿电制氢的制加氢一体站。

5.3.4.3 道路交通与能源融合案例

(1)交通专用的能源系统案例。

交通专用的能源系统主要在光资源丰富的地区中应用,为满足本地小负荷配用电需求,分布式光伏需要具备稳定频率、电压的能力;同时,由于发电量与用电量在时间尺度上的不平衡,需要加装储能装置以实现能量的时间平移与功率的再平衡,山东枣菏高速公路交能融合(源网荷储一体化)示范工程利用服务区、边坡、收费站和互通区匝道等设置分布式光伏电站,建设充电桩、智慧路灯、风机、储能系统、智慧能源系统,全长177km,于2023年5月正式并网发电。预计运营期内可累计生产清洁电力约28.9亿kW·h,年均发电1.36亿kW·h,相当于每年节约标准煤约4.15万t,减排二氧化碳约11.4万t。

2015年,美国通过在公路边坡架设太阳能蓄电池板来发电,功率达到99 kW。2016年,世界首条光伏公路在法国西北部投入运营,长度约为1 km。意大利建造了太阳风能桥,在桥面铺设密集的太阳能蓄电池板以连续生产电力,在支柱之间安装风力机,从而将通行、景观、绿色能源结合起来,年发电量约为4×10^5 kW·h时。2020年,山西省高速公路服务区分布式光伏发电项目投入运营,装机总容量为395 kW,年发电量约为6.5×10^5 kW·h,以"车棚光伏+屋顶光伏+地面光伏"模式实现了节能减排的环境收益。

(2)交通适用的能源系统案例。

交通适用的能源系统主要在光资源一般(甚至是匮乏)的强电网、小负荷地区中应用,典型地区如贵州省。贵州拥有较多的可再生能源可供利用,为分布式光伏发电的开发提供了相对充足的资源潜力,并且强电网环境为光伏发电提供了良好的并网与传输通道,但本地负荷较小,决定了该地区光伏发电以上网为主、自用为辅的方式运行,该地区主要有光资源一般区近枢纽变电站的公路沿线、匝道等。

因此,贵州的公路交通与能源供给协同演进的应用新模式以分布式光伏为主导电源,发电量在本地负荷消纳后,剩余电量通过强电网接入电力系统,从而形成"自用为主,上网为辅"的运行模式。通过这种模式的开发利用,不仅实现了交通用能的自我供给,也实现了交通资源由"荷"向"源"的转变,可为电力系统提供大量清洁电力。在这种场景下,可充分利用公路沿线、匝道等可供开发的交通资源,在强电网输电断面限定值范围下最大限度地建设分布式光伏,分布式光伏以向电网注入最大的有功功率为目标运行,最大限度地将可再生能源转化为电能,通过强电网并入电力系统。

(3)能源支持的交通系统案例。

能源支持的交通系统主要在光资源一般的强电网、大负荷地区应用,典型地区如北京市。北京的强电网环境为光伏发电提供了良好的并网与传输通道,同时,本地大负荷也为分布式光伏发电提供了充足的消纳空间,该地区主要有光资源一般区近枢纽变电站的特长隧道供配电站、集中式电动汽车充电站等。

因此,公路交通与能源供给协同演进的应用新模式以强电网为主导,分布式光伏以辅助自用电源形态运行,其发电量全部被本地负荷消纳,并且与强电网共同为本地大负荷供电,降低本地大负荷对电网供电容量的要求。由于本地负荷较大,可再生能源仅能满足部分负荷需求,必须接入强电网作为支撑,以实现电力或电量的平衡,从而形成"全额自用、网电补缺"的运行模式。在北京,可充分利用建筑屋顶、匝道空地等空间资源加装分布式光伏设备,同时,分布式光伏设备以向电网注入最大的有功功率为目标运行,最大限度地将可再生能源转化为电能,供给本地负荷。

(4)交通专用的能源系统案例。

交通专用的能源系统主要在光资源丰富的弱电网、小负荷地区应用,典型地区如新疆维吾尔自治区。新疆作为光资源丰富区,有大量的可再生能源可供利用,为分布式光伏发电的开发提供足够的资源潜力,但受限于弱电网的接入环境,无法输送大容量的可再生能源,同时,考虑到本地用电负荷较小,本地并不具备充足的可再生能源消纳空间,该地区主要有远离枢纽变电站的公路沿线、匝道等。

因此,分布式光伏与外部配电网分时互动、协同供电,确保沿线机电设施的正常运转。在新疆,可从提升分布式光伏接入系统的灵活性着手,通过对分布式光伏发电控制技术的改造,使分布式光伏发电响应电力系统频率、电压调节,提高电源侧灵活性,提升弱电网可外送的可再生能源发电量,从而形成"提升外送、降低弃光"的运行模式。

5.4 低碳道路网络

低碳道路网络通过改变传统的大街坊路网设计,增加城市的支路网密度,创建街道密集网络,改善步行、自行车和机动车的出行环境,形成道路的微循环,主要包含步行交通系统、自行车交通系统和公共交通系统。低碳道路网络可以最大限度地减少交通网络设施在施工和运行过程的资源和能源消耗,减少对环境的污染和自然生态系统的损害。

5.4.1 步行交通系统

步行交通系统是低碳道路网络的重要组成部分,协调整体交通的生态性、系统性、网络化设计,注重与其他交通方式的转换设计、疏散设计,形成与生态低碳城市建设并进的步行环境建设。出行者的大多数出行方式中都包含着步行出行,在不同的出行目的中,步行交通承担着起讫点两端交通、换乘交通等角色,因此,步行是最基本的交通方式。步行交通系统主要包括人行道和行人过街设施,人行道由通行区域和缓冲区域两部分组成。

(1)人行道通行区域。

城市各级道路两侧应设置人行道,人行道通行区域应高出车行道20~30cm,以保证人行道的安全性、连续性和便利性,并便于人行道排水。

人行道通行区域应有一定的宽度。人行道通行区域的宽度应结合城市道路等级和功能、沿街建筑性质、行人交通流的性质与密度和流量等因素来确定,以满足通行能力的要求,保证行人的通行安全和畅通以及步行空间的连续性,满足步行交通服务水平要求。民众日常出行以及道路、市政、绿化维护作业等必要活动一般不会因人行道服务水平程度而产生较大变化,但娱乐性和社会性活动对步行交通服务水平要求较高。因此,步行交通服务水平直接影响着居民对步行交通方式的选择。随着未来城市人口老龄化程度提升、劳动生产率的提高,居民闲暇时间将逐渐增多,利用人行道进行步行休闲、健身的居民也将会不断增加,宜居城市的人行道除了交通功能外,还应当兼有部分休闲娱乐和交流的功能。《城市道路工程设计规范(2016年版)》(CJJ 37—2012)将人行道服务水平分为四级(表5-3)。

《城市道路工程设计规范》人行道服务水平　　　　　　表5-3

指标	服务水平			
	一级	二级	三级	四级
人均占用面积(m²)	>2.0	1.2~2.0	0.5~1.2	<0.5
人均纵向间距(m)	>2.5	1.8~2.5	1.4~1.8	<1.4
人均横向间距(m)	>1.0	0.8~1.0	0.7~0.8	<0.7
步行速度(m/s)	>1.1	1.0~1.1	0.8~1.0	<0.8
最大服务交通量[人/(h·m)]	1580	2500	2940	3600

城市建设区人行道通行区域宽度一般为:快速路辅路、主干路不得小于3m,次干路不得小于2.5m,支路不得小于1.8m。对人流聚集区道路如城市商业集中区、大型公共建筑、大型公共交通枢纽、医院、学校等区域,人行道通行区域的宽度应当特别设置:快速路辅路、主干路不得小于5m,次干路不得小于3m,支路不得小于2m。

(2)人行道缓冲区域。

人行道缓冲区域主要包括路侧绿地和市政公用设施。路侧绿地可以分为封闭绿化带和开放绿地两种形式,封闭绿化带主要起隔离作用。当路侧带较狭窄时,行道树的树穴(也称树池)可用圆形、方形和矩形,树干周围铺上铁栅,圆形树穴一般直径不小于1.5m。当路侧带较宽时,可设置开放绿化带,靠车行道一侧种植低矮于周围的树种,靠人行道一侧常种植高大浓郁的树种,行道树可以单行种植,也可双行或错位种植,其宽度一般为1.5~4.0m。当接近交叉口或公共交通站台时,可将绿化带缩去3~3.5m,增加一条车道宽度供停车候驶,或作公共交通港湾停靠站。

大量市政公用设施一般布设于城市道路两侧以及行人护栏、人行天桥和人行地道入口处,如路灯、信号灯、步行导向牌、交通护栏、休息座椅、公共交通站台、出租汽车站等,这些设施都是市民生活不可缺少的,应当合理布置。对于体量较小的各类公共服务设施如路灯、交通标志牌等,一般应设置在人行道绿化带内,避免挤占人行道区域。体量较大的公共服务设施如报刊亭、活动公厕等宜结合路侧绿化带设置,并设置在紧邻人行道通行区域一侧。绿地景观类配套设施可结合绿地景观设计进行设置,包括休息座椅、废物箱等。地面公交车站设施不得占用人行道通行区域,人行天桥、人行地道、地铁等设施的出入口应避免占用人行道通行区域。

(3)行人过街设施。

行人过街设施是步行交通系统的重要组成部分,主要包括人行横道、过街通道、人行天桥、人行地道、信号灯及标志。城市行人过街设施的时空布局与选型不仅直接影响交通系统的便利性,还是交通出行选择的重要影响因素。传统过街设施往往片面强调以车辆为主,追求道路上机动车的畅通,这给行人过街带来了很大不便。同时,这也导致一部分人选择放弃步行而转为乘坐机动车,进而加重了城市交通污染,导致空气质量持续恶化。

行人过街人行横道或过街通道的设置应以人为本,综合考虑步行者对过街绕行距离、等候时间的容忍限度即步行者过街的时空阈值。上海市的调查显示:居民在主、次干路上过街的极限绕行阈值分别为152m、74m,极限红灯等候时间分别为122s、78s。一般情况下,行人过街设施间距应根据行人过街需求来设置。《城市道路交通设施设计规范》(GB 50688—2011)和《城市步行和自行车交通系统规划标准》(GB/T 51439—2021)规定,快速路和主干路上人行过街设施的间距宜为300~500m,次干路上人行过街设施的间距宜为150~300m;但根据宜居、生态低碳城市建设的需要,人行横道或过街通道的间距设置应修改为:快速路300~500m,主干路250~300m,次干路150~300m。商业、文化娱乐等设施密集的路段应根据需要加密,距公共汽车站及轨道交通车站出入口不宜大于60m,过街设施应与公共交通场站、公共交通车站、居住区、公共服务设施等行人流量较大的地点顺畅衔接。《城市步行和自行车交通系统规划标准》(GB/T 51439—2021)规定,行人过街等待时间不宜超过70s,设置过街安全岛时行人过街的总等待时间不宜超过90s。人行横道的布置应尽量与扩展式路缘石、照明、标识结合,提高步行者穿越交叉口时的可视性。

在我国广州,广州大道北作为白云区乃至整个广州市的南北主干道,常常出现路面交通拥堵,过街难等问题。针对此,政府为交通繁忙的广州大道增设多座人行天桥,并对部分天桥加装无障碍电梯,在保障行人过街安全的同时提高了道路通行效率。

现阶段,我国城市的行人过街方式,除了城市快速路以外,一般采用灯控人行横道的平面过街方式。不同的城市可以根据所在城市的经济发展阶段和实际需要,来选择适宜的人行过街设施的形式,促进人们选择步行交通这种绿色低碳的出行方式。

5.4.2 自行车交通系统

20世纪80年代,自行车是我国城市居民的主要交通工具。但随着机动车的普及,现在我国许多城市已不再有安全便捷的自行车交通环境。近年来,因为自行车具有便捷、低廉、低碳、绿色环保等优点,有利于缓解交通拥堵和大气污染,并方便城市居民到达包括公共交通车站在内的各个目的地,国内外许多城市正致力于将自行车作为城市居民生活的组成部分。城市应当通过提供自行车车道、确保自行车停放安全等措施,鼓励居民使用自行车出行。

(1)自行车车道系统。

城市自行车车道系统是由多条及多段自行车道组合而成,自行车车道的规划建设,既应考虑机动车和非机动车分流的需要,更应当考虑到自行车骑行者时间和体力的节省,选择那些直接、连续并且连通重要慢行节点的街道,来构建通达的城市自行车骨干路网。为明确不同道路骑行路权,城市自行车道路网应依据不同功能分级,至少包括廊道、通道、休闲道三级。

自行车廊道构成了城市自行车道路网的主骨架。自行车廊道不一定就是自行车专用道路,可以是自行车优先道路,但应当连续、贯通,以2~4km的道路间距形成格状网络,严禁时速或噪声超标的机动车驶入,为自行车提供优先、安全、便捷的通行空间。

自行车通道既包括干路上的自行车道,也包括其余支路上的自行车道。由单独设置的非机动车道路、城市道路两侧的非机动车道、人非混行道路共同组成一个能保证自行车连续交通的网络。在主、次干道和交通量较大的城市支路应当采用机动车和非机动车分离的形式,在主、次干道两侧布置独立的非机动车道,以高大乔木为主的绿化隔离带、隔离墩和护栏等形式将机动车与自行车实行物理隔离,为自行车营造独立的行驶环境,使其与机动车从空间上分离开来,从而达到便捷、安全的目的。

自行车休闲道应沿着河流、道路绿化隔离带、步行街、山脊线、山体周围等布局,连通社区与公园,与机动车道完全分离,优先选择车流量较低、风景优美的城市支路布局,营造连续性高、趣味性强、景观类型丰富、舒适优美的自行车道及其沿线环境,以鼓励并培养居民的自行车休闲健身需求,使绿色低碳出行成为日常生活的重要组成部分。

(2)自行车车道宽度和服务标准。

按照《城市道路工程设计规范(2016年版)》(CJJ 37—2012),自行车道每条车道宽度为1m,每条自行车道的通行能力根据不同路段进行设计:不受平面交叉口影响的路段当有机非分隔设施时取1600~1800辆/h,无分隔时取1400~1600辆/h;受平面交叉口影响的路段当有机非分隔设施时取1000~1200辆/h,无分隔时取800~1000辆/h;信号交叉口进口道可取为800~1000辆/h。与机动车道合并设置的非机动车道,车道数单向不应小于2条,宽度不应小于2.5m。自行车专用道的路面宽度包括车道宽度及两侧路缘带宽度,单向不宜小于3.5m,双向不宜小于4.5m。路侧带可由人行道、绿化带、设施带等组成。

自行车道过宽,如自行车道宽度3~4m,机动车就可以顺利进入而不会担心被自行车划伤等情况的出现,从而出现机动车违法停车的情况,而自行车道过窄,又会影响自行车交通的通畅。因此,城市道路两侧的自行车道宽度设置,快速路辅路、主干路应为3~4m,次干路应为2~3m(一般情况以3m为宜),支路应为2m;高峰小时自行车流量超过3000辆/h的可适当加宽。红线宽度为15m的支路,自行车道宽度可为1m。交叉口处自行车道宽度不得小于路段上的自行车道宽度。自行车道路也可以设置快速、慢速自行车道路,通过快速、慢速的分离,减少相互之间影响,以提高利用自行车出行的效率。目前,许多城市的机非分离的自行车道宽度设置为5~7m,但这些较宽的自行车道上大都设置了机动车停车泊位,进出车位与通过的机动车使得可供自行车行驶的空间甚至不足1m,不仅使自行车难以正常行驶,而且给骑车人带来了极大的安全威胁。

按照《城市道路工程设计规范(2016年版)》(CJJ 37—2012),自行车道路及交叉口服务水平分为4级,见表5-4。

《城市道路工程设计规范》自行车道路段服务水平　　　　　　　　　表5-4

指标	服务水平			
	一级 (自由骑行)	二级 (稳定骑行)	三级 (骑行受限)	四级 (间断骑行)
骑行速度(km/h)	>20	15~20	10~15	5~10
占用道路面积(m^2)	>7	5~7	3~5	<3
符合度	<0.40	0.55~0.70	0.70~0.85	>0.85

(3)自行车停车环境。

自行车停车场的设置过程中要注意服务半径的范围,使停车场的服务空间最大,同时不同区域的停车场的服务空间尽量避免重合,从而节省城市用地。一般来说,自行车停车场规划过程中应注意以下几个方面:

①自行车停车场的服务半径宜为50~100m,不得大于200m;

②每个停车位的存车量以一天周转 5~8 次计算,具体数值视该区域的具体情况而定;

③每个停车位宜为 1.5~1.8m²,从而在节省用地空间的基础上,保证自行车存取的便利;

④对于每一个自行车停车场,应尽量将其分成 15~20m 长的段,每段应设一个出入口,其宽度不小于 3m,方便自行车的存取;

⑤当自行车的车位超过 500 个时,停车场的出入口数不得少于 2 个;当自行车的车位超过 1500 个时,停车场应进行分组设置,每组应设 500 个停车位,并应有一对出入口,最大化地方便人们存取自行车;

⑥机动车停车场和自行车停车场一般都会设置在体育设施和文化娱乐设施附近,在停车场布置的过程中要注意机动车与自行车的流线不应交叉,行车流线应与城市道路顺向衔接,减少对城市道路交通的阻碍。

5.4.3 公共交通系统

构建高密度、高覆盖、高水平的公交网是发展低碳交通的重要措施之一。公共交通包括地铁、公交车、轻轨交通、有轨电车、水上巴士等,具有容量大、效率高、费用低、安全性强等特点,适宜在人口密度高的区域采用。强调公交优先已成为许多国际大都市城市发展的主要政策导向,如纽约、巴黎、伦敦、东京等,这些城市不仅将城市规划、住宅、交通作为一体统筹,以解决交通问题,而且在道路的分配使用和管理措施上也得到充分体现。

5.4.3.1 多层次公交线网体系

《"十四五"现代综合交通运输体系发展规划》中提出,要打造多模式便捷公共交通系统。超大、特大城市构建以轨道交通为骨干的快速公交网络,科学有序发展城市轨道交通,推动轨道交通、常规公交、慢行交通网络融合发展。大城市形成以地面公交为主体的城市公共交通系统,发展重要客流走廊快速公交。中小城市提高城区公共交通运营效率,逐步提升站点覆盖率和服务水平。推广城市道路交通信号灯联动控制,保障公交优先通行;推广在电子公交站牌、互联网信息平台等发布公共交通实时运营信息,优化换乘引导标识,普及交通一卡通、移动支付等服务,提高公共交通吸引力。

城市的公共交通系统负责把客流从城市的一个地点运送到另一个地点,每名乘客出行距离各不相同,每名乘客的一次出行是单向的,这种旅客运送方式同人体血液循环系统运送方式有相似之处。在人体循环系统中,毛细血管遍布全身,数量最多,承担了直接收集系统运送物资的作用,次动脉和次静脉数量相对较少,既有收集系统运送物资的任务,又承担了毛细血管收集来的物资转运任务。这些动脉和静脉有些相互接驳联通,可以直接转运物资,但是主要是分别连接、汇总到主动脉和主静脉上,再由主动脉和主静脉这个人体内最大的"枢纽"连接在一起,完成系统物资的转运任务,各个不属于同一等级的血管各司其职,互相补充,使得机体循环过程协调合理,井然有序。先进的多层次公共交通线网体系应同人体循环系统一样,形成有主次之分、能均衡分配运能的网络结构,各种公交线路职能清晰、物尽其用,形成合理有序的公共交通运营方式。

(1)公交线网层次。公交线网的层次主要可以分为以下四级。

①轨道交通。轨道交通具有快速、准点、大容量、舒适等特点,因此,轨道交通将成为公交系统的主干,一般布设在客流密集的重要位置,在城市、区域与主要功能区之间,起到快速联系的作用,满足居民中长距的出行需求。轨道交通线路是城市交通的骨干线路,采用车辆编组列

车化,达到大运量、高速度的目标。

②公交快线。公交快线具有速度快、发车频率高、服务水平好的特点,主要服务于城市地区间的交通,承担大型集散点之间、各功能区之间的联系,线路沿大中型集散点、大中型居民区设置,主要采用直达线或大站快车的形式,为各大交通枢纽提供快速的服务。

③公交普线。公交普线一般深入居住区与功能区,在中等站距间为乘客提供方便的服务,对公交快线起到补充与换乘的作用,在接驳快线客流方面起到了良好的作用,服务水平较公交快线线路次之。

④公交支线。公交支线系统服务于地区内交通出行、连接客流集散点与枢纽之间、连接客流集散点与轨道站点之间交通及辅助干线或轨道共同提供服务。公交支线主要目的是服务于小区域内的交通出行者,为其减少步行距离,填补中小街道的交通空白,实现真正意义上的"零距离换乘"。

常规公交中三种不同等级的线路特征对比详情见表5-5。

不同等级公交线路特征 表5-5

项目指标	公交快线	公交普线	公交支线
运营道路	快速干道、主干道	快速干道、主干道、次干道	次干道、支路
线路非直线系数	<1.3	<1.4	<1.6
线路长度(km)	>15	8~15	<8
线路站距(m)	>1000	500~1000	300~500
运营车辆	大型车	混合车型	小型车
线路客运能力(万人/h)	1.5~3.0	0.8~1.5	0.5~1.0
站点容量约束(人/h)	5000~20000	180~450(中途) 500~2000(起点)	180~450
断面客流不均衡系数	1.5	1.5	1.5
平均速度(km/h)	>25	20~25	15~20
配车调度情况	车辆多、频率高	车较多、频率一般	根据客流和车型定
发车间隔(min)	<5	<5	根据客流和车型定
首末站	大型公交枢纽站	客流集中点	一般枢纽点
公交优先政策	提供公交优先措施	可提供公交优先	一般无要求

(2)规划原则。

在多层次公交线网的规划中,需要秉持以下原则。

①重视轨道交通。在城市规划条件允许之下,充分利用轨道交通,并辅以常规交通,完善城市公共客运的网络体系。

②建立换乘枢纽。在城市轨道交通尚未完善时,常规交通在城市公共客运中始终保持最主要的地位。为方便居民的出行,在城市中合适地点建设一个具有一定规模的客运换乘枢纽,并以这一枢纽为中心对常规公交线网进行合理规划。在进行公交线网的规划时,必须以方便居民的出行为出发点,最大限度地减少乘客换乘的次数,并减少乘客换乘时走路的距离,真正做到零距离换乘。

③线路走向合理。在进行城市公交线网规划时,线路走向必须与最主要的客流方向保持一致,使公交线网最大程度缓解城市交通压力,方便居民的乘车出行。同时,在城市主要客流集散点之间规划出直达公交线路,减少乘客的换乘次数,帮助乘客节约乘车与换乘时间。

④线网分布均匀。

a. 公交线路在规划上分布均匀。消除公共交通空白区,避免出现某些区域线路重叠或无覆盖的现象。

b. 公交线路在客流上分布均匀。尽量避免某些线路空车或挤车的现象发生,合理规划路线,使客流均匀分布到不同车次,充分发挥每辆车的运能。

c. 公交线路在密度上分布均匀。公交线路的规划必须将公交线网的密度控制在合理的范围,线路非直线系数也要符合国家相关标准,避免路线过于复杂。

5.4.3.2 公交专用车道

公交专用车道是只允许公交车辆行驶的车道,一般在城市主干道设置。

(1)根据《公交专用车道设置》(GA/T 507—2004)规定,在城市主干道满足以下全部条件时应设置公交专用车道:

①路段单向机动车道3车道以上(含3车道),或单向机动车道路幅总宽不小于11m;

②路段单向公交客运量大于6000人次/高峰小时,或公交车流量大于150辆/高峰小时;

③路段平均每车道断面流量大于500辆/高峰小时。

(2)在城市主干道满足下列条件之一时宜设置公交专用车道:

①路段单向机动车道4车道以上(含4车道),断面单向公交车流量大于90辆/高峰小时;

②路段单向机动车道3车道,单向公交客运量大于4000人次/高峰小时,且公交车流量大于100辆/高峰小时;

③路段单向机动车道2车道,单向公交客运量大于6000人次/高峰小时,且公交车流量大于150辆/高峰小时。

设置公交专用车道是公交优先在空间上的体现,减少了社会车辆对公交车辆的影响,提高了公交车运行效率和服务质量,已在很多城市得到了广泛的实施。设置公交专用车道可以提高公交车的运行效率,突出公共交通的"路权优先",使乘坐公共交通具备大大高于驾车出行的性价比,公共交通才能成为市民优先的选择,管理部门才能在有限的空间和能源资源中,合理地引导居民出行选择,调整出行需求结构,改善城市交通状况。特殊情况下,公交专用车道也可以成为抢险应急车道和抢救生命的绿色通道。

(3)存在问题及对策。设置公交专用车道虽然很大程度上保障了公交优先,但目前公交专用车道还存在一些问题,如增加交叉口处运行冲突、路段中易受社会车辆干扰、被社会车辆违规占用、公交专用车道使用率不高和配套设施不够完善等。

为解决公交专用车道现存问题,使得公交专用车道能够充分发挥其应有作用,可采取如下对策:

①建立健全公交优先出行法规体系,完善公交专用道标志标线划定;

②"短距离专用道+感应信号优先",保障干道关键节点公交畅通;

③根据交通流量时空变化,弹性确定公交专用道时段和位置;

④部分路段允许多人乘坐的出租车使用公交专用道;

⑤干道桥隧左侧可设置"定向+公交"专用车道,保障公交车在最右侧车道和最左侧车道

之间衔接过渡的路权；

⑥基于车路协同的移动违法抓拍,保障弹性化、共享化公交路权实施。

5.4.3.3 快速公交系统

从城市公共交通的角度来讲,BRT 最重要的目的是给予乘客优先权,而不是给予车辆优先权,所以,BRT 重视的是乘客运送能力。在城市交通运输网络中,通过在主要的客运交通走廊给予公共交通车辆以优先权来达到高水平的乘客运送能力。BRT 在"公交优先"策略的指导下,提供高容量、高频率的服务,从而达到接近轨道交通的服务水平。

BRT 主要有以下七个组成部分:专用行车道、车站与枢纽、特色车辆、线路、收费系统、智能交通系统、服务。这七个部分组合在一起,形成了完整的方便乘客、提高时效的快速公交系统。

BRT 作为城市公共交通的组成部分,有如下特点。

(1)高载客量。

BRT 乘客运送能力远大于常规公交,其每小时单向客运能力可达到 1 万～2 万人/h,与轻轨接近。

(2)快速。

由于在专用车道上行驶,交叉路口有公交车优先通行权,BRT 车辆行驶车辆速度高于一般车辆,又因其特殊的售票方式和上下车方式,BRT 车辆在站内滞留时间减少,运营速度提高。

(3)舒适。

BRT 特制车辆乘坐舒适,上下车便捷,且新型 BRT 车辆能耗低、排放低、噪声小,专用车道的引入使得车辆速度提高,避免了反复加减速与停车,有较好乘车体验。

(4)方便。

BRT 会有固定运营线路及频密的班次,高密度的发车频率与精准的到站时间提示方便乘客,同时亦因拥有独立站体设计,乘客候车体验会得到改善。

(5)安全。

BRT 的站体站台可以选用与铁路运输系统相似的封闭式车站和站台闸门,保障乘客候车安全同时免除天气影响,运行过程中由于其具有专用车道,减少了与其他车辆发生事故的风险。另外,相较于轻轨发生故障可能造成后续班车全数延误的情况。若运行中 BRT 车辆其中某一辆 BRT 车辆瘫痪,其余 BRT 车辆只需行驶一般线道绕过故障车辆即可。

(6)节省。

BRT 的建设投资远低于轨道交通。与之相比,BRT 的建设成本低廉,建设时间比轨道交通短,实际运营成本也较轨道交通低。

尽管 BRT 在发展过程中取得了一定成就,但也存在一些不足之处。部分 BRT 系统规划不周或配套措施不完善,导致在地面建设后占用了部分道路资源,反而加剧了交通拥堵；一些地区出现社会车辆侵占 BRT 专用道的情况,影响了 BRT 的运输效率；还有部分地区的客流量较低,上座率不高,导致了道路资源的浪费等问题。

5.4.4 低碳道路网络实例

(1)步行交通系统案例。

步行交通系统的推进被认为是创造低碳城市的重要一步。通过布局城市步行道路交通以及城市中心的步行区域,可以减少各类交通冲突和城市交通排放。

德国的环保之都——弗莱堡是最富有魅力的步行化城市,也是世界"最绿色的城市"之一。弗莱堡与德国其他城市一样也曾遭受过战争的巨大破坏,但是在战后的恢复过程中,弗莱堡并没有对老城区的街道进行拓宽,而是通过步行系统的建设保持了中世纪老城的历史结构和风貌。弗莱堡的步行系统从空间层面上来看包括步行街、步行区、步行区域。步行街是专门为步行者规划的街道,在步行街上,供货和业主的机动车交通受到时间的限制;步行区是由步行街组成的网络;步行区域是由一个街道网络所展布的区域,在步行区域内,只允许商店业主和供货的机动车在限速的情况下自由进出。弗莱堡多条有轨电车线路穿越老城中心,便于人们搭乘至步行区,步行区内零售业、服务业办公和休闲设施密集并且功能齐全。步行区内还有众多的小溪沿着街道流淌,不仅为街道景观增添了活力,而且还被作为轨道交通与步行道路的分界线。步行区的发展使弗莱堡中心城区避免了机动车交通带来的拥堵、大气污染、噪声等问题,同时,也保护了城市的历史风貌,增强了城市中心的吸引力和城市的标志性。

美国波特兰市于2003年开展的智慧出行项目旨在推广可替代小汽车的绿色交通方式,通过为市民提供关于绿色交通出行的信息,提高市民对于步行交通出行的认可程度。相比大规模的公共交通系统建设项目,智慧出行更像是一种对城市绿色出行方式的营销。该项目包括针对日常出行的绿色游线和针对通勤出行的绿色通勤两个分项目,通过一系列全市的步行活动让市民体验到便捷、安全、方便和富于乐趣的慢行出行,减少对小汽车的依赖。波特兰在市区划定的慢行区域内规划了5条各具特色的步行线路,每条线路3.2~4.8km,串联市区主要城市公园、景点、商业区和社区服务中心,步行时间45min至2h不等,同时为每户发放免费的线路图。项目实施后,波特兰人平均每天驾车减少6.4km,项目推广的投资每年仅55万美元,二氧化碳年减排量23586t,每年节省11亿美元的直接成本和15亿美元的时间成本。

(2)自行车交通系统案例。

自行车作为零耗能的交通工具受到越来越多国家的青睐,许多发达国家都大力发展慢速交通系统,积极推动自行车交通网络建设。自行车出行作为零排放的出行方式,完全符合低碳交通的理念。

作为自行车王国的丹麦,人均拥有自行车1.5辆,道路上有专门的自行车道,规定行人及机动车不能影响自行车的畅通。哥本哈根市政府一直倡导"绿色交通""绿色建市",早在20世纪六七十年代就已经形成局部自行车道路网。哥本哈根现有大量公共自行车设施,全市125个地点置有1300辆公共自行车供市民免费使用,称为CityBike。CityBike是一项非常成功的政策,据一项以12h为区间的调查显示,一台公共自行车的平均闲置时间只有8min,可见其受欢迎程度。与此同时,哥本哈根有高达40%的人骑脚踏车上班,人口约50万的哥本哈根拥有将近300km的自行车专用道,而且这个数字还在不断增加。

荷兰也颁布了相关法律推动自行车交通系统的建设,例如规定:道路设施不能截断主要自行车道,城市建设不能给自行车交通造成不便;各城市都要辟有专门与交通主干道隔离的自行车道,汽车被禁止驶入自行车道;自行车较机动车拥有绝对的道路使用优先权。对于自行车专用道路的修建,交通部制定了统一标准:路面宽至少要1.75m,双向自行车道的宽度至少为2.75m。同时,荷兰在自行车总体规划明确提出了5km以下的出行尽可能放弃机动车而改用自行车,从家到轨道交通车站,自行车是最合适的交通工具。荷兰已经形成了自行车道路网,总长 3 万多千米的自行车专用道路,占荷兰全国道路总长度的 30.6%,居世界第一位。为了推行自行车交通政策,政府鼓励公众骑自行车,荷兰公务员外出办事,70% 的工作量是利用自行车和公共交通工具完成的。另外还有一系列鼓励政策,如公司员工购买新自行车,3 年可报销一次,金额为 749 欧元,骑车人平时在缴纳税费时也有一定减免。

美国纽约的有利地形、高居住密度、商业密度,以及不断增加的自行车基础设施使得自行车成为纽约短途出行的最佳选择。据统计,纽约市内多达 50% 的出行距离都在 2km 以内。截至 2009 年 6 月底,纽约交通部门 3 年内在 5 个自治市修建了 321.8km 自行车专用车道,全市自行车交通网络的规模翻了一番。与此同时,纽约市对城市街道进行了改造,新建了 7.9km 与机动车车道相分离的自行车车道、20 个自行车停靠点以及 3100 个自行车停放架,这些都为使用自行车出行的公众提供了更加安全和便利的出行环境。纽约市交通部门致力于推进城市自行车共享系统的构建,为公众提供一种方便、低碳、可持续的绿色交通选择。该项目从 2012 年初正式实施,采用最先进的自行车共享技术以可承受的价格为公众提供安全、方便、全天候的租车服务。

在我国,自行车交通系统同样是大力发展的对象。2022 年,生态环境部发展中心发布的《共享骑行减污降碳报告》显示,共享单车每千米骑行减少碳排放 48.7g,共享电单车每千米骑行减少碳排放 54.5g。按照全国共享电单车约 800 万的投放总量,共享电单车行业一年的碳减排量可达 163.6 万 t。城市通勤距离分布数据显示,5km 内的通勤人群占比达 67.5%,使用共享电单车出行可以满足绝大部分通勤人群的日常需求,且出行效率高于汽车出行。上下班通勤、外出购物、休闲娱乐、接驳公共交通为主要骑行场景,上下班通勤和外出购物场景下,需求均超过 40%。二线、三线城市每天使用共享电单车出行的用户占比在 30% 以上,四线及以下城市的用户占比更高达 37.1%。以长沙、昆明、银川的电单车用户为例,有 41% 左右用户日均使用共享电单车 2 次以上。在小于 5km 的通勤距离内,各线城市共享电单车通勤效率均高于自驾车,其中,新一线城市电单车通勤时间平均节省时长为 3min。

(3)公共交通系统案例。

巴西的库里蒂巴(Curitiba)被誉为巴西最清洁的城市。为减少汽车污染,方便市民出行,该市政府规划建立了便捷的 BRT,使公共交通覆盖了整个市区以及临近的城镇。这些 BRT 车辆有自己的专用车道,运行速度能达到 80~90km/h。库里蒂巴的快速公交有个"半小时"承诺,即不管在城市的哪个地方,保证半个小时内就可以到达最远的目的地。该市车站布点密集,在市内的任何一个地方步行 5min 就可以找到最近的公交车站,约 3/4 的市民出行选择乘坐公交车。与巴西其他城市人均燃料消耗相比,库里蒂巴的人均燃料消耗量仅为其他城市的 1/4。

在我国,2010 年广州市中山大道 BRT 试验线建成通车运营,并成为亚洲单日客流量最大的 BRT 系统。广州市因在 BRT、公共自行车系统、绿道系统等方面的突出成就,获得美国交通运输研究委员会颁发的"2011 年可持续交通奖",广州市 BRT 项目还被联合国气候变化顾问委员会选为"2012 年应对气候变化灯塔项目"。在建设 BRT 之前,广州市主要公共交通走廊之一的天河路—中山大道走廊,由于沿线人口不断增加,巨大的车流量、客流量使其难以负荷,交通问题突出。因此,广州市政府经过充分论证后决定建设开通广州中山大道 BRT 试验线。广州中山大道 BRT 试验线总长 22.9km,呈东西走向,全线设置 26 座停靠站,站台平均间距 880m,容纳 31 条线路,总投资仅相当于建设 1.3km 地铁的费用。广州市 BRT 极大改善了公共交通系统的服务水平,缩短了旅客行程时间,全年直接经济效益超过8亿元人民币,同时节省了旅客出行的费用,平均每天为市民共节省148万元。BRT运营速度的提高、燃料和能源消耗的节省,使得它的每百公里气耗比普通公交降低了5%。广州BRT开通首年,中山大道的公交客流量上升39.6%,人均二氧化碳排放量比开通前减少了31.5%。根据亚洲发展银行CDM测算,广州BRT系统每年二氧化碳减排量超过8.6万t,对改善广州空气环境质量做出了积极贡献。

广州BRT不仅关注公交系统本身,还采取一系列措施强化了与公共交通系统衔接的步行和自行车环境,在站点周边塑造以人为本、步行、自行车优先的道路交通环境,保障支路网及人行通道的密度与连通性,包括引入公共自行车、划定自行车专用道、修建自动扶梯与人行天桥,是低碳道路交通系统的综合案例。

5.5 国内外低碳交通制度

5.5.1 国外低碳交通发展经验与启示

(1)国外低碳交通发展经验。

目前,许多国家和地区已经制定了完整的低碳规划和建设导则,进行了科学而且精心的设计,采取了相应的配套政策,同时鼓励政府部门、企业和非政府组织与公众积极参与,并取得了显著成效。

2016年,联合国195个成员国签署《巴黎协定》,其目标是将全球升温控制在2℃以下,尽量控制在1.5℃,尽快使全球碳排放达到峰值,并在"碳达峰"后采取快速减排行动。近年来,部分发达国家的低碳交通政策与措施见表5-6。

近年来部分发达国家的绿色低碳交通政策与措施 表5-6

国家	主要措施	主要内容	减排目标
德国	出台《德国联邦气候保护法》,同时采取补贴与税收相结合的方式降低交通运输行业碳排放	(1)为碳减排制定严格的法律框架,明确各个产业部门在2020—2030年的刚性年度减排目标,具有传导压力、落实责任、倒逼目标的强约束作用; (2)2019年11月起给予电动汽车最高6000欧元购车补贴;2020年1月起永久性降低长途火车票价增值税,同时调高欧洲境内航班增值税;2021年起投入10亿欧元/每年加快地区公交电动化;2030年投入860亿欧元进行全国铁路网电气化和智能化改造升级	到2030年温室气体排放比1990年减少55%,到2050年实现净零排放
美国	实施温室气体排放标准、燃油经济性标准和投资和经济激励性政策,转变交通运输需求,推广低碳和零碳交通	(1)对不满足燃油经济性标准的新车征收燃油税; (2)给予电动/混合动力汽车高达7500美元的联邦税收抵免,并为购买和安装电动汽车充电桩的个人或商业花费分别提供高达1000美元、3万美元的税收抵免; (3)为城际客运铁路设立专门基金,对整个交通网络进行全面改造,以提供更简单的线路和更好的连接,增加公共交通客流量等	到2030年温室气体排放量较2005年减少50%~52%,到2050年实现净零排放目标

续上表

国家	主要措施	主要内容	减排目标
英国	修订《气候变化法案》,宣布推行宣布"绿色工业革命",发布《英国低碳转换计划》	(1)设立独立的气候变化委员会对英国的减排进展和主要气候变化风险提供建议,独立评估减排进度和应对气候变化的相关进展; (2)对客运轨道交通车辆进行电动化改造,并在未来逐步实现纯柴油驱动列车的更新换代,扩建步行及骑行设施、鼓励儿童步行上学等,促进绿色低碳出行; (3)提高能源效率,发展新型清洁能源技术	到2035年,CO_2排放量将比1990年水平减少78%,2050年实现"净零目标"
日本	推出第五期《能源基本计划》以及《氢能及燃料蓄电池战略发展路线图》颁布《2050年碳中和绿色增长战略》	(1)降低化石能源的使用,推动新能源技术、储能技术的发展与应用; (2)大力发展燃料蓄电池技术、氢供应链及电解技术,推动氢能发展,逐步实现氢能社会; (3)通过财政扶持、税收、金融支持等方式引导企业创新,推动绿色产业发展	到2020年碳排放比1990年减少25%,2050年比1990年减少80%,在核电、可再生能源、交通运输、技术开发、国际合作等方面实施措施推动碳减排

(2)国外低碳交通启示。

一些发达国家都十分重视发展低碳交通的战略与规划的制定,从土地利用、城市规划、公共交通、汽车产业、交通管理、技术进步等方面提出了一系列的政策,以引导城市交通的低碳发展,其战略与规划主要体现在以下几方面。

①构建减少交通负荷的城市。充分开发和利用土地资源,实现住宅与单位、教育相关设施、医疗保健设施、购物设施等城市生活密切相关的城市设施邻近的布局,城市设施与交通设施紧密协调配置,以公共交通引导城市发展,建设高密度、紧凑型的城市,实现城市发展低碳转型。

②新能源汽车和设施推广。发达国家正在推动汽车制造产业以研发新能源车辆替代传统燃油车辆的重大技术革命。目前,纯电动汽车、氢能汽车、混合动力汽车等技术已经相对成熟,政府采用法规和经济手段双管齐下的方式向市场推广新能源车辆。另外,充电桩、加氢站、加气站等新能源设施也在加速布局,以满足新能源车辆的大面积推广。

③发展低碳道路网络。绿色低碳道路网络的发展包括发展公共交通、构建慢行交通网络。通过立法、规划和补贴等多种手段优先发展公共交通,形成统一的公共交通网络。开发安全、便利、快捷的步行环境和自行车使用环境,不仅把步行道和自行车道作为单独线路建设,而且在城市内形成慢行交通的网络。

④发展智慧交通。利用现代信息技术、数据通信传输技术、电子传感技术和计算机软件处理技术等构建高效、安全与现代化的智能交通系统,实现道路交通智慧化,人、车、道路管理一体化,大幅度降低能源消耗、温室气体排放量和各种污染物的排放量。

⑤引导机动车高效合理使用。以限制手段(如限制每个家庭拥有汽车的数量)和经济手段(提高私家车的税收等)控制汽车数量,控制行驶速度和交通容量(如通过道路空间的再分配,将一部分机动车道改作步行道,并增加公共交通、自行车专用车道的数量)、限制路网(设置单行路、划出禁行区、在特定的区域或道路区间禁止特定的车辆进入等)、征收道路使用费、

增加燃油税等控制机动车的使用,采用禁止路边停车、限制路边停车场的容量、提供停车收费、对停车场征税等措施控制停车,为高载率车辆(High Occupancy Vehicle,HOV)设置优先车道,限制公车数量和排量,严格实行"公车公用"。

⑥制定低碳交通政策。低碳交通政策是影响低碳交通发展和公众低碳交通行为的核心要素。低碳交通政策包括制定二氧化碳和污染物减排措施,设定二氧化碳和污染物减排目标,制定燃油经济性标准和尾气排放标准,制定碳和污染物排放相关政策法规等。

5.5.2 国内低碳交通制度与规划

(1)推广新能源汽车、完善新能源设施建设。

交通运输部于2021年11月发布的《综合运输服务"十四五"发展规划》中要求"十四五"期间深入推进城市绿色货运配送示范创建,加快新能源城市物流配送车辆应用,稳步提高城市物流配送新能源汽车比例。同年12月,国务院发布的《国务院关于印发"十四五"现代综合交通运输体系发展规划的通知》中明确要求"十四五"期间逐步推动城市公共服务车辆和港口、机场场内车辆电动化替代,百万人口以上城市(严寒地区除外)新增或更新地面公交、城市物流配送、邮政快递、出租、公务、环卫等车辆中电动车辆比例不低于80%。

此外,该通知还提出于"十四五"期间完善城乡公共充换电网络布局,积极建设城际充电网络和高速公路服务区快充站配套设施,实现国家生态文明试验区、大气污染防控重点区域的高速公路服务区快充站覆盖率不低于80%、其他地区不低于60%,并大力推进停车场与充电设施一体化建设,实现停车和充电数据信息互联互通,在长江干线、京杭运河和西江航运干线等开展液化天然气加注站建设,以建立完善的新能源设施服务网络,保障新能源汽车普及。

(2)发展低碳道路网络。

2019年6月,交通运输部等十二部门和单位联合印发了《绿色出行行动计划(2019—2022年)》,其中道路交通方面主要包含以下三部分内容。

①优化城市道路网络配置。树立"窄路密网"的城市道路布局理念,加强支路街巷路建设改造,打通道路微循环,建设快速路、主次干路和支路级配合理、适宜绿色出行的城市道路网络。打通各类断头路,形成完整网络。科学规范设置道路交通安全设施和交通管理设施。推进现有道路无障碍设施改造,加快改善交通基础设施无障碍出行条件,提升无障碍出行水平。不断优化公共交通、步行和自行车等绿色交通路权分配,均衡道路交通资源。

②提高公交运营速度。加大公交专用道建设力度,优先在城市中心城区及交通密集区域形成连续、成网的公交专用道。加强公交专用道的使用监管,加大对违法占用公交专用道行为的执法力度。积极推行公交信号优先,全面推进公交智能化系统建设。优化地面公交站点设置,提高港湾式公交停靠站设置比例。因地制宜允许单行线道路上公交车双向通行。

③完善慢行交通系统建设。开展人性化、精细化道路空间和交通设计,构建安全、连续和舒适的城市慢行交通体系。加大非机动车道和步行道的建设力度,保障非机动车和行人合理通行空间。加快实施机非分离,减少混合交通,降低行人、自行车和机动车相互干扰。按标准建设完善行人驻足区、安全岛等二次过街设施和人行天桥、地下通道等立体交通设施。在商业集中区、学校、医院、交通枢纽等规划建设步行连廊、过街天桥、地下通道,形成

相对独立的步行系统。

此外,2021年11月发布的《综合运输服务"十四五"发展规划》中指出"十四五"期间重点创建100个左右绿色出行城市,引导公众出行优先选择公共交通、步行和自行车等绿色出行方式,不断提升城市绿色出行水平。到2025年,力争60%以上的创建城市绿色出行比例达到70%,绿色出行服务满意率不低于80%。

(3)制定燃油经济性标准。

2005年,我国发布了第一阶段的乘用车燃油消耗量限值标准(GB 19578—2004),并在此基础上逐步强化要求,先后推出了第二阶段(2008年)、第三阶段(2012年)、第四阶段(2016年)和第五阶段(2021年)标准。根据第五阶段标准,乘用车的平均燃油消耗量要求比第三阶段标准降低约20%。此外,随着技术的不断进步,新能源汽车和混合动力汽车的燃油经济性标准也逐步纳入政策体系。通过逐步提高燃油经济性标准,我国显著降低了交通领域的能源消耗和碳排放,推动了节能环保型汽车的推广应用。

(4)制定尾气排放标准。

我国的机动车尾气排放控制标准起源于欧洲。2001年,我国参照欧洲标准,发布了第一阶段排放标准(国Ⅰ)。随后,陆续推出了国Ⅱ、国Ⅲ、国Ⅳ、国Ⅴ和国Ⅵ标准。截至2023年7月1日,国Ⅵb阶段标准已在全国范围内全面实施。根据国Ⅵ标准,家庭轿车和轻型汽车的一氧化碳排放量相比国Ⅲ标准减少了73%,碳氢化合物和氮氧化物的排放量则分别减少了71%和90%。目前,国家第七阶段机动车污染物排放标准(国Ⅶ)的制定工作已于2024年3月启动,预计将于2025年发布征求意见稿,并可能于2026年正式发布。

(5)其他政策与规划。

我国现阶段已初步建立了国家宏观政策引导,除了新能源车辆和设施、绿色低碳道路网络、燃油经济性、尾气排放标准等,与绿色低碳交通相关的新能源生产和税收政策体系也逐渐成熟。

《节约能源法》《可再生能源法》等法律以及《国家能源中长期发展规划纲要2004—2020》等发展规划中均明确了大力发展新能源的战略地位。2013年颁布的《变性燃料乙醇》(GB 18350—2013)和《车用乙醇汽油》(GB 18351—2013)进一步规范燃料乙醇生产、提升车用乙醇汽油质量,并推动清洁能源替代传统化石燃料。配合国家财税优惠和区域试点政策,这两项标准显著提升了乙醇汽油的市场接受度。至"十三五"末期,全国已有11个省(自治区、直辖市)实现车用乙醇汽油全覆盖,年消耗量突破3000万t,成为全球第三大乙醇汽油消费国。

此外,自2006年开始,我国先后提高了大排量汽车等产品的消费税率,同时对小排量汽车税率实施优惠政策。2009年1月1日在取消了原来的在成品油价外征收的公路养路费、公路运输管理费、公路客货运附加费等收费的基础上,将价内征收的汽油消费税单位税额每升提高0.8元,柴油消费税单位税额每升提高0.7元。2009年1月20日,财政部、国家税务总局联合发布的《关于落实车辆购置税减征政策的通知》,提出了对2009年1月20日至12月31日购置1.6L及以下排量乘用车,暂减按5%的税率征收车辆购置税。2011年2月通过的《车船税法》将车船税按排量大小递增式收取。2023年6月19日,财政部等三部门发布公告,延续和优化新能源汽车车辆购置税减免政策。对2024年1月1日至2025年12月31日期间购置的新能源汽车免征车辆购置税,每辆新能源乘用车免税额不超过3

万元;2026年1月1日至2027年12月31日期间购置的,减半征收车辆购置税,每辆减税额不超过1.5万元。

目前,我国还需要对步行交通系统、自行车交通系统、公共交通系统等绿色低碳道路网络进行更广泛、更合理地规划和布局,从而更大限度地降低环境污染和温室气体排放。

【复习思考题】

5-1 绿色低碳交通的定义和内涵分别是什么?

5-2 绿色低碳道路交通系统的组成元素有哪几种?请分别概述每种组成元素的基本内容。

5-3 绿色低碳交通工具和绿色低碳能源设施分别有哪些种类?

5-4 为解决公交专用车道现存问题,使得公交专用车道能够充分发挥其应有作用,可采取哪些对策?

5-5 国外绿色低碳交通的战略与规划主要体现在哪几个方面?请展开叙述。

第6章
交通环境规划与管理

为了应对空气污染、噪声污染等诸多交通环境挑战,现代城市中的交通环境规划与管理显得尤为重要。环境规划是对环境问题进行战略性、整体性的研究,而环境管理则负责具体实施环境规划提出的目标和措施。通过科学合理的交通环境规划,可以有效减少交通对环境的不良影响,提高居民的生活质量;同时,精准的交通环境管理措施能够提升城市交通系统的运行效率和发展可持续性。通过本章学习,可以掌握环境规划与环境管理的基本概念,并熟悉我国道路交通环境规划与管理的相关内容。

6.1 环境规划与环境管理

6.1.1 环境规划概述

6.1.1.1 环境规划的含义

环境规划是指依据经济社会发展规律、生态环境规律和地理学原理,将环境、经济、社会作为一个复合生态系统,研究其发展变化趋势,从而在时间和空间上对人类自身活动和环境做出合理安排,实现环境、经济、社会三者的协调发展。

环境规划的本质是一项为克服人类社会经济活动和环境保护活动中出现的盲目性和主观

随意性而实施的科学决策活动,是环境决策在时间、空间上的具体安排,是对一定时期内环境保护目标和措施所做出的规定。

6.1.1.2 环境规划的内容

环境规划的基本内容集中了各类专项规划共性的原则、方法、指标和程序,包括环境现状调查与评价、环境区划与功能分区、环境预测、环境目标、环境规划设计和规划方案申报与实施。环境规划是协调环境资源利用与经济社会发展的科学决策过程。环境规划因对象、目标、任务、内容和范围等不同,其侧重点可能各不相同,但规划编制的基本内容大致相同,主要包括以下几方面。

①环境现状调查与评价。通过环境质量、污染来源的现状调查与评价,可以了解区域环境状况,获取规划需要的科学数据信息,这是规划工作的基础。

②环境区划与功能分区。根据区域自然及社会经济条件差异划分不同功能的环境单元,并研究不同单元的环境容量(承载力),便于分类指导、因地制宜地规划。

③环境预测。环境预测是结合区域经济社会发展趋势,对未来环境状况进行定量、半定量分析和描述。环境预测是编制环境规划的先决条件。

④环境目标。环境目标及其指标体系的制定是环境规划的核心工作,目标高低决定投资大小及实施可能,也决定了规划的合理性和可实施性。

⑤环境规划设计。结合规划区域存在的问题和环境目标要求,拟定污染防治及产业调整、生态保护方案。环境规划设计是环境规划的关键。

⑥规划方案申报与实施。环境规划方案按照一定的程序上报有关决策机关,按照法定程序审批下达后,在环境保护部门的监督管理下,各级政府和有关部门应根据规划提出的任务要求,推进规划执行。

环境规划的具体内容则可以从期限、要素、行政区划和管理层次以及性质四个角度进行阐述,如图6-1所示。

6.1.1.3 环境规划的原则

(1)坚持可持续发展的原则。

实现可持续发展是城市建设的终极目标,它是建立在资源的可持续利用和良好的生态环境基础上的,因此,必须遵守生态学原理,体现系统性、完整性的原则。

(2)遵循经济规律和生态规律的原则。

环境规划需要正确处理环境与经济的关系,实现环境与经济的协调发展,必须遵守经济规律和生态规律,否则会造成环境恶化、危害人类健康、制约经济正常发展的恶果。

(3)预防为主、防治结合的原则。

"防患于未然"是环境规划的根本目的之一,因此,在环境污染和生态破坏发生前予以杜绝和防范,并减少其带来的危害和损失是环境保护的宗旨。

(4)系统性原则。

环境规划对象是一个综合体,用系统论方法进行环境规划有更强的适用性,即用系统的观点对环境规划方案进行调控,才能达到保护和改善环境质量的目的。

(5)针对性原则。

环境和环境问题具有明显的区域性,不同地区在地理条件、人口密度、经济发展水平、能源资源的储量和技术水平等方面具有一定的差别。因此,环境规划必须根据区域环境特征科学制定环境功能区划,因地制宜地采取相应的策略措施和规划方案。

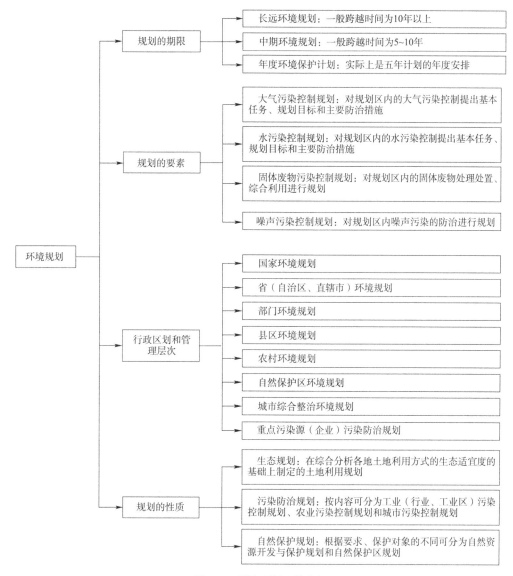

图 6-1　环境规划的具体内容

6.1.2　环境管理概述

6.1.2.1　环境管理的含义

环境管理既可以作为环境科学的一个重要分支学科(即环境管理学),也可以作为一个社会工作领域,其目的是解决环境保护过程中的实践问题。

环境管理通常可以从狭义和广义两个层面进行定义。狭义环境管理是指依据国家相关法律、法规开展的环境监督行为,主要是各地环境保护行政主管部门的主要职能。广义环境管理是指运用经济、法律、技术、行政和教育等手段,限制人类损害环境质量的活动,通过全面规划、综合决策,实现经济发展与环境保护的相互协调,既能满足人类日益增长的物质、社会和心理需要,又不超出环境承载的极限。综上,狭义环境管理的核心是监督和服务,而广义环境管理的核心是协调和综合决策。

6.1.2.2 环境管理的特点

环境管理是环境保护的关键,只有加强环境管理,才能利用有限的人力、物力和时间高效解决环境问题。因此,环境管理具有综合性、区域性、广泛性和自适应性等特点。

(1)综合性。

环境管理的综合性主要体现在两个方面:对象和内容的综合性,对象涉及人类环境质量和自然环境质量,内容涵盖社会、经济、科学技术、管理和法律等多个领域;环境管理手段的综合性,即合理运用来自经济、法律、技术、行政、教育等多个方面的限制或鼓励手段。

(2)区域性。

由于我国是一个地形地貌复杂多样的国家,各省(自治区、直辖市)之间的自然环境千差万别,并且经济发展水平、人口密度、能源资源储量各有不同。因此,环境管理必须根据区域的综合环境特征采取合理的措施,具有明显的区域性。

(3)全民性。

环境管理需要全社会的共同参与和合作。环境问题不仅仅是政府或某个组织的责任,而是需要全民共同努力才能解决。因此,环境管理应注重提高公众的环保意识和参与度,形成全社会共同保护环境的良好氛围。

(4)动态性。

环境管理需要不断适应环境变化和新的挑战,及时调整管理策略和政策。环境问题是动态变化的问题,管理的依据和方法也需根据政策的变化和技术手段的更新有所调整,动态地更新管理方法,才更有利于环境的可持续发展。

6.1.2.3 环境管理的内容

环境管理的内容可以从范围和性质两个角度进行阐述,如图6-2所示。实际上,各类环境管理的内容是相互交叉、相互渗透的,这里从不同角度划分是为了便于研究。

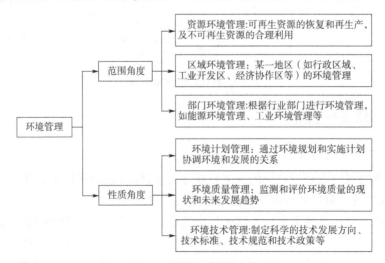

图6-2 环境管理的具体内容

6.1.2.4 环境管理的手段

(1) 法律手段。依靠法律手段加强国家对环境保护的管理工作,是一种强制性措施,包括立法和执法两个方面。前者把国家对环境保护的要求和做法,以法律的形式固定下来,强制执行;后者是环境管理部门协助和配合司法部门对违反环境法律的犯罪行为进行斗争或提取公诉,直至追究法律责任。

(2) 行政手段。环境管理的行政手段是指各级环境保护行政主管部门依法开展行政管理的手段,如依法对排放污染物超标的企业实行限期整改或关停等。

(3) 技术手段。环境管理的技术手段指采用环保工程、环境规划、环境评价等技术,以此达到保护环境的目的。

(4) 宣传教育手段。环境管理的宣传教育手段是指开展多种形式的环境保护宣传教育,不断提高环境管理人员的业务能力和公众的环境保护意识,实现科学化的环境管理手段。

6.1.2.5 环境管理八项制度

我国的环境管理八项制度包括环境影响评价制度、"三同时"制度、排污申报登记与排污许可证制度、排污收费制度、污染集中控制、限期治理制度、城市环境综合整治定量考核和环境保护目标责任制。推行这些制度是为了达到控制环境污染和生态环境破坏,有目标地改善环境质量,实现环境保护的总原则和总目标,这些制度同时也是环境保护部门依法行使环境管理职能的主要方法和法律与行政手段。

(1) 环境影响评价制度。

环境影响评价制度是贯彻预防为主、防止新污染、保护生态环境的一项重要的法律制度。环境影响评价又称环境质量预断评价,是指对可能影响环境的重大工程建设、规划或其他开发建设活动,事先进行调查、预测和评估,为防止和降低环境损害而制定的最佳行动方案。

(2) "三同时"制度。

"三同时"制度是指新建、改建、扩建项目和技术改造项目以及区域性开发建设项目的污染防治设施,必须与主体工程"同时设计、同时施工、同时投产"的制度。

(3) 排污申报登记与排污许可证制度。

排污申报登记制度是指凡是向环境排放污染物的单位,必须按规定程序向环境保护行政主管部门申报登记所拥有的排污设施、污染物处理设施及正常作业情况下排污的种类、数量和浓度的一项特殊的行政管理制度。排污申报登记是实行排污许可证制度的基础。

排污许可证制度是以改善环境质量为目标,以污染物总量控制为基础,规定排污单位许可排放污染物的种类、数量、浓度和方式等的一项基础性环境管理制度,是依法规范企事业单位排污行为的行政管理制度。

(4) 排污收费制度。

排污收费制度是指一切向环境排放污染物的单位和个体生产经营者,按照国家的规定和标准缴纳一定费用的制度。我国从1982年开始全面推行排污收费制度,到现在,全国各地普遍开展了征收排污费工作。2018年1月1日起实施的《中华人民共和国环境保护税法》中明确指出,应对大气污染物、水污染物、固体废物和噪声四类征收排污费。

(5) 污染集中控制。

污染集中控制是在一个特定的范围内,为保护环境所建立的集中治理设施和所采用的管理措施,是强化环境管理的一项重要手段。污染集中控制应以改善区域环境质量为目的,依据污染防治规划,按照污染物的性质、种类和所处的地理位置,以集中治理为主,用最小的代价取得最佳效果。

(6)限期治理制度。

限期治理制度是指对污染危害严重、群众反映强烈的污染区域采取的限定治理时间、治理内容及治理效果的强制性行政措施。

(7)城市环境综合整治定量考核。

城市环境综合整治定量考核是我国在总结近年来开展城市环境综合整治实践经验的基础上形成的一项重要制度,它是通过定量考核对城市政府在推行城市环境综合整治中的活动予以管理和调整的一项环境监督管理制度。

(8)环境保护目标责任制。

环境保护目标责任制是通过签订责任书的形式,具体落实地方各级人民政府和有污染的单位对环境质量负责的行政管理制度。这一制度明确了一个区域、一个部门及一个单位环境保护的主要责任者和责任范围,理顺了各级政府和各个部门在环境保护方面的关系,从而使改善环境质量的任务能够得到层层落实。这是我国环境环保体制的一项重大改革。

以上环境管理的制度,同样适用于道路交通建设项目的环境管理,在具体道路交通建设项目中,应充分考虑项目的交通特征及主要引发的环境问题和影响范围,进行环境影响评价,丰富生态保护措施和污染控制手段,提倡资源节约和循环利用,同时,建立道路交通环境问题的责任落实和社会监督机制,严控违反《中华人民共和国环境保护法》的行为。

6.1.3 环境规划与环境管理的关系

环境规划与环境管理具有共同的最终目标:预防、控制和减少污染,协调人类社会与环境保护的关系,限制人类对环境质量和自然资源的损害,确保生态系统的良性循环和可持续发展。

环境规划主要从战略、整体和统筹角度研究和解决环境问题,并为环境管理提供指导。通过对存在问题的分析,设定环境目标,拟定治理措施(包括工程措施和管理行动),通常表现为5年制环境保护规划、基于污染要素分类的专项规划等,为环境管理提供行动方案。

环境管理则是以宏观综合决策与微观执法监督相结合,通过系统性的规划、组织、控制和监督去具体实施解决环境问题,在一定程度上包含了环境规划的环节。同时,管理过程中对新问题的及时反馈和归纳,有助于下一轮环境规划的优化和调整。

从时空特征的角度来看,环境规划侧重于探索未来,采用科学方法进行战略性研究,而环境管理则关注当前问题的解决,通过各种手段实现环境目标。二者是环境保护工作的核心途径,密不可分,同时也具有各自独立的内容和体系。

6.2 道路交通环境规划

6.2.1 道路交通环境规划概述

6.2.1.1 道路交通环境规划的含义

道路交通环境规划是指在国家或区域交通发展战略框架下,依据环境保护原则与生态文明建设要求,对交通运输系统与周边环境之间相互作用关系进行系统性分析,进而制定优化交通结构、控制环境污染、保障公众健康和提升环境质量的综合性规划方案。它既是交通规划的一个重要组成部分,也是环境规划在交通领域的具体体现。

6.2.1.2 道路交通环境规划的特点

道路交通环境规划作为协调人、车、路与环境动态关系的系统性工程,需统筹多维度空间要素,融合政策导向与技术支持,通过前瞻性布局与动态适应性调整,实现交通效能优化与生态环境保护的协同发展。因此,道路交通环境规划具备整体性、综合性、区域性、动态性、信息密集性和政策性的特征。

(1) 整体性。

道路交通环境包含了人、车、路以及周边环境,这四个要素组成了一个有机的整体,各要素之间既有各自的特征,又有强烈的相互联系,形成一个各要素相互独立又相互联系的整体,体现了道路交通环境规划的整体性。

(2) 综合性。

道路交通环境规划涉及交通规划、环境保护等多个领域,需要众多部门之间协调配合,例如交通运输部门、生态环境部门、规划部门等,体现了道路交通环境规划的综合性。

(3) 区域性。

在道路交通环境规划中区域性体现十分明显,不同地区的道路交通环境规划政策是不同的,道路交通环境规划必须与地方的交通基础设施发展、环境状况、评价指标体系相适应,体现了道路交通环境规划的区域性。

(4) 动态性。

交通是一个动态的系统,影响交通的人、车等因素都是在动态变化的,因此,道路交通环境规划也必须是动态的,以满足交通动态变化的需求,这体现了道路交通环境规划的动态性。

(5) 信息密集性。

道路交通环境规划需要结合各种交通信息,在交通大数据背景下,信息的密集程度更是达到了前所未有的高度,这是道路交通环境规划信息密集性的体现。

(6) 政策性。

道路交通环境规划主要是以政策为导向的,在进行规划的时候,需要依照我国现行的有关环境政策、法律、法规以及规范标准,这体现了道路交通环境规划政策性强的特点。

6.2.1.3 道路交通环境规划的基本原则

道路交通环境规划需要遵循一定的原则,以保证规划的可行性、科学性和正确性,主要包括以下7项。

(1) 不得与国家或地方法律法规政策相违背,要在法律法规允许的范围内设计道路交通环境规划方案,这是首要前提。设计方案要响应国家政策,避免与之相抵触。

(2) 坚持全面规划、合理布局的原则。道路交通环境规划是一个十分复杂的系统工程,涉及多种影响因素,在进行道路交通环境规划时,必须要全面考虑多种因素,合理布局各个交通要素,推行可持续发展战略,保障环境与经济的协调发展。

(3) 坚持突出重点、兼顾一般的原则。在道路交通环境规划编制的过程中,必须把握主要矛盾,重点解决主要的交通环境问题,同时兼顾到一般的环境问题,使得交通环境和谐友好地发展。

(4)坚持经济效益、社会效益、环境效益相统一的原则。道路交通环境是一个综合的社会问题,涉及交通、社会、经济和环境等多个方面,因此,必须要综合考虑经济、社会、环境等多方面的效益,遵循生态规律和经济规律,使有限的资金发挥更大的作用。

(5)坚持道路交通环境综合整治的原则。道路交通环境规划中要坚持污染防治与交通基本建设、技术改造和城市建设紧密结合,实行环境保护综合整治的原则。

(6)坚持依靠科技进步的原则。大力发展清洁能源技术,支持新能源汽车的发展,推进节能减排技术,积极采用适宜规模的、先进的、经济的治理技术,发展经济,保护交通环境。

(7)坚持实事求是、因地制宜的原则。道路交通环境规划必须结合当地的经济、社会、交通的发展状况,环境目标应符合国民经济计划总要求,要从实际出发,规划措施要具有可操作性。

6.2.2 道路交通环境规划程序

道路交通环境规划程序主要包括以下八个步骤:编制道路交通环境规划的工作计划;道路交通环境、经济和社会现状调查和评价;交通环境区划;道路交通环境预测分析;确定道路交通环境规划目标;提出环境规划方案;环境规划方案的申报与审批;环境规划方案的实施。

6.2.2.1 编制道路交通环境规划的工作计划

在开展规划工作前,有关人员要根据环境规划目的和要求,对整个规划工作进行组织和安排,提出规划编写提纲,明确任务,制定详实的工作计划。规划编制流程如图 6-3 所示。

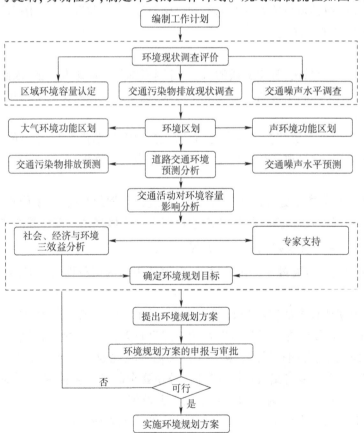

图 6-3 道路交通环境规划编制基本程序

6.2.2.2 道路交通环境、经济和社会现状调查与评价

在道路交通环境规划中,道路交通环境、经济与社会现状的调查与评价是识别交通环境问题、制定可行性规划策略的基础。需要明确的是,交通系统的污染物排放和噪声控制必须遵循上级环境管理部门设定的环境容量和污染物排放总量控制要求。

环境容量是指特定区域内环境介质(如大气、水体、土壤)能够承受污染物排放而不导致环境质量恶化的最大承载能力。污染物排放总量控制制度则是国家环境管理的重要手段,旨在通过设定污染物排放总量的上限,确保环境质量达标。交通领域的污染物排放和噪声控制指标,通常由上级环境管理部门根据区域环境容量、现有污染负荷、经济社会发展需求等因素综合确定,并分解落实到各相关部门。

因此,在道路交通环境规划中,现状调查与评价的重点应包括以下几个方面。

(1)交通污染物排放和噪声控制指标核查。

收集并核查上级环境管理部门对交通领域设定的污染物排放总量控制指标和噪声控制标准,包括但不限于氮氧化物(NO_x)、颗粒物(PM_{10}、$PM_{2.5}$)、一氧化碳(CO)等污染物的年排放总量限值,以及不同功能区的交通噪声限值。这些指标通常体现在环境影响评价文件、排污许可证、环境质量达标规划等文件中。

(2)交通系统现状排放调查。

调查交通系统当前的污染物排放和噪声水平,量化不同交通方式(如机动车、轨道交通、非机动车等)对主要污染物和噪声的贡献。重点调查内容包括机动车保有量、车辆类型和排放标准、道路交通流量和速度、交通噪声源分布等。调查数据应细化到道路等级和区域单元,以便进行精细化管理和优化调控。

(3)交通活动对环境质量的影响评价。

基于现有监测数据和模型模拟方法,评估交通活动对区域大气质量和声环境的影响,识别污染物浓度超标和噪声超限的高风险区域。分析不同交通模式和运行条件下的污染贡献差异,明确主要问题源头,为制定有针对性的控制措施提供依据。

(4)交通相关经济社会特征调查。

调查区域内经济活动布局、人口密度分布、出行特征等,识别交通需求增长趋势及其对环境压力的潜在影响。特别关注大型建设项目(如新区开发、交通枢纽建设)对交通污染物排放和噪声水平的叠加影响。

(5)交通环境管理与技术政策现状评价。

分析现有交通环境保护政策的执行情况,如限行政策、低排放区划定、新能源车辆推广、交通噪声控制措施等,识别政策执行中的问题和不足。评估现有管理措施对污染物和噪声排放的控制效果,提出改进建议。

通过上述调查与评价,全面掌握交通系统在环境容量和污染物排放总量控制要求下的现状和问题,为制定科学合理的交通环境规划提供依据。在规划过程中,必须严格遵守上级环境管理部门设定的污染物排放和噪声控制指标,确保交通系统的发展不突破环境承载能力,保障环境质量的持续改善。

6.2.2.3 交通环境区划

交通环境区划是指从环境保护和交通规划的双重角度对研究区域进行划分,旨在综合考

虑交通活动带来的环境污染危害与投资效益。在制定交通环境规划目标前,需对研究区域实施交通环境区划,并依据各分区的特点定制针对性的交通环境管理策略。

(1)大气环境功能区划。

大气环境功能区划是指依据区域社会功能、土地利用性质及发展规划,结合《环境空气质量标准》(GB 3095—2012),对城市或区域划分不同类型的大气环境功能区,并确定各类功能区执行的环境空气质量标准和污染物排放控制要求。大气环境功能区划的主要目的是通过空间分区管理,实现对大气污染物的有效控制,保障公众健康,提升环境空气质量,促进城市可持续发展。大气环境功能区划的基本类型见表6-1。

大气环境功能区划　　　　　　　表6-1

功能区类别	范围	执行大气质量标准
1类大气环境功能区	自然保护区、风景名胜区和其他需要特殊保护的区域	一级
2类大气环境功能区	居住、商业交通居民混合区、文化区、工业区和农村地区	二级

大气环境功能区划的重要意义表现在:明确环境管理单元,通过划分功能区,明确各区域的环境质量目标和污染控制要求,为环境管理提供基础;支撑环境影响评价,功能区划为建设项目的环境影响评价提供依据,确保项目选址和布局符合环境保护要求;促进规划与环境协调,功能区划有助于将环境保护要求纳入城市规划,实现经济发展与环境保护的协调统一;指导污染防治措施,根据功能区的环境质量目标,制定相应的污染物排放标准和控制措施,实施差异化管理。

划分大气环境功能区时,一方面要充分利用自然环境的界线(如山脉、丘陵、河流及道路等)作为相邻功能区的边界线,尽量减少边界的处理;另一方面应特别注意风向的影响,如一类功能区应放在最大风频的上风向,通过最大限度地开发利用环境空气的自净能力,达到既扩大区域污染物的允许排放总量,又减少治理费用的目的。划分大气环境功能区,对不同的功能区实行不同大气环境目标的控制对策,有利于实行新的环境管理机制。

(2)声环境功能区划。

声环境功能区划是指依据区域社会功能及土地用途特征,结合《声环境质量标准》(GB 3096—2008)和《声环境功能区划分技术规范》(GB/T 15190—2014),对城市或区域划定不同类型的声环境功能区,并确定各类功能区执行的环境质量标准和噪声污染控制要求。其核心目的是通过空间分区管理手段,实现对交通、工业及其他声源噪声的有效控制,保障城市居民生活、学习和工作的安静环境,提升整体声环境质量。

声环境功能区划的重要意义表现在:科学划定声环境管理单元,通过明确划分不同用途区域所适用的噪声控制标准,为城市环境噪声治理提供空间基础;支撑城市噪声污染防控体系建设的同时促进城市规划与环境管理融合,有利于在城市总体规划、用地布局和功能分区调整过程中,兼顾声环境保护目标,推动环境、经济、社会三者协调发展;明确污染源控制边界,各类功能区执行不同的噪声污染物排放限值,有利于依法依规约束工业、交通等主要噪声源行为。声环境功能区划的基本类型见表6-2。

声环境功能区划　　　　　　　表6-2

功能区类别	范围	执行声环境质量标准
0类声环境功能区	康复疗养区等特别需要安静的区域	零级

续上表

功能区类别	范围	执行声环境质量标准
1类声环境功能区	居民住宅区、医疗卫生区、文化教育区、科研设计区、行政办公区	一级
2类声环境功能区	商业金融区、集市贸易区，或居住、商业、工业混杂区域	二级
3类声环境功能区	工业生产区、仓储物流区	三级
4a类声环境功能区	交通干线两侧、快速路、高架路周边区域	四级
4b类声环境功能区	铁路两侧区域	四级

6.2.2.4 道路交通环境预测分析

在掌握道路交通环境现状的基础上，需要结合区域社会经济和交通发展趋势，预测未来道路交通活动对环境的影响变化。这一过程不仅是规划目标设定的重要依据，也是制定交通环境控制措施的前提保障。道路交通环境预测分析主要包括以下几个方面。

(1) 交通污染物排放预测。

基于交通量增长、机动车结构变化、燃油品质改善、排放标准升级等因素，预测道路交通系统中主要污染物（如 NO_x、CO、PM_{10}、$PM_{2.5}$ 和 VOCs 等）排放总量的变化趋势。常用方法包括：交通量预测模型（如四阶段模型：出行生成、出行分布、交通方式划分和路径分配）；排放因子法（如 COPERT 和 EMFAC 模型），通过车辆数、行驶速度和排放因子计算污染排放量；情景分析法，设定不同交通管理或政策干预下的排放情景，比较各方案的排放影响差异。预测结果通常以污染物年排放总量（吨/年）或单位道路长度排放强度（g/km）表示，用于判断未来空气污染趋势和区域环境容量压力。

(2) 交通噪声水平预测。

随着交通量增长和道路设施变化，交通噪声水平将发生动态变化。噪声预测主要包括不同道路类型、不同交通流条件下的噪声级变化趋势分析。常用模型包括：FHWA 交通噪声模型（美国联邦公路局标准模型）；CNOSSOS-EU 模型（欧盟统一交通噪声评估标准）；简化经验公式，如根据交通流量、车速、重型车比例估算噪声增长。预测结果以 Leq（等效连续声级）表示，重点识别未来噪声可能超出功能区限值的路段，为噪声控制规划提供依据。

(3) 交通活动对环境容量的影响分析。

环境容量指特定区域环境要素在污染负荷下保持可接受质量标准的承载能力。道路交通活动增加会对区域大气环境、声环境容量造成压力，其分析内容包括：比较交通污染物预测排放量与区域允许排放总量；判断污染物浓度是否可能超标（结合区域大气扩散模型，如 CALINE4 模型）；对噪声，比较预测噪声级与功能区允许限值。

(4) 交通绿色转型趋势预测。

随着新能源车辆推广、公共交通系统优化、慢行交通网络完善，未来交通系统对环境的压力有望逐步降低。预测内容包括：新能源汽车（电动车、氢燃料车）市场渗透率变化及对排放量的影响；公共交通出行分担率上升对小汽车出行替代效果；慢行交通设施（步行道、自行车道）完善对城市局部空气质量和噪声环境的改善作用。通过绿色交通发展情景设定，量化低碳转型对未来道路交通环境改善的影响，为确定道路交通环境规划目标提供依据。

6.2.2.5 确定道路交通环境规划目标

为了有效应对当前和未来可能出现的交通环境问题，必须根据人类社会生存和发展需求，深入研究这些问题的性质、趋势、危害程度及其影响范围。同时,考虑到实际经济和技术发展水平,制定出既切实可行又能有效保护环境的目标。确立合适的道路交通环境目标是规划与设计的核心环节。目标设定需谨慎平衡,若目标过于理想化,可能导致投资超出经济承受能力,难以实现;反之,目标过低则无法满足环境保护的基本要求,可能引发严重的环境危机。可以通过以下两种方式确定道路交通环境规划目标。

(1)从层次角度阐述道路交通环境规划目标。

①总目标:指规划区域内整体环境质量应达到的标准和状态。例如,在城市中心区减少空气污染至安全标准以内,或是在居民区内降低夜间噪声水平以保障居民健康。

②单项目标:是依据规划区环境要素和环境特征以及不同环境功能所确定的环境目标。环境规划目标可用精练而明确的文字概括地阐明,在确定总目标的基础上,针对最突出的环境问题和规划期的工作焦点,将必须实施的规划目标和措施作为纲领或总任务确定下来,充分体现规划的重点。基于特定环境要素(如大气、声学、生态)、功能及特征设定的具体环境目标。比如,在高密度居住区实施严格的尾气排放标准,或者在商业区设置更多的绿化带以吸收二氧化碳并改善空气质量。

③环境指标:体现环境目标的指标体系,是目标的具体内容和环境要素特征和数量的表述。环境规划指标体系是由一系列相互联系、相互独立、互为补充的指标所构成的有机整体。在实际规划工作中,应根据规划区域对象、规划层次、目的要求、范围、内容选择适当的指标。指标选取的基本原则是科学性原则、规范化原则、适应性原则、针对性原则、超前性原则和可操作性原则。指标类型主要包括环境质量指标、污染物总量控制指标、环境管理与环境建设指标、环境投入以及相关的社会经济发展指标等,可具体反映单一因子对环境规划目标的影响。例如,规定 $PM_{2.5}$ 浓度不超过某一限值,或是夜间噪声水平不得超过一定分贝数。

(2)从类型角度阐述道路交通环境规划目标。

①按规划内容划分,主要针对大气环境、声环境、生态环境等设定专门目标,如提升城市主要干道沿线的空气质量,确保二氧化氮浓度低于国家规定的安全阈值。

②按污染控制目标划分,包括削减污染物排放量、提高治理率和达标率等方面的具体要求,如五年内将机动车尾气中氮氧化物排放量减少20%,确保所有新建道路项目符合最新的环保标准。

③按环境管理目标划分,涵盖环境影响评价、"三同时"制度执行率等管理措施的要求。如所有新开发的交通基础设施项目均需进行详细的环境影响评估,并严格执行"三同时"政策,即污染防治设施与主体工程同时设计、施工、投产使用。

④按规划时间划分,可分为长期、中期和短期目标。长期目标主要是有战略意义的宏观要求目标,时间一般为 10~20 年;中期目标包含具体的定量目标,也包含定性目标,时间一般为 3~5 年;短期目标一般指年度指标,一定要准确、定量、具体,体现出很强的可操作性。从关系上看,长期目标通常是中期、短期目标制定的依据,而短期目标则是中期、长期目标的基础。

⑤按空间划分,包括国家级、省级、市级、县级乃至特定经济区或流域层面的环境规划目标,如在全国范围内推广绿色出行理念的同时,重点城市如北京、上海等地率先实施更为严格的交通排放标准。

通过多维度、多层次的方法来设定交通环境规划目标,可以确保规划既具有前瞻性又具备可操作性,从而有效地指导未来的交通环境管理工作。

6.2.2.6 提出环境规划方案

规划方案是实现规划目标的具体途径。编制规划方案需要针对环境调查筛选主要环境问题,根据所确定的环境目标和环境目标指标体系,提出环境对策措施,包括具体的污染防治和自然保护措施和对策。

(1)拟定环境规划草案。

根据国家或地区有关政策和规定,根据区域环境保护战略和环境目标以及区域技术政策、法规、标准,在环境目标及环境预测结果分析的基础上,结合区域或部门的财力、物力和管理能力的实际情况,为实现规划目标拟订切实可行的规划方案。在进行某个区域环境规划时,通常可以从各种角度出发拟订若干种满足环境规划目标的规划草案,提供多个可供选择的方案。

(2)优选环境规划草案。

环境规划工作人员在对各种草案进行系统分析和专家论证的基础上,筛选出最佳的环境规划草案。环境规划草案的选择是对各种草案权衡利,选择环境、经济和社会综合效益高的方案,以便推荐其中的优选方案供决策。

(3)形成环境规划方案。

根据环境规划目标和规划任务的要求,对优选出的环境规划草案进行修正、补充和调整,形成最后的环境规划方案。

6.2.2.7 环境规划的申报和审批

环境规划方案的申报与审批,是把规划方案变成实施方案的必要程序,也是环境管理的一项重要工作制度。环境规划方案必须按照一定的程序上报有关决策机关,等待审批准。

6.2.2.8 环境规划方案的实施

环境规划的实用价值主要取决于它的实施程度。环境规划的实施既与编制规划的质量有关,又取决于规划实施所采取的具体步骤、方法和组织。环境规划按照法定程序审批下达后,在环境保护部门的监督管理下,各级政府和有关部门应根据规划提出的任务要求,推进规划执行。

实施环境规划的具体要求和措施,归纳起来有如下几点:

①将环境规划纳入国民经济和社会发展计划,确保与宏观发展目标协调统一;
②明确环境保护资金渠道,保障资金投入,提高环境治理的经济效益;
③编制环境保护年度计划,细化年度任务和时间安排;
④依据环境规划,将总体任务和目标逐级分解,落实到具体单位和责任人;
⑤实行环境保护目标管理,将环境任务与政府和企业领导责任制挂钩,强化考核与问责;
⑥定期开展环境规划实施情况的检查与总结,及时反馈问题并持续改进。

6.2.3 道路交通污染的提前规划防治方法

为有效降低道路交通活动对环境造成的不利影响,必须在规划阶段就采取相应的污染防治策略,常用的方法包括空间布局优化、污染源控制技术、交通需求管理和生态缓冲技术等。

(1)空间布局优化方法。

通过优化道路网络空间布局,减少敏感区受污染的风险,具体包括以下几个方面。

①交通设施选址优化:合理选择道路、停车场、公交枢纽位置,远离住宅、医院、学校等敏感区。

②土地功能混合规划:合理布局居住区、商业区、工业区,减少居民区与污染高发区域直接相邻的情况。

③绿色廊道规划:规划城市绿带和生态廊道,通过植被过滤空气污染,缓解噪声传播。

(2)污染源控制技术方法。

通过先进技术手段,从污染源头进行管控,常见的措施包括以下几种。

①推广低排放车辆:大力推广新能源汽车、混合动力车及燃料电池汽车,逐步淘汰高排放车辆。

②噪声防控技术:建设声屏障、低噪声路面,推广使用低噪声轮胎与车辆降噪技术。

③污染物吸附与净化技术:在交通枢纽、隧道出入口采用空气净化装置,降低污染物排放浓度。

(3)交通需求管理方法。

通过优化交通需求与出行方式,减少污染源生成,具体措施包括以下几种。

①推广公共交通和慢行交通:提高公共交通的覆盖面和服务质量,减少私人机动车出行需求。

②限行和收费政策:针对特定区域(如低排放区)实施机动车限行或收费,控制污染排放。

③智慧交通管理:利用交通大数据和智能信号灯系统,降低交通拥堵和车辆急速污染。

(4)生态缓冲技术方法。

运用生态手段减少污染传播,保护环境质量,具体方法有以下几种。

①生态隔离带建设:沿道路建设绿化隔离带,利用植物的阻滞和吸附功能降低污染物浓度。

②湿地过滤系统:在城市道路排水口建设人工湿地,净化路面径流中的污染物。

③雨洪管理设施:推广低影响开发设施,如雨水花园、透水路面等,降低污染物扩散风险。

④通过上述方法的系统实施,能有效地提前防范道路交通污染,推动城市交通与环境协调、可持续发展。

6.3 道路交通环境管理

6.3.1 道路交通环境管理概述

(1)道路交通环境管理的含义。

道路交通环境管理作为环境管理的一项延伸,以建设项目环境管理为主。其主要任务是执行国家有关的道路交通环境管理、环境保护的法规和制度,制定道路交通行业相应的规范、标准和细则,对因道路建设和运行给周围环境造成的污染和影响采取相应的环保措施,实现交通建设和环境建设的协调、可持续发展。

(2)道路交通环境管理的内容和要求。

道路交通环境管理的主要内容和要求如下。

①对环境有影响的交通行业大、中型建设项目,执行环境影响报告书审批制度和"三同时"制度;改扩建和进行技术改造的工程项目的同时,对原有的污染进行综合治理;建设项目投产后,其污染物的排放不得超过国家和地方规定的排放标准。

②建设单位在安排工程可行性研究工作的同时,委托持有相应环境影响评价资格证的单位承担环境影响评价工作。交通行业大、中型建设项目原则上应编制环境影响报告书。

③大、中型交通建设项目和限额以上技术改造项目的环境影响报告书由建设单位报国家生态环境部或项目所在省市级政府环境保护部门审批。小型建设项目或限额以下的改造项目按各地区政府规定的审批权限办理。

④承担项目环境保护设计单位,应有建设项目环境保护设计资格证书或项目设计资格证书,应按照《建设项目环境保护设计规定》和交通部颁发的《公路环境保护设计规范》的要求,完成环境影响报告书所确定的环境保护设施的设计任务。

⑤施工期必须保护施工现场周围环境。应尽可能采取有效的环保措施,防止和减轻施工过程中产生的粉尘、噪声、废水、废料对周围环境的污染和危害。加强水土保持设施和道路绿化,保护生态环境。

⑥建设项目竣工验收前,建设单位应向项目主管的政府部门和交通环境保护部门提交"建设项目环境保护设施施工验收报告",说明环境保护设施以及其效果,试运转情况等。

(3)道路交通环境管理机构及职能。

道路交通环境保护工作受国家政府相应部门的管理。一般来说,由政府系统的环保部门作为监督检查机构,交通行业的环保部门作为执行机构,二者的工作关系如图6-4所示。

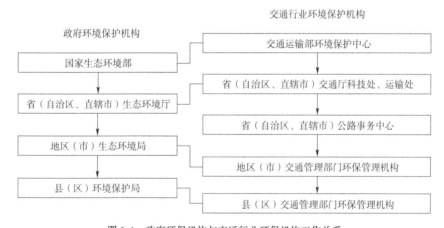

图6-4 政府环保机构与交通行业环保机构工作关系

其中,省(自治区、直辖市)交通厅科技处以及运输处等职能部门负责全省道路交通环境保护管理,制定道路交通环境保护有关条例、规章,编制环境保护规划,制定年度环境监测计划、环境设施实施计划等。省(自治区、直辖市)公路事务中心直接负责道路环境保护工作的管理和环保计划的实施,协助交通厅相关部门完成定期环境监测。县(区)交通管理部门环保管理机构的环保工作由相关工作人员兼管,一般不设专门的环保机构。

(4)道路交通环境管理相关制度。

目前,与环境管理制度不同的是,我国的道路交通环境管理相关制度比较分散,由不同的政府部门制定或实施,如《中华人民共和国大气污染防治法》《中华人民共和国噪声污染防治法》

等相关制度法规。这里主要总结机动车尾气排放管理和交通噪声管理的相关制度,具体如下。

①《中华人民共和国大气污染防治法》(2021年修订)是我国大气污染治理的核心法律,其中明确了机动车污染防治的强制性要求。如第五章的第五十条至第六十条,要求机动车必须符合国家阶段性排放标准(如国六标准),禁止生产、进口或销售不达标车辆(第五十一条);要求燃油必须符合国家标准,禁止销售不合格油品(第六十条);以及地方政府可划定高排放车辆限行区域,禁止超标车辆进入(第五十五条)。

②《中华人民共和国噪声污染防治法》(2022年修订)将交通噪声污染防治单列章节,强化交通噪声源头管控。包括交通噪声敏感区域管控,如划定噪声敏感区域,在学校、医院、居民区周边设置禁鸣、限速标志(第三十九条);禁止机动车随意鸣笛,推广使用低噪声车辆(第四十条);以及道路建设与噪声防控,明确规定新建、改建道路需进行噪声环境影响评价,同步建设隔声屏障或采用低噪声路面材料(第四十二条);已建成道路对噪声超标路段需采取降噪措施;同时涉及车辆噪声排放标准相关规定,机动车出厂需符合噪声排放标准,定期检验噪声控制装置有效性,禁止擅自拆除、改装消声器(第四十四条)。

③国务院2022年印发的《"十四五"现代综合交通运输体系发展规划》是国家层面统筹交通发展与生态环境保护的纲领性文件,对交通环境管理措施也有相关明确要求。一是运输结构优化与绿色转型,在"加快绿色低碳发展"中要求推广新能源车,到2025年,新能源汽车新车销量占比达20%,公共领域新增车辆中新能源比例不低于80%(公交、出租等);二是发展多式联运,推动"公转铁""公转水",减少公路货运污染,铁路货运量占比提升至15%以上;三是基础设施绿色化,在"推进基础设施互联互通"中要求建设充电桩、换电站等新能源车配套设施,到2025年覆盖50%的高速公路服务区,推广光伏路面、智慧灯杆等低碳交通设施。

④交通运输部2015年印发的《全国公路水路交通运输环境监测网总体规划》提出关于交通环境监测的相关政策和制度,指出要构建覆盖广泛、布局科学的行业环境监测体系,支撑生态文明建设与绿色发展。规划以2030年为远期目标,分近期(2020年前)和远期(2020–2030年)两阶段实施,重点覆盖国家高速公路、主要港口、高等级航道及环境敏感区交通基础设施。规划内容遵循"服务行业、顶层设计、层次分明、突出重点"原则,强调与国家环境监测网衔接,分层次(重点/一般监测类)、分交通活动类型(高速公路、港口等)、分环境影响对象(水、气、声、生态)布局,确保监测数据的科学性和代表性,为环保政策制定、污染防控及生态保护提供基础支撑。此外,在监测站点布置方面,该规划提出优先监测穿越国家级自然保护区、饮用水水源保护区等敏感区的交通设施。明确重点监测对象共2537处,涵盖272处自然保护区、308个长大隧道、531个服务区、41个沿海港口等,并按水、气、声、生态要素分设1616处、1571处、483处、643处监测点,形成多维度覆盖。在监测制度方面,该规划修订了《交通运输行业公路水路环境监测管理办法》,制定了监测网建设标准和技术规范,强化了数据质量管理。提出要建立部省两级分工(国家负责重点监测类,省级负责一般监测类),完善部门协调、数据共享(与环保部互认)及动态评估机制。

6.3.2 道路交通环境管理程序

道路交通建设项目的基建程序可分为规划阶段、可行性研究阶段、设计阶段、施工阶段、竣工验收阶段与运营阶段,根据不同阶段对应有不同的道路交通环境管理程序。各阶段与环境管理程序的关系如图6-5所示。

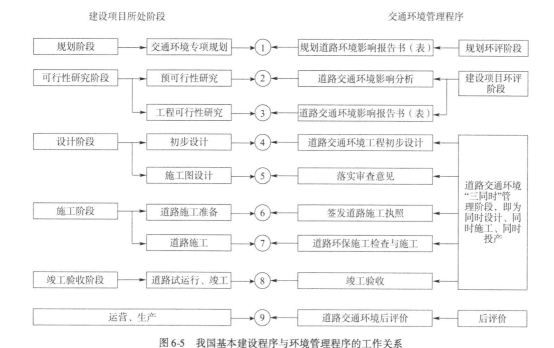

图 6-5 我国基本建设程序与环境管理程序的工作关系

6.3.2.1 规划阶段

在道路交通专项规划阶段,需严格落实《中华人民共和国环境影响评价法》《中华人民共和国环境保护法》等法规要求,聚焦路网布局与交通活动特性,分层级细化环境管控要求,具体如下。

(1)在交通专项规划环评核心要求层面。道路交通专项规划依据《环境影响评价法》第八条和《建设项目环境影响评价分类管理名录(2021年版)》第七条,要求必须编制环境影响报告书,重点分析规划路网与生态保护红线、噪声敏感区(居民区、学校等)、水源保护区等环境敏感目标的协调性,明确路域生态廊道保护要求。此外,针对环境影响聚焦方向,要求评估规划路网对自然保护区、湿地、野生动植物迁徙通道的切割效应,提出生态避让或廊道连通方案;预测规划实施后机动车尾气、噪声、路面径流等污染物的时空分布,量化区域环境容量阈值;分析道路建设对土地资源、矿产资源的占用规模,提出集约化布局策略。

(2)在道路交通建设项目分类管理层面。道路交通专项规划根据《建设项目环境影响评价分类管理名录(2021年版)》,按项目类型差异化管控,对于等级公路项目进行分级管理,要求高速公路、一级公路必须编制环境影响报告书,开展施工期扬尘模拟、运营期噪声跟踪监测、跨敏感水体桥梁径流污染防控专题论证;对于二级及以下公路,则要求编制环境影响报告表,重点评估穿越居民区路段的噪声防护措施有效性。对于快速路、主干路,要求编制环境影响报告表,需量化交通噪声对沿线敏感建筑的影响范围,明确声屏障或降噪路面等配套措施;对于次干路及以下的等级道路,要求填报环境影响登记表,简化生态与污染分析流程。

6.3.2.2 可行性研究阶段

可行性研究阶段进一步又可以分为前期的预可行性研究和后期的工程可行性研究,这两个阶段有着不同的内容和侧重点。预可行性研究主要侧重环境影响分析,工程可行性研究主要侧重环境影响报告的编制,以下是这两阶段的主要内容。

(1)预可行性研究阶段。

在预可行性研究阶段,环境影响分析相对简略,针对道路交通项目特点,提供初步的环境影响评估,以支持项目的初步决策。主要包括以下步骤。

①道路交通基础数据采集。重点收集项目区域路网规划、交通流量预测数据、既有道路污染历史监测数据;梳理道路穿越的生态保护区、噪声敏感区(如学校、居民区)等空间信息,明确环境制约条件。

②简单论证。基于已有资料对项目可能带来的环境影响进行初步预测和评估,如采用道路交通污染模型预测施工期扬尘、运营期机动车尾气与噪声扩散范围,识别敏感路段(如长大隧道通风影响区、跨水源地桥梁径流风险点),提出初步规避或缓释措施。通常不需要进行现场测量或勘探工作。

③投资估算与财务分析。采用定基与定标相结合的方法预测投资成本,误差允许范围为$\pm 20\%$。同时,对环境保护、节能等进行简单的论述。设置道路环保设施分项估算(如声屏障、路面径流处理系统、生态修复工程),增加交通节能减排效益分析模块,量化降噪绿化带、新能源充电设施等低碳措施的成本收益比。

(2)工程可行性研究阶段。

进入工程可行性研究阶段后,环境影响分析则更加详尽和深入,旨在为最终的投资决策提供科学依据,形成具体的环境影响报告。具体包括以下内容。

①全面的社会经济发展预测:需要对未来区域内的经济增长、人口变化等因素进行预测,并结合交通量OD(Origin – Destination)调查来分析未来交通需求。

②详细的技术标准确定:如道路等级、设计速度、车道宽度等技术参数的确立,需满足相应的国家或行业标准。

③精确的环境影响评价:采用"四阶段法"预测环境影响,确保投资估算误差控制在$\pm 10\%$以内。此外,还需完成相关交通环境数据的处理(包括各项环境因子数据如道路尾气、道路噪声、振动等数据)以及后续对于数据的敏感性分析,并针对环境保护、节约用地等方面提出具体的防范措施。

④形成环境影响报告书:根据《公路建设项目环境影响评价规范》和其他相关法律法规的要求,编写详细的环境影响报告书。

编写完成的道路交通环境影响报告书报批流程如图6-6所示。

6.3.2.3 设计阶段

对于已明确的设计任务,道路交通工程基本建设项目一般分为两个设计阶段:初步设计阶段和施工图设计阶段。

初步设计阶段应按照环境保护措施与主体工程同时设计、同时施工、同时投产的"三同时"制度政策,贯彻落实各项环境保护措施,将因道路交通建设对环境产生的负面影响降到最低。初步设计的主要内容包括有环境敏感区一览表、环境保护工程数量表、降噪设计图、污水处理设计图、取土场和弃土场处理设计图、其他环保工程设计图、植物配置表、景观工程数量表、景观设计图等。

施工图设计阶段应根据已审批的初步设计及补充说明资料进行编制。根据《公路工程基本建设项目设计文件编制办法》(2022年征求意见稿),施工图设计阶段进一步细化了施工图设计文件的内容和深度要求,强调设计文件应满足施工和安装的详细需求,确保工程质量。同时针对交通环境领域,强调了设计方案应该与社会、人文、自然等建设环境的融合,促进公路建设协调发展。进一步加强了环境设计和资源节约的设计要求,促进公路建设绿色发展。增加了对环境敏感区的详细要求,包括环境敏感区的位置、重要影响因素、影响范围和拟采取的工程措施,明确了设计文件应包含环境空气污染防治、声环境保护、水环境保护、固体废物环保设计等内容。对公路建设的可持续性以及与周边环境的协调性有了更高要求。

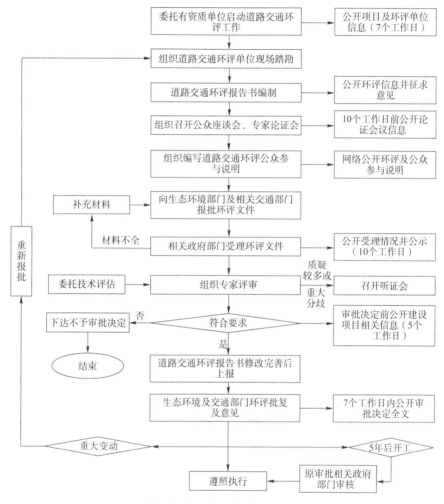

图 6-6 道路交通建设项目环境影响报告书报批流程

6.3.2.4 施工阶段

(1)施工前期。

施工前期,首先需要进行施工准备。施工准备工作是确保项目能够按照预定计划顺利启动的关键环节,主要包括以下几个方面。

①组织准备:包括组建项目管理团队、明确各成员职责以及建立有效的沟通机制。
②现场准备:如清理场地、修建临时道路及设施等,以保证物料运输和机械设备进出顺畅。
③物质准备:采购或租赁必要的建筑材料、设备,并检查其质量和数量是否符合要求。
④技术准备:完成施工图纸审查和技术交底,确保所有参与人员理解设计意图和技术规范。

⑤安全准备:制定并落实施工现场的安全管理制度,培训员工掌握相关安全知识。

同时,在道路施工之前必须获得相应的施工许可,需要提供建筑工程施工许可证申请表、土地使用权证、施工单位资质证明等材料向相关部门提出书面申请,并获取施工许证。如果道路施工需要车辆绕行,则施工单位应当设置相应的标志;若无法绕行,则需修建临时通道以保障通行。同时,在城市区域内的挖掘作业还需得到市政工程行政主管部门和公安交通管理部门的批准。

(2)施工过程中。

在施工过程中,由于开始了具体的建设活动,不可避免地对项目建设区域及一定范围内的环境造成一定程度的影响。如果出现施工组织设计不合理、施工管理不严格等情况,将会对环境造成较大的影响和破坏。对于道路交通建设项目,其在施工阶段对环境的影响突出表现在生态环境破坏方面,而在运营阶段突出表现在交通噪声污染和车辆尾气排放污染方面。为加强施工阶段的环境管理工作,根据环境影响报告书编制的施工期环境监测,或根据实际情况的需要进行环境监测。施工阶段的环境监测任务是及时发现施工对周围环境质量的影响或损害,以便采取必要的环保对策。

施工期必须保护施工现场周围环境,应尽可能采取有效的环境保护措施,防止和减轻施工过程中产生的粉尘噪声废水、废料等对周围环境的污染和危害;加强水土保持措施和道路绿化,保护生态环境;改建、扩建项目和技术改造项目必须采取措施,治理与该项目有关的原有环境污染和生态破坏。

6.3.2.5 竣工验收阶段与运营阶段

建设项目竣工验收前,建设单位应向项目主管的地方生态环境行政主管部门提交验收报告,说明环境保护设施及其效果、试运转情况等。建设项目竣工验收时,应由地方相关生态环境行政主管部门监督检查。交通建设项目需要配套建设的环境保护设施经验收合格后,该建设项目才可正式投入使用或运营。在《建设项目环境保护管理条例》中,相关内容如下:

第十七条 编制环境影响报告书、环境影响报告表的建设项目竣工后,建设单位应当按照国务院环境保护行政主管部门规定的标准和程序,对配套建设的环境保护设施进行验收,编制验收报告。

第十八条 分期建设、分期投入生产或者使用的建设项目,其相应的环境保护设施应当分期验收。

第十九条 编制环境影响报告书、环境影响报告表的建设项目,其配套建设的环境保护设施经验收合格,方可投入生产或者使用;未经验收或者验收不合格的,不得投入生产或者使用。

第二十条 环境保护行政主管部门应当对建设项目环境保护设施设计、施工、验收、投入生产或者使用情况,以及有关环境影响评价文件确定的其他环境保护措施的落实情况,进行监督检查。

总体而言,建设单位验收阶段可根据《公路交通建设项目环境保护管理指南》中的以下流程开展公路交通建设项目竣工环保自主验收工作,如图6-7所示。

对于项目运营阶段,许多环境问题只有在道路交通项目已竣工并运营一段时间后才能发现,因此需要进行后评价。道路交通建设项目后评价是指在建设项目完成并运营以后(一般2-3年),对建设项目的规划、可行性研究、设计、施工、竣工验收、使用运营等全阶段过程进行针对实际环境影响的客观调查、分析、评价和总结,并提出改进措施和建议。在《中华人民共和国环境影响评价法》中,相关规定如下:

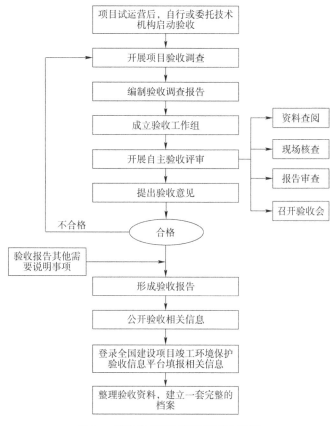

图 6-7 道路交通建设项目环保验收程序

第二十八条 生态环境主管部门应当对建设项目投入生产或者使用后所产生的环境影响进行跟踪检查,对造成严重环境污染或者生态破坏的,应当查清原因、查明责任。对属于建设项目环境影响报告书、环境影响报告表存在基础资料明显不实,内容存在重大缺陷、遗漏或者虚假,环境影响评价结论不正确或者不合理等严重质量问题的,依照本法第三十二条的规定追究建设单位及其相关责任人员和接受委托编制建设项目环境影响报告书、环境影响报告表的技术单位及其相关人员的法律责任;属于审批部门工作人员失职、渎职,对依法不应批准的建设项目环境影响报告书、环境影响报告表予以批准的,依照本法第三十四条的规定追究其法律责任。

【复习思考题】

6-1 环境规划和环境管理的特点分别是什么?
6-2 环境规划与环境管理的关系是怎样的?
6-3 道路交通环境规划的程序是怎样的?
6-4 我国环境管理八项制度有哪些?
6-5 道路交通环境管理的程序是怎样的?

第 7 章
道路交通环境影响评价

全面评估道路交通规划和建设项目对环境所造成的影响,以减轻或避免不良环境影响,有利于促进环境、经济和社会可持续发展,因此,道路交通环境影响评价至关重要。本章系统介绍道路交通环境影响评价的相关理论知识,通过本章的学习能够掌握道路交通环境影响评价的含义与分类、法规与标准、内容与工作程序;了解道路交通环境影响评价方法;熟悉环境影响报告文件的编制。

7.1 道路交通环境影响评价的含义与分类

7.1.1 道路交通环境影响评价的含义

《中华人民共和国环境影响评价法》第一章中指出,环境影响评价是指对规划和建设项目实施后可能造成的环境影响进行分析、预测和评估,提出预防或者减轻不良环境影响的对策和措施,进行跟踪监测的方法与制度。

道路交通环境影响评价是环境影响评价在道路交通领域的发展和应用,目的是预防因规划和建设项目实施后对环境造成不良影响,促进环境、经济和社会的协调及可持续发展。按照法律规定,道路交通环境影响评价必须客观、公开、公正,综合考虑规划或者建设项目实施后对各种环境因素及其所构成的生态系统可能造成的影响,为决策提供科学依据。

7.1.2 道路交通环境影响评价的分类

根据项目建设时间顺序,可以把道路交通环境影响评价分为三大类:道路交通规划环境影响评价、道路交通建设项目环境影响评价和道路交通建设项目环境后评价。

7.1.2.1 道路交通规划环境影响评价

道路交通规划环境影响评价是一种结构化的、系统的和综合性的过程,其目的是评价规划对于环境的影响。规划应有多个可替代的方案,需要通过多种方法进行评价,将结论融入拟制定的规划中或提出单独的报告,并基于结论进行决策。

根据上述要求,道路交通规划环境影响评价是指对计划实施的交通政策或编制的公路网规划、城市交通综合规划、公共交通规划等专项规划可能造成的环境影响,进行系统性分析、预测和评估,并从环境保护角度提出预防或者减轻不良影响的对策和措施,以使交通政策或专项规划实施后产生的环境影响降至最低。

7.1.2.2 道路交通建设项目环境影响评价

道路交通建设项目环境影响评价是指在道路交通建设项目的可行性研究阶段,对项目施工和运营可能产生的自然环境、社会环境等影响,进行分析、预测和评估,提出切实可行的环境保护措施和建议,以使产生的负面影响降至最低。

《中华人民共和国环境影响评价法》第三章中明确指出规划环评与建设项目环评的关系,相关内容如下:

第十八条 建设项目的环境影响评价,应当避免与规划的环境影响评价相重复。

作为一项整体建设项目的规划,按照建设项目进行环境影响评价,不进行规划的环境影响评价。

已经进行了环境影响评价的规划包含具体建设项目的,规划的环境影响评价结论应当作为建设项目环境影响评价的重要依据,建设项目环境影响评价的内容应当根据规划的环境影响评价审查意见予以简化。

7.1.2.3 道路交通建设项目环境后评价

道路交通建设项目环境后评价是指在建设项目完成并运营以后(一般2~3年),对建设项目的规划、可行性研究、设计、施工、竣工验收、使用运营的全过程建设运营阶段,以及实际环境影响等进行客观调查、分析、评价和总结,并提出改进措施和建议。它不仅可以考察项目运用后的实际环境情况,从而衡量实际与预测情况的差距,还可以分析原因、总结经验,为项目的未来发展提出措施和建议,并为今后的同类型项目工作提出有效意见和决策依据。

7.2 道路交通环境影响评价的法规与标准

7.2.1 道路交通环境影响评价的法规依据

7.2.1.1 我国环境影响评价制度的法规体系

环境影响评价的依据是环境保护的法律法规和环境标准。目前,我国建立了由法律、国务院行政法规、政府部门规章、地方性法规和地方政府规章、环境标准、环境保护国际公约组成的完整的环境保护法律法规体系。

(1)法律。

现行法律中,与道路交通环境影响评价相关的有:《中华人民共和国宪法》《中华人民共和国环境保护法》《中华人民共和国环境影响评价法》《中华人民共和国大气污染防治法》《中华人民共和国环境噪声污染防治法》《中华人民共和国固体废物污染环境防治法》《中华人民共和国水污染防治法》《中华人民共和国节约能源法》《中华人民共和国土地管理法》和《中华人民共和国水土保持法》等。

(2)国务院行政法规。

国务院行政法规可分为两类:一类是为执行某些环境保护单行法而制定的实施细则或条例,如在2018年6月27日国务院印发的为加快改善环境空气质量的《打赢蓝天保卫战三年行动计划》等;另一类是针对环境保护工作中某些尚无相应单行法的重要领域而制定的条例、规定或办法,如2017年7月16日公布的《国务院关于修改〈建设项目环境保护管理条例〉的决定》等。

(3)政府部门规章。

环境保护部门规章是由国务院环境保护行政主管部门单独发布的或者与国务院有关部门联合发布的环境保护规范文件,以及政府其他有关行政主管部门依法制定的环境保护规范性文件。环境保护部门规章是以环境保护法律和行政法规为依据制定的,或针对某些尚无法律法规的领域而做出的相应规定。我国生态环境部先后出台了一系列的部门规章,成为环境影响评价制度体系的重要组成部分,如《建设项目环境影响评价文件分级审批规定》(2009年3月1日起施行)、《建设项目环境影响评价资质管理办法》(2015年11月1日起施行)、《建设项目环境影响评价分类管理名录(2021年版)》(2021年1月1日起施行)等。

(4)国家和行业标准。

生态环境标准是指由国务院生态环境主管部门和省级人民政府依法制定的生态环境保护工作中需要统一的各项技术要求。详细的内容在本书7.2.2中进行介绍,在此不作过多阐述。环境保护法律中都规定了实施环境标准的条款,使其成为环境执法中必不可少的依据。

(5)地方性法规和地方政府规章。

地方性法规和地方政府规章是地方权力机关和地方行政机关(包括各省、自治区、直辖市等)根据本地的实际情况和环境问题、依据相关法律法规,制定的环境保护管理条例、办法、政府令等。如《贵州省环境噪声污染防治条例》(2018年1月1日起施行)、《河南省大气污染防治条例》(2021年7月30日起施行)、《武威市城市社会生活噪声污染防治条例》(2020年3月1日起施行)等。

(6)环境保护国际公约。

环境保护国际公约是指我国缔结和参加的与环境保护有关的国际公约、条约和议定书。目前,我国已加入了40多个环境保护国际公约和条约,如《保护臭氧层的维也纳公约》《联合国气候变化框架公约》《关于持久性有机污染物的斯德哥尔摩公约》等。国际公约与我国环境法有不同规定时,优先使用国际公约的规定,但我国声明保留的条款除外。

7.2.1.2 环境影响评价制度中的重要法律依据

(1)《中华人民共和国宪法》(2018年修正文本)。

《中华人民共和国宪法》(2018年修正文本)中明确规定:

第九条 矿藏、水流、森林、山岭、草原、荒地、滩涂等自然资源,都属于国家所有,即全民所有;由法律规定属于集体所有的森林和山岭、草原、荒地、滩涂除外。

国家保障自然资源的合理利用,保护珍贵的动物和植物。禁止任何组织或者个人用任何手段侵占或者破坏自然资源。

《中华人民共和国宪法》是中华人民共和国的根本大法,规定拥有最高法律效力。这是我国环境保护工作的最高准则,也是制定环境影响评价制度的最根本的法律依据和基础。

(2)《中华人民共和国环境保护法》。

《中华人民共和国环境保护法》(2014年4月24日第十二届全国人民代表大会常务委员会第八次会议修订)中,相关内容简要介绍如下:

第十六条 国务院环境保护主管部门根据国家环境质量标准和国家经济、技术条件,制定国家污染物排放标准。

省、自治区、直辖市人民政府对国家污染物排放标准中未作规定的项目,可以制定地方污染物排放标准;对国家污染物排放标准中已作规定的项目,可以制定严于国家污染物排放标准的地方污染物排放标准。地方污染物排放标准应当报国务院环境保护主管部门备案。

第十九条 编制有关开发利用规划,建设对环境有影响的项目,应当依法进行环境影响评价。

未依法进行环境影响评价的开发利用规划,不得组织实施;未依法进行环境影响评价的建设项目,不得开工建设。

第四十一条 建设项目中防治污染的设施,应当与主体工程同时设计、同时施工、同时投产使用。防治污染的设施应当符合经批准的环境影响评价文件的要求,不得擅自拆除或者闲置。

(3)《中华人民共和国环境影响评价法》。

在《中华人民共和国环境影响评价法》(2018年12月29日第十三届全国人民代表大会常务委员会第七次会议《关于修改〈中华人民共和国劳动法〉等七部法律的决定》第二次修正)中,相关内容简要介绍如下:

第一条 为了实施可持续发展战略,预防因规划和建设项目实施后对环境造成不良影响,促进经济、社会和环境的协调发展,制定本法。

第二条 本法所称环境影响评价,是指对规划和建设项目实施后可能造成的环境影响进行分析、预测和评估,提出预防或者减轻不良环境影响的对策和措施,进行跟踪监测的方法与制度。

第三条 编制本法第九条所规定的范围内的规划,在中华人民共和国领域和中华人民共和国管辖的其他海域内建设对环境有影响的项目,应当依照本法进行环境影响评价。

第四条 环境影响评价必须客观、公开、公正,综合考虑规划或者建设项目实施后对各种环境因素及其所构成的生态系统可能造成的影响,为决策提供科学依据。

第五条 国家鼓励有关单位、专家和公众以适当方式参与环境影响评价。

第六条 国家加强环境影响评价的基础数据库和评价指标体系建设,鼓励和支持对环境影响评价的方法、技术规范进行科学研究,建立必要的环境影响评价信息共享制度,提高环境影响评价的科学性。

国务院生态环境主管部门应当会同国务院有关部门,组织建立和完善环境影响评价的基础数据库和评价指标体系。

(4)《中华人民共和国噪声污染防治法》。

在《中华人民共和国噪声污染防治法》(2022年6月5日起施行)中,相关内容简要介绍如下:

第一条 为了防治噪声污染,保障公众健康,保护和改善生活环境,维护社会和谐,推进生态文明建设,促进经济社会可持续发展,制定本法。

第二条 本法所称噪声,是指在工业生产、建筑施工、交通运输和社会生活中产生的干扰周围生活环境的声音。

(5)《建设项目环境保护管理条例》。

《建设项目环境保护管理条例》自1998年11月29日中华人民共和国国务院令第253号发布。根据2017年7月16日《国务院关于修改〈建设项目环境保护管理条例〉的决定》修订,自2017年10月1日起施行。道路交通建设项目应遵循该条例的相关内容,其中有如下规定:

第六条 国家实行建设项目环境影响评价制度。

第七条 国家根据建设项目对环境的影响程度,按照下列规定对建设项目的环境保护实行分类管理:

(一)建设项目对环境可能造成重大影响的,应当编制环境影响报告书,对建设项目产生的污染和对环境的影响进行全面、详细的评价;

(二)建设项目对环境可能造成轻度影响的,应当编制环境影响报告表,对建设项目产生的污染和对环境的影响进行分析或者专项评价;

(三)建设项目对环境影响很小,不需要进行环境影响评价的,应当填报环境影响登记表。

建设项目环境影响评价分类管理名录,由国务院环境保护行政主管部门在组织专家进行论证和征求有关部门、行业协会、企事业单位、公众等意见的基础上制定并公布。

(6)《建设项目环境影响评价分类管理名录(2021年版)》。

《建设项目环境影响评价分类管理名录》自2003年1月1日国家环保总局令第14号正式发布。《建设项目环境影响评价分类管理名录》中列出的项目,应按照对环境可能造成影响的程度,制定报告书/报告表/登记表。具体而言,建设项目对环境可能造成重大影响的,应当编制环境影响报告书;建设项目对环境可能造成轻度影响的,应当编制环境影响报告表;建设项目对环境影响很小,不需要进行环境影响评价的,应当填报环境影响登记表。2020年11月5日,《建设项目环境影响评价分类管理名录(2021年版)》由生态环境部部务会议审议通过,并于2021年1月1日起施行,其中有如下相关条款:

第三条 本名录所称环境敏感区是指依法设立的各级各类保护区域和对建设项目产生的环境影响特别敏感的区域,主要包括下列区域:

(一)国家公园、自然保护区、风景名胜区、世界文化和自然遗产地、海洋特别保护区、饮用水水源保护区;

(二)除(一)外的生态保护红线管控范围,永久基本农田、基本草原、自然公园(森林公园、地质公园、海洋公园等)、重要湿地、天然林,重点保护野生动物栖息地,重点保护野生植物生长繁殖地,重要水生生物的自然产卵场、索饵场、越冬场和洄游通道,天然渔场,水土流失重点预防区和重点治理区、沙化土地封禁保护区、封闭及半封闭海域;

(三)以居住、医疗卫生、文化教育、科研、行政办公为主要功能的区域,以及文物保护单位。

环境影响报告书、环境影响报告表应当就建设项目对环境敏感区的影响做重点分析。

第五条 本名录未作规定的建设项目,不纳入建设项目环境影响评价管理;省级生态环境主管部门对本名录未作规定的建设项目,认为确有必要纳入建设项目环境影响评价管理的,可以根据建设项目的污染因子、生态影响因子特征及其所处环境的敏感性质和敏感程度等,提出环境影响评价分类管理的建议,报生态环境部认定后实施。

另外,《建设项目环境影响评价分类管理名录(2021年版)》中与道路交通相关的建设项目见表7-1。

《建设项目环境影响评价分类管理名录(2021年版)》中与道路交通相关的建设项目 表7-1

	项目类别	报告书	报告表	登记表	本栏目环境敏感区含义
130	等级公路(不含维护;不含生命救援、应急保通工程以及国防交通保障项目;不含改扩建四级公路)	新建30km(不含以上的二级及以上等级公路;新建涉及环境敏感区的二级及以上等级公路除外)	其他(配套设施除外;不涉及环境敏感区的三级、四级公路除外)	配套设施;不涉及环境敏感区的三级、四级公路	第三条(一)中的全部区域;第三条(二)中的全部区域;第三条(三)中的全部区域
131	城市道路(不含维护;不含支路、人行天桥、人行地道)	—	新建快速路、主干路;城市桥梁、隧道	其他	—
132	新建、增建铁路	新建、增建铁路(30km及以下铁路联络线和30km及以下铁路专用线除外);涉及环境敏感区的	30km及以下铁路联络线和30km及以下铁路专用线	—	第三条(一)中的全部区域;第三条(二)中的全部区域;第三条(三)中的全部区域
133	改建铁路	200km及以上的电气化改造(线路和站场不发生调整的除外)	其他	—	—
134	铁路枢纽	涉及环境敏感区的新建枢纽	其他(不新增占地的既有枢纽中部分线路改建除外)	—	第三条(一)中的全部区域;第三条(二)中的全部区域;第三条(三)中的全部区域
135	城市轨道交通(不新增占地的停车场改建除外)	全部	—	—	—

(7)《生态环境部建设项目环境影响报告书(表)审批程序规定》。

《生态环境部建设项目环境影响报告书(表)审批程序规定》已于2020年11月5日由生态环境部部务会议审议通过,并自2021年1月1日起施行。道路交通建设项目应遵循该条例的相关内容,其中有如下规定:

第四条 依法应当编制环境影响报告书(表)的建设项目,建设单位应当在开工建设前将环境影响报告书(表)报生态环境部审批。

建设项目的环境影响报告书(表)经批准后,建设项目的性质、规模、地点、采用的生产工艺或者防治污染、防止生态破坏的措施发生重大变动的,建设单位应当在发生重大变动的建设内容开工建设前重新将环境影响报告书(表)报生态环境部审批。

第五条 对国家确定的重大基础设施、民生工程和国防科研生产项目,生态环境部可以根据建设单位、环境影响报告书(表)编制单位或者有关部门提供的信息,提前指导,主动服务,加快审批。

第九条 生态环境部负责审批的建设项目环境影响报告书(表)需要进行技术评估的,生态环境部应当在受理申请后一个工作日内出具委托函,委托技术评估机构开展技术评估。对符合本规定第五条规定情形的,技术评估机构应根据生态环境部的要求做好提前指导。

(8)《公路建设项目环境影响评价规范》(JTG B03—2006)。

在《公路建设项目环境影响评价规范》(JTG B03—2006)中,总则内容介绍如下:

1 总则

1.0.1 为了落实《中华人民共和国环境保护法》《中华人民共和国环境影响评价法》《中华人民共和国水土保持法》和《中华人民共和国公路法》等法律法规要求,促进公路交通行业可持续发展,统一公路建设项目环境影响评价的基本原则、内容、方法和要求,保证公路建设项目环境影响评价质量,特制定本规范。

1.0.2 公路建设项目环境影响评价应结合公路的工程特点、所在区域的环境特征及环境功能区划,突出重点、兼顾一般,并根据公路建设规模和所在地区环境敏感程度,合理确定环境评价工作的总体要求。

1.0.3 本规范适用于需编制报告书的新建或改扩建的高速公路、一级公路和二级公路建设项目的环境影响评价,其他等级的公路建设项目环境影响评价可参照执行。

1.0.4 评价分为现状评价和预测评价,预测评价包括施工期和运营近、中期。环境敏感或环境管理有要求时,对必要的环境要素可以进行远期预测。

1.0.5 公路建设项目环境影响评价除应符合本规范外,还应符合国家现行的有关标准的规定。

(9)《公路环境保护设计规范》(JTG B04—2010)。

在《公路环境保护设计规范》(JTG B04—2010)中,总则内容介绍如下:

1 总则

1.0.1 为确定公路工程建设项目环境保护设计原则和标准,提高公路环境保护设计质量和水平,促进可持续发展,制定本规范。

1.0.2 本规范结合我国多年来公路环境保护设计实践经验,依据现行《中华人民共和国环境保护法》《中华人民共和国公路法》《公路工程技术标准》(JTG B01)等有关法规标准制定。

1.0.3 本规范适用于新建、改(扩)建公路工程设计。高速公路、一级公路、二级公路和有特殊要求的公路工程项目必须进行环境保护设计,其他等级的公路可参照执行。

1.0.4 公路设计应树立全面、协调、可持续的科学发展观,体现安全、环保、舒适、和谐的设计理念。执行环境保护工程必须与主体工程同时设计、同时施工、同时投入使用的制度,遵守预防为主、保护优先、防治结合、综合治理的原则,实施各阶段的环境保护工作。

1.0.5 公路工程项目设计的各个阶段均应重视环境保护设计。在可行性研究阶段,应进行环境影响分析评价;在初步设计阶段,应落实环境影响评价文件提出的环境保护措施和水土保持方案;在施工图设计阶段,应根据初步设计审定意见做出环境保护工程设计。

1.0.6 环境保护设施应根据交通量增长情况,按照统一规划、分期实施的原则做好总体设计。各种环境保护设施应因地制宜,做到技术可行、经济合理。

1.0.7 高速公路、一级公路和二级公路的改(扩)建工程,应对原有工程的环境保护设施及改(扩)建过程中可能引发的环境问题进行分析评价,并提出相应对策。

1.0.8 公路环境保护投资应包括绿化和景观工程投资、噪声污染治理工程投资、污水处理工程投资、环境空气污染治理工程投资、水土保持工程投资及其他工程投资等。

1.0.9 公路工程建设项目环境保护设计除应符合本规范外,尚应符合国家现行有关标准的规定。

7.2.2 道路交通环境影响评价的标准概述

在《生态环境标准管理办法》(2021年2月1日起施行)中,明确生态环境标准是指由国务院生态环境主管部门和省级人民政府依法制定的生态环境保护工作中需要统一的各项技术要求。生态环境标准具有重要的作用,其是制定规划和计划的主要依据;评价生态环境的准绳;管理生态环境的技术基础;提高生态环境质量的重要手段。

生态环境标准根据标准性质可分为强制性和推荐性。《生态环境标准管理办法》中相关内容如下:

第五条 国家和地方生态环境质量标准、生态环境风险管控标准、污染物排放标准和法律法规规定强制执行的其他生态环境标准,以强制性标准的形式发布。法律法规未规定强制执行的国家和地方生态环境标准,以推荐性标准的形式发布。

强制性生态环境标准必须执行。

推荐性生态环境标准被强制性生态环境标准或者规章、行政规范性文件引用并赋予其强制执行效力的,被引用的内容必须执行,推荐性生态环境标准本身的法律效力不变。

7.2.2.1 我国的环境标准体系

依据《生态环境标准管理办法》(2021年2月1日起施行),我国的生态环境标准分为国家生态环境标准和地方生态环境标准,体系框架如图7-1所示。国家生态环境标准在全国范围或者标准指定区域范围执行。地方生态环境标准在发布该标准的省(自治区、直辖市)行政区域范围或者标准指定区域范围执行。有地方生态环境质量标准、地方生态环境风险管控标准和地方污染物排放标准的地区,应当依法优先执行地方标准。

(1)国家生态环境质量标准。

该标准目的是为保护生态环境,保障公众健康,增进民生福祉,促进经济社会可持续发展,限制环境中有害物质和因素。生态环境质量标准是开展生态环境质量目标管理的技术依据,其包括大气环境质量标准、水环境质量标准、海洋环境质量标准、声环境质量标准、核与辐射安全基本标准。

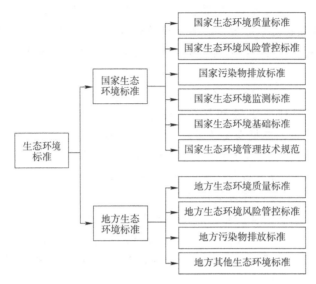

图 7-1　我国生态环境标准体系框架

(2)国家生态环境风险管控标准。

该标准目的是保护生态环境,保障公众健康,推进生态环境风险筛查与分类管理,维护生态环境安全,控制生态环境中的有害物质和因素。生态环境风险管控标准是开展生态环境风险管理的技术依据,其包括土壤污染风险管控标准以及法律法规规定的其他环境风险管控标准。

(3)国家污染物排放标准。

该标准目的是改善生态环境质量,控制排入环境中的污染物或者其他有害因素,根据生态环境质量标准和经济、技术条件,制定污染物排放标准。污染物排放标准规定的污染物排放方式、排放限值等是判定污染物排放是否超标的技术依据,其包括大气污染物排放标准、水污染物排放标准、固体废物污染控制标准、环境噪声排放控制标准和放射性污染防治标准等。其中,水和大气污染物排放标准可根据适用对象不同,分为以下几种类型:

行业型污染物排放标准,适用于特定行业或者产品污染源的排放控制;综合型污染物排放标准,适用于行业型污染物排放标准适用范围以外的其他行业污染源的排放控制;通用型污染物排放标准,适用于跨行业通用生产工艺、设备、操作过程或者特定污染物、特定排放方式的排放控制;流域(海域)或者区域型污染物排放标准,适用于特定流域(海域)或者区域范围内的污染源排放控制。

污染物排放标准按照下列顺序执行。

①地方污染物排放标准优先于国家污染物排放标准;地方污染物排放标准未规定的项目,应当执行国家污染物排放标准的相关规定。

②同属国家污染物排放标准的,行业型污染物排放标准优先于综合型和通用型污染物排放标准;行业型或者综合型污染物排放标准未规定的项目,应当执行通用型污染物排放标准的相关规定。

③同属地方污染物排放标准的,流域(海域)或者区域型污染物排放标准优先于行业型污

染物排放标准,行业型污染物排放标准优先于综合型和通用型污染物排放标准。流域(海域)或者区域型污染物排放标准未规定的项目,应当执行行业型或者综合型污染物排放标准的相关规定;流域(海域)或者区域型、行业型或者综合型污染物排放标准均未规定的项目,应当执行通用型污染物排放标准的相关规定。

(4)国家生态环境监测标准。

该标准目的是为监测生态环境质量和污染物排放情况,开展达标评定和风险筛查与管控,规范布点采样、分析测试、监测仪器、卫星遥感影像质量、量值传递、质量控制、数据处理等监测技术要求。

生态环境监测标准包括生态环境监测技术规范、生态环境监测分析方法标准、生态环境监测仪器及系统技术要求、生态环境标准样品等。生态环境监测技术规范应当包括监测方案制定、布点采样、监测项目与分析方法、数据分析与报告、监测质量保证与质量控制等内容。生态环境监测分析方法标准应当包括试剂材料、仪器与设备、样品、测定操作步骤、结果表示等内容。生态环境监测仪器及系统技术要求应当包括测定范围、性能要求、检验方法、操作说明及校验等内容。

(5)国家生态环境基础标准。

该标准目的是为统一规范生态环境标准的制订技术工作和生态环境管理工作中具有通用指导意义的技术要求。生态环境基础标准包括生态环境标准制订技术导则,生态环境通用术语、图形符号、编码和代号(代码)及其相应的编制规则等。

(6)国家生态环境管理技术规范。

该标准目的是为规范各类生态环境保护管理工作的技术要求。生态环境管理技术规范为推荐性标准,其包括大气、水、海洋、土壤、固体废物、化学品、核与辐射安全、声与振动、自然生态、应对气候变化等领域的管理技术指南、导则、规程、规范等。

(7)地方生态环境标准。

地方生态环境质量标准、地方生态环境风险管控标准和地方污染物排放标准可以对国家相应标准中未规定的项目作出补充规定,也可以对国家相应标准中已规定的项目作出更加严格的规定。

7.2.2.2 道路交通环境影响评价的重要标准

(1)大气标准。

目前,我国与道路交通相关的大气标准有:《环境空气质量标准》(GB 3095—2012)、《大气污染物综合排放标准》(GB 16297—1996)等,见表7-2。其中,有关《环境空气质量标准》的介绍,请参考2.4.2。

我国与道路交通相关的一些大气标准 表7-2

序号	标准号	标准名称	标准类型	标准性质
1	GB 3095—2012	环境空气质量标准	国家标准	强制性
2	GB 16297—1996	大气污染物综合排放标准	国家标准	强制性
3	GB 14621—2011	摩托车和轻便摩托车排气污染物排放限值及测量方法(双急速法)	国家标准	强制性

续上表

序号	标准号	标准名称	标准类型	标准性质
4	GB 20890—2007	重型汽车排气污染物排放控制系统耐久性要求及试验方法	国家标准	强制性
5	GB 19756—2005	三轮汽车和低速货车用柴油机排气污染物排放限值及测量方法(中国Ⅰ、Ⅱ阶段)	国家标准	强制性
6	GB 14762—2008	重型车用汽油发动机与汽车排气污染物排放限值及测量方法(国Ⅲ、Ⅳ阶段)	国家标准	强制性
7	GB/T 3840—1991	制定地方大气污染物排放标准的技术方法	国家标准	推荐性
8	GB/T 39193—2020	环境空气 颗粒物质量浓度测定 重量法	国家标准	推荐性
9	DB35/323—2018	厦门市大气污染物排放标准	地方标准(福建)	强制性
10	DB37/2376—2019	区域性大气污染物综合排放标准	地方标准(山东)	强制性
11	DB61/T 941—2018	关中地区重点行业大气污染物排放限值	地方标准(陕西)	推荐性
12	DB45/T 2318—2021	环境空气质量自动监测站建设技术规范	地方标准(广西)	推荐性

(2)声标准。

目前,我国与道路交通相关的声标准有:《声环境质量标准》(GB 3096—2008)《建筑施工场界环境噪声排放标准》(GB 12523—2011)等,见表7-3。其中,有关《声环境质量标准》的介绍,请参考3.5.1。

我国与道路交通相关的一些声标准　　　　　表7-3

序号	标准号	标准名称	标准类型	标准性质
1	GB 3096—2008	声环境质量标准	国家标准	强制性
2	GB 12523—2011	建筑施工场界环境噪声排放标准	国家标准	强制性
3	GB 22337—2008	社会生活环境噪声排放标准	国家标准	强制性
4	GB 16170—1996	汽车定置噪声限值	国家标准	强制性
5	GB 19757—2005	三轮汽车和低速货车加速行驶车外噪声限值及测量方法(中国Ⅰ、Ⅱ阶段)	国家标准	强制性
6	GB 16169—2005	摩托车和轻便摩托车 加速行驶噪声限值及测量方法	国家标准	强制性
7	GB 4569—2005	摩托车和轻便摩托车 定置噪声限值及测量方法	国家标准	强制性
8	GB 1495—2002	汽车加速行驶车外噪声限值及测量方法	国家标准	强制性
9	GB 18321—2001	农用运输车 噪声限值	国家标准	强制性
10	GB/T 15190—2014	声环境功能区划分技术规范	国家标准	推荐性

续上表

序号	标准号	标准名称	标准类型	标准性质
11	GB/T 34834—2017	声学 环境噪声评价中脉冲声事件暴露声级分布的计算方法	国家标准	推荐性
12	DB31/ 237—1999	助力车噪声限值	地方标准(上海)	强制性

(3)水质标准。

目前,我国与道路交通相关的水质标准有:《地表水环境质量标准》(GB 3838—2002)《污水综合排放标准》(GB 8978—1996)等,见表7-4。

我国与道路交通相关的一些水质标准　　　　表7-4

序号	标准号	标准名称	标准类型	标准性质
1	GB 3838—2002	地表水环境质量标准	国家标准	强制性
2	GB 8978—1996	污水综合排放标准	国家标准	强制性
3	GB/T 25499—2010	城市污水再生利用 绿地灌溉水质	国家标准	推荐性
4	GB/T 18921—2019	城市污水再生利用 景观环境用水水质	国家标准	推荐性
5	GB/T 18920—2020	城市污水再生利用 城市杂用水水质	国家标准	推荐性
6	GB/T 14848—2017	地下水质量标准	国家标准	推荐性
7	DB31/445—2009	污水排入城镇下水道水质标准	地方标准(上海)	强制性
8	DB42/1318—2017	湖北省汉江中下游流域污水综合排放标准	地方标准(湖北)	强制性
9	DB61/224—2018	陕西省黄河流域污水综合排放标准	地方标准(陕西)	强制性
10	DB14/T 2316—2021	高速公路沿线服务和管理设施污水回用处理技术指南	地方标准(山西)	推荐性
11	DB41/T 2153—2021	高速公路沿线设施污水处理工程设计规范	地方标准(河南)	推荐性
12	DB4201/T 652—2021	水环境保护溢流污染控制标准	地方标准(武汉)	推荐性

7.3 道路交通建设项目环境影响评价的内容与工作程序

7.3.1 道路交通建设项目环境影响评价的内容

《公路建设项目环境影响评价规范》(JTG B03—2006)中指出公路建设项目环境影响评价的环境要素包括工程概况与工程分析、社会环境影响评价、生态环境影响评价、水土保持、声环境影响评价、景观影响评价、地表水环境影响评价、环境空气影响评价和事故污染风险分析。其中,生态环境、声环境和环境空气影响评价划分为三个工作等级,其他环境要素可只进行敏感路段与一般路段的划分,并确定相应的评价工作深度。依据《公路建设项目环境影响评价规范》(JTG B03—2006),对各环境要素分别介绍如下。

7.3.1.1 工程概况与工程分析

(1)工程概况。

工程概况说明应包括以下内容:路线走向及主要控制点;主要技术标准;建设规模(主要工程量清单);预测交通量;建设条件(自然条件、施工条件等);占地与拆迁数量;工期安排与总投资。

(2)工程分析。

工程分析主要分析与环境影响有关的各个建设工序和过程。应对施工期和运营期分别进行工程分析。对于改扩建项目,还应对相关的既有公路污染源、环境现状、已有措施进行回顾性分析。

①施工期的工程分析,应包括以下内容:

a. 征地拆迁数量、安置方式及对居民生活质量的影响分析。

b. 土石方平衡情况和取弃土场影响分析。

c. 主要材料来源、运输方式及主要料场可选择方案的分析,施工车辆和设施噪声的影响分析。

d. 特大及大桥梁结构形式、施工工艺可选择方案及其关键施工环节对环境的影响分析。

e. 路基、路面施工作业方式及其各种拌和场的生产工艺及影响分析,施工车辆和机械设备对环境空气的影响分析。

f. 隧道施工工艺可选择方案、废渣、废水处置方式的影响分析。

g. 施工营地规模及选址、生活垃圾和生活污水处置方式的影响分析。

h. 路基、施工场地和取弃土场的水土流失影响分析。

i. 特殊路段工程特点及影响分析。

②运营期的工程分析,应包括以下内容:

a. 汽车尾气和交通噪声污染影响分析。

b. 事故污染风险的分析。

c. 路面汇水对路侧敏感地表水体的影响分析。

d. 对景观及居民交通便利性的影响分析。

e. 对区域经济发展的影响分析。

f. 附属服务设施产生的废水、废气、固体废弃物污染的影响分析。

g. 对基础设施、当地产业及生活方式、资源开发等的影响。

工程分析应给出拆迁安置方式可行性定性分析意见;取弃土场所选择要求;施工营地选择的原则要求;施工期临时水土保持防护措施要求;附属服务设施布设及生活污水、锅炉烟气处理要求。工程分析宜采用类比法和查阅资料分析法。

7.3.1.2 社会环境影响评价

(1)一般规定。

社会环境影响评价包括两大类评价因子:区域社会环境评价因子、沿线社会环境评价因子。

区域社会环境评价因子一般为矿产资源利用、工农业生产、地区发展规划、旅游资源、文化教育等,评价范围是线路直接经过的市、县一级行政辖区,或可行性研究报告中划定的直接影响区。

沿线社会环境评价因子一般为社区发展、农村生计方式、居民生活质量、征迁安置、土地利用、基础设施、文物古迹、旅游资源等,评价范围宜是受公路直接影响的区域,评价对象为直接受影响个人、群体或单位。

同时,评价因子视其受项目的具体影响程度分为重大影响评价因子、中等影响评价因子和轻度影响评价因子,影响视其结果又分为正影响和负影响。应根据地区特点和工程特征,对各评价因子的重要程度进行研究,并进行筛选。评价内容应根据评价因子筛选结果确定。对确定为重大影响的评价因子进行详评,中等影响的因子进行简评,轻度影响的因子进行简评或不评。

社会环境影响评价应包括以下内容:
①项目建设对直接影响区的社会经济发展、规划和产业结构等的宏观影响;
②项目建设征地拆迁和再安置影响;
③项目建设对公路沿线民众的生计方式、生活质量、健康水平、通行交往等影响;
④项目建设对沿线基础设施(含防洪)的影响;
⑤项目建设对沿线社区发展及土地利用的影响;
⑥项目建设对促进项目直接影响区旅游和文化事业发展的作用;
⑦项目建设对项目直接影响区交通运输体系的改善作用;
⑧项目建设对项目直接影响区矿产资源开发和工农业生产的宏观影响;
⑨项目建设对沿线文物和旅游资源保护与开发的影响;
⑩其他一些特殊或具体问题的分析,如少数民族、宗教习俗等。

(2)社会环境现状评价。

社会环境现状评价重点通过收集和分析社会经济统计资料,对社会与经济环境进行评价,一般应包括以下内容:
①居民生活质量及生计方式;
②基础设施总体水平;
③主要工业门类及其发展状况;
④土地利用现状及发展规划;
⑤农林牧副渔业发展状况;
⑥矿产资源及其开发情况;
⑦重要旅游资源及旅游业发展状况;
⑧重要文物资源保护及开发状况;
⑨交通运输业发展状况。

(3)社会环境影响分析评价。

社会环境影响分析评价包括以下内容:
①社区发展的影响;
②农村生计方式与生活质量影响;
③征迁、安置分析与评价;
④基础设施的影响;

⑤资源利用的影响；

⑥发展规划影响；

⑦针对社会环境影响评价中叙述的不利环境影响，应提出相应的减缓或消除不利影响的措施、对策与建议。

(4) 公众参与。

公众参与包括项目方案决策、勘察、设计和环境影响评价等过程进行的征询和协商。公众参与工作步骤如下：建设项目信息披露；公众意见调查、收集；公众意见合理性分析、统计与评述；政府各相关职能部门意见协商；专家与对项目感兴趣的利益团体的意见；环境影响评价技术文件公示。

环境影响评价机构应在整理归纳公众意见后，将其客观地反馈给项目建设单位。同时还应对直接影响区公众意见的合理性进行评价，并对项目建设单位提出在后续的研究设计阶段应注意的问题和处理原则。

7.3.1.3 生态环境影响评价

(1) 一般规定。

按公路所经地区不同的生态系统类型进行分段评价，并分别确定评价工作等级。应针对可能产生重大影响的工程行为及其涉及的敏感生态系统明确重点评价区域和关键生态影响因子。

路段评价工作划分为三个等级。

①三级评价。评价范围内无野生动植物保护物种或成片原生植被，不涉及省级及以上自然保护区或风景名胜区，不涉及荒漠化地区、大中型湖泊、水库或水土流失重点防治区的路段。

②二级评价。评价范围内涉及荒漠化地区、大中型湖泊、水库，或水土流失重点防治区，但评价范围内无野生动植物保护物种或成片原生植被，不涉及省级及以上自然保护区或风景名胜区的路段。

③一级评价。评价范围内涉及野生动植物保护物种或成片原生植被，或涉及省级及以上自然保护区、风景名胜区的路段。

依据路段评价等级的划分，确定生态环境影响评价范围为：三级评价范围为公路用地界外不小于100m；二级评价范围为公路用地界外不小于200m；一级评价范围为公路用地界外不小于300m。当项目的建设区域外有高陡山坡、峭壁、河流等形成的天然隔离地貌时，评价范围可以取这些隔离地貌为界。省级及以上自然保护区的实验区划定边界距公路中心线不足5km者，宜将其纳入生态环境现状调查范围，并根据调查结果确定具体评价范围。对于受工程建设直接影响的原生、次生林地，应以其植物群落的完整性为基准确定评价范围。

(2) 生态环境现状调查。

生态环境现状调查宜包括以下内容。

①走访项目直接影响区县级及以上环境保护、林业、农业、渔业、水利、矿产资源等政府部门，了解相关的环境保护法规并就具体问题进行咨询。对于改扩建项目，还应调查既有的生态环境影响和存在的问题。

②收集项目直接影响区县级及以上人民政府批准的生态规划、城镇规划、土地利用总体规划、水土保持规划，及自然资源现状分布、野生动植物分布的资料和图件。

③收集项目直接影响区县级及以上人民政府划定的自然保护区、风景名胜区、森林公园的现状分布与规划图,查明保护区与项目之间的相对位置关系。

④收集项目直接影响区县级及以上人民政府划分水土流失重点监督区、重点治理区和重点预防保护区的通告。

⑤根据需要收集项目直接影响区地形图、卫星照片或航测照片。

⑥需进行一级或二级评价的较敏感的工程影响区域,应进行实地调查,调查内容应包括:地形、地貌特征;土壤侵蚀类型、特点和程度;植被类型及其相应的分布;优势植物种类及其覆盖率;受影响的古树名木的位置、树种;野生保护植物的种类及分布;野生保护动物的种类、分布、活动区域和迁徙路线;自然保护区、风景名胜区及森林公园的位置、分布、性质和保护级别。

(3)生态环境现状评价。

生态环境现状评价宜包括以下各款中的部分或全部内容。

①三级评价的路段。结合项目地理位置图、土地利用现状图、地表水系图,说明项目直接影响区的生态系统类型、主要生态问题及其发展趋势;重点描述、分析土地资源及其利用情况、动植物区系、主要物种、植被覆盖率、项目区域生态环境宏观特征。

②二级评价的路段。三级评价路段所列内容;阐明评价范围内自然保护区、风景名胜区、森林公园的基本情况,并说明其与项目间的空间位置关系;通过工程平纵面图、地形图、土地利用现状图、植被分布图、现场照片,结合生态规划、城镇规划和土地利用总体规划资料,对评价范围内的生态结构、主要生态因子现状及其抗干扰能力进行分析,并说明其变化趋势。

③一级评价的路段。二级评价路段所列内容;绘制野生保护植物资源分布图和评价范围内的生物量图表;结合现场摄像和照片分析评价范围内的生态系统结构、稳定性、物种多样性、抗干扰能力及其变化趋势;有条件时可采用地理信息系统(GIS)、遥感(RS)等信息技术进行处理和分析。

(4)生态环境影响预测。

生态环境影响预测评价宜包括以下各款中的部分或全部内容。

①三级评价的路段。分析项目征用土地对项目直接影响区土地资源和农林牧渔业生产、主要动植物物种、植被覆盖率的影响;分析项目直接影响区土地利用状况的变化。

②二级评价的路段。三级评价路段所列内容;分析预测项目实施对评价范围内生态敏感区域的潜在影响;分析预测工程实施对项目评价范围内列入保护名录的野生动植物和优势植被的影响,并在此基础上预测评价范围内主要生态因子和生态系统结构可能发生的变化。

③一级评价的路段。二级评价路段所列内容;进行植物群落、动物栖息地、迁徙通道的影响分析,并分析评价范围内的生态系统结构、稳定性、物种多样性变化趋势。通过相关图表说明工程对评价范围内生态系统结构、功能及其抗干扰能力的影响,并可用现场摄像和照片资料进行辅助说明。

(5)生态环境保护措施。

生态环境保护措施可以包括以下内容:

①保护生态环境的规划、选线措施;

②改善和恢复生态环境的绿化措施;

③保护水土资源及其他生态环境要素的工程措施;

④野生保护动植物物种的专项保护措施;

⑤为保护生态环境而采取的施工方法和施工组织优化措施;

⑥保护、改善、恢复生态环境的管理和监督措施。

7.3.1.4 水土保持

(1)一般规定。

已编制水土保持方案报告书的公路建设项目,在其环境影响报告书中的水土保持章(节)可直接引用水土保持方案报告书的结论意见、措施、投资估算以及效益分析等。

未编制水土保持方案报告书的公路建设项目,在其环境影响报告书中需设水土保持章(节)时,应针对该项目主要填挖方路段,不良地质路段、特大及大桥路段、取弃土场进行编制。

(2)水土保持现状调查。

水土保持现状调查包括两个方面。

①调查项目主要填挖方路段、主要取弃土场所处地带的水土流失现状及治理措施与效果、土壤侵蚀类别、强度及其相应的侵蚀面积,以及公路建设所占用不同类别水土流失防治分区的面积等。

②调查项目永久性占地、临时工程占地和取弃土场等占地类别与数量。

(3)水土保持章(节)的内容。

环境影响报告书中的水土保持章(节)应包括以下内容:

①依据现状调查结果,确定项目的水土流失防治责任分区;

②依据相关规范进行项目的水土流失预测及其危害性分析;

③分析评价主体工程设计中已采取的防护与排水工程、绿化工程等的水土保持功能;

④提出新增水土保持措施内容、投资估算及效益分析;

⑤水土保持章(节)图件应包括水土流失现状图、工程总体布置图、防治分区及措施布局图等;

⑥对改扩建项目,应分析评价已有各项水土流失防治措施的效果,并结合实际提出新增措施及其投资估算。

7.3.1.5 声环境影响评价

(1)一般规定。

声环境影响的评价范围为路中心线两侧各200m范围,包括施工期噪声影响评价和运营期交通噪声影响评价。其中,运营期评价划分为两类:路段交通噪声评价,只需进行一般性的预测分析;敏感点(路段)噪声评价,应根据噪声敏感目标的位置、功能、规模及路段交通量确定评价工作等级。敏感点(路段)噪声评价可划分为三个等级,具体划分原则可参考相关规范。

现对各级评价的工作基本要求介绍如下。

①三级评价工作基本要求。着重调查现有噪声源种类和数量;可全部利用当地已有的环境噪声监测资料;可不进行噪声预测,噪声影响分析以现有资料或类比资料为主,对噪声超标范围、超标值及受影响人口分布进行分析;对超标的噪声敏感目标提出噪声防治措施。

②二级评价工作基本要求。应选择代表性噪声敏感目标进行监测,并用于同类噪声敏感

目标的环境现状评价;应进行噪声预测,并绘制出其平面等声级图;应给出公路运营近、中期的噪声超标范围、超标值及受影响人口分布;对超标的噪声敏感目标应提出噪声防治措施,给出降噪效果分析。

③一级评价工作基本要求。宜对噪声敏感目标逐点进行监测,并用于同类噪声敏感目标的环境现状评价;应进行噪声预测,并绘制出其平面等声级图;对于高层建筑还应绘制出立面等声级图;应给出公路运营近、中期的噪声超标范围、超标值及受影响人口分布;对超标的噪声敏感目标应提出噪声防治措施,并进行技术经济论证,给出最终降噪效果。

(2)声环境现状评价。

①应在声环境现状评价前进行现状调查和监测。声环境现状调查应包括以下内容:

a. 评价范围内现有噪声源种类、数量、与路线位置关系及相应的噪声级。

b. 评价范围内的环境噪声级、噪声超标情况。

c. 评价范围内噪声敏感点、保护目标、人口分布等。

d. 评价范围内的声环境功能区划。

e. 现有交通噪声分布情况。

②声环境现状监测中,不同类型噪声监测的布点不同:

a. 环境噪声监测布点。三级评价的噪声敏感点(路段)可不进行现状监测,必要时可监测1~2处代表性噪声敏感目标;二级评价的噪声敏感点(路段)应在路段范围内选择代表性噪声敏感目标进行监测,每处噪声敏感目标宜布设1~2个点位;一级评价的噪声敏感点(路段)宜对噪声环境敏感目标逐点布设监测,每处噪声敏感目标宜布设1~3个点位。

b. 交通噪声监测布点。对新建项目,可选择在对新建公路评价范围内环境噪声有影响的既有公路布设1~2个交通噪声监测断面。对改扩建项目,应布设交通噪声监测断面;并进行相关参数的记录。

声环境现状预测应根据监测获得的环境噪声值与相应的环境标准进行评价,分析达标情况,并说明超标的原因。

(3)施工期声环境影响评述。

施工期声环境影响评述应针对不同工程作业时的机械噪声及工程车辆交通噪声进行,提出综合防治措施。评述范围为施工场边界100m范围;评述对象为噪声敏感目标。施工期声环境影响评述执行《建筑施工场界环境噪声排放标准》(GB 12523—2011)。同时,可参照《公路建设项目环境影响评价规范》(JTG B03—2006)附录C.3进行。

(4)运营期声环境影响预测评价。

运营期噪声预测在不同路段具有不同的模式:填方路段交通噪声预测模式参数选择见《公路建设项目环境影响评价规范》(JTG B03—2006)附录C.1;高架道路和立交区交通噪声预测模式见《公路建设项目环境影响评价规范》(JTG B03—2006)附录C.2;半挖半填及路堑路段交通噪声预测见《声屏障声学设计和测量规范》(HJ/T 90—2004)。根据环境噪声执行标准对预测分析结果进行评价,分析超标情况。改扩建项目应对噪声影响变化的情况进行分析和评价。

(5)噪声防治措施。

施工期对噪声超标的噪声敏感目标宜采取经济补偿或限制施工时间等管理措施。距路中心线50m内有建筑物的路基施工路段,应针对振动式压路机作业提出施工监控措施或替代作业方式;运营期应根据预测结果提出环境噪声监测计划或分期实施防治措施;应提出噪声影响控制距离。

7.3.1.6 景观影响评价

公路景观评价分为两类:内部景观评价和外部景观评价。

①内部景观评价评价对象为工程构造物,应对工程构造物的造型、色彩等美学特性评价及其与周围环境的协调性进行评价。内部景观评价应选取代表性构造物进行评价。

②外部景观评价评价对象为景观敏感区,应对景观敏感区的完整性、美学价值、科学价值、生态价值及文化价值等方面因公路建设所受到的影响进行评价。外部景观评价应对景观敏感路段逐段进行评价。

无特殊工程构造物时,可不进行内部景观评价;无景观敏感区时可不进行外部景观评价。景观评价应突出对景观敏感路段的评价。通过对代表性工程构造物的景观评价分析,必要时可提出优化方案建议。当公路与景观敏感区美学价值构成视觉冲突时,应提出相应的替代或减缓措施方案。

7.3.1.7 地表水环境影响评价

(1)一般规定。

地表水环境影响评价只对公路所经区域河流(包括河口)、湖泊、水库的环境影响进行评价,不包括沼泽、冻土区以及水生生态系统。运营期评价可根据项目具体的污染特征和地表水环境现状,划分为敏感路段和一般路段分别进行。

地表水环境影响评价范围应符合下列要求:

①路中心线两侧各 200m 范围内,路线跨越水体时,扩大为路中心线上游 100m、下游 1000m 范围内;

②当建设项目的污水直接排入城市排水管网时,评价点应为建设项目污水排入城市排水管网的接纳处;

③当项目排污的受纳水体为开放性地表水水域(含灌溉渠道)时,评价范围应为建设项目排污口至下游 100m;

④当项目排污的受纳水体为小型封闭性水域时,评价范围为整个水域。

(2)地表水环境现状评价。

在地表水环境现状评价前应进行现状调查和监测。现状调查范围应在评价范围的基础上适当扩大。

①现状调查应符合以下规定:

a.收集污水受纳水域的水体位置、常规水文资料和调查范围内水域的常规水质监测资料,绘制水系分布图;

b.调查受纳水体的水系构成、环境功能区划、使用功能、污染物总量控制指标;

c.调查原则是尽量利用现有的资料和数据;

d.调查改扩建项目在改建前的污水排放量、既有水质监测资料、污水排放去向、受纳水体环境功能区划,绘制污水排放去向图。

②现状监测应符合以下规定:

a.当评价范围内的排污受纳水体没有常规水质监测资料或资料不完整,以及评价范围内

有水域功能规划Ⅲ类及以上水体时,应对水质进行现状监测;

b. 取样断面、取样点的选择、监测频率及水样分析方法应符合有关规定;

c. 对改扩建项目,当既有水质监测资料不能全面反映污水排放状况时,应实测污水排放量和污水水质。采样频率和水样分析方法应符合有关规定。

③现状评价包括以下内容:

a. 根据水环境现状资料,对受纳水体地表水环境质量分项进行达标状况评价;

b. 对改扩建项目,应评价既有污水排放的达标现状,并对既有污染源污水处理设施处理效果和处理能力进行评述。

(3)地表水环境影响预测评价。

地表水环境影响预测评价包括两类,即施工期地表水环境影响评价和运营期地表水环境影响评价。

①施工期地表水环境影响评价,应符合以下规定:调查了解施工方案、施工临时驻地位置、集中机械维修点、大型隧道和桥梁施工点,以及相邻地表径流方向和水域功能;分析施工期废水排放的原因、地点及施工期废水的水质特征;可采用类比调查方法预测施工期污水排放量和污水水质,对照排放标准评价施工期排放废水可能产生的影响范围、影响程度和时效性。

②运营期地表水环境影响评价,应符合以下规定:评价内容主要是服务区生活污水和洗车污水等;敏感路段应进行水环境现状评价和污染源预测评价,提出切实可行的水环境保护措施;一般路段不进行地表水环境影响评价,可简要说明污水排放数量、排放去向、受纳水体情况,并对照评价标准进行简要的环境影响分析,提出水环境保护措施。

(4)地表水环境保护措施。

地表水环境保护应根据项目污水排放达标情况和对受纳水体的影响程度提出污水治理措施,并评价其环境效益,也可进行简要的技术经济分析。直接穿越饮用水源保护地的路段应提出路线避让要求,如无法避让时应提出可靠的保护措施。根据预测评价结论对污水排放口的设置进行论证。当项目所在地对建设项目有污染物排放总量控制要求时,应提出污染物实现排放总量控制的方案。地表水环境保护措施包括两类:管理措施和工程防护措施。

①管理措施。环境管理措施可包括对污水排放口布设及地表水环境监测的建议、防止泄漏等事故发生的措施建议、环境管理机构设置的建议等。

②工程防护措施。应对施工驻地、集中施工场地以及大型隧道和桥梁施工工点等提出有效、经济的工程管理措施和临时性的污水处治及防护措施。

7.3.1.8 环境空气影响评价

(1)一般规定。

环境空气影响评价范围为公路中心线两侧各200m范围。如果附近有城镇、风景旅游区、名胜古迹等保护对象,评价范围可适当扩大到路中心线两侧各300m的范围。

环境空气影响评价包括施工期影响评价和运营期影响评价。前者的评价因子为总悬浮颗粒物(TSP),必要时增加沥青烟;后者的评价因子为二氧化氮(NO_2),必要时增加一氧化碳(CO)。

同时,运营期评价分为两类:路段评价和敏感点(路段)评价。路段评价长度一般采用工程可行性研究报告交通量预测划分,可只进行一般分析评价。敏感点(路段)评价长度按敏感目标分布确定,应按环境空气敏感目标规模、路段交通量确定评价工作等级。敏感点(路段)噪声评价可划分为三个等级,具体划分原则可参考相关规范。

现对各级评价的工作基本要求介绍如下。

①三级评价工作基本要求。宜在现有资料基础上分析环境空气质量现状;采用类比分析法对路段两侧评价范围内环境空气影响进行一般性描述分析。

②二级评价工作基本要求。充分利用现有资料进行现状评价分析,必要时可进行补充监测与评价;对代表性环境空气敏感目标进行评价,并反馈于其他环境空气敏感目标。

③一级评价工作基本要求。对代表性环境空气敏感目标进行现状监测,采用单因子指数法进行现状评价;宜采用模式预测法,对敏感点(路段)的污染物扩散浓度进行逐点预测与评价。

(2)环境空气现状评价。

在环境空气现状评价前应进行现状调查和监测。现状调查内容包括如下内容:

①调查评价范围内地形、地貌特点和现有工业污染源的情况,收集当地政府制订的功能区划分、环境空气质量执行标准和发展规划,划分评价路段,确定环境空气敏感点;

②收集项目直接影响区环境空气质量常规监测资料,统计分析各点的主要污染物的浓度值、超标量和变化趋势等;

③收集项目直接影响区近1~3年常规气象资料,包括年、季、月的气压、气温、降水、湿度、日照、主导风向、平均风速及稳定度频率等内容。

环境空气现状监测和现状评价方法详见《公路建设项目环境影响评价规范》(JTG B03—2006)。

环境空气现状应对评价范围内现有环境空气敏感点所在区域的功能划分、环境空气质量现状、现有污染源情况等进行评价分析。

(3)环境空气质量预测。

环境空气质量预测分为两类:施工期影响分析和运营期影响分析。

①施工期影响分析。对施工期的环境空气影响不做模式预测,可只根据现有资料进行类比分析。施工期评价重点为施工路面扬尘(含施工便道及新铺设路面)、场站扬尘(搅拌站及堆料场等)。

②运营期影响评价。对运营期汽车尾气中的污染物,可采用模式预测法或类比分析方法估算其扩散浓度,三级评价可只作类比分析评述;根据公路沿线设施的锅炉所采用的燃料种类,简要分析其烟尘排放情况,并提出排放控制的要求。

(4)污染防治对策。

应对施工期场站选址、施工现场(含施工道路)、物料装运、材料堆放及运输道路提出环保要求。同时,应根据预测结果提出运营期环境空气污染防治对策。

7.3.1.9 事故污染风险分析

应对在运营过程中危险化学货物的泄漏进行事故污染风险分析,分析重点应针对敏感水体进行,并提出风险防范和管理对策。同时,应对公路分路段进行危害敏感性识别,其识别重点应是处于敏感水体汇水区的路段。对确认的敏感路段,应根据事故风险、危害种类等,结合工程设计提出工程防范要求。应制定必要的应急报告制度及程序。

7.3.2 道路交通建设项目环境影响评价工作程序

道路交通建设项目环境影响评价工作程序如图 7-2 所示,环境影响评价工作大体分为三个阶段。

第一阶段为准备阶段,其主要工作是研究有关文件,进行初步的工程分析和环境现状调查,筛选重点评价项目,确定各单项环境影响评价的工作等级,编制评价工作大纲。

第二阶段为正式工作阶段,其主要工作是进一步做工程分析和环境现状调查,并进行环境影响预测和评价环境影响。

第三阶段为报告书编制阶段,其主要工作是汇总、分析第二阶段工作所得到的各种资料、数据,给出结论,完成环境影响报告书的编制。

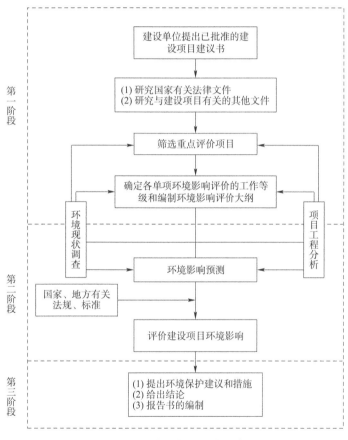

图 7-2 环境影响评价工作程序

7.4 道路交通环境影响评价方法

7.4.1 环境影响识别方法

环境影响是指人类活动造成的环境变化和由此引起的对人类社会的影响。环境影响识别就是要找出受到影响的环境因素,以使环境影响预测减少盲目性、使环境影响综合分析增加可靠性、使环境污染防治对策具有针对性。

环境影响识别通常先进行环境影响因子的识别,然后进行环境影响程度的识别,分别介绍如下。

(1)环境影响因子的识别。

道路交通建设项目一般为大型建设项目,对环境有较大影响。首先要掌握项目影响地区的环境状况和特点,确定环境影响评价的工作范围。在此基础上,结合项目的组成、特性及其功能,从自然环境和社会环境等方面,对项目可能产生的潜在环境问题,即环境影响因子进行识别。

(2)环境影响程度的识别。

道路交通建设项目对环境因子的影响程度可以用等级划分来反映。通常,按照不利影响与有利影响两类划分级别。不利影响常用负号表示,分为5级,分别为极端不利、非常不利、中度不利、轻度不利、微弱不利;有利影响常用正号表示,分为5级,分别为微弱有利、轻度有利、中等有利、大有利、特有利。根据工作深度的不同,也可将影响分为3级或10级。

环境影响识别的方法较多,其中,道路交通环境影响识别常用项目类别矩阵法,见表7-5。表中列出了项目施工期、运营期的主要工程活动及主要环境影响因子。表7-5示例中,环境影响程度分为不利影响与有利影响两类,每一列分为3级,并用符号标出了某项目各阶段可能产生的环境问题及影响大小。

某公路项目环境影响因子识别矩阵　　　　表7-5

工程及活动		自然(物理)环境				生态环境						社会环境								生活环境					
		噪声	地表水	空气	振动	保护区	植被	土壤侵蚀	土地资源	野生动物	水文	征地	再安置	农业生产	公路交通	水利建设	发展规划	社会经济	文物	通行交往	环境质量	就业	经济	安全	环境景观
施工期	施工前准备	—	—	—	—	—	—	—	—	—	—	●	●	—	—	—	—	—	—	—	—	—	▲	—	—
	取、弃土	—	—	—	—	—	—	—	—	—	—	—	—	—	—	—	—	—	—	—	—	—	—	—	—
	路基施工	▲	—	▲	▲	●	●	●	●	—	—	—	—	—	▲	●	—	—	●	▲	★	△	△	★	▲
	路面施工	—	—	—	—	—	—	—	—	—	—	—	—	—	—	—	—	—	—	—	—	—	—	—	—
	桥梁施工	—	—	—	—	—	—	—	—	—	—	—	—	—	—	—	—	—	—	—	—	—	—	—	—
	隧道施工	—	—	—	—	—	—	—	—	—	—	—	—	—	—	—	—	—	—	—	—	—	—	—	—
	材料运输	—	—	—	—	—	—	—	—	—	—	—	—	—	—	—	—	—	—	—	—	—	—	—	—
	料场	—	—	—	—	—	—	—	—	—	—	—	—	—	—	—	—	—	—	—	—	—	—	—	—
	施工营地	—	—	—	—	—	—	—	—	—	—	—	—	—	—	—	—	—	—	—	—	—	—	—	—
	施工废水	—	—	—	—	—	—	—	—	—	—	—	—	—	—	—	—	—	—	—	—	—	—	—	—
	沥青搅拌	—	—	—	—	—	—	—	—	—	—	—	—	—	—	—	—	—	—	—	—	—	—	—	—
	绿化及防护工程	—	—	—	—	—	—	—	—	—	—	—	—	—	—	—	—	—	—	—	—	—	—	—	—

续上表

工程及活动		自然(物理)环境				生态环境						社会环境								生活环境					
		噪声	地表水	空气	振动	保护区	植被	土壤侵蚀	土地资源	野生动物	水文	征地	再安置	农业生产	公路交通	水利建设	发展规划	社会经济	文物	通行交往	环境质量	就业	经济	安全	环境景观
运营期	养护与维护	—	—	—	—	—	—	—	—	—	—	—	—	—	—	—	—	—	—	—	—	—	—	—	—
	交通运输	●	—	▲	★	●	—	—	—	—	—	—	—	○	—	○	○	—	—	△	★	☆	△	—	—
	路面径流	—	—	—	—	—	—	—	—	—	—	—	—	—	—	—	—	—	—	—	—	—	—	—	—
	交通事故	—	—	—	—	—	—	—	—	—	—	—	—	—	—	—	—	—	—	—	—	—	—	—	—
	路基	—	—	—	—	—	—	—	—	—	—	—	—	—	—	—	—	—	—	—	—	—	—	—	—
	构筑物	—	—	—	—	—	—	—	—	—	—	—	—	—	—	—	—	—	—	—	—	—	—	—	—
	服务设施	—	—	—	—	—	—	—	—	—	—	—	—	—	—	—	—	—	—	—	—	—	—	—	—

注：○/●-正/负重大影响；△/▲-正/负中等影响；☆/★-正/负轻度影响；—-无影响。

7.4.2 环境影响预测方法

在环境影响识别后,主要受影响的环境因子已经确定。然而,这些环境因子在项目开展以后,究竟受到多大影响,需要进行环境影响预测。道路交通环境影响预测时应尽量选用通用、成熟、简便而能满足准确度等要求的方法。目前使用较多的预测方法主要有数学模型法、物理模拟法、类比分析法和专业判断法。

7.4.2.1 数学模型法

通过对评价对象变化规律的研究并用数学语言加以描绘,建立起数学模型以定量地预测环境影响。数学模型法能给出定量的预测结果,但需一定的计算条件和输入必要的参数、数据。环境影响预测的数学模型主要包括两类方法：统计分析的方法,即利用统计、归纳的方法在时间域上通过外推做出预测；理论分析的方法,即利用某领域内的系统理论进行逻辑推理,通过数学物理方程求解,得出其解析解或数值解来完成预测。

7.4.2.2 物理模拟法

物理模拟法为在实验室或现场,通过对物理、化学、生物过程测试来预测项目对环境的影响。在无法使用数学模型法预测,且要求预测结果定量精度较高时,可选用此类方法。物理模拟法的最大特点是采用实物模型进行预测,关键在于原型与模型的相似程度,包括几何相似、运动相似、热力相似和动力相似。物理模拟法可分为两种类型：野外模拟的方法,即在研究现场采用实验方式开展模拟,如示踪物浓度测量法、光学轮廓法等；室内模拟的方法,即基于相似性原则,在实验室构建野外环境的实物模型,根据模型尺度的不同,又包括微宇宙(环境)模拟和风洞试验等。

7.4.2.3 类比分析法

类比分析法是将拟建工程同被选择的已建工程进行比较,根据已建工程对环境产生的影响,作为评价拟建工程对环境影响的主要依据。该方法多被用于：生态环境影响识别和评价因子筛选;预测生态环境问题的发生、发展趋势及其危害;确定环保目标;寻求最有效最可行的环境保护措施等方面。类比分析法是将拟建工程对环境的影响在性质上做出全面分析和在总体上做出判断的方法,关键在于类比对象的选择。类比对象的选择条件通常如下。

①具有与评价的拟建工程相似的自然地理环境,例如,地理位置相似、地质和气候条件相似、环境特征相似。

②具有与评价的拟建工程相似的工程性质、工艺和规模。

③类比工程应具有一定的运行年限,所产生的影响已基本全部显现。

7.4.2.4 专业判断法

专业判断法是以专家经验为主的主观预测方法,能够定性地反映建设项目的环境影响。该方法多被用于存在下列问题时:缺乏足够数据、资料,无法进行客观的统计分析;影响因素复杂,找不到适当的预测模型;某些环境因子难以用数学模型定量化(如对自然遗迹的影响);时间、经济的条件限制等。

最简单的专业判断法是专家意见调查,可通过组织专家咨询会、论证会,或通过发放专家意见调查表来征求专家的意见。其中,具有代表性的专家咨询法是德尔菲法(Delphi method),该法本质上是一种反馈匿名函询法,大致流程是针对某一主题让专家们以匿名方式充分发表意见,并进行汇总、整理、归纳、统计,再反馈给各专家开始新的一轮征求意见,经过多次反复,直至得到一致的意见。

7.4.3 环境影响成本评价

在道路交通环境污染引起的经济损失计算中,由于收集较全面的基础资料和数据十分困难,一般所计算的环境污染经济损失主要是针对显性要素,一些隐性污染和污染的间接影响目前难以通过货币量化,在计算时不予考虑。本节主要针对空气污染、温室效应及噪声污染引起的经济损失计算方法进行简单介绍。

7.4.3.1 空气污染成本评价

机动车排放有害尾气的主要影响是危害道路周边区域的行人或居民的个人健康,同时,也有可能损坏建筑物表面和危害周边的生态环境。因此,对机动车尾气社会成本的评价也需从上述这几方面来进行衡量。对此,可使用尾气污染物的成本因子来反映尾气带来的危害。

具体而言,空气污染成本的计算方法可通过计算各类有害气体(PM,NO_x 和 VOC)的总排放量与其相应的污染物成本因子的乘积之和来获取,计算方式为

$$APC = \sum_{e=1}^{E} M_e \times C_e \tag{7-1}$$

式中:APC——空气污染成本,元;
　　M_e——第 e 种空气污染物的总排放量,kg;
　　C_e——第 e 种污染物的成本因子,元/kg;
　　E——污染物种类数。

对于污染物的成本因子,在道路交通领域可用 IPA 尾气成本进行计算。IPA 尾气成本是由影响路径分析法计算得到。该方法针对每种尾气污染物建立了一系列的损伤函数,计算出尾气浓度增加后当地死亡人数、呼吸道疾病数目及农作物产量等因素的变化量,随后结合上述

因素的成本,计算出每种尾气污染物的成本因子。然而,若要对研究地区当地的污染物成本因子进行计算,则要收集污染物浓度、人口分布、医疗和交通流等大量的数据,因此,直接计算污染物成本因子的难度较大。2008 年,欧洲 IMPACT 计划根据影响路径分析法计算出欧洲地区 IPA 尾气成本(成本以 2000 年欧元为单位)。德国科学家 Bickel 等在 2005 年指出,可以利用成本应用地区与研究地区的人均购买力平价之比对各种尾气成本进行转化,供其他地区使用。欧洲地区 IPA 尾气成本经调整后,转化为我国可供参考的机动车空气污染物成本因子见表 7-6。

我国城市地区机动车空气污染物成本因子　　　表 7-6

空气污染物	成本因子(元/kg)
HC	6.44
NO_x	28.36
PM	1888.70

7.4.3.2　温室效应成本评价

机动车排放的二氧化碳等温室气体会对全球气候造成一定的影响。对于机动车二氧化碳排放对温室效应的影响,同空气污染成本评价类似,可通过二氧化碳成本因子来反映。温室效应成本则可通过计算二氧化碳等价物排放量与二氧化碳成本因子的乘积求得。其计算公式为

$$GEC = M_{CO_2} \times C_{CO_2} \tag{7-2}$$

式中:GEC——温室效应成本,元;

M_{CO_2}——二氧化碳的总排放量,kg;

C_{CO_2}——二氧化碳的成本因子,元/kg。

对于二氧化碳的成本因子,研究者常用减排成本法对其进行估计。该方法通常根据环保部门设定的碳排放减排目标来估计减少排放时所需要的成本。目前,由于政府对节能减排的日渐重视,各地的碳排放权交易所逐渐成立。而碳排放权成交价格能够有效地反映在既定的减排目标下企业或市民对于排放二氧化碳的支付意愿。二氧化碳成本因子取值可参考当年碳交易年平均成交价格获取,2023 年我国碳交易年平均成交价格为 68.2 元/t。

7.4.3.3　噪声污染成本评价

噪声污染造成的经济损失主要表现在对人身体健康和生活质量方面的影响。噪声对人体健康的影响主要体现在人们的睡眠方面,人的睡眠出现问题可引起身体上和精神上的疲倦和失调。噪声对人们生活的影响主要表现在干扰家庭内的正常氛围,如影响一般交谈以及平静气氛,同时可间接增加人们的急躁情绪,影响正常生产和生活。2005 年,德国学者 Bickel 等提出,噪声烦恼成本比重比个人健康成本更大,因此,主要以噪声烦恼成本来估计噪声污染成本。噪声烦恼成本可由交通噪声分贝值、该噪声水平下个人为减轻噪声烦恼的支付意愿、受噪声影响的家庭数和研究时间长度的乘积求得,计算方式为

$$NPC = \frac{(L_{eq} - L_{limit}) \times WTP \times N_{House} \times T_{Sim}}{720} \tag{7-3}$$

$$WTP = 0.11 \times L_{eq} - 3.05 \tag{7-4}$$

式中:NPC——噪声污染成本,元;

L_{eq}——研究区域所有观测点平均等效噪声值,dB;
L_{limit}——研究区域噪声限值,其取值参照《声环境质量标准》;
WTP——该噪声水平下每户家庭每月为减轻噪声烦恼的支付意愿,元;
N_{House}——受噪声影响的家庭数;
T_{Sim}——研究时间长度,h。

7.4.4 环境影响综合评价方法

7.4.4.1 指数法

指数法是环境影响评价常用的方法。对于每一个待评价的环境要素,可采用单因子评价指数和多因子评价指数。然而,人类的生活环境是由多项环境要素(如大气、水、土壤等)组成的复合综合体系,因此,还需要对一个区域的环境质量进行综合评价,以得出该地区环境总体质量状况。

(1)单因子评价指数。

单因子评价指数又称为单因子环境质量标准指数或单因子标准指数,只能代表单个环境因子的质量状况。该指数被定义为环境污染物的监测值(或预测值)与其对应的评价基准值的比值,即

$$I_j = \frac{C_j}{C_{sj}} \tag{7-5}$$

式中:I_j——第j种单因子评价指数;
C_j——第j种评价因子在环境中的监测值(或预测值);
C_{sj}——第j种评价因子在环境中的评价基准值。

此时,I_j越小越好。单因子指数法可以评价该因子是否达标($I_j<1$)或者超标($I_j>1$)及其程度。

单因子评价指数是无量纲的,表示某种评价因子在环境中的监测值(或预测值)相对于评价基准值的程度。通常,道路交通环境中污染物的单因子评价指数可采用式(7-5)计算。

(2)多因子评价指数。

多因子评价指数又称为多因子环境质量分指数。该指数被定义为,对某一环境要素的多个单因子评价指数加权后综合,将多因子目标值组合成的一个单指数。根据计算方法的不同,多因子环境质量分指数可分为累加型分指数、幂函数累加型分指数、兼顾极值的累加型分指数等类型。在此,仅对道路交通环境中常见的累加型分指数进行介绍。

累加型分指数是将多个具有可比性的单因子评价指数累加后得到的综合指数,其包括以下几种累加方式。

①简单累加式环境质量分指数,将多个单因子评价指数简单相加而得到的综合分指数。

②矢量累加式环境质量分指数,将多个单因子评价指数进行矢量累加所得到的综合分指数。

③加权累加式环境质量分指数,根据不同评价因子的环境特性,对每个单因子评价指数乘以权值系数后再进行简单累加或矢量累加。

上述三种累加方式中,前两种方式可以作为第三种方式中权值系数等于1的特例。对于第三种方式的环境质量分指数,其计算公式为

$$I = \sum_{j=1}^{n} W_j I_j \quad \text{或者} \quad I = \sqrt{\sum_{j=1}^{n} W_j I_j} \tag{7-6}$$

式中：I_j——第 j 种单因子评价指数；

n——参与该环境要素多因子评价指数所涉及的单因子评价指数的数量；

W_j——各单因子评价指数对应的权系数，其值大于 0 且 $\sum_{j=1}^{n} W_j = 1$。

在式(7-6)的两种计算方式中，前者适用于各单因子评价指数相互独立的情况，综合指数通过简单相加反映各因子的线性叠加效应；后者适用于需要考虑因子间相互关系或几何合成的场景，能够抑制单一因子的主导作用，强调因子间的平衡性。

(3) 多要素综合因子。

多要素综合因子又称为多要素环境质量综合因子，其被定义为按照一定目标，在一个区域内各单项环境要素评价的基础上，对环境质量进行总体的定性或者定量评定。依据多要素综合因子的取值，可以确定评价对象的环境质量等级。对于不同的目标，环境要素的选择不同。道路交通环境影响评价中，常见的评价目标和要素如下。

①以控制环境污染为主要目标，应抓住与人体健康、生存条件等有关的环境要素，如空气、水、土壤和生物等。

②以改善城市人民生活环境质量为主要目标，应抓住与人们生活、生产及文化娱乐活动有关的要素，如各种社会设施、道路交通、居住条件、园林绿地、医疗及文化娱乐等。

③以保护生态环境和资源为主要目标，应抓住与地区生态环境特征和演变规律有关的要素，如水、地貌、植被、土壤侵蚀等。

对于一个多要素环境质量综合因子，通常兼有两种或两种以上的评价目标，因此，需要同时包含多个有关的环境要素，以满足评价目的与要求。

实践中，一般通过对多要素的环境质量分指数线性加权累加得到多要素综合因子，而对分指数的非线性和相互耦合作用考虑较少。其中，对于权重值的确定，常见的方法有专家评分法、模糊综合评价法、层次分析法、主成分分析法等。

7.4.4.2 相关矩阵法

相关矩阵法又叫关联矩阵法，由 Leopold 等在 1971 年提出。相关矩阵法首先需要确定各项项目建设行为和各种环境影响因子；然后，在矩阵横轴上列出各项建设行为、纵轴上列出各项环境因子；最后，某项建设行为对于某一环境因子产生的影响，标注在矩阵中相应的交叉位置上。通常，建设行为对环境因子产生正面影响时冠以"+"，产生负面影响时冠以"−"。影响程度可以根据需要划分为若干个等级，如 5 级或者 10 级，并用阿拉伯数字表示。若分为 10 级时，则"1"表示影响程度最小；"10"表示影响程度最大。

同时，由于各项建设行为对于各个环境因子的重要性不同，为了求得各项行为对全部环境因子影响的总和，常用加权的办法。假设 M_{ij} 表示建设行为 j 对环境因子 i 的影响，W_{ij} 表示建设行为 j 对环境因子 i 的影响权重，则有建设行为 j 对全部环境因子的影响为 $\sum_{i} M_{ij} W_{ij}$，且有全部建设行为对于全部环境因子的影响为 $\sum_{i} \sum_{j} M_{ij} W_{ij}$。

接下来，给出相关矩阵法的使用示例。有一个工程包括四个建设行为，并且仅对三种环境因子产生影响。当影响程度划分为 10 级时，各开发行为对于环境要素的影响见表 7-7。括号内数字表示权重,数值越大权重越大。从表7-7中可以看出,加权后总影响是37,为正值,因此,该工程对于环境是有益的。其中,改变排水的总影响为-11,表示该行为对于环境有较大的伤害,需要采取相应的补救策略。

各开发行为对环境要素的影响 表7-7

各项环境因子	房屋拆除	改变排水	铺筑路面	噪声和振动	总影响
地形	8(3)	-2(7)	3(3)	1(1)	20
地下水补给	1(1)	1(3)	4(3)	—	16
气候	1(1)	—	—	—	1
总影响	26	-11	21	1	37

7.4.4.3 网络图法

网络图法是使用因果关系分析网络来表示各项建设项目活动和各种环境影响因子之间的关系。网络图法将多级影响逐步展开,呈现树枝状,故又称为关系树或影响树。网络图法可以通过一系列链接关系追踪原因和结果,识别各项活动带来的多种影响。同时,可以追踪由直接影响对其他环境要素产生的间接影响,从而确定某项活动对各个环境因子、生态系统和人类社会的累积影响。

网络图法不但可以识别,还可以对环境影响进行评价。在网络的箭头上标出该路线发生的概率,并将网络路线重点的影响赋予权重("+"为正面影响,"-"为负面影响),然后计算该网络各个路线的权重期望并求和,作为该网络的影响评分。对于多个方案对应网络的环境影响评分进行排序比较,分数越高越好,由此得出最终的评价结果。

7.4.4.4 图形叠置法

图形叠置法由美国生态规划师麦克哈格于1968年提出。该方法最初为手工作业,首先在一张透明图片上画出项目位置及评价区域的轮廓基图。然后,依据待建设项目影响的要素一览表等相关资料,针对每一个要素都确定一张透明图片,专家判断各要素受影响的程度并用专门的颜色、阴影的深浅来表示。最后,将表征各种环境要素受影响情况的阴影图叠置到轮廓基图上,就可以看出该项目的总体影响。

图形叠置法易于理解、直观性强,能够有效显示出各空间环境受影响的程度,适用于空间特征明显的项目,如建设项目选址、道路选线等。然而,手工进行图形叠置有明显的缺陷,如果一次叠置过多张图片,颜色会变得复杂且难以分辨。目前,随着计算机等科学技术的发展,这些缺点已被克服。图形叠置法逐渐成为地理信息系统可视化技术中的一部分,其环境影响评价的优势日益显现。

7.5 环境影响报告文件的编制

依据《建设项目环境保护管理条例》(根据2017年7月16日《国务院关于修改〈建设项目环境保护管理条例〉的决定》修订)和《建设项目环境影响评价分类管理名录(2021年版)》,道路交通建设项目的环境影响评价文件分为三种类型。

①建设项目对环境可能造成重大影响的,应当编制环境影响报告书,对建设项目产生的污染和对环境的影响进行全面、详细的评价。

②建设项目对环境可能造成轻度影响的,应当编制环境影响报告表,对建设项目产生的污染和对环境的影响进行分析或者专项评价。

③建设项目对环境影响很小,不需要进行环境影响评价的,应当填报环境影响登记表。

为规范建设项目环境影响报告书和环境影响报告表编制行为,加强监督管理,保障环境影响评价工作质量,维护环境影响评价技术服务市场秩序,生态环境部制定了《建设项目环境影响报告书(表)编制监督管理办法》(2019年11月1日起施行)。该管理办法中指出,建设单位可以委托技术单位对其建设项目开展环境影响评价,编制环境影响报告书(表);建设单位具备环境影响评价技术能力的,可以自行对其建设项目开展环境影响评价,编制环境影响报告书(表)。

为保证《建设项目环境影响报告书(表)编制监督管理办法》的顺利施行,生态环境部发布了该办法配套的三个规范性文件并同步于2019年11月1日施行,包括《建设项目环境影响报告书(表)编制能力建设指南(试行)》《建设项目环境影响报告书(表)编制单位和编制人员信息公开管理规定(试行)》和《建设项目环境影响报告书(表)编制单位和编制人员失信行为记分管理办法(试行)》。

在完成环境影响报告文件编制后,应依据《生态环境部建设项目环境影响报告书(表)审批程序规定》(2021年1月1日起施行)完成审批程序。建设单位向生态环境部申请报批环境影响报告书(表)的,除国家规定需要保密的情形外,应当在全国一体化在线政务服务平台生态环境部政务服务大厅提交要求材料,并对材料的真实性负责。

7.5.1 环境影响评价报告书

《建设项目环境保护管理条例》(根据2017年7月16日《国务院关于修改〈建设项目环境保护管理条例〉的决定》修订)中,明确指出建设项目环境影响报告书应当包括的内容:建设项目概况;建设项目周围环境现状;建设项目对环境可能造成影响的分析和预测;环境保护措施及其经济、技术论证;环境影响经济损益分析;对建设项目实施环境监测的建议;环境影响评价结论。在此,本书给出实践中环境影响评价报告书编制内容的示例如下。

(1)总则。

总则主要包括:建设项目的特点;编制环境影响报告书的目的;编制依据;采用标准;评价标准;评价范围及环境敏感区;评价工作等级和评价重点;建设项目所在地区的相关环境规划;控制污染与环境保护的目标。

(2)建设项目概况。

建设项目概况主要包括:项目的基本情况(名称;项目代码;建设地点;地理坐标;项目组成等);与原有项目和在建项目的关系;项目全流程环境影响因素及其影响特征、程度、方式等内容的分析与说明;从保护周围环境等角度分析总图及规划布置方案的合理性。

(3)建设项目周围环境现状。

建设项目周围环境现状主要包括:自然环境;生态环境;社会环境。

(4)建设项目对环境可能造成影响的分析和预测。这主要包括:社会环境影响分析和预测;生态环境影响分析和预测;水土保持影响分析和预测;声环境影响分析和预测;水环境影响分析和预测;环境空气影响分析和预测。

(5)环境保护措施及其经济、技术论证。

环境保护措施及其经济、技术论证主要包括:明确建设项目拟采取的具体环境保护措施;结合环境影响评价结果,论证建设项目拟采取环保措施的可行性;依据技术先进、适用、有效的原则,进行多方案比选,推荐最佳方案;按工程实施的不同时段,分别列出其环境保护投资额,并分析其合理性;给出各项措施及投资估算一览表。

(6)环境影响经济损益分析。

环境影响经济损益分析主要包括:环境保护经费估算;环保投资经济损益分析。

(7)对建设项目实施环境监测的建议。

根据建设项目环境影响情况,提出设计期、施工期、运营期的环境监测计划要求,主要包括监测地点、监测项目、监测频次、监测单位、主管部门等。

(8)环境影响评价结论。

环境影响评价结论是全部评价工作的总结,可在以下内容中针对性地选择并进行编写:建设项目的环境现状与主要环境问题;环境影响预测与评价结论;建设项目建设的环境可行性;结论与建议等。

(9)附录和附件。

附录和附件主要包括:建设项目依据文件、评价标准和污染物排放总量批复文件;主要参考资料;附件、附图。

7.5.2 环境影响评价报告表

生态环境部办公厅在2020年12月23日发布的《关于印发〈建设项目环境影响报告表〉内容、格式及编制技术指南的通知》中,根据建设项目环境影响特点将报告表分为污染影响类和生态影响类,配套制定了《建设项目环境影响报告表编制技术指南(污染影响类)(试行)》(2021年4月1日起实施)和《建设项目环境影响报告表编制技术指南(生态影响类)(试行)》(2021年4月1日起实施)。

道路交通建设项目环境影响是以生态影响为主要特征的建设项目,因此,本书对《建设项目环境影响报告表编制技术指南(生态影响类)(试行)》进行介绍。一般情况下,建设单位应按照本指南要求,组织填写建设项目环境影响报告表。建设项目产生的生态环境影响需要深入论证的,应按照环境影响评价相关技术导则开展专项评价工作。根据建设项目特点和涉及的环境敏感区类别,确定专项评价的类别,必要情况下可根据建设项目环境影响程度等实际情况适当调整。

建设项目环境影响报告表(生态影响类)主要包括7项内容,分别介绍如下。

(1)建设项目基本情况。

建设项目基本情况主要包括:建设项目名称;项目代码;建设地点;地理坐标;建设项目行业类别;用地(用海)面积(m^2)/长度(km);是否开工建设;专项评价设置情况;规划情况;规划环境影响评价情况;其他符合性分析。

(2)建设内容。

建设内容主要包括:地理位置;项目组成及规模;总平面及现场布置;施工方案;其他。

(3)生态环境现状、保护目标及评价标准。

生态环境现状、保护目标及评价标准主要包括:生态环境现状;与项目有关的原有环境污染和生态破坏问题;生态环境保护目标;评价标准;其他。

(4)生态环境影响分析。

生态环境影响分析主要包括:施工期生态环境影响分析;运营期生态环境影响分析;选址选线环境合理性分析。

(5)生态环境保护措施。

生态环境保护措施主要包括:施工期生态环境保护措施;运营期生态环境保护措施;其他;环保投资。

(6)生态环境保护措施监督检查清单。

按要素填写相关内容,生态环境保护措施监督检查清单见表7-8。验收要求填写各项措施验收时达到的标准或效果等要求。

生态环境保护措施监督检查清单 表7-8

要素	施工期		运营期	
	环境保护措施	验收要求	环境保护措施	验收要求
陆生生态				
水生生态				
地表水环境				
地下水及土壤环境				
声环境				
振动				
大气环境				
固体废物				
电磁环境				
环境风险				
环境监测				
其他				

(7)结论。

从环境保护角度,明确建设项目环境影响可行或不可行的结论。

7.5.3 环境影响评价登记表

建设项目环境影响登记表可依据《建设项目环境影响登记表备案管理办法》(自2017年1月1日起施行)进行提报。其中,《建设项目环境影响登记表》见表7-9。建设单位在办理建设项目环境影响登记表备案手续时,应当认真查阅、核对《建设项目环境影响评价分类管理名录》,确认其备案的建设项目属于按照《建设项目环境影响评价分类管理名录》规定应当填报环境影响登记表的建设项目。建设单位应当在建设项目建成并投入生产运营前,登录建设项目环境影响登记表网上备案系统,注册真实信息,在线填报并提交建设项目环境影响登记表。

建设项目环境影响登记表　　　　　　　　　　　　　　　　　　　表 7-9

填报日期：

项目名称			
建设地点		占地(建筑、营业)面积(m^2)	
建设单位		法定代表人或者主要负责人	
联系人		联系电话	
项目投资(万元)		环保投资(万元)	
拟投入生产运营日期			
项目性质	□新建　　□改建　　□扩建		
备案依据	该项目属于《建设项目环境影响评价分类管理名录》中应当填报环境影响登记表的建设项目，属于第××类××项中××。		
建设内容及规模	□工业生产类项目　　□生态影响类项目 □餐饮类项目　　　　□畜禽养殖类项目 □核工业类项目(核设施的非放射性和非安全重要建设项目) □核技术利用类项目　□电磁辐射类项目		
主要环境影响	□废气 □废水 □生活污水 □生产废水 □固废 □噪声 □生态影响 □辐射环境影响	采取的环保措施及排放去向	□无环保措施： 　直接通过_____排放 　至_____ □有环保措施： 　_____采取_____措施后通过_____排放 　至_____ □其他措施：_____

承诺：××(建设单位名称及法定代表人或者主要负责人姓名)承诺所填写各项内容真实、准确、完整，建设项目符合《建设项目环境影响登记表备案管理办法》的规定。如存在弄虚作假、隐瞒欺骗等情况及由此导致的一切后果由××(建设单位名称及法定代表人或者主要负责人姓名)承担全部责任。

法定代表人或者主要负责人签字：

备案回执

该项目环境影响登记表已经完成备案，备案号：××××××。

【复习思考题】

7-1　道路交通环境影响评价的分类有哪些？

7-2　道路交通环境影响评价的法规和标准有哪些？

7-3　道路交通环境建设项目环境影响评价的程序是怎样的？

7-4　道路交通环境影响评价方法有哪些？

7-5　环境影响报告文件的类型有哪些？

第8章

道路交通环境工程中的创新实践案例

随着科技的发展,人工智能、大数据等新兴技术的应用为道路交通环境工程实践带来巨大的变化。本章介绍新兴技术在大气污染精准防控、道路交通噪声污染智能控制、交通碳足迹计算、道路交通振动检测、道路交通光污染计算等领域的实践应用。通过本章的学习,可理解新兴技术在道路交通环境工程实践中的新理念和新思路,了解大气污染、交通噪声等道路交通环境问题从监测、模拟、预测、评估到治理的全流程工程实践。

8.1 道路交通大气污染与防控领域的创新实践案例

新兴技术的发展使得道路交通系统理论和方法学发生变革,并逐渐渗透到交通环境问题的研究中。道路交通大气污染与防控领域是道路交通环境工程中的重要环节,近年来无论是从交通尾气排放监测还是交通尾气排放评估等方面,新兴技术在该领域都有着广泛的应用。本章节将详细介绍新兴技术在道路交通大气污染与防控领域各个环节中的典型应用案例。

(1)监测:智能交通路网监测数据的应用。

路网卡口的车辆身份检测数据为精细化排放研究提供了数据基础,对车辆时空数据进行提取及后处理,可以重构路网车辆的行驶轨迹,并结合新建排放因子模型实现排放量计算,以及对单辆车动态排放轨迹的追踪,实现全局全量个体排放表征。

(2)模拟:实时建模与可视化技术的应用。

基于路网信息系统、城市交通传感器系统和大气环境监测系统三个来源,利用Web平台设计并构建的城市道路网络车辆排放实时建模与可视化系统,实现实时数据融合、实时车辆排放计算与测绘、同步估计造成空气污染的主要道路和车辆等主要功能。

(3)预测:人工神经网络预测技术的应用。

人工神经网络具有强大的数据关系解析能力,在输入足够的时空尺度的相关历史数据后,可解析城市空气污染物浓度与各影响因素的复杂关系,从而对未来空气污染进行预测,有助于指导居民的旅行决策,并帮助政府部门制定交通管理政策以减少交通排放。

(4)评估:大数据挖掘技术的应用。

依托车辆检测大数据,通过预测模型对其进行数据挖掘,可以定量分析不同运行区域下车辆速度和靠站时间等影响因素与公交车排放和能耗之间的影响关系,并用于评估道路交通尾气排放、城市客车的运行状态。

(5)治理:知识图谱特征可视化技术的应用。

通过建立车辆出行排放知识图谱,追踪车辆逐次出行排放轨迹,进一步挖掘车辆排放强度演变过程的成因,以满足车辆出行排放精细化溯源的需要,为机动车污染排放的精准、高效治理提供更有力的支撑。

新兴技术的应用提高了道路交通大气污染控制的效率和准确性,同时也丰富了城市可持续发展的治理手段,有利于政府进一步减少道路交通的污染与排放,建设环境友好型社会。

8.1.1 新兴技术在机动车尾气监测方面的应用

随着智能交通系统的不断完善,路网卡口的车辆身份检测数据为精细化排放研究提供了数据基础。本小节介绍了基于安徽省宣城市路网卡口数据的机动车污染物排放清单研究,该案例从全局全量个体排放表征的角度实现对机动车排放量化精准程度的提升。

目前,宣城市中心城区占地面积 $28km^2$,道路长度约 $100km$,其信控路口的电警卡口覆盖率高达 76%,中心城区路网及卡口分布如图 8-1 所示。

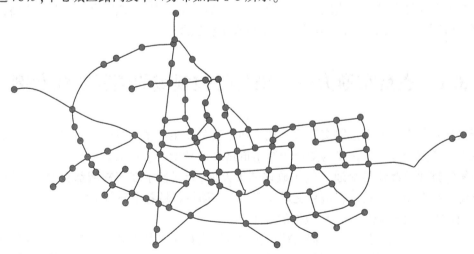

图 8-1　宣城市中心城区路网及卡口分布

宣城市中心城区路网由54条主干道、49个停车场及101个电警卡口构成,根据卡口分布将54条主干道进一步划分为123条路段。基于上述123条路段2018年5月10日至6月9日的电警卡口逐秒过车记录数据,计算了2018年5月10日至6月9日宣城市中心城区路网上每辆车每段出行轨迹的排放量,实现了41.5万辆车(其中,本地车13.3万辆,外地车28.2万辆)、4806万条出行轨迹(其中,本地车4224万条,外地车582万条)、2986万km行驶里程(其中,本地车2599万km,外地车387万km)的排放追踪,分析了全域排放时空分布特征与个体车辆出行排放轨迹特征。

8.1.1.1 路网排放总量特征

在宣城市中心城区,HC、CO与NO_x三种污染物全月全路网排放总量分别为2.9×10^3kg、2.6×10^4kg与1.2×10^4kg;各污染物日均排放总量分别为94.2kg、823.7kg、372.9kg;各污染物日均排放强度分别为1.4kg/(km·d)、11.9kg/(km·d)、5.4kg/(km·d)。考虑本地车与外地车的各污染物日均排放总量(表8-1),可见外地车的HC、CO排放占比分别为10.2%和12.2%,而NO_x的排放占比高达26.6%,这与经过宣城中心城区的外地车主要为柴油货车有关。

各污染物日均排放量 表8-1

指标	HC	CO	NO_x
日均排放总量(kg)	94.2	823.7	372.9
本地车日均排放量(kg)	84.6	722.7	273.7
外地车日均排放量(kg)	9.6	100.9	99.2
外地车日均排放占比(%)	10.2	12.2	26.6

8.1.1.2 路网排放时变特征

在宣城市中心城区,计算一个月时间范围内各周一至周日的小时排放量平均值,其时变曲线如图8-2所示。

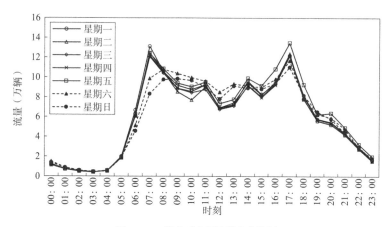

图8-2 一周小时交通流量变化特征

交通流量的逐小时变化趋势在工作日和非工作日有较大差异,以早晚时段中流量最大值所对应的小时表征早晚高峰,可以发现工作日呈现出明显的早晚高峰现象,早高峰多出现在

07:00—08:00,而晚高峰多为17:00—18:00;非工作日早晚高峰现象较工作日不明显,早高峰较工作日略有延迟,晚高峰基本一致。总体上,工作日早晚高峰日均流量分别比非工作日早晚高峰高出21.3%、9.9%,而非工作日的日均平峰期流量则略高于工作日的日均平峰流量,平均高出3.7%。

8.1.1.3 路网排放强度时变特征

在宣城市中心城区,挑选了典型工作日的最低及最高排放小时,将所有车辆排放数据汇总,以路段为单位在区域路网地图上显示各污染物集中排放的强度,如图8-3、图8-4所示。

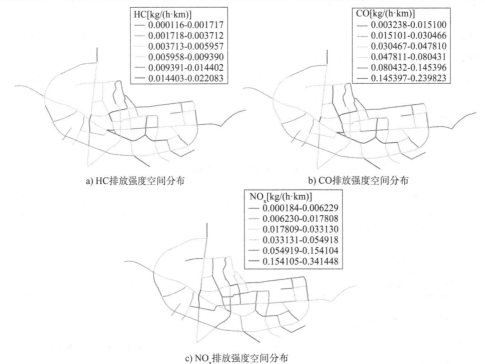

图8-3 典型工作日最低排放小时(2018年5月16日02:00—03:00)机动车排放强度空间分布

对比图8-3与图8-4典型工作日的小时排放强度可知,污染物HC、CO、NO_x的最大路段排放强度在02:00—03:00,分别为0.02kg/(h·km)、0.24kg/(h·km)、0.34kg/(h·km);在08:00—09:00为0.29kg/(h·km)、3.19kg/(h·km)、2.23kg/(h·km),分别为02:00—03:00时的14.5、13.3、6.6倍。可见,道路排放强度在一天中的小时变化显著。

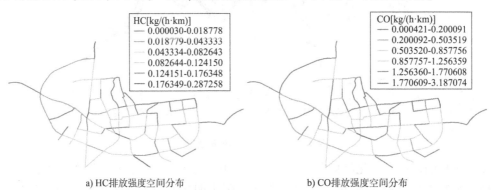

图 8-4

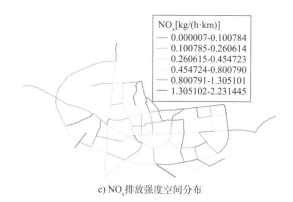

c) NO_x 排放强度空间分布

图 8-4　典型工作日最高排放小时(2018 年 5 月 16 日 08:00—09:00)机动车排放强度空间分布

此外,根据身份识别数据,还能获得典型车辆排放轨迹特征。以私家车 F 为例,其车辆排放轨迹如图 8-5 所示。

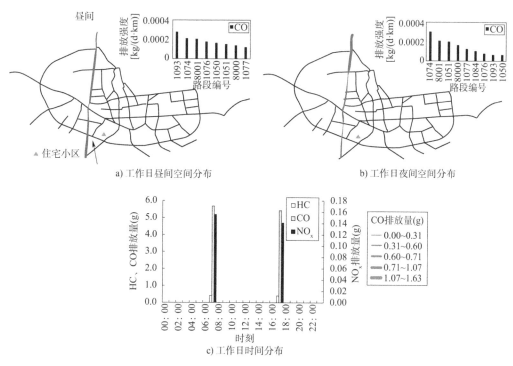

图 8-5　私家车 F 工作日昼夜排放的时空分布

由图 8-5 可以看出,该私家车行驶路线较为固定且昼间出发点与夜间返回点均为住宅小区所在区域,为典型的通勤车辆;该车运行路段约覆盖为 9.0% 的研究路网;其工作日的单日累积行驶里程为 15.5km。该车于 07:00—08:00 外出、17:00—18:00 返回住所完成整个通勤过程;且排放水平在两次行程中也较为稳定,往返过程中各承担了约 50% 的工作日 CO 排放总量。

根据以上分析可见,基于电警卡口过车数据,对车辆时空数据进行提取及后处理,可以重构路网上车辆的行驶轨迹,并结合新建排放因子模型实现排放量计算,以及对单辆车动态排放轨迹的追踪,电警卡口能够在道路交通尾气排放监测领域得到有效应用。

8.1.2 新兴技术在机动车尾气排放模拟方面的应用

在道路交通尾气排放模拟方面,新兴技术同样可以有所应用。本小节介绍了一种利用 Web 平台设计并构建的城市道路网络车辆排放实时建模与可视化系统,在系统上实现按车型、路段实时测绘车辆排放情况的模拟。

城市道路网络中车辆排放的实时建模和可视化系统(Real-Time Modeling and Visualization System for Vehicle Emissions on an Urban Road Network,RTVEMVS)是一个 Web 应用系统,采用浏览器/服务器系统架构,包含车辆排放计算模型和分散模型,由实时数据采集、实时建模、实时可视化三个模块组成,如图 8-6 所示。前两个模块在系统后台运行,第三个模块由 Web 界面控制。

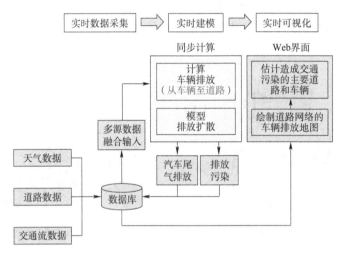

图 8-6 RTVEMVS 结构

基于图 8-6 所示的路网信息系统、城市交通传感器系统和大气环境监测系统三个来源,实现实时数据融合、实时车辆排放计算与测绘、同步估计造成空气污染的主要道路和车辆等主要功能。以下是各个功能的简介。

8.1.2.1 实时数据融合

数据库解决了实时数据采集和建模产生的庞大数据量需要同质化的存储机制的问题,在存储大量多源数据和污染排放数据的同时,能够进行实时数据采集和建模。

在 RTVEMVS 中,多源数据融合处理流程如图 8-7 所示。

按照图 8-7 所示流程,多源数据被整合成一个综合数据集,实现了 RTVEMVS 的优化运行。对每小时交通流量数据、每小时交通速度数据、每小时天气数据和道路数据进行了数据有效性检查和异常值剔除,即质量控制,并且建立了道路名称、道路链路 ID 和方向描述准则,实现了道路数据、小时交通流量和小时交通速度等道路相关参数的校准。通过将气象站与道路链路进行最近邻匹配,连接了每小时的天气和道路数据。同时,连接了时间及其对应的每小时交通量数据、每小时交通速度数据和每小时天气数据。

8.1.2.2 实时车辆排放计算与测绘

在 RTVEMVS 中采用了一种自下而上的双向路段车辆高时空分辨率排放测量方法,实现了车辆排放的实时计算。每个时间段各类别车辆在各路段的尾气排放量计算流程如图 8-8 所示。

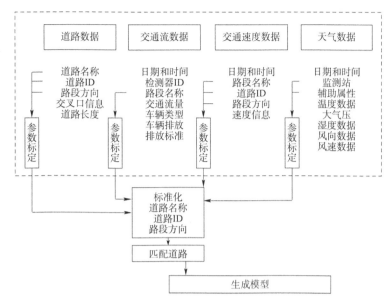

图 8-7　RTVEMVS 数据融合流程

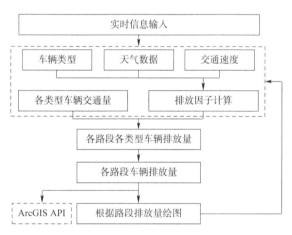

图 8-8　RTVEMVS 车辆排放计算流程

计算排放后,基于 GIS – road 层,使用 ArcGIS API for JavaScript 接口实现了基于道路链路的排放地图可视化。具有地理位置属性的路网信息作为可视化的 GIS 道路层,由 ArcGIS REST Service 创建并共享。GIS 道路层可以通过 ArcGIS API 的 JavaScript 接口嵌入到 Web 应用程序中。

8.1.2.3　同步估计造成大气污染的主要道路和车辆

估计造成污染的主要道路和车辆的方法如下。

首先,确定该区域的焦点,对特定大气污染物,比较所有道路环节在该点的尾气排放浓度,然后,确定贡献浓度最高的路段为关键路段。在 RTVEMVS 中,将贡献排名前 5 位的路段作为关键路段。然后,可以同时计算出这些关键路段上不同车型的车辆排放贡献,从而识别出关键车辆。

基于以上方法和功能实现过程,对重庆市主城区主要道路采用 Web 应用框架的 NET MVC、SQL Server 数据库技术、ArcGIS API for JavaScript 技术进行开发,实现 RTVEMVS 可视化,Web 界面的首页如图 8-9 所示。

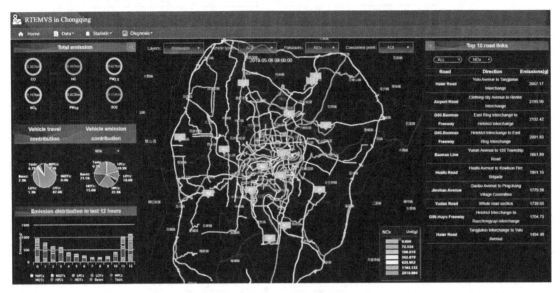

图 8-9　RTVEMVS 可视化界面

在系统首页,通过按键选择,在地图上可视化了路网各路段上不同车辆类型的 CO、HC、NO_x、$PM_{2.5}$、PM_{10} 五种污染物的排放情况。此外,在地图上点击相应的道路链接,可以查看每个路段当前小时内的交通量和车辆排放情况。系统首页还显示了整个路网的排放总量和不同车型在当前小时内每种污染物的排放比例,以及整个路网中所有路段的平均值在过去一小时内按车型的排放分布趋势。

综上所述,该系统具有实时模拟和精确估计技术,可为可变车辆排放控制提供强有力的支持。基于该系统的排放监测和模拟数据,可以针对具体的道路和车辆提出详细的控制措施,辅助政府进行车辆排放控制工作,是道路交通尾气排放模拟方面的一种有效应用。

8.1.3　新兴技术在机动车尾气排放预测方面的应用

车辆尾气排放是人口超过 1000 万的特大城市空气污染的主要来源之一。近年来,由于我国城市居民的汽车保有量逐年上升,尾气排放产生的空气污染,特别是靠近城市主干道的地方,正变得越来越严重,对居民的健康构成威胁。通常,城市的空气质量预测是基于空气监测站测量的每日平均污染物浓度,并不代表污染物浓度的时变特征。预测城市主干道附近的每小时污染物浓度可能更有助于指导居民的旅行决策,并帮助政府部门制定交通管理政策以减少交通排放。

城市干道附近的空气污染物浓度与交通排放、背景浓度、气象和地理条件以及其他一些地方特征有关。这种关系是复杂的,并且具有很强的非线性。下面介绍人工神经网络(Artificial Neural Network,ANN)在空气污染物浓度预测上的应用案例。

广州新港西路是一条双向八车道的城市主干线,白天每小时交通量约为 4500 辆。在该道路上布设了 A、B、C 三个监测点,监测点位分布如图 8-10 所示。A、B、C 三个监测点分别距离道路中心线 18m、17m 和 17.5m,高度均为 6m。

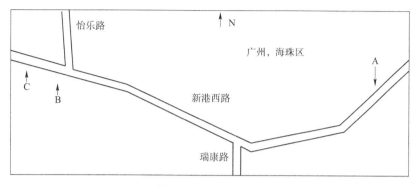

图 8-10 监测点位分布

站点 A、B、C 监测 CO、NO_x、PM_{10} 和 O_3 的实时浓度,以及 7 个气象参数,包括大气温度、大气压力、风速、风向、太阳辐射、降雨量和相对湿度。每个参数的仪器详细信息见表 8-2。通过视频记录新港西路的交通状况,并使用车辆检测软件进行每小时交通计数。

监测参数数据 表 8-2

数据类型	反应时间	准确性	范围	使用技术
NO_x	20s	1.0ppb	0 - 0.5~100ppm	化学分析仪器
O_3	20s	1.0ppb	0 - 0.5~200ppm	O_3 分析仪器
CO	20s	0.1ppm	0 - 1~10000ppm	一氧化碳气体过滤器相关分析仪
PM_{10}	4s	±2.0μg/m^3	0~10000μg/m^3	吸收颗粒物监测仪
风速	1s	±1.5%	0~60m/s	风速计
风向	1s	±5°	360°	空气箔叶片、电位计
相对湿度	15s	±2%	0~100%	传感元件:薄膜电容器
温度	10s	±0.1°C	-50~50°C	温度传感器
气压	1s	±0.125%	880~1080hPa	气压传感器
雨量	3s	±1%	—	雨量计
太阳辐射	10ms	±5%	400~1100nm	自然吸气式太阳辐射仪器

ANN 是由许多并行处理元素组成的系统,可以存储经验知识并使其可供使用。目前有许多种类的 ANN 算法,其中,反向传播(Back Propagation,BP)神经网络是最简单和最广泛使用的神经网络之一。BP 算法是指计算前馈网络误差梯度的方法,该算法是一种监督学习方法,需要知道任何给定输入的所需输出的结果。

BP 神经网络的学习过程包括两个迭代步骤:数据流的正向计算和错误信号的向后传播。在正向计算过程中,原始数据通过隐藏处理层从输入层传输到输出层,每一层的神经元只能影响下一层的神经元。如果无法从输出层获得所需的输出,则转向向后传播,其中误差通过网络向后传播,与正向计算的方向相反。在此过程中,权重均根据误差信号进行调整。通过迭代执行这两个步骤,可以使用增量规则将网络输出和所需输出之间的误差降至最低。

选取以上测量的相关影响监测站点污染物浓度的因素中的变量作为预测模型的影响因素,进行污染物浓度的预测。

首先,三个监测点收集到的每小时平均样本共497组,其中,可用的样本数据480组,将其划分为三个子集,即训练集(420组)、验证集(25组)和测试集(35组)。

然后,构建神经网络,以16个影响因素作为神经网络的输入神经元,相应的污染物浓度是输出神经元。同时,建立10个具有不同隐含层神经元数量的基于CO的ANN模型,使用相同的训练集进行训练,接着使用验证集比较其性能。使用平均相对误差(Mean Relative Error,MRE)、平均绝对误差(Mean Absolute Error,MAE)和均方根误差(Root Mean Square Error,RMSE)来评估预测结果,不同隐含层神经元数量预测结果见表8-3。

不同隐含层神经元数量预测结果 表8-3

隐含层神经元数目	4	6	7	8	9	10	12	16	24	32
MRE(%)	13.84	13.51	10.32	8.56	9.95	11.13	11.84	13.28	11.15	13.16
MAE($\mu g/m^3$)	248	237.9	188.0	152.1	178.1	196.8	216.1	237.6	194.3	240.9
RMSE($\mu g/m^3$)	300.6	286.2	234.3	208.1	232.3	249.6	289.1	302.6	236.4	293.3

从表8-3可见,通过8个隐藏的神经元,神经网络能产生最佳的预测结果。

由于ANN的输入神经元包含三个先前每小时浓度的输出污染物,因此,有两种方法可以完成预测,分别是已知背景浓度预测(Known Background Concentration Prediction,KBCP)与未知背景浓度预测(Unknown Background Concentration Prediction,UKBCP)。KBCP是使用实际测量值作为输入,只能提前一小时预测污染物浓度。UKBCP是使用预测的浓度值作为下一小时预测的背景因子,可以提前任意小时预测污染物浓度,尽管预测精度可能低于KBCP。

最后,采用KBCP与UKBCP两种方法,对CO、NO_2、PM_{10}和O_3进行训练和验证,并使用测试机提前14h比较其关于浓度的预测性能。对预测值和实测值进行相关性分析,表8-4所列的所有相关系数在0.01置信水平下均显著,表明存在良好的相关性。

不同隐含层神经元数量预测结果 表8-4

污染物	神经网络结构	KBCP				UKBCP			
		MRE(%)	MAE($\mu g/m^3$)	RMSE($\mu g/m^3$)	R	MRE(%)	MAE($\mu g/m^3$)	RMSE($\mu g/m^3$)	R
CO	16-8-1	10.21	233.5	276.2	0.874	14.79	333.8	388.8	0.808
NO_2	16-8-1	11.57	14.9	21.1	0.935	19.09	27.7	35.6	0.927
PM_{10}	16-8-1	12.86	15.5	20.7	0.961	22.38	35.0	57.5	0.912
O_3	16-8-1	45.15	7.5	10.3	0.941	67.12	11.1	16.1	0.855
O_3	17-8-1	32.93	6.6	9.5	0.951	41.57	7.5	10.2	0.948

图8-11所示为所有480组样本的预测值和测量值之间的时间序列图,包括训练集、验证集和测试集。

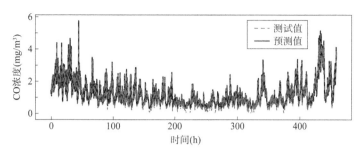

图 8-11 所有 480 个样本预测值与测量值的时变图

可以看出,与预测 O_3 的浓度相比,该模型预测 CO、NO_2 和 PM_{10} 的浓度时的 MRE 更小。原因是 CO 和 PM_{10} 是车辆的直接排放物,而 O_3 是由碳氢化合物 HC 和 NO_x 之间的光化学反应产生的二次污染物。

根据以上分析,城市干道附近的空气污染物浓度与许多因素有着复杂的关系。在所有影响因素都已被用作神经网络的输入的情况下,预测每小时的 CO、NO_2、PM_{10} 和 O_3 浓度。该 ANN 模型鲁棒性强,具有良好的可转移性,在城市主干道附近的空气污染物浓度预测中能够有效地应用。

8.1.4 新兴技术在机动车尾气排放评估方面的应用

公共交通系统的建设有利于提高交通运输效率、缓解交通拥堵、降低人均排放能耗,而城市客车作为一种建设成本较低、易于运营的交通工具,在公共交通系统中扮演着重要角色。但由于城市客车多属于重型车且具有较高运行频次,其尾气污染物排放在车队中有较高的排放贡献。在交通系统中,社会车辆运行速度反映道路车流整体运行状态,公交靠站时间则反映站点的客流量情况和站点设计水平等。下面介绍基于实测公交车逐秒运行数据及靠站时间数据的公交车排放能耗影响研究,基于公交车运行工况预测模型和排放预测模型构建方法,定量分析不同运行区域(道路、路段、站点)下社会车辆速度和靠站时间这两个影响因素与公交车排放能耗之间的影响关系。

该案例使用的数据包括公交车运行数据和社会车辆平均速度。公交车运行数据来自 5 条运行于广州市中心城区的公交车线路,其信息包括公交车逐秒全球导航卫星系统(Global Navigation System, GNSS)数据、公交车进出站时刻数据,采集时间为 2015 年 10~12 月,采集时段覆盖工作日与非工作日的全部公交车运营时段,最终共采集到有效公交车数据约 75 万余条。社会车辆平均速度来自高德交通信息发布平台,通过该平台获取公交车行驶路线对应道路的社会车辆平均速度数据。

基于一定的公交车运行区域的划分原则,分别提取出道路区域(以路名为划分依据)、路段区域(不受交叉口、站点影响的理想区域)、站点区域的 GNSS 样本,各运行区域下公交车 GNSS 样本数量分别为 484 个、177 个、174 个。

使用公交车平均速度和运行模式分布表征公交车运行工况,其中,运行模式(bin)根据机动车比功率(Vehicle Specific Power, VSP)和速度划分为 18 个 bin,其中,bin0 和 bin1 分别为制动、怠速模式,bin11~bin18 为低速区间运行模式,bin21~bin28 为中速区间运行模式,bin 第一个编号越大代表速度越高,bin 第二个编号越大代表加速和负载越高,运行模式分布是一段行程下不同运行模式的占比。

对每个逐秒 GNSS 样本,匹配对应时段和对应路段上的社会车辆平均速度及靠站时间(其中路段区域样本无须匹配靠站时间),并计算对应的 VSP,分类至对应的运行模式。最终的统计结果见表 8-5。

不同运行区域下公交车 GNSS 统计结果示例　　表 8-5

运行区域	道路/站点名称	社会车辆平均速度(km/h)	靠站时间(s)	公交车平速度(km/h)	Bin0 占比(%)	Bin28 占比(%)
道路	新港西路	16.34	76	16.95	7.64	0
路段	滨江西路	18.13	—	17.24	3.36	0
站点	广船站	39.39	21	13.85	10.64	0

基于以上数据,采用局部加权线性回归法(Locally Weighted Liner Regression,LWLR)建立不同运行区域下的公交车运行工况预测模型及排放能耗预测模型,预测不同运行区域下公交车平均速度和运行模式分布,进而获得不同运行工况下的公交车排放因子和耗电因子。

为了消除量纲和数量级对于比较分析的影响,采用结合基准情景换算得到其相对速度、相对排放/耗电因子进行分析,计算方法如式(8-1)、式(8-2)与式(8-3)所示。

$$rv_{\text{bus}}^{(l)} = \frac{v_{\text{bus}}^{(l)}}{v_{\text{bus,base}}} \tag{8-1}$$

$$REF_{\text{bus}}^{(l)} = \frac{EF_{\text{bus}}^{(l)}}{EF_{\text{bus,base}}} \tag{8-2}$$

$$REC_{\text{bus}}^{(l)} = \frac{EC_{\text{bus}}^{(l)}}{EC_{\text{bus,base}}} \tag{8-3}$$

式中:$v_{\text{bus,base}}$、$EF_{\text{bus,base}}$、$EC_{\text{bus,base}}$——基准情景下的公交车平均速度、平均排放因子、平均耗电因子,km/h;

　　　$v_{\text{bus}}^{(l)}$、$EF_{\text{bus}}^{(l)}$、$EC_{\text{bus}}^{(l)}$——第 l 个待预测样本的公交车平均速度、排放因子、耗电因子,km/h、g/km、kW·h/km;

　　　$rv_{\text{bus}}^{(l)}$、$REF_{\text{bus}}^{(l)}$、$REC_{\text{bus}}^{(l)}$——第 l 个待预测样本的公交车相对平均速度、相对排放因子、相对耗电因子。

采用以上方法,对于不同运行区域得到的结果如下。

(1)道路区域。

随着靠站时间增大,社会车辆速度对公交车排放能耗的影响程度逐渐减弱,见表 8-6;随着社会车辆速度的增大,靠站时间对公交车排放能耗的影响程度逐渐增强,见表 8-7。

不同靠站时间下,社会车辆速度的变化对道路区域下公交车排放能耗的影响分析　　表 8-6

区域	靠站时间(s)	社会车辆速度每增加 5km/h,公交车相对排放因子的平均变化值(%)	社会车辆速度每增加 5km/h,公交车相对耗电因子的平均变化值(%)
道路区域	0~45	−11	−6
	60~105	−9	−6
	120~150	−7	−5
	120~150	−7	−5

不同社会车辆速度下,靠站时间的变化对道路区域下公交车排放能耗的影响分析　　表8-7

区域	社会车辆平均速度（km/h）	靠站时间每增加15s,公交车相对排放因子的平均变化值(%)	靠站时间每增加15s,公交车相对耗电因子的平均变化值(%)
道路区域	20~30	+1	+1
	35~40	+3	+2
	45~50	+5	+2

可观察到,当交通系统中的社会车辆速度小于40km/h时,提高社会车辆速度有利于降低公交车排放能耗;而当交通系统中的社会车辆速度大于40km/h时,缩短靠站时间比提高社会车辆速度更有利于降低公交车排放能耗。

(2)站点区域。

随着靠站时间的增加,社会车辆速度对公交车排放能耗的影响程度逐渐减弱,见表8-8;随着社会车辆速度的增加,靠站时间对公交车排放能耗的影响程度逐渐增强,见表8-9。可发现,靠站时间对公交车运行和能耗排放的影响高于社会车辆速度的影响,因此,在该运行区域下,优化靠站时间可为公交车减排节能带来更明显的效果。

不同靠站时间下,社会车辆速度变化对站点区域下公交车排放能耗的影响分析　　表8-8

区域	靠站时间（s）	社会车辆速度每增加5km/h,公交车相对排放因子的平均变化值(%)	社会车辆速度每增加5km/h,公交车相对耗电因子的平均变化值(%)
站点区域	0~10	-4	-2
	15~20	-3	-3
	25~30	-1	-1

不同社会车辆速度下,总靠站时间变化对站点区域下公交车排放能耗的影响分析　　表8-9

区域	社会车辆平均速度（km/h）	靠站时间每增加15s,公交车相对排放因子的平均变化值(%)	靠站时间每增加15s,公交车相对耗电因子的平均变化值(%)
站点区域	20~30	+4	+3
	35~40	+5	+3
	45~50	+6	+4

(3)路段区域。

天然气公交车相对排放因子和纯电动公交车相对耗电因子如图8-12所示。可见,各气态污染物在不同社会车辆速度下的变化趋势和幅度十分接近,纯电动公交车的相对耗电因子随社会车辆速度的变化呈先减后增趋势。当社会车辆平均速度在40km/h以上时,公交车相对耗电因子出现更明显的恶化,该恶化程度比道路区域、站点区域更加显著。

依托大量车辆检测数据,通过对其进行数据挖掘,可以定量分析不同运行区域下社会车辆速度和靠站时间这两个影响因素与公交车排放能耗之间的影响关系。研究其影响机理对于准确梳理交通系统内各要素之间的联系、评估道路交通尾气排放、优化城市客车的运行状态、降低排放能耗具有指导作用。

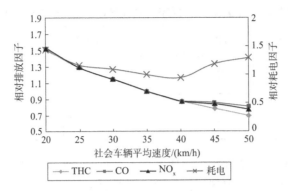

图 8-12　路段区域下社会车辆速度对公交车相对排放、耗电因子的影响

8.1.5　新兴技术在机动车尾气排放治理方面的应用

机动车尾气是城市大气污染物的重要来源之一，精细刻画机动车尾气排放是科学、精准、高效治理尾气污染的必要环节。

对比传统的数据组织方法，知识图谱作为一种特征可视化的方式，以"实体"和"关系"的形式描述对象间的概念和相互关系，通过关系相互连接，构成网状知识结构。应用知识图谱，一方面能够从单车层面实现车辆出行排放多维数据的显式关联表达，精细辨识车辆逐次出行的时空信息和排放行为的动态演变全过程；另一方面能够将多维数据存储在关联查询性能更高的图数据库（Neo4j），结合图检索算法（Cypher），可实现车辆出行排放知识的多维拓展衍生，为个体级别车辆出行排放行为演变全过程的辨识与溯源提供支撑，契合当前迫切的交通排放的精细治理需求。下面介绍一个知识图谱在机动车尾气排放分析上的应用案例。

车辆出行排放知识图谱的基础数据包括车辆出行轨迹、技术参数、排放轨迹共 3 个种类的数据。车辆出行轨迹数据来源于安徽省宣城市相关卡口的身份检测数据，该区域占地面积 28km^2，道路总长度约 100km。区域内部有 101 个电警式卡口，监控范围覆盖 54 条主干道，123 条路段（link），路网的监控覆盖率达到 76%。基于区域内部所设置的电警式卡口，获取 2018 年 5 月 14 日~2018 年 5 月 20 日共 11627016 条逐秒级车辆身份检测数据，实现区域内部日均约 8 万辆车、28 万次出行时空信息的全量精准掌握。车辆技术参数数据包括车辆类型、燃料类型、车龄、排放标准、总质量、品牌、排量共 7 项技术参数信息。车辆排放轨迹数利用一定的单车轨迹排放计算方法，以 CO 污染物为例，计算车辆逐个出行轨迹单元的 CO 排放量、CO 排放强度信息。

车辆出行排放知识图谱以表征车辆在出行过程的排放信息为主线，主体结构包含车辆、出行、排放、道路四大类别共 19 种实体节点，18 种连接关系，如图 8-13 所示。

以图 8-14 所示的图谱结构对多维交通数据进行组织，并将图谱的实体和关系信息储存在图数据库 Neo4j，最终构建得到的车辆出行排放图谱共有 23524153 个实体节点，113046362 条关系边。基于 Neo4j 自带的 Cypher 图查询语言，可在 Neo4j 的可视化界面上以语义网络图的形式直观地表征个体车辆完整、精细的出行信息和排放信息，为后续个体车辆出行排放特征的获取和分析提供数据引擎。

基于 Neo4j 的可视化界面，以 1 辆小型客车（皖 P＊＊＊）为例，该车的技术参数信息如图 8-15 所示，检索车辆在 2018 年 5 月 14~20 日的出行信息类、道路信息类和排放信息类实体节点,分析车辆在不同日期的出行特征和排放特征。

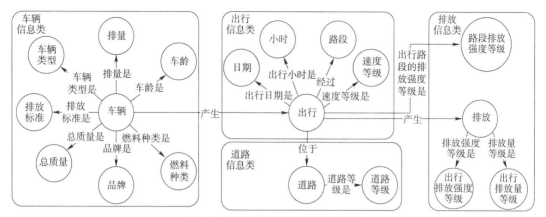

图 8-13　车辆出行排放知识图谱的结构

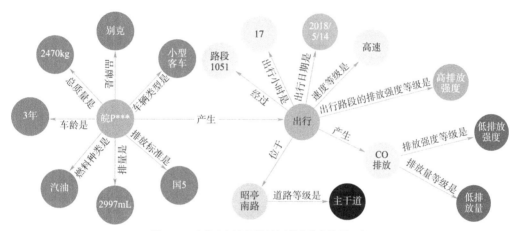

图 8-14　个体车辆出行排放图谱的检索结果示例

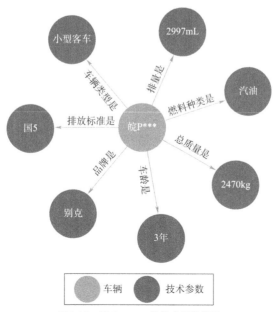

图 8-15　皖 P＊＊＊的技术参数信息

基于知识图谱的检索,可以得到个体车辆的出行排放特征。结合车辆在周一的小时实体、道路实体、路段实体和排放实体的关联检索,如图 8-16 所示。

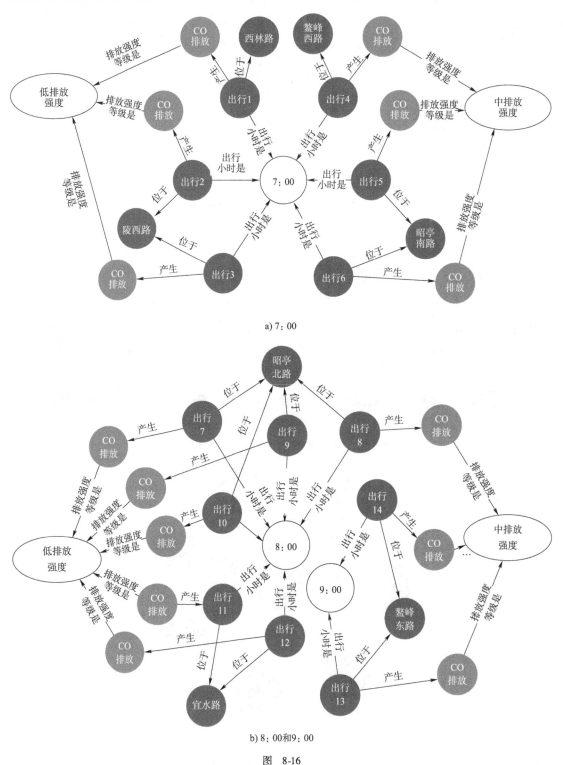

图 8-16

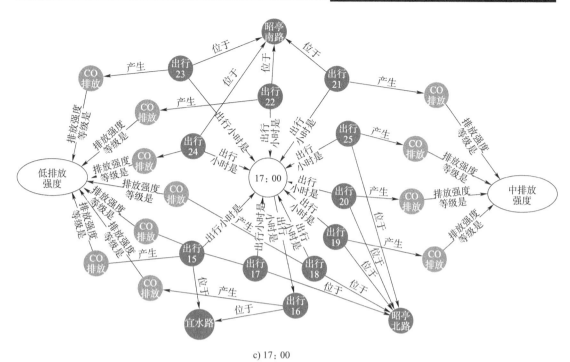

c) 17:00

图 8-16 个体车辆的排放特征(周一)

从车辆逐次出行的排放等级实体变化来看,车辆全天出行的排放强度较为平稳,排放实体分别与低排放等级、中排放等级实体相连,不会出现排放强度大幅提高的现象。车辆出行轨迹及其排放信息检索结果见表 8-10,基于出行实体、道路实体、排放实体检索车辆逐次出行的时空信息、出行排放量、出行排放强度信息,发现该车分别在 07:19:12~07:29:54、07:55:40~08:12:13、09:55:28~10:03:28 和 17:23:18~17:47:55 共 4 个时段在该区域产生连续的出行,其中,车辆在傍晚时分(17:23:18~17:47:55)出行的 CO 排放量为 0.66g,占日总排放量的 37%;车辆在主要通勤道路(昭亭南路、昭亭北路、宜水路)的 CO 排放量为 1.2g,占 CO 日排放量的 68%。

车辆出行轨迹及其排放信息检索结果(周一) 表 8-10

出行序号	道路	时间	路段	CO 排放量(g)	CO 排放强度(g/km)
1	西林路	07:19:12~07:23:12	1024	0.077	0.098
2	陵西路	07:23:12~07:24:23	1003	0.023	0.062
3		07:24:23~07:25:54	1008	0.029	0.069
4	鳌峰西路	07:25:54~07:29:54	1013	0.088	0.295
5	昭亭南路	07:55:40~07:59:40	1050	**0.082**	0.131
6		07:59:40~08:00:38	1051	**0.066**	0.109
7	昭亭北路	08:00:38~08:01:24	8001	**0.015**	0.056
8		08:01:24~08:02:27	8000	**0.071**	0.119
9		08:02:27~08:05:35	1076	**0.062**	0.065
10		08:05:35~08:07:03	1077	**0.098**	0.101

续上表

出行序号	道路	时间	路段	CO 排放量(g)	CO 排放强度(g/km)
11	宣水路	08:07:03~08:08:13	1074	0.078	0.101
12	宣水路	08:08:13~08:12:13	1074	0.076	0.098
13	鳌峰东路	09:55:28~09:59:28	8006	0.088	0.295
14	鳌峰东路	09:59:28~10:03:28	1114	0.266	0.126
15	宣水路	17:23:18~17:27:18	1074	0.076	0.098
16	宣水路	17:27:18~17:29:00	1074	0.034	0.044
17	昭亭北路	17:29:00~17:31:25	1077	0.047	0.049
18	昭亭北路	17:31:25~17:34:12	1076	0.056	0.059
19	昭亭北路	17:34:12~17:35:21	8000	0.078	0.131
20	昭亭北路	17:35:21~17:35:51	8001	0.034	0.123
21	昭亭南路	17:35:51~17:37:02	1051	0.079	0.131
22	昭亭南路	17:37:02~17:40:04	1050	0.061	0.098
23	昭亭南路	17:40:04~17:43:06	1050	0.061	0.098
24	昭亭南路	17:43:06~17:43:55	1051	0.055	0.092
25	昭亭北路	17:43:55~17:47:55	8001	0.081	0.295

注：加底色字体为车辆在工作日的主要通勤道路及其 CO 出行排放量。

综上分析，基于车辆出行排放知识图谱，可在追踪车辆逐次出行排放轨迹的基础上，结合出行时间、出行道路、出行速度等实体节点所建立的知识网络，进一步挖掘车辆排放强度演变过程的成因，满足车辆出行排放精细化溯源的需要，为机动车污染排放的精准、高效治理提供更有力的支撑。

8.2 道路交通噪声污染与控制领域的创新实践案例

随着城市化进程的加快，道路交通噪声污染已成为影响居民生活质量和公共健康的重要因素。为了有效控制和减少噪声污染，一系列新兴技术应运而生，它们贯穿于噪声监测、模拟、预测、评估和治理的整个流程。下面将详细介绍新兴技术在道路交通噪声污染与控制领域各环节中的典型应用案例，以期为城市规划者、环境工程师和政策制定者提供科学依据和技术支持。

（1）监测：无线环境传感器的应用。

噪声监测是控制噪声污染的基石。低成本的无线环境传感器，如 eMotes 和 nMotes，以其低功耗、高灵活性和连续监测能力，成为传统精密声级计的有效补充。这些传感器能够实现长时间、高分辨率的噪声数据收集，并通过无线协议传输数据，支持噪声污染的定量分析。它们在城市环境中的广泛应用，使得噪声数据的获取更为便捷和经济。

（2）模拟：微观交通仿真软件的运用。

噪声模拟是理解噪声传播机制和影响因素的关键步骤。微观交通仿真软件，如 Paramics，结合车辆噪声排放模型和声音传播模型,能够模拟不同交通状况下的噪声分布。这种方法不仅提高了噪声模拟的准确性,也为交通管理提供了直观的决策支持。通过模拟,可以预测不同交通管理措施对噪声水平的影响,从而为制定有效的噪声控制策略提供科学依据。

(3) 预测:机器学习算法的引入。

机器学习算法,尤其是梯度提升算法,已被应用于道路交通噪声的预测。这些算法通过分析历史监测数据,能够预测未来特定时间段内的噪声水平。机器学习模型的灵活性和适应性使其能够处理复杂的非线性关系,为噪声污染的预防和控制提供了更为精确的预测工具。

(4) 评估:高分辨率人口分布数据的融合。

噪声评估已从宏观层面转向更为精细的微观评估。通过融合高分辨率的人口分布数据和噪声分布数据,可以更准确地评估不同人群的噪声暴露风险。这种方法不仅考虑了噪声的分布,还考虑了人口的分布,为制定针对性的噪声控制措施提供了更为精确的依据。

(5) 治理:噪声地图与地理信息系统的结合。

噪声治理是实现噪声污染控制的最终目标。噪声地图的创建与地理信息系统(Geographic Information System,GIS)的结合,为噪声污染的可视化和治理提供了强有力的工具。通过噪声地图,管理者可以快速识别噪声污染源和污染黑点,进而制定有效的降噪措施,如设置声屏障、优化交通流、改善道路表面材料等。GIS技术的应用使得这些治理措施的规划和实施更为科学和高效。

新兴技术的应用不仅提高了道路交通噪声污染控制的效率和准确性,也为实现可持续发展的城市环境提供了新的解决方案。随着技术的不断进步和创新,我们有理由相信,未来的道路交通环境将更加安静、舒适。

8.2.1　新兴技术在道路交通噪声监测方面的应用

噪声污染是世界上许多城市关注的问题,因为它对人类健康有潜在的有害影响。越来越多的证据表明,环境噪声会影响人体健康,而城市地区噪声污染的主要来源是交通。21世纪初欧洲议会和理事会发布了环境噪声指令,要求制定行动计划,保护环境免受噪声的影响,减少其有害影响。随后,欧盟成员国定期制作并更新噪声地图。然而,在道路交通噪声监测领域,精确的噪声监测是比较昂贵并需要大量人力成本的。低成本的无线环境传感器(eMotes以及nMotes),作为精密声级计替代品。虽然被认为精度低于精密声级计,但它们可以部署更长的时间,并以一分钟的分辨率连续监测,能在道路交通噪声监测领域有更广泛的应用,本案例主要介绍如何利用该低成本无线环境传感器监测噪声,并探讨与精密系统相比,该廉价低功耗传感器的功能和量化精度。

本案例采用的低成本的无线环境传感器主要有 eMotes 以及 nMotes 两种,在测量主要由道路交通排放的污染时,eMotes 通常被部署在街道灯柱和路标上,相距80m,高度为2.5m,以免破坏者触及,如图8-17所示。

来自 eMote 的数据通过无线协议传输到需要电源的网关,从一个 eMote 传输到下一个 eMote,使用通用分组无线服务技术(Gerneral Packer Radio Service,GPRS)每分钟自动传输数据到服务器。

nMote 是 eMote 的改进版本,用于测量需要50dB(A)范围的机场噪声。它们的灵敏度位于40dB(A)与125dB(A)之间。nMotes 噪声监测传感器如图8-18所示。

图 8-17　eMotes 噪声监测传感器

图 8-18　nMotes 噪声监测传感器

nMotes 使用低功耗内置 GPRS 通信功能,将噪声数据直接传输到中央服务器,而不需要 eMotes 所需的中间"网关",这进一步提高了部署的灵活性和便捷性。当暴露在白噪声中时,位于同一位置的 eMote 与 nMotes 对比普通声级计的监测效果比较如图 8-19 所示。

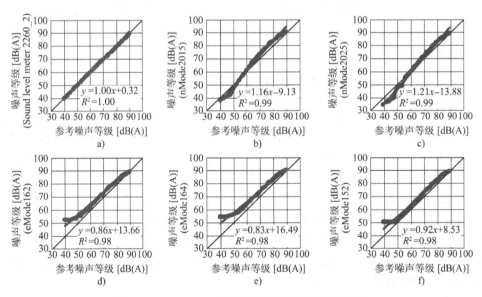
图 8-19　eMotes、nMotes 噪声监测传感器对比传统声级计

由图 8-19 可以明显看出,在较低的噪声水平下,eMotes 的响应趋于平缓,这表明它们在测量较安静的噪声水平方面存在局限性。当噪声水平较高时测量效果高于 eMotes 提供的合理水平测量阈值;当低于一定单位时,eMotes 被认为不适合测量夜间普遍存在的连续噪声级。同理,由图可见 nMote 测量的准确性在低于 55dB(A) 和高于 70dB(A) 的噪声水平测量精度较低。

为比较 eMotes 和 nMotes 与精密仪器之间的性能差异,本案例在室外环境中进行进一步的测试,通过测试结果分析该应用的性能。如图 8-20 所示,在城市街道的两个独立灯柱上并排安装了一个 eMotes 和一个 nMotes,测试 eMotes 和 nMotes 与精密仪器 SLM2260_2 的性能。

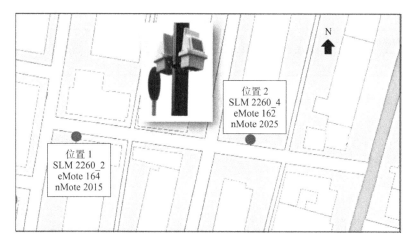

图 8-20　噪声监测传感器安装位置

同时收集了 7h 的白天测量数据。每 30s 记录一次 Leq,由精密系统、eMotes 和 nMotes 在 16:53—19:47 共 3h 内捕获的噪声水平的时间序列如图 8-21 所示。

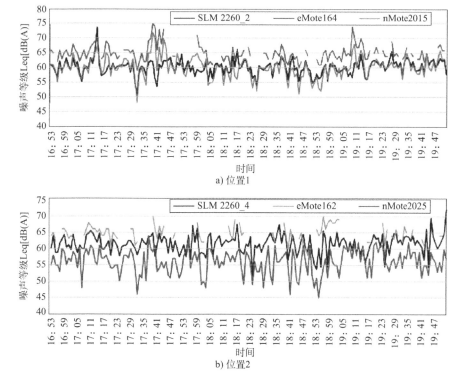

图 8-21　三种噪声监测传感器测量的噪声水平比较

可以看出,与声级计的数据相比,eMotes 和 nMotes 的数据略有滞后,但是差异与预期一致,然后进一步计算一致性相关系数,以确定 Motes 传感器与精密系统之间的一致性强度,测试最佳拟合线性关系的强度,见表 8-11。

不同噪声传感器的相关系数 表 8-11

噪声传感器	相关系数	
	CCC	RMSE
eMotes	0.64	2.22
nMotes	0.46	3.27

其中，CCC 表示回归模型的一致性相关系数，其公式为

$$\rho_c = \frac{2\rho\sigma_x\sigma_y}{\sigma_x^2 + \sigma_y^2 + (\mu_x - \mu_y)^2} \tag{8-4}$$

式中：ρ——相关系数；

σ——标准差；

μ——均值。

RMSE 表示均方根误差，其公式为

$$\text{RMSE} = \sqrt{\frac{1}{N}\sum_{i=1}^{n}[Y_i - f(x_i)]^2} \tag{8-5}$$

RMSE 代表的是预测值与真实值偏差的平方与观测次数 n 比值的平方根。由此可见，eMote 和 nMote 等无线传感器与精密仪器相比，性能差异符合预期，即误差较小且具有较优的相关性。相较于昂贵的精密仪器，其在广泛布局上有更优的适用性，能节省较大的经济和人力成本。

8.2.2 新兴技术在道路交通噪声模拟方面的应用

在城市道路网络中，环形交叉口和信号交叉口是两种常见的道路交叉口形式。道路交叉口附近车辆运动状态的变化使交通噪声计算具有挑战性，因此，采用微观交通仿真软件模拟这种道路状况，对于分析两种交叉路口的交通噪声差异，辅助交通管理部门进行管理有十分重要的作用。

该案例采用一种基于微观交通仿真的动态交通噪声仿真方法，对环形交叉口和信号交叉口附近的交通噪声进行研究。同时建立考虑加速度影响的汽车噪声排放模型对道路交通噪声进行模拟。模拟不同交通量水平下环形交叉口和信号交叉口附近的交通噪声，并对模拟结果进行验证。

动态交通噪声仿真模型由微观交通仿真工具、车辆噪声排放模型和声音传播模型三个模块组成。应用微观交通仿真工具对路网上的交通流进行仿真，获得车辆的状态数据，包括仿真每个时间步长的每辆车的类型、位置、速度和加速度。将车辆类型、速度和加速度数据输入车辆噪声排放模型，计算出每辆车辆在特定时刻的噪声排放。将车辆位置和噪声排放输入到声音传播模型中，计算每辆车在接收器上的个体噪声排放。这样，将各车辆在相应时间步长的噪声排放相加，就可以得到接收机处的瞬时声压级。通过运行时间步长为 1s 的模拟，得到了一系列 1s 分辨率的声压级。然后，计算出时间等效声级 L_{eq} 以及累计统计声级 L_{10}、L_{50}、L_{90}。

在交通噪声计算中，一般将路网上的每辆车辆视为一个点声源，点声源的噪声计算可以参考第 3 章，这里不再赘述。将每辆车在某一时间步长的声能量相加，可得到瞬时声级，

在这项应用中,使用微观交通仿真软件 Paramics 来模拟道路网络上的交通。该软件包括一个车辆生成器,该生成器将根据道路网络的交通 OD 在任意时间步随机生成一些模拟车辆。生成的车辆将按照车辆跟随模型、变道规则、信号控制规则等在道路网络上行驶,直到离开道路网络。在仿真过程中,研究路网在不同的时间步长上可能有不同数量的车辆运行。利用 C 语言开发了一个动态链接库插件,连接 Paramics 软件,采集每个时间步长的车辆数量和行驶状态数据。然后,根据这些动态交通数据计算交通仿真过程中各时间步长的交通噪声。

该案例采用实验方法测量单辆汽车的噪声排放,并建立了汽车噪声排放模型。实验场景按照《汽车加速行驶车外噪声限值及测量方法》(GB 1495—2002)设置。实验在交通流量较小的直道上进行,距离为 100m 左右,没有明显的反射器。选取加速路段、减速路段和恒速路段三种道路类型,测量车辆在不同运动状态下的噪声。车辆分为三种类型:长度小于 6m,质量小于 2t 的小型车辆;长度超过 10m 或质量超过 12t 的大型车辆;除小型车辆和大型车辆以外的中型车辆。随后测量了 3372 辆车辆(包括 2451 辆小型车辆、375 辆中型车辆及 546 辆大型车辆)在通过声级计时发出的噪声。采集了加速、减速、稳态和怠速 4 种行驶状态下的噪声排放数据。通过线性回归拟合得到车辆噪声排放模型见表 8-12。表 8-12 中,L_S、L_M、L_L 分别为小型、中型、大型机动车单辆行驶时在参考距离处的噪声声压级;V 为车辆行驶速度(km/h);a 为车辆行驶时的加速度(m/s^2)。

拟合得到的车辆噪声排放模型 表 8-12

车型	驾驶状态	样本量	拟合模型	相关系数
小型车辆	加速	779	$L_S = 35.56 + 19.4 \lg V + 1.04a$	0.669
	减速	550	$L_S = 24.86 + 25.75 \lg V + 0.33a$	0.860
	稳态	1058	$L_S = 28.12 + 24.77 \lg V$	0.810
	怠速	64	$L_S = 53.79$	—
中型车辆	加速	92	$L_M = 60.13 + 7.76 \lg V + 0.76a$	0.360
	减速	96	$L_M = 44.99 + 16.62 \lg V - 0.32a$	0.614
	稳态	167	$L_M = 16.8 + 36.32 \lg V$	0.802
	怠速	20	$L_M = 58.49$	—
大型车辆	加速	202	$L_L = 68.92 + 6.44 \lg V + 2.58a$	0.464
	减速	165	$L_L = 61.9 + 10.21 \lg V + 0.16a$	0.442
	稳态	119	$L_L = 33.35 + 28.56 \lg V$	0.746
	怠速	60	$L_L = 63.32$	—

同时,为验证模型的准确性,在广州市良路和西环路的交叉路口以及福德路和德贤路的信号交叉口进行了现场测量。每个路口设置 4 个噪声监测点,位置如图 8-22 所示,监测时间为 15:00—18:00。噪声水平是由安装在离地面 1.2m 高的声级计记录的。

然后,通过视频确定小型、中型和大型车辆每小时的交通量。同时,根据实测的几何尺寸数据、交通量数据和实际交叉口的交通控制方案,建立模拟环形交叉口和模拟信号交叉口,如图 8-23 所示。在仿真过程中,基于车辆生成器生成仿真车辆。

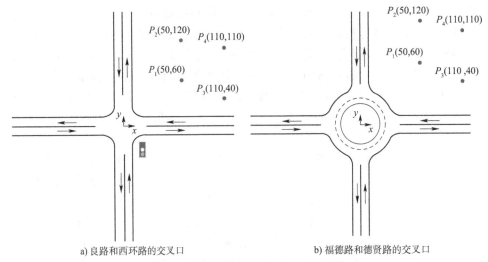

a) 良路和西环路的交叉口　　　　　　b) 福德路和德贤路的交叉口

图 8-22　环形交叉口和十字交叉口现场场景

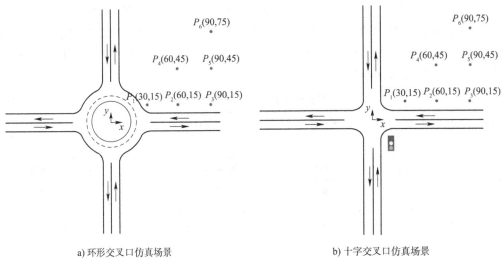

a) 环形交叉口仿真场景　　　　　　b) 十字交叉口仿真场景

图 8-23　环形交叉口和十字交叉口仿真场景

通过仿真软件 API，计算各监测点的交通噪声。每隔 20min 统计一次时间等效声级 L_{eq} 和累计统计声级 L_{10}、L_{50}、L_{90}，模拟噪声级与实测噪声级的对比如图 8-24、图 8-25 所示。

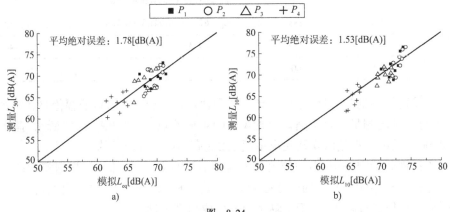

图　8-24

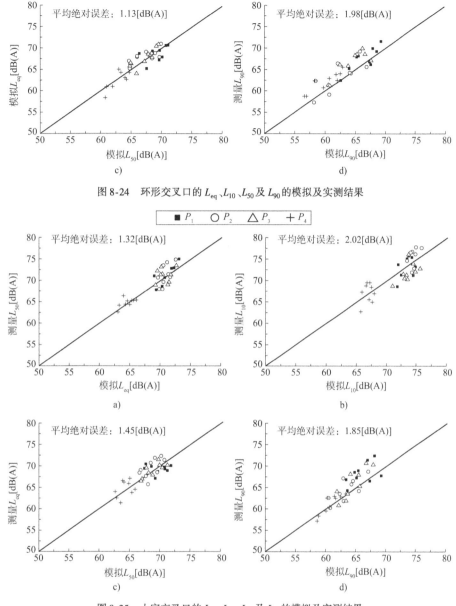

图 8-24　环形交叉口的 L_{eq}、L_{10}、L_{50} 及 L_{90} 的模拟及实测结果

图 8-25　十字交叉口的 L_{eq}、L_{10}、L_{50} 及 L_{90} 的模拟及实测结果

对于环形交叉口和十字信号交叉口，L_{eq}、L_{10}、L_{50} 和 L_{90} 的模拟值与实测值吻合较好，平均绝对误差小于 2dB(A)，该模型的准确性是可以接受的，该技术能良好地应用在道路噪声模拟方面的研究。

8.2.3　新兴技术在道路交通噪声预测方面的应用

随着社会的发展、人民生活水平的提高，我国机动车保有量持续增长，随之带来的道路交通噪声污染日趋严重，给居民的生活和健康造成很大影响。因此，对道路交通噪声进行预测，有利于噪声污染评价、控制与管理。而机器学习算法作为一种新兴预测技术，在道路交通噪声预测上也能有良好的应用。

本案例主要利用梯度提升算法,建立一个灵活的机器学习预测模型,然后实现道路交通噪声预测的应用方法。使用梯度提升算法预测交通噪声数据包括4个步骤:首先,需要准备数据,本案例采用交通噪声监测数据作为预测样本;其次,需要挑选算法为数据建立模型;然后,需要对模型进行训练,参数调优,优化模型结果;最后,对模型进行评估,与其他模型训练结果对比,验证有效性。

对于幅度随时间起伏变化较大的噪声,其大小可以用等效声级L_{eq}表述。等效声级的实质是在有限时间过程中噪声的声级按能量进行平均的结果,又称为等效连续声级,等效连续声级的具体公式已作过介绍,这里就不再详细展开。

在数据的检测方法上选取城市道路(快速路、主干路、次干路、支路)作为调查对象。噪声测量根据《环境噪声监测技术规范 城市声环境常规监测》(HJ 640—2012)和《声环境质量标准》(GB 3096—2008)中的规定进行,监测点应设置在远离道路交叉口的道路路段中部,并避免固定声源、人为噪声等的影响。道路交通噪声数据监测实验采用杭州爱华 AWA6228+多功能声级计,采集噪声的1/3倍频程声压级数据,采样频率为1Hz,每个监测点监测时长为15min。传声器距离道路边缘线20cm,距地面高度为1.2m;声级计在使用前均经过校准,校准后精度达到《电声学 声级计 第1部分:规范》(GB/T 3785.1—2023)中Ⅰ型的要求。在监测噪声的同时,分车型记录道路双向车流量数据,使用 STELKER BASIC 雷达测速枪测量。监测点布设如图8-26所示。

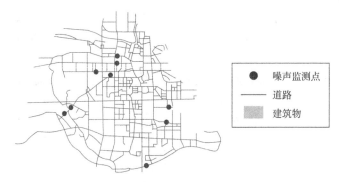

图8-26 监测布点示意图

监测实验共测得36组样本数据,有效样本为30组,选取前20组数据作为学习样本用于训练模型,模型训练时对学习样本按照0.8/0.2的比例随机划分为训练集与验证集,后10组数据作为预测样本用于精度检验,部分检测数据见表8-13。

道路噪声部分监测数据　　　　　　表8-13

序号	大型车流量(辆/h)	中型车流量(辆/h)	小型车流量(辆/h)	大型车平均速度(km/h)	中型车平均速度(km/h)	小型车平均速度(km/h)	平均等效声级[dB(A)]
1	160	60	904	17.52	21.2	21.2	70.8
2	168	72	1072	18.06	19.1	22.5	71.9
3	236	72	1636	26.53	29.1	31.5	74.9
4	184	72	1604	23.60	27.0	27.7	74.2
5	44	36	540	24.83	29.8	28.5	89.0

模型训练选择学习样本中的大型车流量、中型车流量、小型车流量以及各车型平均车辆速度作为输入变量,平均等效声级作为输出变量,并按照上文所述比例随机划分训练集和验证集。机器学习常用拟合优度 R^2 来评价模型的训练效果。若 R^2 越接近 1,则说明模型训练得越好。由图 8-27 可知,训练集和验证集的拟合优度随着迭代次数和每个弱学习器的权重缩减系数的增大而增大,并逐渐趋于 1。

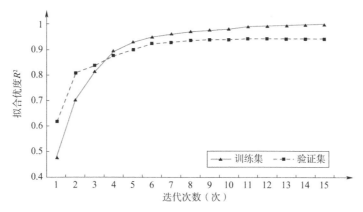

图 8-27　迭代次数与拟合优度关系图

训练结果表明,该预测模型训练集和验证集的拟合优度分别为 0.95 和 0.92,均方误差分别为 0.16 和 0.38,见表 8-14。

预测模型评价参数　　　　　　　　　　　　　　　　表 8-14

训练参数	均方误差(MSE)	拟合优度(R^2)
测试集	0.16	0.95
验证集	0.38	0.92

同时,为了检验模型的学习效果,将学习样本中的影响因子输入到模型中,输出相对应的噪声值,结果如图 8-28 所示。

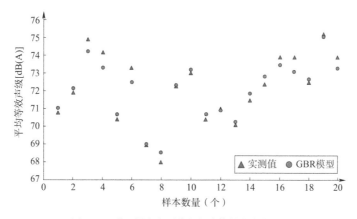

图 8-28　学习样本实测值与拟合值散点分布对比

由图 8-28 可知,拟合值与实测值的散点分布相似度较高,说明学习样本得到了很好的训练,该模型可用于道路交通噪声预测。由于不同地区的路、车、环境等对噪声排放有影响的因素都存

241

在差异,现有的基于车辆排放数据建立的模型也多为本地化模型。本案例采用该方法的最大优势是能够较好地适应这些影响因素对噪声排放的影响,对接受过环境监测的道路和相类似的任意道路,都可利用该模型进行噪声预测。在应用于不同区域的噪声排放计算时,需要用部分监测数据对模型的最优参数进行微调,使其更适合本地化使用,预测模型具有很大的灵活性和迁移性。

8.2.4 新兴技术在道路交通噪声评估方面的应用

道路交通环境噪声已成为影响人民身体健康日益严重的公共问题,在此背景下,欧盟成员国和相关科学界建议建立噪声地图以及相关行动计划对主要道路噪声源进行相关研究,但目前这些研究大多停留在宏观层面,缺乏高分辨率的种群分布数据和考虑噪声分布和种群分布的评价指标是这些研究仅限于宏观层面调查的原因之一。本案例介绍一种融合高分辨率人口分布数据和噪声分布数据的道路交通噪声人群暴露评估方法。

该方法可分为四个部分。首先,对研究区域进行网格划分,并在节点处设置接收机,以道路为线性声源计算各接收机的噪声值,并将这些值表示为交通噪声分布;接下来,用兴趣点(Point of Interest,POI)样本数据、总体样本数据和随机森林算法训练总体分布模型;然后,将网格中POI的统计信息作为噪声分布输入训练模型,获得网格级人口数据,并用于描述人口分布,此后,为了便于评估,根据网格节点的ID或位置,将网格级交通噪声分布数据和人口分布数据进行组合;最后,采用综合考虑交通噪声和人口分布的评价指标对人群的交通噪声暴露进行评价。

道路交通噪声计算的两类基本数据是交通流数据和道路及建筑物数据。本案例用于交通噪声分布的原始数据包括来自广州市交通委员会数据库的浮动车辆速度数据,以及来自GIS的道路和建筑物的地理空间数据。

数据的融合是利用交通噪声分布与人口分布进行网格划分的方法,根据网格节点的位置或ID将这两个分布数据的属性连接起来。分布数据融合有四个属性,在数据库中也称为四个字段,包括节点ID、节点位置、交通噪声值和人口。

评价指标选取单位面积人口噪声暴露量 PEN_i、点噪声超标值 NE_{Pi}、点噪声污染指数 NPI_{Pi}、区域噪声超标值 NE_R、区域噪声污染指数 NPI_R、区域噪声暴露面积比 RA_R、区域暴露人口 PE_R 和区域暴露人口比率 RPE_R 8个指标,具体公式可参考 Evaluation of road traffic noise exposure based on high-resolution population and grid-level noise data 一文。

研究区域主要选取广州市三种不同类型的区域,包括居民区a、商业区b、工业区c。

所有计算工作均由基于c#编程语言自行设计的程序自动完成。计算研究区域内所有室内和室外噪声接收器的噪声值后,得到道路交通噪声的网格级数据,并以点数组的形式呈现,其属性包括噪声接收器的坐标和噪声值。道路交通噪声数据借助ArcGIS或Surfer等专业软件描绘交通噪声分布,同时得到各区域评价指标值见表8-15。

表8-15中列出了研究区域的评价指标结果。各研究区域评价指标对比表明,a小区道路交通噪声污染最严重,占总人口的12.00%。

各区域噪声评价指标结果　　　　　　　　　表8-15

评价指标	居民区 a	商业区 b	工业区 c
NE_R(dB·人/m²)	0.063	0.075	0.016
NPI_R	1.0549	1.0548	1.0136

续上表

评价指标	居民区 a	商业区 b	工业区 c
$RA_R(m^2)$	7.60	5.86	1.17
$PE_R(人)$	151	178	6
$RPE_R(\%)$	12	4.31	0.97

同时根据每个网格的 PEN_i 值赋予其颜色,通过道路层和建筑层得到人口暴露于道路交通噪声的空间分布,如图 8-29 所示。图中,90%以上的 PEN_i 值小于 1dB 人/m^2,只有 5%的 PEN_i 值大于 5dB 人/m^2。PEN_i 值大的网格大多分布在道路附近的区域,说明居住在道路附近的人更容易受到道路交通噪声的影响。

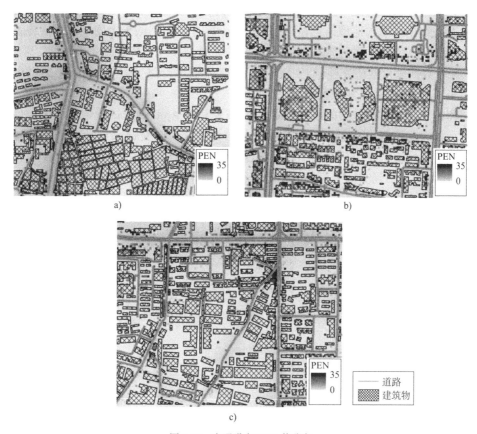

图 8-29 交通噪声 PEN_i 值分布

在本案例中,由于采用网格级人口分布的方法,融合多源数据分析的结果使道路交通噪声的空间分布具有较高的分辨率,可以提供基于的微观视角。此外,在评价中,不仅考虑了受影响的人,而且还考虑了对人的影响指标 PEN_i,它可以描述道路交通噪声的污染水平。

根据评价指标的结果,对广州市 a、b、c 三个区域的道路交通噪声人群暴露进行了评价。根据相关评价指标,所有研究区域的道路交通噪声污染均为轻度,但 b 道路交通噪声污染较为严重,占总人口的 12.00%。这些结果表明,居住在居民区的人对道路交通噪声更敏感。因此,有必要在路网密度低的地区建设居住区。通过这种微观层面的调查方法,融合多源数据,能够实现更高精度的噪声评估,能补齐目前噪声评价偏宏观层面的短板,具有一定的现实意义。

8.2.5 新兴技术在道路交通噪声治理方面的应用

为数字化治理城市道路交通噪声,需要充分了解噪声污染在交通干道沿线和城市区域范围内的分布状况。噪声地图综合计算机软件仿真模拟、GNSS 技术和地理信息系统等,以数字与图形的方式提供了动态了解噪声分布情况的解决方案。

交通噪声计算中有两种基本数据。一种类型的数据是交通流量信息,包括交通量、车辆速度以及车辆类型各自所占的比例。另一种类型的数据由道路和建筑物属性组成,包括道路名称、道路长度、坐标、建筑物 ID、面积等。

交通流量计算采用的是一种利用浮动车计算速度的算法,基于 GNSS 的浮动车技术综合了定位、通信、数据存储和地理信息系统等先进技术,通过在测试车上安装 GNSS 装置及通信装置,设定一个采样周期,将测试车的实时运行状况通过无线网传输回数据中心,再结合 GIS 技术对 GNSS 数据进行分析处理,如生成 OD 矩阵、车辆出行路径等,但前提是路网中的浮动车需满足一定的规模,对路网的覆盖率要足够大。

道路和建筑物的属性数据的获取(图 8-30)需要利用 ArcGIS Engine 中的许多控件和界面进行开发。将 Visual Studio 和 ArcGIS Engine 相结合生成一个交通噪声计算表和地理信息系统表。获取的属性表信息包括道路 ID,道路名称、起点和终点的坐标、建筑物 ID 和轮廓的坐标,并将上述数据返回到交通噪声的数据库进行计算。

图 8-30 道路和建筑物属性数据的获取

区域交通噪声通常采用线源模型计算,充分考虑距离衰减、地面吸收以及不同障碍物对噪声的屏蔽效果。Ⅰ型车辆在距离 r 处的噪声计算式为

$$\mathrm{Leq}_i = \mathrm{Lo}_i + 10\lg\frac{N_i}{TV_i} + 10\lg\left(\frac{r_0}{r}\right)^{1+a} + 10\lg\pi\, r_0 + \Delta L \tag{8-6}$$

式中：N_i——i 类车辆的交通量；

V_i——车辆类型 i 的速度；

T——计算时间，一般为 3600s；

r_0——一般取 7.5m；

r——两者之间的距离；

Lo_i——i 型车辆在 a 时的平均噪声排放水平，取决于车辆类型和速度；

ΔL——障碍物的附加衰减。

ΔL 一般取值如式(8-7)所示：

$$\Delta L = -0.1 l \tag{8-7}$$

式中：l——声波穿过的障碍物带的宽度。

综上可知，基于浮动车的 GNSS 数据能够结合地理空间中的路段位置坐标、时间、走向等信息生成车辆出行轨迹，得到车辆的位置和速度，可以推算出交通噪声污染源排放强度。进一步地，结合 GIS 中建筑物和障碍物的坐标，可以得到城市道路交通的噪声分布，相关交通环境管理相关部门可以根据噪声地图应用工具做出以下决策和治理工作：一是寻找噪声污染源，二是识别噪声污染黑点，三是开展降噪措施分析。

(1) 寻找噪声污染源。

相关交通治理部门，可以根据噪声地图应用进行分析，寻找辖区内主要交通噪声排放路段以及主要交通噪声污染源。以佛山禅城区噪声地图为例，可获噪声污染前十路段(表 8-16)和主要交通噪声排放路段(图 8-31)进行噪声治理。

佛山禅城区噪声污染前十路段　　　　表 8-16

序号	道路名	昼间噪声值(dB)	夜间噪声值(dB)
1	沈海高速广州支线沿线	74.9	73.6
2	禅西大道沿线	73.9	70.2
3	吉利大道东—西沿线	73.7	72.2
4	佛山一环高速沿线	73.3	72.2
5	广明高速沿线	72.9	70.3
6	古大路—轻工路沿线	70.5	68.3
7	季华路沿线	70.3	67.7
8	佛山大道沿线	70.2	67.9
9	文华路沿线	69.8	66.1
10	岭南大道沿线	68.2	66.5

由表 8-16 和图 8-31，相关管理部门可寻找到昼夜交通噪声最大的路段为沈海高速广州支线沿线，进而开展下一步的治理工作。

(2) 识别噪声污染黑点。

相关交通治理部门可以根据噪声地图应用，结合禅城区人口与建筑物分布，识别噪声污染黑点见表8-17,进而开展居民受交通噪声影响分析。

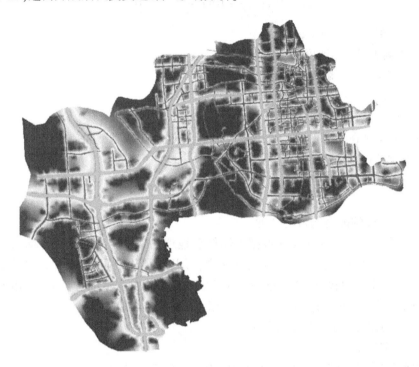

图 8-31 禅城区内主要交通噪声排放路段图

佛山禅城区交通噪声污染严重的十大区域　　　　　　　　　　　　　　表 8-17

序号	位置	小区名称或主要建筑物功能	昼间噪声值（dB）	夜间噪声值（dB）	所属声功能区	昼间超标值（dB）	夜间超标值（dB）
1	沈海高速广州支线与禅西大道交会处附近	工业园区	76	72	三类	11	17
2	沈海高速广州支线与季华二路交会处附近	智慧新城	71	68	二类	11	18
3	佛山一环吉利出口附近	产业园区	77	71	三类	12	16
4	季华西路与紫洞路交叉口附近	商住混合区及学校	63	59	二类	3	9
5	古大路与禅西大道交会处附近	写字楼（新媒体产业园）	72	68	二类	12	18
6	轻工路与佛山大道北交叉口附近	行政办公区域（税务局附近）	71	67	二类	11	17
7	季华四路与雾岗路交叉口附近	盘龙新村小区	73	69	二类	13	19
8	季华五路与佛山大道中交叉口附近	唐园小区	70	67	二类	10	17
9	跨东平河大桥附近（东平大桥）	碧桂园、滨海御庭小区	67	62	二类	7	12
10	轻工路与东鄱南路交叉口	商住区及学校	68	65	二类	8	15

(3) 开展降噪措施分析。

针对具体的交通噪声较大的路段，相关管理部门可以进一步分析该地段的日间平峰期噪声排放，并统计该区域前排建筑物 24 小时噪声值，如图 8-32 所示。

a) 前排建筑物噪声值

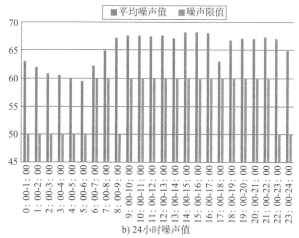

b) 24 小时噪声值

图 8-32　相关路段图前排建筑物 24 小时噪声值

通过上述噪声地图显示的信息，相关管理部门可以在具体路段设置声屏障，或者定期更新路面，配合双层隔音玻璃降噪，并对设置效果进行模拟，如图 8-33 所示。

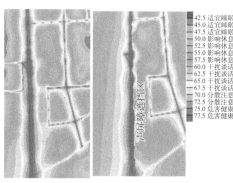

图 8-33　声屏障设置及效果模拟

8.3 道路交通环境其他领域的创新实践案例

除道路交通噪声污染与控制、道路交通大气污染与防控领域之外,新技术也渗透应用到道路交通环境的其他领域中,如道路交通碳足迹、道路交通振动、道路交通光污染等领域。这些技术的应用有望进一步贯彻落实绿色发展,减少交通环境问题对人类健康和自然环境的负面影响,为构建宜居城市环境提供了新的可能性。

8.3.1 道路交通碳足迹领域的创新实践案例

碳足迹的研究是在全球气候变暖的背景下提出,它是节能减排的基本量化参数。在碳足迹研究的基础上,对交通领域碳足迹进行专项研究,了解交通领域实现低碳化的潜力和主要影响因素,有利于实现交通领域的节能减排,对实现交通与环境的和谐具有重要作用。下面将从碳足迹分析的两个视角——出行过程和全生命周期,分别对个体出行链和纯电动汽车碳足迹两个案例展开介绍。

通过研究个人和电动汽车的碳足迹,可以更好地理解交通领域温室气体排放的来源和规模,从而为减少化石燃料依赖、推动清洁能源使用提供科学依据,助力实现环境保护和气候目标。深入了解电动汽车在全生命周期内的碳排放情况,包括蓄电池生产、车辆制造、使用和回收等各个环节,有助于推动相关技术的进步和产业的升级,比如提升蓄电池能效、优化制造工艺、发展有效的回收利用技术等。

准确的碳足迹数据和分析结果可以为政府和相关部门制定和实施交通能源政策提供支持,如碳排放标准、新能源汽车推广政策、充电基础设施建设等,促进交通领域的可持续发展。提高公众对个人碳足迹的认识,可以引导人们采取更加环保的出行方式和消费方式,如选择公共交通、低碳出行、购买新能源汽车等,从而减少整体的碳排放。此外,随着全球对碳排放的关注增加,一些国家可能会设置碳足迹相关的贸易壁垒。研究个人和电动汽车的碳足迹,有助于中国产品在国际贸易中更好地应对这些挑战,提升国际竞争力。

8.3.1.1 新兴技术在出行即服务环境下对个体出行链碳足迹的监测与评估

科学准确地监测和评估个体出行碳足迹是推动城市交通低碳转型的基础,但同时也面临着巨大的挑战。随着移动互联网、大数据、云计算、共享交通及电子支付等技术的发展,出行即服务(Mobility as a Service,MaaS)应运而生,它将公交、出租车、网约车、共享汽车、拼车及共享单车等各种交通方式的出行服务进行整合,拥有完整的出行链数据,为动态监测和评估城市个体出行链碳足迹带来了新的机遇。因此,借助 MaaS 平台的数据开放与共享,提出 MaaS 环境下城市个体出行链碳足迹监测与评估方法。

(1)基于 MaaS 平台的城市交通碳源监测指标体系。

MaaS 平台的系统架构主要包括数据源层、基础设施服务(Infrastructure as a Service,IaaS)层、平台服务(Platform as a Service,PaaS)层、行业应用(Software as a Service,SaaS)层和客户端。数据源层采集各个运输服务商提供的个人出行数据、车辆属性数据以及交通基础数据,为云计算平台提供基础数据支撑;IaaS 层将服务器、存储及网络等资源进行整合,利用虚拟化技术按照用户需求形成不同规模的计算资源;PaaS 层整合出租车/网约车公司、共享单车/汽车平台、公交以及轨道交通等平台,将研发的应用作为一种服务提供给用户;SaaS 层包括出行规划、支付系统、手机 App 及附加服务等多个应用系统;客户端通过手机 App、微信及互联网等为用户提供各种出行服务功能。根据上述 MaaS 平台的系统架构可知,数据源层通过数据共享机制,打通交通方式之间的数据孤岛,汇聚共享汽车、网约车、出租车、常规公交、轨道交通及共享单车等多种交通碳源数据,可以用于完整追溯并精确计算用户全链出行的碳足迹。因此,本书从出行链碳足迹计算的角度,分析 MaaS 平台对于不同交通碳源所需要监测的参数和数据,建立多维度与多模式的城市交通碳源监测指标体系,如图 8-34 所示。

碳源	共享汽车	网约/出租车	常规公交	轨道交通	共享单车
个人出行数据	GPS轨迹 借车位置 还车位置 出行距离 出行时间 载客人数 出行费用	GPS轨迹 上车位置 下车位置 出行距离 出行时间 载客人数 出行费用	GPS轨迹 上车站点 下车站点 出行距离 出行时间 载客人数 出行费用	GPS轨迹 上车站点 下车站点 出行距离 出行时间 出行费用	GPS轨迹 借车位置 还车位置 出行距离 出行时间 出行费用
车辆属性数据	车辆类型 能源类型 排放标准 发动机信息 平均能耗	车辆类型 能源类型 排放标准 发动机信息 平均能耗	车辆类型 能源类型 排放标准 发动机信息 平均能耗 行车线路 发车间隔	车辆类型 能源类型 行车线路 发车间隔 平均能耗 日平均载客人数	车辆类型 使用年限
交通基础数据	方式转换系数 机动车保有量 车辆平均能耗	新能源汽车比例 地铁路网数据 年平均行驶里程	年出行总量 道路路网数据 燃料排放因子	分交通方式的出行量 人均单次出行距离 排放因子修正系数	

图 8-34 城市交通碳源监测指标体系

对于个人出行数据主要采用动态监测的方式,例如,出行起终点、GPS 轨迹、出行时间和出行距离等指标可通过用户出行期间的手机定位进行实时监测;交通方式和载客人数等指标可由运输服务商或用户在出行期间主动上传。在不能直接获取用户出行方式的情况下,MaaS 平台还可采用人工智能算法推断识别出行方式。对于出行距离,可利用车载 GPS 数据或票务数据对原始轨迹数据的里程计算结果进行交叉验证。

车辆属性数据主要采用静态监测的方式,如车辆类型、燃料类型、发动机类型、平均能耗及排放标准等参数,可在运输服务商于 MaaS 平台注册登记时统计完成;公共交通的平均载客人数、行车线路及发车间隔由运输服务商根据当天的车辆运营与调度计划分时段提供。

对于交通基础数据主要采用调查统计的方式事先确定并定期更新,更新周期通常为 1 年。例如,交通方式转换系数、分交通方式的出行量、人均单次出行距离、分车型的机动车保有量及新能源汽车所占比例等指标,需根据本市官方或权威机构发布的统计数据进行确定;车辆平均能耗、年均行驶里程、燃料排放因子及排放因子修正系数等参数需要由具备相应检测资质的单位按照测量方法和程序测量获得。

(2)个体出行链特征提取与融合分析。

MaaS 平台对于个体出行链数据的获取主要通过用户在平台进行行程规划、预订、支付和行程完成等环节的数据记录和监测。根据上述 MaaS 平台数据监测体系,用户在使用出行服务过程中所产生的完整出行信息与海量轨迹数据将实时上传到云服务器。用户在平台完成订单后,平台将保存订单数据,包括:订单编号、起止时间、起止位置、出行方式及票价等,存储为出行订单数据集,见表 8-18。在出行过程中,平台将监测用户的实时位置,包括:时间戳、经纬度、海拔及速度等,并存储为 GNSS 轨迹数据集,见表 8-19。

出行订单数据集说明　　　　　　　　　　　　　　　　表 8-18

字段名称	字段类型	样例	字段说明
UserID	String	gidhRYdsifh@ hdiw9dsbFKnmn	用户编号
OrderID	String	SkdjvifhfjgbdtjoasjdhifnY.ighDk	订单编号
Start Time	Datetime	2018/04/04 07:16:50	开始时间
End Time	Datetime	2018/04/04 07:53:00	结束时间
Start Position	geo_point	[115.934,39.785]	开始位置
End Position	geo_point	[115.653,39.964]	结束位置
Mode	String	Taxi	出行方式

GNSS 轨迹数据说明　　　　　　　　　　　　　　　　表 8-19

字段名称	字段类型	样例	字段说明
UserID	String	midsdGKdhiab@ ifivhsksnfjvf7s	用户编号
OrderID	String	Dhiabfoabei4JdahivbsinLshksjav	订单编号
geoTime	Datetime	2018-10-13 10:47:08	时间
longitude	float	116.332566	经度
latitude	float	39.981688	纬度
altitude	int	111	海拔

出行链指个体为完成一项或多项活动而在交通系统中产生的一系列空间位移,其时间周期为 1 天。因此,出行链是由用户 1 天内的全部出行活动组成。其中,出行是由不同交通方式的出行段组成,而出行段则是由 1 种交通方式产生的所有轨迹段组成,如图 8-35 所示。

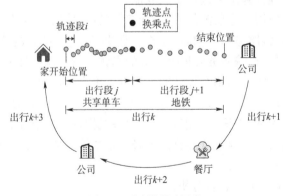

图 8-35　出行链描述示意

基于上述出行订单数据集和 GNSS 轨迹数据集的融合,可还原每个用户完整的出行链轨迹,并提取个体出行链的微观交通特征,为精确计算个体全链出行碳足迹提供数据基础,具体的数据处理流程如图 8-36 所示。

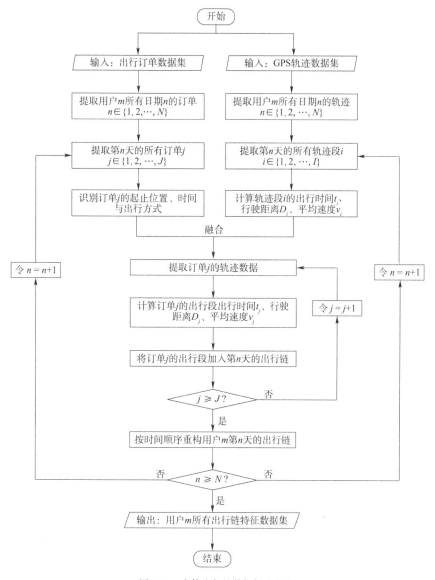

图 8-36 个体出行链数据提取方法

(3) MaaS 环境下个体出行链碳足迹计算。

MaaS 平台监测的出行方式包括共享汽车、网约车、出租车、常规公交、轨道交通及共享单车,仅考虑出行阶段产生的碳排放,不考虑交通工具全生命周期碳排放,因此,主要计算机动车和轨道交通出行的碳排放,而共享单车碳排放为 0。

机动车排放因子模型参考本书 2.2.3 所述,在本节的出行链碳足迹计算场景中,机动车碳排放的基本公式由距离和排放因子构成。

$$E_{i,j,k} = F_{i,j,k} \cdot D_{i,j,k} \tag{8-8}$$

式中:i——轨迹段;

j——出行段;

k——出行;

$E_{i,j,k}$——轨迹段 i 的碳排放量;

$F_{i,j,k}$——轨迹段 i 的碳排放因子,通常以 g/km 为单位;

$D_{i,j,k}$——轨迹段 i 的出行距离。

其中,轨迹段 i 的碳排放因子与轨迹段平均速度有关,计算方法为

$$F_{i,j,k} = \frac{\alpha \cdot v_i^2 + \beta \cdot v^i + \gamma + \delta/v^i}{\varepsilon \cdot v_i^2 + \zeta \cdot v^i + \eta} \tag{8-9}$$

式中: v^i——机动车在轨迹段 i 上的平均速度;

$\alpha、\beta、\gamma、\delta、\varepsilon、\zeta、\eta$——由车辆类型、排放标准、燃料类型及发动机类型等因素综合决定的模型参数。

排放模型已根据实验数据对这些参数进行了标定。对于使用机动车的任意一次出行段,其碳排放可通过将该出行段中所有轨迹段的碳排放累加得到,而个人在本次出行段的碳足迹还需要考虑机动车的载客人数,因此,计算方法为

$$E_{j,k} = \sum_i \frac{E_{i,j,k}}{M} \tag{8-10}$$

式中: $E_{j,k}$——出行 k 中出行段 j 的碳排放;

$E_{i,j,k}$——出行段 j 中轨迹段 i 的碳排放;

M——载客量。

对于城市轨道交通出行段碳排放,采用人公里碳排放因子与出行里程乘积的方法计算,即

$$E_{j,k} = F_{PKM,j} \cdot D_{j,k} \tag{8-11}$$

式中: $D_{j,k}$——出行段 j 的出行距离,优先基于用户进出站票务数据计算不同站点之间的距离获得,或基于 GNSS 轨迹数据计算相应的出行里程,且两种方法可进行交叉验证;

$F_{PKM,j}$——轨道交通的人公里碳排放因子,根据历史运营数据计算:

$$F_{PKM,j} = \frac{F_{CO_2,x} \cdot C_j \cdot (1 + L)}{D_j \cdot P_j} \tag{8-12}$$

式中: C_j——轨道交通使用电力的耗电总量;

L——电力系统平均技术传输与分配损失系数;

$F_{CO_2,x}$——能源 x 的碳排放系数, x 一般为电力;

D_j——轨道交通的人均单次出行距离;

P_j——轨道交通的年出行总量。

根据图 8-36 中出行链的组成,将同一次出行中每个出行段的碳排放累加,可得到用户 1 次出行的碳排放,再将用户 1d 内所有出行的碳排放累加,可得到 1 条出行链的总碳排放为

$$E = \sum_i E_k = \sum_k \cdot \sum_j E_{j,k} \tag{8-13}$$

式中: E——出行链的总碳排放;

E_k——出行链内出行 k 的碳排放;

$E_{j,k}$——出行 k 中出行段 j 的碳排放。

界定电动汽车、常规公交、轨道交通、自行车和步行出行为绿色出行,燃油小汽车出行为高

碳出行,因此,以高碳出行为基准线情景,计算出行链的碳减排量,即

$$\Delta E = E' - E \tag{8-14}$$

式中:ΔE——出行链的碳减排量;

E'——基准线排放;

E——出行链碳排放。

基准线排放的计算为高碳出行的碳排放因子和被替代的高碳出行距离的乘积。其中,高碳出行距离由实际出行距离和方式转换系数确定,即

$$E' = \sum_k \cdot \sum_j E_{j,k}(F_{PKM,BL} \cdot m_j \cdot D_{j,k}) \tag{8-15}$$

式中:$F_{PKM,BL}$——基准线人公里排放因子;

m_j——方式转换系数,即相同起讫点下,小汽车最短出行距离与方式 j 出行距离比值的平均值;

$D_{j,k}$——出行 k 中出行段 j 的距离。

采用微软亚洲研究院 Geolife 项目中所采集的手机用户出行数据模拟 MaaS 环境下的出行数据。该数据集包含 182 名志愿者的 17621 次出行,其中,45% 的志愿者年龄在 [22,26) 岁,30% 的志愿者年龄在 [26,30) 岁,16% 的志愿者小于 22 岁,另外,9% 的志愿者不小于 30 岁;此外,这些志愿者中有 58% 为大学生,32% 为公司员工,还有 10% 为政府工作人员。选取 60 名带有出行方式标签的志愿者轨迹数据进行分析,数据字段包括:用户编号、出行方式、时间日期、经纬度和海拔等,与 MaaS 平台所监测的数据格式基本一致,故采用该数据集验证 MaaS 环境下个体出行碳足迹监测与评估方法。其中,在北京市获得 8424 次出行的轨迹数据,有效出行有 4804 次,出行轨迹分布如图 8-37 所示。

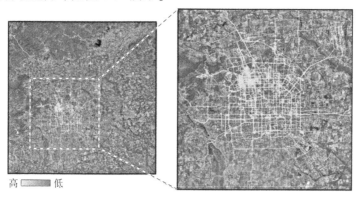

图 8-37　轨迹数据空间分布

根据调查数据以及相关权威机构发布的数据,对上述碳足迹计算模型中的参数进行赋值,各参数取值见表 8-20,同时,将机动车类型分为燃油小汽车、电动汽车、燃油公交和电动公交。

实例参数取值　　　　　　　　　　　　　　　　　表 8-20

模型参数	出行方式 j	取值
载客量	燃油公交	37.5 人
	电动公交	34.5 人

续上表

模型参数	出行方式 j	取值
人公里碳排放因子	轨道交通	0.0286kg·pkm^{-1}
	基准线情景	0.25kg·pkm^{-1}
方式转换系数,m_j	步行	1.27
	自行车	1.09
	公交	0.97
	轨道交通	1.06

对4804次有效出行段进行融合，识别得到1865条出行链。根据出行链中出行距离最长的交通方式，可将出行链分类为以小汽车为主导的出行链（类型Ⅰ），以常规公交为主导的出行链（类型Ⅱ），以轨道交通为主导的出行链（类型Ⅲ）和以非机动车为主导的出行链（类型Ⅳ），分别得到不同类型出行链的出行特征分布，如图8-38所示。

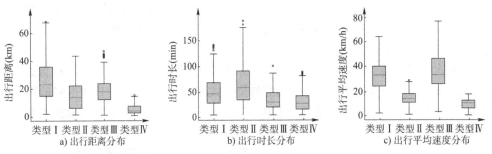

图8-38 不同类型出行链的出行特征分布

结果显示，以小汽车为主导的出行链（类型Ⅰ）出行距离最长，平均值为25.5km，以非机动车为主导的出行链（类型Ⅳ）出行距离最短，平均值为4.82km；由于常规公交出行存在停靠站台以及等候换乘等问题，以常规公交为主导的出行链（类型Ⅱ）出行时长最长，平均值为65.85min；而小汽车和轨道交通的运行速度快，且出行的停靠和等候时间短，因此，出行效率相对较高。

基于上述方法计算和统计不同出行链的碳排放，得到不同类型出行链的碳排放分布对比，如图8-39所示。结果表明，以小汽车、常规公交、轨道交通及非机动车为主导的出行链平均碳排放分别为5.69kg、0.49kg、0.74kg、0.01kg，平均人公里碳排放分别为0.2380kg/pkm、0.0310kg/pkm、0.0390kg/pkm、0.0017kg/pkm，其中，以小汽车为主导的出行链（类型Ⅰ）的碳排放量最大，是以非机动车为主导的出行链（类型Ⅳ）的370倍，而以非机动车为主导的出行链（类型Ⅳ）几乎不产生碳排放。同时，以小汽车为主导的出行链（类型Ⅰ）的人公里排放因子也远大于其他出行链，可见小汽车是城市交通碳排放的主要来源。

为进一步对比，选取3条距离相近但不同类型的典型出行链进行实例分析。图8-40中不同线形反映不同交通方式的轨迹，表8-21显示了其碳足迹情况。结果表明，以小汽车、常规公交及轨道交通为主导的出行链出行距离分别为21.846km、21.761km、24.491km，3条出行链的出行距离相差不大，但以小汽车为主导的出行链所产生的碳排放是以公共交通为主导的出行链的约11倍，选择常规公交代替小汽车出行每千米可减少0.252kg的碳排放，选择轨道交通代替小汽车出行每千米可减少 0.254kg 的碳排放,减排效果十分可观。可见,以公共交通为主导的出行链具有巨大的减排潜力。

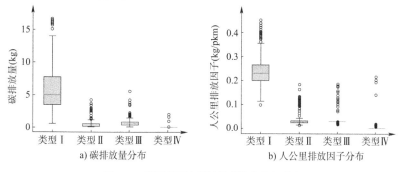

图 8-39 不同类型出行链的碳足迹分布对比

图 8-40 不同类型出行链的轨迹实例

不同类型出行链的碳足迹实例　　　　　　　　　　　　　　　表 8-21

出行链类型	出行段	出行方式	出行距离(km)	出行段碳足迹(kg)	出行链碳足迹(kg)
以小汽车为主导的出行链	1	小汽车	11.569	3.355	6.037
	2	小汽车	9.253	2.682	
	3	步行	1.024	0.000	
以常规公交为主导的出行链	1	步行	0.897	0.000	0.523
	2	常规公交	10.426	0.244	
	3	步行	1.318	0.000	
	4	常规公交	8.204	0.279	
	5	步行	0.916	0.000	
以轨道交通为主导的出行链	1	步行	5.455	0.000	0.545
	2	轨道交通	10.685	0.306	
	3	轨道交通	8.351	0.239	

利用 MaaS 一体化出行平台数据,提出 MaaS 环境下城市个体出行碳足迹监测与评估方法,实现对个体全链出行碳足迹及碳减排量的精确计算,可以为政府相关部门制定城市交通碳减排目标和优化调整城市交通出行结构提供理论依据与决策参考。同时,可应用于交通出行碳普惠、碳积分及碳交易等创新激励机制,支撑建立引导市民绿色出行的碳普惠平台,推动城

市交通绿色低碳转型。

8.3.1.2 在生命周期评价体系下对纯电动汽车环境影响和碳足迹的分析

探究新能源汽车中纯电动汽车环境影响和碳足迹,实现交通运输领域绿色低碳发展,采用生命周期评价方法,量化评估纯电动汽车环境影响和碳足迹,构建清洁电网、能效提升和蓄电池回收3种低碳减排情景,评估不同减排路径对新能源汽车行业的碳减排效果。

(1)生命周期评价方法。

以纯电动汽车为评价对象,以紧凑型轻型车为例进行全生命周期环境影响和碳足迹分析,车型参数见表8-22,车辆采用蓄电池类型为磷酸铁锂蓄电池。

车型参数　　　　　　　　　　　表8-22

参数		数值
汽车质量(kg)	车身	623.10
	底盘	708.83
	动力系统	708.48
	液体流体	25.98
动力蓄电池容量(Ah)		75
驱动电机总功率(kW)		160
电耗[kW·h/(100km)]		13

评价范围包括汽车的车辆周期和燃料周期在内的全生命周期阶段,其中,汽车的车辆周期包括原材料获取、整车制造装配、车辆运行使用和报废回收阶段;燃料周期包括燃料的生产和使用两个阶段,主要考虑电力的生产和传输过程,系统边界具体如图8-41所示。

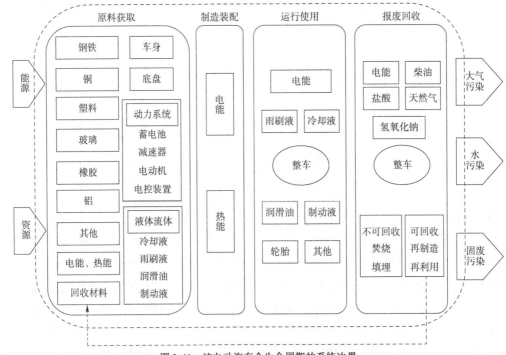

图8-41 纯电动汽车全生命周期的系统边界

以一辆车运行150000km为功能单元,在进行各阶段的比较分析时,都量化为行驶1km的全生命周期环境影响进行比较。参考我国本地化终点破坏型生命周期环境影响评价模型,选取相关指标构建我国汽车行业生命周期影响评价模型,详细模型参数见表8-23。

汽车行业生命周期评价模型参数　　　　　　　　　表8-23

影响类别	单位	人均基准值(NF_j)	权重因子(DF_j)
人体健康(致癌、呼吸系统影响、气候变化)	DALY	1.51×10^{-2}	0.60
生态系统(生态毒性、酸化和富营养化)	PDF	1.19×10^3	0.25
资源(矿产资源、化石燃料)	MJ	2.47×10^3	0.15

纯电动汽车行业环境影响和碳足迹核算需要大量活动水平数据以及排放因子数据,数据因为时空异质等因素存在不确定性,进而会对最终核算结果准确性产生影响。因此,基于误差传播方程对纯电动汽车生命周期清单数据的不确定性进行分析,以确保纯电动汽车环境影响和碳足迹核算结果的准确性。

$$CE_{ij} = \sqrt{(CT_{ij})^2 + (CR_{ij})^2} \tag{8-16}$$

$$C_{total} = \frac{\sqrt{(CE_1 \times E_1)^2 + (CE_2 \times E_2)^2 + \cdots + (CE_i \times E_i)^2}}{E_1 + E_2 + \cdots + E_i} \tag{8-17}$$

式中:CE_{ij}——第i个阶段中第j种环境影响类别或碳源估算的不确定性,%;

CT_{ij}——第i个阶段中第j种碳源核算所用排放因子的不确定性,%;

CR_{ij}——第i个阶段中第j种环境影响类别或碳源核算所用活动水平数据的不确定性,%;

C_{total}——环境影响总潜值或碳足迹核算结果的不确定性,%;

CE_i——第i个阶段的不确定性,%;

E_i——第i个阶段不同环境影响类别或碳源的量,Pt 或 t。

(2)纯电动汽车的材料和能耗清单。

所采用数据大部分是通过现场调查获得,部分参考本地化研究,此外,难以获取和非主要清单数据来自 Ecoinvent 数据库,并对其中的主要能源清单(如煤、电和天然气等)进行本地化数据替换。纯电动汽车主要包括车身、底盘、动力系统、流体四大系统。四个系统组成材料质量情况以及各部件生产制造能耗情况见表8-24~表8-26。

纯电动汽车组成材料质量　　　　　　　　　表8-24

部件		质量(kg)
车身	钢	489.33
	铜	13.90
	塑料	144.05
	橡胶	3.36
	玻璃	47.45
	油漆	14.00
	有机物	13.84

续上表

部件		质量(kg)
车身	铝	5.41
	镁	0.29
	锌	0.12
	其他	0.17
底盘	钢	436.90
	铜	13.14
	塑料	28.40
	橡胶	49.31
	有机物	9.72
	铝	42.59
	铁	37.24
	其他	3.10
动力系统	动力蓄电池	481.9
	驱动电机	93.12
	减速器	44
	电控装置	79
液体流体		26

动力蓄电池组成材料质量　　　　　　表8-25

部件		质量(kg)
正极	磷酸铁锂(LiFePO$_4$)	106.0
	聚偏氟乙烯(PVDF)	14.5
	N-甲基吡咯烷酮(NMP)	4.8
	铝基体	24.1
负极	石墨	48.2
	聚偏氟乙烯(PVDF)	4.8
	N-甲基吡咯烷酮(NMP)	9.6
	铝基体	38.6
电解液	六氟磷酸锂(LiPF$_6$)	9.6
	碳酸乙烯酯(EC)	19.3
	二甲基酸酯(DMC)	19.3
隔膜	聚丙烯(PP)	7.2
	聚乙烯(PE)	7.2
壳体	聚丙烯(PP)	19.3
	铝	135.0

续上表

部件		质量(kg)
动力蓄电池管理系统	钢	4.8
	铜	4.8
	电路板	4.8

纯电动汽车各部件生产制造能耗量　　　　表8-26

部件		电能(MJ/kg)	热能(MJ/kg)
车身	玻璃	84.7	—
	前盖总成	1.48	—
	顶盖总成	1.19	—
	翼子板及侧围	5.08	—
	行李舱盖总成	3.18	—
	前侧面车门总成	1.97	—
	后侧面车门总成	1.97	—
	电池支架总成	1.01	—
	前围总成	1.15	—
	后围总成	1.15	—
	地板总成	4.29	—
	车辆总装	0.74	—
底盘	悬架弹簧	0.21	2.77
	轮辋	2.68	—
	轮辐	1.26	—
	轮胎	2.35	—
	车轮装配	0.08	—
动力系统	动力蓄电池	42.13	—
	驱动电机	5.03	1.82
	减速器	6.93	4.14
	电控装置	1.37	—
液体流体		66.92	—

整车装配是极其复杂的过程,所涉及主要能耗程序包括喷漆、焊接、加热、照明等,总能耗约4973.85MJ/辆,包括底盘、动力蓄电池、电机、电控、减速器、液体流体和车身制造装备。

使用阶段主要涉及电力消耗和零件更换。根据工业和信息化部数据,纯电动汽车的电耗为13kW·h/(100km),汽车在使用阶段的能耗为19500kW·h。在零件更换方面主要考虑液体的更换,假设汽车每行驶40000km更换一次液体,则使用阶段消耗33.14kg流体液体。

考虑到汽车经过使用会产生磨损,设定汽车回收时质量折损2%,重点关注退役金属(钢、铝、铁、铜)的回收,相应的回收率及回收能源消耗情况见表8-27。考虑到我国企业还未实现动力蓄电池中有价值金属的大规模回收,同时相关数据的透明度不高,暂不考虑蓄电池的回收。

金属二次回收参数　　　　　　　　　　　　　　表8-27

金属类型	回收率(%)	回收量(kg)	能源消耗(MJ)		
			煤	天然气	电力
钢	90	793.59	—	15.87	3356.89
铝	92	36.70		5.51	29.36
铁	80	34.15	281.40	—	76.50
铜	90	32.19	—	—	307.09

(3)纯电动汽车的环境影响。

纯电动汽车全生命周期环境影响评价结果如图8-42所示。从生产到报废的环境影响总潜值为1288.81Pt,1辆纯电动汽车生命周期内环境影响类别由大到小依次为呼吸系统影响>化石燃料>气候变化>矿产资源>生态毒性>致癌>酸化和富营养化,纯电动汽车生命周期内环境影响主要集中在呼吸系统影响(626.70Pt)、化石燃料(286.22Pt)、气候变化(126.68Pt)和矿产资源(118.51Pt)4个方面,以上4种环境影响潜值合计占纯电动汽车生命周期内环境影响总潜值的90%。

从纯电动汽车全生命周期环境影响分析发现,呼吸系统影响又主要分布在纯电动汽车原材料获取和运行使用阶段,这两阶段对呼吸系统影响的贡献达到96%,这是因为纯电动汽车在原材料获取和运行使用时消耗能源并排放大量的大气污染物所致;气候变化影响的分布与呼吸系统影响相同,原材料获取和运行使用两阶段气候变化环境影响潜值为133.25Pt,占报废回收前气候变化环境影响总潜值的96%。此外,由于纯电动汽车包含大量的零部件,其生产制造能耗巨大,使得化石燃料影响集中在原料获取阶段。报废回收阶段因为部分金属回收减少了资源消耗,进而主要降低了矿产资源影响。

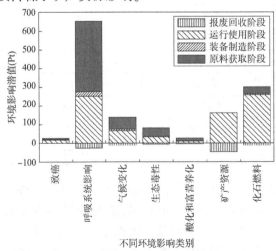

图8-42 纯电动汽车全生命周期环境影响评价

原材料获取阶段环境影响潜值占纯电动汽车全生命周期环境影响总潜值的一半以上,该阶段由车身、底盘、动力系统和液体流体4个部分组成,所对应的环境影响潜值贡献占比结果如图 8-43 所示。动力系统的环境影响潜值占据了整车原材料获取阶段环境影响总潜值的绝大部分(73.81%),相当于整车环境影响的 46%,锂蓄电池生产的环境影响潜值占整车环境影响总潜值的 45% 以上;其次是底盘和车身,均占原材料获取阶段环境影响总潜值的 13% 左右;液体流体主要为制动液、制冷液等使用,仅占 0.93%。这主要是因为纯电动汽车动力系统生产需要电解液六氟磷酸锂,还需要大量金属铝作为包箱体和基底,且为了保证续航里程,动力蓄电池系统往往重量较大,因此,实现汽车行业绿色可持续发展需要重视新纯电动汽车动力系统的轻量化和高效化。

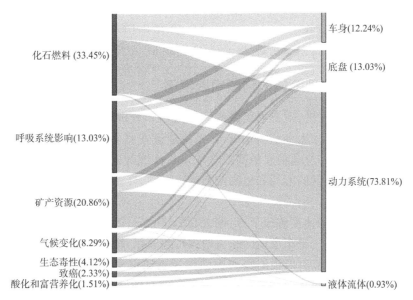

图 8-43　原料获取阶段纯电动汽车各部件环境影响潜值占比

(4)纯电动汽车的碳足迹。

纯电动汽车全生命周期各阶段 CO_2 排放量如图 8-44 所示。一辆纯电动汽车碳足迹为 25.02t,行驶 150000km 的碳排放强度为 0.17kg/km(以 CO_2 计),对纯电动汽车碳足迹的不同研究,其结果有所不同,但是近年纯电动汽车碳排放强度基本在 0.17~0.23kg/km(以 CO_2 计)之间,纯电动汽车碳足迹与传统燃油汽车相比降低了 40%。其中,原材料获取和运行使用阶段碳排放占据主导地位,分别产生 12.00 和 13.88tCO_2,分别占报废回收前纯电动汽车碳排放总量的 44% 和 52%。我国以火电为主的发电结构,致使纯电动汽车运行使用阶段碳排放占比最大,因此,优化我国电力结构,降低碳排放因子是新能源汽车行业减碳的关键。报废回收阶段因避免矿产资源开采、冶炼等诸多常规生产环节产生 2.00t 的碳减排效益,降低约 7% 的碳减排量。

运行使用阶段主要为电耗带来的碳排放,原材料获取阶段因纯电动汽车零部件较多,需对各要素碳排放占比进一步分析,如图 8-45 所示。

结果显示,动力系统生产产生的碳排放位居新能源汽车原材料获取阶段第一位(72.25%),这主要与蓄电池生产有关;其次为车身的生产,共排放 1.94tCO_2,占比为 16.17%;底盘的获取排放约 1.33tCO_2,占比为 11.08%。可以看出,原材料获取阶段各要素的碳排放量与其环境影响潜值对应占比基本保持一致,动力系统轻量化生产是未来新能源汽车行业减污降碳的重点。

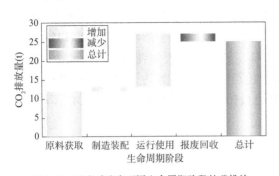

图 8-44 纯电动汽车不同生命周期阶段的碳排放

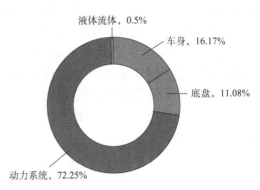

图 8-45 原料获取阶段纯电动汽车各部件碳排放占比

8.3.2 道路交通振动领域的创新实践案例

随着智能交通系统的发展,对交通信息的实时监测和分析需求日益增长。下面主要介绍一种基于物联网(IoT)的路面振动监测系统,该系统通过在路面部署多节点加速度传感器,实现对过往车辆的实时监测和交通信息的高效获取。与传统的嵌入式交通监测系统相比,该系统具有更长的使用寿命、更低的能耗和更高的数据准确性,显著提升了道路基础设施的智能化水平。

道路振动监测系统由加速度感应节点、网关和云平台三个主要部分组成。已有落地应用部署在云南昆明 320 国道上,每车道横向布置两列传感节点,每列 7 个传感节点。相邻淋巴结间距离 50cm。加速度传感节点采集的路面振动信号采样频率为 500Hz。所有传感节点的数据被采集到采集板上,采集板再与网关相连。网关通过无线网络与远程服务器通信。该系统由 12V 蓄电池和太阳能供电,并在网站上进行可视化监测数据。系统组成如图 8-46 所示。

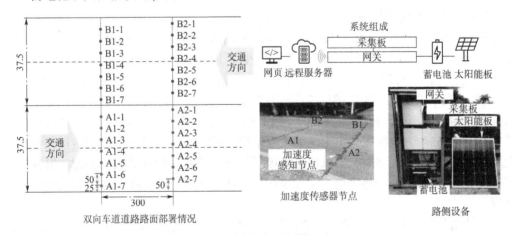

图 8-46 道路振动监测系统组成

由图 8-46 可见,加速度感应节点负责收集由行驶车辆引起的路面振动信号;网关负责收集所有感应节点的数据,并通过无线网络与远程服务器通信;云平台则负责数据处理和用户界面展示。系统各主要功能模块功能如下。

(1) MEMS 加速度传感器。

加速度感应节点采用微电子机械系统(Micro-Electro-Machanical System, MEMS)技术,这

些传感器能够以低功耗实时监测路面振动,并通过 PCB 板上的电路设计实现信号的初步处理和放大实现低功耗、高集成度的智能监测。其零件组成如图 8-47 所示。

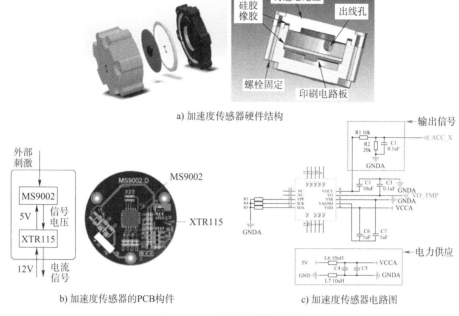

图 8-47 加速度传感器设计结构

(2)数据压缩与重叠上传机制。

每个传感器节点收集到的振动信号被转化为模拟电流信号,并通过有线方式传输至数据采集板。这种设计提高了信号传输的稳定性和抗干扰能力,系统使用 Zlib 压缩算法减少无线传输数据量,降低能耗和通信成本;重叠上传机制确保数据的完整性和特征数据的不丢失,数据传输示意图如图 8-48 所示。

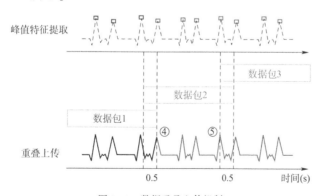

图 8-48 数据重叠上传机制

通过重叠上传机制,几乎可以保证解压后的原始数据上传后不会丢失特征数据。例如,数据包 1 中缺失的峰值数据可以在数据包 2 中识别出来。同样,峰值特征也可以在数据包 2 中识别出来。

(3)云平台数据处理。

远程服务器采用原始数据预处理算法(图 8-49)、同车判断算法和交通信息分析算法,从路面振动数据中提取车辆速度、轴间距、轴数、车辆载重位置、行驶方向和交通流量等信息。

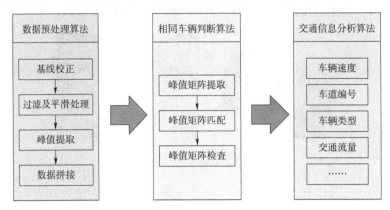

图 8-49 远程服务器数据处理算法

通过以上数据处理,当车辆通过监测区域时,同一轴上的左右车轮没有同时压在同一列的传感节点上,导致产生的峰值存在时间差。如果传感节点的峰值时间差小于 10ms,则可以判断这些峰值是在同一时间从同一轴产生的。

由以上功能的组合联动,系统能够实时监测和传输交通信息,为交通管理和道路维护提供即时数据支持。同时,系统十分高效,通过优化的数据传输策略,提高了系统的能源效率和数据处理能力。系统最后的云平台的数据分析能力也为交通流量预测、车辆行为分析等提供了智能化支持。

路面振动 IoT 监测系统通过实时监测路面振动信号,获取了精准的交通信息,为新兴技术在道路交通振动领域的发展提供了新的技术应用方案。未来,该系统将进一步研究车辆速度、重量和类型对路面振动的影响,评估系统的耐久性,并探索与智能基础设施如 LED 灯、标志和无人机(UAV)的智能交互。

8.3.3 道路交通光污染领域的创新实践案例

城市化快速发展带来了玻璃幕墙材料的广泛使用,美化城市天际线的同时,也引发了光污染问题,对道路交通安全、消防安全和居民健康造成了威胁。下面主要介绍一种基于深度学习的三维城市道路光污染深度学习分析技术,通过构建道路、玻璃幕墙立面和太阳光线之间的三维空间关系,评估玻璃幕墙对驾驶人视角的光污染影响,为城市规划和交通管理提供科学依据。

研究的技术框架主要包括街景及基础数据的处理、建筑玻璃幕墙的提取、三维空间关系的建立和玻璃幕墙的光污染计算四个部分,如图 8-50 所示。

其中,街景及基础数据的处理主要利用高精度矢量路网数据和街景图像,用于反映城市街道景观和立面信息。建筑玻璃幕墙的提取主要是采用深度学习中的 Glass R-CNN(Glass Region-based Convolutional Neural Network)模型,对街景图像中的玻璃幕墙进行迁移训练和像素级分割。在候选区域的卷积神经网络(Mask Region-based Convolutional Neural Network,Mask R-CNN)的基础上,建立能够准确识别玻璃幕墙对象的网络模型,将深度残差网络作为底层的特征提取网络,微软图像数据的预训练权重作为目标识别的视觉基础。通过 Glass R-CNN 模型对玻璃幕墙进行检测和分割(图 8-51),彩色掩膜所覆盖的像素范围代表建筑玻璃幕墙在图像中的面积如图 8-51 所示,可以发现具有良好的效果。

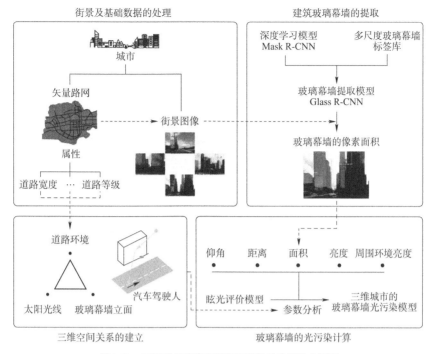

图 8-50 三维城市道路光污染深度学习分析技术框架

图 8-51 道路两侧建筑玻璃幕墙像素级分割

三维空间关系建立是基于时间和地理位置,构建道路、太阳光线和玻璃幕墙立面之间的三维空间关系。路网研究点的街景视野采用与行车方向相同的 3 张图像,这些街景图像的立面朝向各不相同,三维空间中平行太阳光的照射对象为正对或者斜对的图像立面,与反方向相对的立面之间不发生光反射现象。空间关系图如图 8-52 所示。

光污染计算则主要结合眩光评价方式,从驾驶人视角出发,建立光污染模型,评估玻璃幕墙反射光的影响。眩光的评价方式包括直接采用目标亮度和入射角度作为评价指标,以眩光评价等级和视野中眩光特征作为评价标准。总的来说,人对眩光的感觉和光源的面积、亮度、光线与视线的夹角、距离及周围环境的亮度之间存在确定关系,具体为

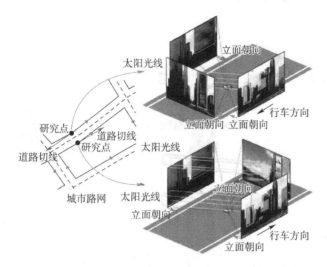

图 8-52　道路、玻璃幕墙立面与太阳光线的三维空间关系

$$对眩光的感觉 \propto \frac{面积 \times 亮度^2}{仰角^2 \times 距离^2 \times 周围环境亮度^2} \tag{8-18}$$

其中,对所有驾驶人的周围环境亮度视为相同。距离 D 则采用安全距离 D_1、道路宽度 D_2 进行计算,即

$$D = D_1 + \frac{1}{2}D_2 \tag{8-19}$$

其中,安全距离 D_1 由道路等级决定,沿城市快速路的各类建筑,安全距离至少为 20m;沿城市主、次干路的各类建筑,安全距离至少为 15m;沿城市支路的各类建筑,安全距离至少为 10m。

面积则采用玻璃幕墙在街景图像中的立面面积代表反射面积,利用世界坐标系下的三维玻璃幕墙通过相机成像投影于二维像平面上,然后采用模拟逆透视投影变换过程,使图像中的玻璃幕墙面积具有可比性。根据街景视野,将城市道路平面分为 4 个区域,三维场景面积转换过程如图 8-53 所示。

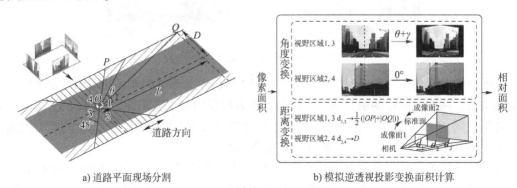

a) 道路平面现场分割　　　　b) 模拟逆透视投影变换面积计算

图 8-53　三维场景面积计算转换过程

而亮度是眩光评价中对光线的量化和计算。亮度主要采用以下公式计算,即

$$B = \frac{\rho\, E_{dv}}{\pi} \tag{8-20}$$

$$E_{dv} = (E_s + E_a)\cos\alpha \tag{8-21}$$

$$E_s = 130\sin h_e \exp(-0.2/\sin h_s) \times 10^3 \tag{8-22}$$

$$E_a = (1.1 + 15.5\sin^{0.5} h_s) \times 10^3 \tag{8-23}$$

上述式中: B——幕墙表面的亮度;
ρ——幕墙材料的反射率,这里将玻璃幕墙材料的反射率视为相同;
E_{dv}——玻璃幕墙面上直射的日光照度;
E_s——直射日光在地面上的照度;
E_a——天空光晴时在地面上的照度;
$\exp(-0.2/\sin h_s)$——大气透明度 $T=2.5$ 时采用的大气透过函数。

通过以上新技术方法,该应用在广东省深圳市福田区成功落地,实现了点、路线、区域的多层次光污染分析。通过实例研究,揭示了光污染的时序变化和极大值分布规律,并制定了光污染环境下的路线选择策略。研究区域内道路两侧建筑物的玻璃幕墙空间分布及真实街景如图 8-54 所示。

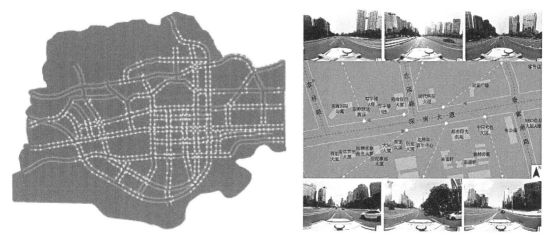

图 8-54　研究区域内玻璃幕墙空间分布与真实街景

通过以上光污染计量分析方法可以发现光污染程度随时间变化呈现先增大后减小的规律,正午时刻达到峰值。同时对春分日各个时段的道路光污染程度进行统计,得到光污染时序变换图如图 8-55 所示。

从整体上来看,随着时间的顺序变化,大部分研究点的光污染值先明显增大再明显减小,在 12 时和 14 时达到峰值,这与一般认知相符。光污染地图中 8 时与 18 时、10 时与 16 时、12 时与 14 时的光污染总值相近,上午、下午呈对称关系,3 组光污染地图的光污染总量比值为 1∶1.8∶2.7。研究区域内光污染程度强和光污染程度弱的区域位置没有随时间发生明显改变,一天中光污染最严重的地方位于研究区域内的中心、西部和北部。

光污染地图中的极大值点代表该位置的光污染程度较为严重,光污染极值分析能够明确

光污染强弱的空间分布情况,为汽车驾驶人的路线规划提供准确预警,同样利用光污染下的路径计算对驾驶人的出行风险进行综合评估,能够降低真实的交通场景中瞬间的强烈眩光造成交通意外的概率。由以上光污染计量结果进行路网光污染极大值点空间分布分析以及光污染路径分析如图 8-56 所示。

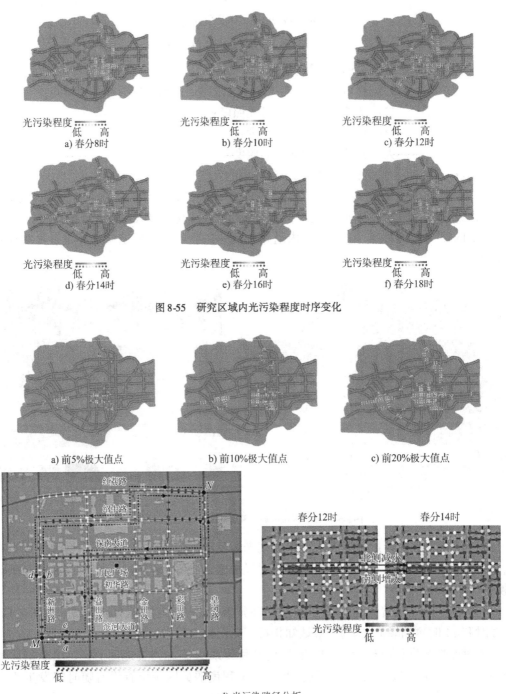

图 8-55 研究区域内光污染程度时序变化

a) 前5%极大值点　　　　b) 前10%极大值点　　　　c) 前20%极大值点

d) 光污染路径分析

图 8-56 研究区域内光污染程度极值点分析与道路网光污染可视化

以上介绍的三维城市道路光污染分析技术，充分利用了街景资源，提高了光污染感知的即时性和准确性。该技术为城市道路环境建设和交通管理提供了新的视角和方法，对预防和解决由道路交通两侧玻璃幕墙引起的光污染问题具有重要意义。

【复习思考题】

8-1 除了本书提及的新兴技术外，还有哪些新兴的技术可以在道路交通环境预测领域进行应用？请给出一个具体的应用场景。

8-2 大数据在道路交通环境工程上还可以有哪些应用？

8-3 随着科技的发展，无人驾驶会如何影响道路交通环境工程？带来何种变化？

8-4 除了书中案例提及的人工智能算法外，还有哪些人工智能算法能够适用于交通噪声模型的预测？

8-5 道路交通仿真如何与机动车的尾气排放联合进行研究？

参考文献

[1] 张玉芬. 道路交通环境工程[M]. 北京:人民交通出版社,2001.

[2] 杨延梅,周富春,刘天玉,等. 交通环境工程[M]. 北京:中国水利水电出版社,2014.

[3] 吴彩斌,谢海燕,王全金,等. 环境学概论[M]. 北京:中国环境出版社,2014.

[4] 赵景联,史小妹,何炽,等. 环境科学导论[M]. 北京:机械工业出版社,2016.

[5] 王晓宁,盛洪飞. 道路交通环境保护[M]. 北京:中国建筑工业出版社,2012.

[6] 王晓宁,王健,等. 道路交通环境影响评价[M]. 北京:人民交通出版社股份有限公司,2016.

[7] 徐家钰,程家驹. 道路工程[M]. 上海:同济大学出版社,2004.

[8] 张陶新. 绿色低碳交通[M]. 北京:中国环境出版社,2016.

[9] 欧阳斌,凤振华,等. 低碳交通运输方法与实证[M]. 北京:人民交通出版社股份有限公司,2015.

[10] 中国交通低碳转型发展战略与路径研究课题组. 碳达峰碳中和目标下中国交通低碳转型发展战略与路径研究[M]. 北京:人民交通出版社股份有限公司,2021.

[11] 黄全胜,王靖添,闫琰,等. 中国交通运输行业低碳发展策略与展望[M]. 北京:北京大学出版社,2020.

[12] 交通运输部科学研究院. 交通运输碳达峰、碳中和知识解读[M]. 北京:人民交通出版社股份有限公司,2021.

[13] 何增荣,傅荧,李政. 中国低碳交通发展[M]. 北京:经济日报出版社,2018.

[14] 节能与新能源汽车技术路线图战略咨询委员会. 中国汽车——节能与新能源汽车技术路线图[M]. 北京:机械工业出版社,2016.

[15] 贾利民,马静,吉莉,等. 中国陆路交通能源融合的形态、模式与解决方案[M]. 北京:科学出版社,2020.

[16] 贾利民,师瑞峰,马静,等. 中国陆路交通基础设施资产能源化潜力研究[M]. 北京:科学出版社,2020.

[17] 赵丽. 环境影响评价[M]. 北京:中国矿业大学出版社,2018.

[18] 中国公路学会《交通工程手册》编委会. 交通工程手册[M]. 北京:人民交通出版社,1997.

[19] 彭奕欣. 中国中学教学百科全书(生物卷)[M]. 沈阳:沈阳出版社,1990.

[20] DILL J,YEAKLEY A,WITT,et al. The Portland Edge:Challenges and Successes in Growing Communities[M]. Washington D C:Island Press,2004.

[21] 中华人民共和国生态环境部. 国家大气污染排放标准制订技术导则:HJ 945.1—2018[S]. 北京:中国环境科学出版社,2018.

[22] 中华人民共和国生态环境部. 污染源源强核算技术准则:HJ 884—2018[S]. 北京:中国环境科学出版社,2018.

[23] 于洋,张朋,李巍. 施工噪声自动监测点位布设研究[C]//2016中国环境科学学会学术年会论文集(第四卷),2016:710-712.

[24] 广州市市政工程设计研究院. 广州市中山大道快速公交(BRT)试验线工程后评估[R]. 广州:广州市道路交通工程研究中心,2010.
[25] 邬毅敏. 基于GIS的大气点源污染高斯烟羽扩散模拟研究[D]. 上海:华东师范大学,2010.
[26] 车勇. 轮胎噪声的预测方法与试验研究及优化设计[D]. 武汉:武汉理工大学,2010.
[27] 张广宇. 声景地图技术在城市开放空间声景优化中的应用[D]. 沈阳:沈阳建筑大学,2020.
[28] 贾怡红. 城市声景观保护模型与保护方法研究[D]. 天津:天津大学,2020.
[29] 杨柳青. 道路交通流仿真模型构建及其应用研究[D]. 北京:北京工业大学,2014.
[30] 宋竹. 微观交通仿真查询算法与换道模型研究[D]. 成都:电子科技大学,2015.
[31] 赵琦. 城市道路交通与排放模型多层次对接机理与方法研究[D]. 北京:北京交通大学,2016.
[32] 王建强. 不同信息环境下的网络交通流演化仿真[D]. 兰州:兰州交通大学,2019.
[33] 姚富根. 网约出行多智能体建模与仿真系统研发及应用[D]. 杭州:浙江大学,2021.
[34] 李佳昱. 水库大坝工程施工环境保护评价研究[D]. 西安:西安建筑科技大学,2021.
[35] 易鼎鼎. 基于F-AHP的公路工程弃渣的环境影响研究[D]. 上海:上海应用技术大学,2021.
[36] 于琼. 高速公路建设对岩溶地下水的影响研究[D]. 北京:中国地质大学,2021.
[37] 林鑫. 矿物吸附剂的制备及在乳化油废水生物处理中的应用[D]. 沈阳:东北大学,2019.
[38] 林建伟. 地表水体底泥氮磷污染原位控制技术及相关机理研究[D]. 上海:同济大学,2006.
[39] 寇长江. 路面径流污染原位控制技术及其净化效能研究[D]. 扬州:扬州大学,2018.
[40] 徐雪玲. 渗滤结构对道路径流污染的净化机理研究[D]. 扬州:扬州大学,2018.
[41] 赵坤. 典型城市道路雨水径流污染特征研究[D]. 重庆:重庆交通大学,2018.
[42] 袁庆洲. 公路路面径流污染防治与综合利用技术研究[D]. 重庆:重庆交通大学,2019.
[43] 李秀锋. 公路交通振动和室内环境振动对精密仪器的影响及被动隔振技术研究[D]. 广州:广州大学,2020.
[44] 张允士. 交通荷载影响下土体振动传递规律及预测方法研究[D]. 北京:北京交通大学,2019.
[45] 于世浦. 公路交通所致环境振动研究[D]. 北京:北京交通大学,2012.
[46] 戴剑敏. 小型车辆通过减速带的地面振动传播特性研究[D]. 福州:福建农林大学,2016.
[47] 袁武. 高速公路社会环境影响后评价指标体系及量化模型研究[D]. 长沙:长沙理工大学,2009.
[48] 王志山. 公路项目路线选择与社会/环境影响分析[D]. 天津:天津大学,2009.
[49] 唐铭. 三岔子林业局天然林保护工程社会影响评价[D]. 哈尔滨:东北林业大学,2012.
[50] 詹智勇. 西方社会影响评价视域下我国环境影响评价研究[D]. 西安:长安大学,2016.
[51] 李娟娟. 中小型水库溃坝社会与环境影响评价[D]. 西安:郑州大学,2018.
[52] 何冠洁. 基于可变模糊集理论的溃坝社会和环境影响评价研究[D]. 西安:西安理工大学,2019.
[53] 毕仁忠. 旅游公路景观协调性量化评价模型及应用研究[D]. 西安:长安大学,2011.

[54] 赵玮婕.交旅融合模式下公路景观改造研究[D].西安:西安建筑科技大学,2020.
[55] 秦晓春.公路景观评价的感知理论与方法研究[D].广州:华南理工大学,2008.
[56] 石维维.基于生态视角下的老城区城市道路景观设计研究[D].西安:西安建筑科技大学,2017.
[57] 王赠安.公路景观多元形态理论与研究[D].南京:东南大学,2020.
[58] 汤振兴.高速公路与沿线景观协调性研究[D].北京:北京林业大学,2008.
[59] 李磊.城市发展背景下的城市道路景观研究[D].北京:北京林业大学,2014.
[60] 蒋悦鹏.城市道路中合理化景观设计的研究[D].兰州:西北师范大学,2017.
[61] 李小菊.草原公路路域景观对驾驶人心电特性影响分析[D].呼和浩特:内蒙古农业大学,2018.
[62] 解松芳.草原公路路域景观对驾驶人动态视觉特性的影响研究[D].呼和浩特:内蒙古农业大学,2015.
[63] 李香红.草原公路景观对驾驶人心理生理影响研究[D].呼和浩特:内蒙古农业大学,2010.
[64] 胡波.道路景观设计导则研究[D].天津:天津大学,2003.
[65] 郭雅洁.城市道路景观设计导则编制研究[D].苏州:苏州科技学院,2008.
[66] 吕元.城市道路景观设计[D].北京:北京工业大学,2001.
[67] 王军锋.道路景观评价指标体系研究[D].西安:长安大学,2005.
[68] 于祥坤.道路环境影响评价研究[D].西安:长安大学,2008.
[69] 胡圣能.高速公路景观规划与设计技术研究[D].西安:长安大学,2011.
[70] 杨海林,林建忠.微纳颗粒两相流系统中湍流脉动效应研究综述[J].空气动力学学报,2021,39(3):109-120.
[71] 徐晨曦,陈军辉,李媛,等.四川省基于第二次污染源普查数据的人为源大气污染源排放清单及特征[J].环境科学,2020,41(10):4482-4494.
[72] 潘月云,李楠,郑君瑜,等.广东省人为源大气污染物排放清单及特征研究[J].环境科学学报,2015,35(9):2655-2669.
[73] 钟流举,郑君瑜,雷国强,等.大气污染物排放源清单不确定性定量分析方法及案例研究[J].环境科学研究,2007(4):15-20.
[74] 清河.采用氧化铜作催化剂的柴油机废气催化转化器[J].汽车与配件,2001(Z1):25.
[75] 肖翠萍.大气稳定度对污染物扩散的影响[J].有色金属加工,1996(5):43-51.
[76] 罗佳鑫,于恒彬,温溢,等.基于实际道路测试的插电式混合动力汽车排放特性研究[J].小型内燃机与车辆技术,2022,51(1):70-75.
[77] 刘砚华.环境噪声监测的现实与未来[J].环境保护,2011(7):25-26.
[78] 杨鄂川,刘美志,余雄鹰,等.某特种车转向冲击噪声研究与分析[J].制造业自动化,2015,37(14):96-99.
[79] 潘杰.潮湿路表条件下轮胎噪声的模拟方法[J].工程建设与设计,2020(6):144-145.
[80] 于增信,谭惠丰,杜星文.轮胎花纹沟噪声研究进展[J].哈尔滨工业大学学报,2002(1):105-109.
[81] 刘英,田波,牛开民.不同纹理水泥混凝土路面降噪与抗滑特性[J].公路交通科技,2012,

29(1):28-33.

[82] 邓佑鲜,庄志鹏,金先柱,等.轮胎气压对车内噪声影响的研究[J].振动与冲击,2018,37(20):135-140.

[83] 马心坦,常国朋.车辆声源高度对公路交通噪声预测的影响[J].科学技术与工程,2018,18(36):175-179.

[84] 户文成,王蓓蓓,吴瑞,等.道路交通噪声预测模型实践探析[J].环境影响评价,2016,38(4):14-17.

[85] 周鑫,卢力,胡笑泸.欧盟环境噪声预测模型CNOSSOS-EU之道路交通噪声源强预测模型简介[J].环境影响评价,2014(6):54-58.

[86] 史瑜.浅谈城区道路交通噪声污染危害及控制方法[J].安全与健康,2006(13):42-43.

[87] 王伟利.公路交通噪声在声影区降噪量的计算探讨[J].环境科学与技术,2005(1):26-27,33.

[88] 黄宁萱.汽车鸣喇叭对交通噪声的影响[J].环境科学与技术,1986(4):27-30,44.

[89] 方俊.环境法中的环境标准——以法律文本为分析对象[J].中国标准化,2022(7):89-93.

[90] 皇甫玮喆,陈中岳.公路交通水污染控制与防治[J].资源节约与环保,2015,05:76,92.

[91] 朱万灵,陈庆喜,马骁威,等.公路交通污染防治技术的研究[J].交通环保,2003(S1):197-200.

[92] 姬国斌,张楠.人工湿地处理高速公路服务区污水效能[J].长安大学学报(自然科学版),2018,38(5):176-181.

[93] 岳建勇,蔡忠祥,童园梦.道路交通激发的特殊精密仪器基础振动现场实测与数值分析[J].建筑科学,2020,36(S1):239-244.

[94] 袁新敏,张玉华,左鹏飞,等.公路交通引起振动的现场测试与分析[J].土工基础,2007(2):73-75.

[95] 李婷.工业生产振动的危害及其控防对策研究[J].中国个体防护装备,2017(2):48-52.

[96] 张官兵,李欣洁,赵燊,等.我国水源污染事故风险点定量识别方法[J].环境工程学报,2021,15(1):341-349.

[97] 茅玉泉.交通运输车辆引起的地面振动特性和衰减[J].建筑结构学报,1987(1):67-77.

[98] 陆化普.城市绿色交通的实现途径[J].城市交通,2009,7(6):23-27.

[99] YANG Y,WANG C,LIU W,et al. Microsimulation of Low Carbon Urban Transport Policies in Beijing[J]. Energy Policy,2017(107):561-572.

[100] MITTAL S,DAI H,SHUKLA P R. Low Carbon Urban Transport Scenarios for China and India: A Comparative Assessment[J]. Transportation Research Part D: Transport and Environment,2016(44):266-276.

[101] 李晓易,谭晓雨,吴睿,等.交通运输领域碳达峰、碳中和路径研究[J].中国工程科学,2021,23(6):15-21.

[102] 白雁,魏庆朝,邱青云.基于绿色交通的城市交通发展探讨[J].北京交通大学学报(社会科学版),2006(2):10-14.

[103] LIN B Q,BENJAMIN N I. Influencing Factors on Carbon Emissions in China Transport Industry: A New Evidence from Quantile Regression Analysis[J]. Journal of Cleaner Produc-

tion,2017(150):175-187.

[104] WALMSLEY M R,WALMSLEY T G,ATKINS M J,et al. Carbon Emissions Pinch Analysis for Emissions Reductions in the New Zealand Transport Sector through to 2050[J]. Energy, 2015,92(3):569-576.

[105] 王震坡,黎小慧,孙逢春.产业融合背景下的新能源汽车技术发展趋势[J].北京理工大学学报,2020,40(1):1-10.

[106] YANG L,YU B,YANG B,et al. Life Cycle Environmental Assessment of Electric and Internal Combustion Engine Vehicles in China[J]. Journal of Cleaner Production, 2021, 285:124899.

[107] 黎士煜,余大立,张洪申.基于GREET的纯电动公交车与传统公交车全生命周期评估[J].环境科学研究,2017,30(10):1653-1660.

[108] NARANJO G P S,BOLONIO D,ORTEGA M F,et al. Comparative Life Cycle Assessment of Conventional,Electric and hybrid Passenger Vehicles in Spain[J]. Journal of Cleaner Production,2021(291):125883.

[109] 赵子贤,邵超峰,陈珏.中国省域私人电动汽车全生命周期碳减排效果评估[J].环境科学研究,2021,34(9):2076-2085.

[110] YANG Z,WANG B,JIAO K. Life Cycle Assessment of Fuel Cell,Electric and Internal Combustion Engine Vehicles under Different Fuel Scenarios and Driving Mileages in China[J]. Energy,2020(198):117365-117365.

[111] WANG D,ZAMEL N,JIAO K,et al. Life Cycle Analysis of Internal Combustion Engine,Electric and Fuel Cell Vehicles for China[J]. Energy,2013(59):402-412.

[112] QIAO Q,ZHAO F,LIU Z,et al. Comparative Study on Life Cycle CO_2 Emissions from the Production of Electric and Conventional Vehicles in China[J]. Energy Procedia,2017(105):584-595.

[113] 贾利民,师瑞峰,吉莉,等.我国道路交通与能源融合发展战略研究[J].中国工程科学,2022,24(3):163-172.

[114] 张彦纯.各类加氢站及加氢合建站的建站模式及特点[J].上海煤气,2022(1):9-17.

[115] 李聪颖.城市慢行交通规划方法研究[D].西安:长安大学,2011.

[116] 陈雷.城市步行系统空间形态初探[D].大连:大连理工大学,2006.

[117] 胡金东,拓娇娇.城市绿色交通发展路径研究——以西安市为例[J].重庆交通大学学报(社会科学版),2020,20(5):31-36.

[118] PARKHURST G. Influence of Bus-Based Park and Ride Facilities on User's Car Traffic[J]. Transport Policy,2000,7(2):159-172.

[119] 上海市决策咨询委员会考察组.巴西库里蒂巴快速公交系统考察报告(BRT)[J].决策咨询通讯,2007(5):66-78.

[120] 林卫.欧洲城市交通的经验与启示[J].国外规划研究,2001(10):56-60.

[121] VAN ROON M. Water Localisation and Reclamation:Steps towards Low Impact Urban Design and Development[J]. Journal of Environmental Management,2007,83(4):437-447.

[122] 王海波,蔡铭,姚逸璠.基于超算的城市区域交通噪声地图绘制[J].声学技术,2017,36(5):591-592.

[123] CAI M,ZOU J,XIE J,et al. Road Traffic Noise Mapping in Guangzhou Using GIS and GPS [J]. Applied Acoustics,2015(87):94-100.

[124] 李锋,王璐,蔡铭.基于微观交通仿真的公交车站交通噪声动态模拟[J].广东技术师范学院学报(社会科学版),2016,37(11):53-56.

[125] 蓝子钦,蔡铭,李锋,等.2017年广州市道路交通噪声监测与分析[J].环境工程,2018,36(10):156-160.

[126] LAN ZIQIN,CAI MING,LI FENG,et al. Monitoring and Analysisof Road Traffic Noise in Guangzhou in 2017[J]. Environmental Engineering,2018,36(10):156-160.

[127] 刘永红,谢敏,蔡铭,等.基于BP神经网络的佛山空气质量预报模型的研究[J].安全与环境学报,2011,11(2):125-130.

[128] CAI M,LAN Z,ZHANG Z,et al. 2019 Evaluation of Road Traffic Noise Exposure Based on High-Resolution Population Distribution and Grid-Level Noise Data[J]. Building and Environment,2018,147:211-220.

[129] 尹志宇.基于L-M神经网络的道路交通噪声预测研究[J].中国环境监测,2009,25(4):84-87.

[130] 袁玲.交通噪声预测的神经网络模型[J].长安大学学报(自然科学版),2003(2):84-87.

[131] 张继萍,吴硕贤.人工神经网络在道路交通噪声预测中的应用[J].环境科学学报,1998(5):25-31.

[132] 赖永标.基于支持向量机的交通噪声智能预测模型[C]//可持续发展的中国交通——2005全国博士生学术论坛(交通运输工程学科)论文集(下册),2005:6.

[133] 袁玲.交通噪声预测的神经网络模型[J].长安大学学报(自然科学版),2003(2):84-87.

[134] 张继萍,吴硕贤.人工神经网络在道路交通噪声预测中的应用[J].环境科学学报,1998(5):25-31.

[135] KUMAR P,NIGAM S P,KUMAR N. Vehicular Rraffic Noise Mod-Eling Using Artificial Neural Network Approach[J]. Transportation Research Part C-Emerging Technologies,2014(40):111-122.

[136] GARG N,MANGAL SK,SAINI PK,et al. Comparison of ANN and Analytical Models in Traffic Noise Modeling and Predic-Tions[J]. Acoustics Australia,2015,43(2):179-189.

[137] MANSOURKHAKI A,BERANGI M,HAGHIRI M. A Neural Network Noise Prediction Model for Tehran Urban Roads[J]. Journal of Environmental Engineering and Landscape Management,2018,26(2):88-97.

[138] VAHID NOURANI,HUSEYIN GOKCEKUS,IBRAHIM KHALIL UMAR. Artificial Intelligence Based Ensemble Model for Prediction of Vehicular Traffic Noise[J]. Environmental Research,2020,180.

[139] TOMIC J,BOGOJEVIC N,ŠOŠKIC Z. Application of Artificial Neural Network to Prediction of Traffic Noise Levels in the City of Niš,Serbia[J]. Acoustics and Vibration of Mechanical Structures-AVMS-2017,2018:91-98.

[140] AHMED A A, PRADHAN B. Vehicular Traffic Noise Prediction and Propagation Modelling Using Neural Networks and Geo-Spatial Information System[J]. Environmental Monitoring and Assessment, 2019, 191(3):17.

[141] HAMAD K, M ALI KHALIL, SHANABLEH A. Modeling Roadwaytraffic Noise in a Hot Climate Using Artificial Neural Networks[J]. Transportation Research-Part D Transport and Environ-ment, 2017(53):161-177.

[142] 林郁山,蔡铭,李锋.考虑加速度的交通噪声源强研究.应用声学[J].2012,31(4):282-286.

[143] 王璐.公交车站交通噪声预测模型研究[D].广州:中山大学,2011.

[144] 穆志洋.基于NB-IoT的城市声光污染监测系统研究[D].杭州:浙江大学,2018.

[145] 王智德,袁景玉,姚胜,等.夜间人工照明光污染研究现状[J].照明工程学报,2021,32(3):94-99.

[146] 张岱.光污染防治立法研究[D].石家庄:河北地质大学,2016.

[147] 王振.城市光污染防治对策研究[D].上海:同济大学,2007.

[148] 李岷叙.彩色相机成像测量光污染方法研究[D].天津:天津大学,2011.

[149] 裴忠慧.光污染防治立法研究[D].广州:华南理工大学,2014.

[150] CAI M, ZHONG S, WANG H, et al. Study of the Traffic Noise Source Intensity Emission Model and the Frequency Characteristics for a Wet Asphalt Road[J]. Applied Acoustics, 2017(123):55-63.

[151] 傅慧芳,黄海萍,程立.基于边缘计算的环境在线监测系统数据采集与分析[J].电子技术与软件工程,2020(22):190-192.

[152] MAROUF S S, BELL M C, GOODMAN P S, et al. Comprehensive Study of the Response of Inexpensive Low Energy Wireless Sensors for Traffic Noise Monitoring[J]. Applied Acoustics, 2020(169):107451.

[153] CAI M, LAN Z, ZHANG Z W, et al. Evaluation of Road Traffic Noise Exposure Based on High-resolution Population Distribution and Grid-Level Noise Data[J]. Building and Environment, 2019(147):211-220.

[154] 李文翔,程佳楠,刘向龙,等.出行即服务环境下个体出行链碳足迹监测与评估[J].交通运输系统工程与信息,2023,23(2):22-31,53.

[155] 宋晓聪,邓陈宁,沈鹏,等.基于生命周期评价的纯电动汽车环境影响和碳足迹分析[J].环境科学研究,2023,36(11):2179-2188.

[156] WANG F, ZHANG S J, ZHAO Y N, et al. Multisectoral Drivers of Decarbonizing Battery Electric Vehicles in China[J]. PNAS Nexus, 2023, 2(5):123.

[157] CHEN H, CAN S E, VAN C, et al. Electric Light-Duty Vehicles Have Decarbonization Potential but may not Reduce Other Environmental Problems[J]. Commun Earth Environ, 2024(5):476.

[158] YE Z, YAN G, WEI Y, et al. Real-Time and Efficient Traffic Information Acquisition Via Pavement Vibration IoT Monitoring System[J]. Sensors, 2021, 21(8):2679.

[159] 应申,唐茉,张馨月,等.三维城市的玻璃幕墙光污染分析[J].武汉大学学报(信息科学版),2021,46(5):610-619.